JN314672

やわらかアカデミズム・〈わかる〉シリーズ

よくわかる
ジェンダー・スタディーズ
人文社会科学から自然科学まで

木村涼子・伊田久美子・熊安貴美江 編著

ミネルヴァ書房

はじめに——ジェンダー・スタディーズとは

　人類は，雌雄異体の生物であることを背景に，性別二分法あるいは二分法以上のバリエーションをもつ文化を編み出し，その時代その時代の暮らしをつくりあげてきました。基本的人権や民主主義が発展した近代化のプロセスにおいては，差別を内在させた性別システムと闘うフェミニズム（feminism）が隆盛し，20世紀にはフェミニズムの波が学問の世界をも変えていきました。まず，女性の視点から性差別を問題にする女性学（Women's Studies）が誕生し，続いて男性の視点からの男性学（Men's Studies），セクシュアル・マイノリティの視点からの／あるいはそれを出発点とする研究（lesbian and gay studies, LGBT studies, sexual minority studies, queer studies など多様な名称・概念で展開）が芽吹き，発展していったのです。それらに共通するアプローチとして，わたしたちが性別をいかに認識し文化として構築しているのか，また，性別は社会システムのなかでどのように機能しているのかを考えるために，性別の社会的／文化的側面を明示したジェンダー（gender）という概念が用いられるようになりました。

　ジェンダー・スタディーズ（gender studies）とは，ジェンダーの視点から行われる調査研究や理論構築のすべてを指します。ジェンダー・スタディーズは，既存の学問を革新しようとする一つの知的運動です。理論についても，方法論やアプローチについても，実証データについても，あらゆる学問分野の「財産」を発展させ，時に批判的に超克することによって，新しい理論・方法論・データを生み出してきました。

　研究対象となる時空間の多様性をふまえて，それぞれの歴史的文脈や地理的・文化的文脈に着目した研究が蓄積されるとともに，グローバルな視点での研究も展開されています。人種，エスニシティ，階級，障がい，セクシュアリティ，国籍などの他の要因と交差させるアプローチも盛んです。結果としてジェンダー・スタディーズは，さまざまな学問分野が融合する，あるいは既存の学問分野の枠を超えた，学際的（interdisciplinary／trans-disciplinary）な研究領域となっているのです。

　ジェンダー・スタディーズの入門書である本書は，極論すれば，すべての学問分野を網羅するものとなるはずです。編者の力量不足から，自然科学など十分にカバーできていない部分もありますが，哲学，政治学，文学，歴史学，美学・美術史，言語学，教育学，社会学，文化人類学，心理学，法学，経済学，地理学，生物学，医学，工学，科学史，スポーツ学，社会福祉学，保健学など，本書でとりあげた学問分野は多岐にわたります。

　総勢72名の執筆者は，「よくわかる」シリーズのなかでも破格の数となりますが，それだけの数を必要とするのは，ジェンダー・スタディーズの幅広さゆえです。各分野で活躍する錚々たる顔ぶれの執筆者に多数寄稿していただいていることが，本書の誇るべき特徴でありますが，それはすなわち，ジェンダー・スタディーズが誇るべき特徴といえましょう。

　本書の構成はつぎのとおりです。
　まず，「Ⅰ　ジェンダー・スタディーズの理論」では，ジェンダー・スタディーズの歩みと理論枠組み

について，フェミニズム運動や社会政策との関連を意識しながら整理しています。ジェンダー・スタディーズ及び，それに先立つ女性学がアカデミックな世界に巻き起こしたインパクトの大きさと，つねに現実世界の課題と結びついた研究のあり方を拡大してきたプロセスをご理解いただけると思います。

「Ⅱ　ジェンダー・スタディーズの諸相」では，「1　文化とジェンダー」「2　社会とジェンダー」「3　身体とジェンダー」と3つの大カテゴリーごとに，ある程度既存学問の近接領域を念頭においた中カテゴリーを設けて，これまで取り組まれてきた研究テーマとその成果を紹介しています。それぞれの学問分野でジェンダー・スタディーズが新しい視点を切り拓いていった様子を知っていただきたいと思います。

「Ⅲ　ジェンダー・スタディーズの最前線：領域横断的なトピック」では，既存の学問分類の枠に収まりきらない研究課題をとりあげています。ジェンダー・スタディーズはそもそも領域横断的な性格をもっていますが，ここでは，その特徴がより鮮明にあらわれていると思われるトピックを扱います。

本書の読み方は自由です。冒頭から順番に読んでいただいた場合には概論から各論，そして複合領域へと次第に視野が広がっていくような流れを構想してあります。また，本書は百科事典的な性格も兼ね備えていますので，関心のある箇所をピックアップして読んでいただくのにも適しています。項目ごとの関連も側注に記載してありますので，それらを道標としていただき，心のおもむくままに，ジェンダー・スタディーズの世界を探検していただければ幸いです。

最後に，第一線でご活躍の多忙のなか，本書に寄稿してくださいました執筆者のみなさまには深くお礼申し上げます。また，共編者とともに編集作業にかかわるだけでなく，途方もなく多数の執筆者とのやりとりにお骨折りくださったミネルヴァ書房編集部の河野菜穂さんには，この場をお借りして心よりのお礼を申し上げたいと思います。

編者を代表して　木村涼子

もくじ

はじめに——ジェンダー・スタディーズとは

I ジェンダー・スタディーズの理論

1 フェミニズムとジェンダー研究 … 2
2 フェミニズム理論の見取り図 … 6
3 ジェンダー・スタディーズのインパクト … 10
4 グローバル・フェミニズム：国際的な人権確立の流れ … 14

II ジェンダー・スタディーズの諸相

1 文化とジェンダー

A 育つ・育てる

1 ジェンダーと社会化 … 20
2 幼児教育・保育 … 22
3 かくれたカリキュラム … 24
4 生徒文化 … 26
5 家庭科 … 28
6 進路選択 … 30
7 性教育 … 32
8 子育て・育児戦略 … 34

B 多様な文化・多様なくらし

1 婚姻・親族・子育て … 36
2 儀礼 … 38
3 性別分業 … 40
4 世界観 … 42
5 女子割礼／女性性器切除 … 44
6 グローバル化と文化研究の新しい展開 … 46

C 'his story' を超えて

1 社会史のインパクト … 48
2 近代家族 … 50
3 性と生殖 … 52
4 労働史 … 54
5 農村女性史 … 56

D 想像と創造

1 エクリチュール・フェミニン … 58
2 フェミニスト・クリティーク … 60
3 西洋美術とジェンダー：

つくられた身体……………… 62
　4　日本絵画とジェンダー：
　　　天皇皇后肖像 ……………… 64
　5　女ことば・男ことば …………… 66
　6　ことばとセクシュアリティ …… 68
　7　言語の男性支配………………… 70

2　社会とジェンダー

A　社会システムを考える
　1　性役割 …………………………… 72
　2　メディアとジェンダー ………… 74
　3　家族とジェンダー ……………… 76
　4　コミュニケーション …………… 78
　5　社会階級論・社会階層論 ……… 80
　6　ライフコース論………………… 82
　7　男性学 …………………………… 84
　8　サブカルチャーとジェンダー … 86
　9　宗教：「混在するめぐみ」として … 88
　10　エスニシティ …………………… 90

B　心のなかを見つめる
　1　ジェンダーと発達……………… 92
　2　ジェンダー・アイデンティティ … 94
　3　ジェンダー・ステレオタイプ … 96
　4　摂食障害………………………… 98
　5　トラウマ・PTSD …………… 100

　6　フェミニストカウンセリング … 102
　7　性差別主義……………………… 104

C　お金と労働のあいだ
　1　ジェンダー統計・ジェンダー予算 … 106
　2　開発……………………………… 108
　3　アンペイド・ワーク ………… 110
　4　ジェンダー・セグリゲーション … 112
　5　ペイ・エクイティ …………… 116
　6　移民女性労働………………… 118
　7　非正規雇用とジェンダー …… 120
　8　女性の貧困…………………… 122
　9　家計…………………………… 124
　10　ワーク・ライフ・バランス …… 126

D　人間という存在を問う
　1　公共圏………………………… 128
　2　シティズンシップ …………… 130
　3　正義論………………………… 132
　4　ポストモダニズム／
　　　ポストコロニアリズム ……… 134
　5　暴力…………………………… 136

E　法というシステム
　1　憲法…………………………… 138
　2　民法…………………………… 140
　3　労働法と男女雇用機会均等法 … 142
　4　刑法とジェンダー …………… 144

5 国際人権法……………… 146

3 身体とジェンダー

A 生物としての人間
1 自然科学とジェンダー………… 148
2 性差の科学言説……………… 150
3 技術・技術史………………… 152
4 脳の性差論…………………… 154
5 先端医療技術と女性…………… 156
6 科学史とジェンダー…………… 158
7 進化生物学…………………… 160
8 性同一性障害………………… 162

B 身体／スポーツを考える
1 近代スポーツにおける女性の排除……………… 164
2 学校体育・学校スポーツ……… 166
3 身体能力の性差再考…………… 168
4 スポーツにおけるハラスメント・暴力……………… 170
5 ホモフォビア………………… 172

C ケアする／される
1 ウィメンズ・ヘルスケア……… 174
2 セクシュアリティと看護……… 176
3 社会福祉思想とジェンダー…… 178
4 社会福祉政策とジェンダー…… 180

5 ケアと労働…………………… 182

Ⅲ ジェンダー・スタディーズの最前線：領域横断的なトピック

1 セクシュアル・マイノリティ…… 186
2 マイノリティ女性の人権……… 188
3 障害（ディスアビリティ）とジェンダー……………… 190
4 戦時性暴力と日本軍「慰安婦」問題… 192
5 犯罪とジェンダー…………… 194
6 女性と子どもに対する暴力…… 196
7 リプロダクティブ・ヘルス／ライツ……………… 198
8 「第三世界」の女性…………… 200
9 ホモソーシャリティ………… 202
10 国民国家と軍隊……………… 204
11 性の商品化とセックスワーク… 206
12 「代理出産」をどうみるか…… 208
13 空間へのアプローチ：フェミニスト地理学……… 210
14 親密圏と親密権……………… 212
15 自然災害とジェンダー……… 214
16 ハラスメントとジェンダー…… 216
17 母性愛神話…………………… 218

事項索引……………… 220

人名索引……………… 227

第Ⅰ部 ジェンダー・スタディーズの理論

第Ⅰ部　ジェンダー・スタディーズの理論

1 フェミニズムとジェンダー研究

1 フェミニズムの実践から生まれたジェンダー研究

　フェミニズムは女性解放の思想と実践，ジェンダー研究はそのための理論と研究。フェミニズムとジェンダー研究は，思想と理論，実践と研究という，車の両輪の関係にあります。両者は切り離すことができません。なぜなら，ジェンダー研究はフェミニズムから生まれたからです。

　フェミニズムは19世紀末から20世紀後半へかけて，世界的規模で起きた女性解放の思想と実践を呼ぶ歴史的用語です。そのうち，19世紀末から20世紀初頭にかけてのうねりを「第一波フェミニズム」と呼びます。男女同権論や母性保護，女性参政権の獲得が中心となりました。その後，半世紀を経て1960年代から再び世界的に起きたうねりを「第二波フェミニズム」と呼んでいます。権利拡張や女性保護にとどまらず，「女らしさ」やセクシュアリティを根本的に問いなおすウーマン・リブと呼ばれるラディカルな運動からスタートして，国連女性差別撤廃条約などの「ジェンダーの主流化」をもたらしました。日本では1970年10月に国際反戦デーの女だけのデモに「ぐるーぷ・闘うおんな」が「便所からの解放」という日本のリブのマニフェストともいうべき，記念碑的なビラをまいたことから始まりました。当時全国を席捲した学生運動のなかでも，女性には女性固有の課題があることは自覚されておらず，反戦や反帝国主義のほうが，優先順位の高い課題だと思われていました。それに対して女性活動家たちは，運動そのものにある女性差別を衝いたのです。

2 女性学の展開と男性学の誕生

　ジェンダー研究は，もともと女性学からスタートしました。女性学がジェンダー研究に転換するに至る過程については，いくらか説明が必要でしょう。

　女性学は，第二波フェミニズムの担い手がアカデミアに参入することによって，既存の学問の男性中心性をするどく批判することから始まりました。当時女性の高学歴化は徐々にすすんでいましたが，大学で出会う学問は，「男の，男による，男のための学問」であり，そこに女性の居場所はありませんでした。第二波フェミニズムの古典ともいうべきケイト・ミレットの『性の政治』は，異性愛のなかにある男性優位を衝き，またジュリエット・ミッチェルの『精神分析と女性の解放』は，フロイト理論に対抗して，「女らしさ」が「解剖学的

▷１　「ジェンダーの主流化」とは，ジェンダーという視点が，女性という局所的な領域のみならず，ありとあらゆる社会的領域に横断的に関与する状態をいう。
▷２　署名はないが，田中美津が執筆者である（田中美津（1972）『いのちの女たちへ──とり乱しウーマン・リブ論』田畑書店（1992, 河出書房新社，2001, パンドラ））。「便所」とは，男性の性欲処理の排泄器のごとき存在である女性の暗喩である。この全文は『資料日本ウーマンリブ史』1巻（佐伯洋子・溝口明代・三木草子編（1992-94）『資料日本ウーマンリブ史』全3巻，松香堂ウィメンズブックストア）に収録されている。
▷３　日本におけるリブとフェミニズムの関係については，上野千鶴子（1994）「日本のリブ　その思想と背景」『日本のフェミニズム』（1「リブとフェミニズム」）解説［井上ほか編 1992-1994］を参照。

宿命」ではなく，社会的に構築されたものであることを明らかにしました。セックス（ペニスの有無）が女児のその後の一生を決めるという運命論に代わって，社会的文化的に構築されたジェンダーという概念が登場したのは，この頃です。またアメリカの「リブの母」といわれるベティ・フリーダンは『新しい女性の創造』（原題は『女らしさの謎』Feminine Mystique）のなかで，女性の「上がり」と思われていた郊外中産階級の妻の，「名前のない問題」を明らかにしました。あたりまえと思われていた「女らしさ」や「主婦役割」が，初めて研究の俎上に載せられたのです。

日本に女性学を紹介したのは，井上輝子です。井上は，もともと女性に関する学際研究であった Women's Studies を，「女性学」と翻訳し，「女性の，女性による，女性のための学問 (studies of women, by women, for women)」と定義しました。この定義は，アメリカ大統領だったリンカーンによる民主主義 (democracy) の定義，「人民の，人民による，人民のための政治 (politics of people, by people, for people)」を借用したものです。もともと哲学の領域には，オットー・バイニンガーやゲオルグ・ジンメルなどの男性による「女性論」というジャンルがありましたが，いずれも男性につごうのよい女性論でした。女性学の画期的なところは，女性を研究の客体から主体へと転換したことにあります。その点で，井上による「女性学」の定義は的確なものでした。

女性学が日本に紹介された1970年代後半には，やつぎばやに女性学関連の学術研究団体が設立されました。そのなかで女性学4団体といわれるのは次のものです。女性学研究会（1978年設立），日本女性学研究会（1977年設立），国際女性学会（1977年設立），日本女性学会（1978年設立）。

女性学は，女性の経験の言語化であり，理論化です。それはフェミニズムの運動から生まれ，フェミニズムへの戦略として還流しました。

女性学が誕生してから，男性学もまた登場するようになりました。男性学を，「フェミニズムを経過した後の，男性の自己省察の学問」とわたしは定義しています。それ以前の学問が，「人間学」の名において，女性を排除し自我＝男性を自明視したうえで成り立っていたことを思えば，既存の学問を「男性（中心）学」と名づけてもよさそうなものですが，新たに生まれた「男性学」は，フェミニズムと女性学の影響のもとに，「男らしさ」そのものを問い直す契機をもっていました。男性学は，「家事・育児する男たち」や異性愛，同性愛などの男性のセクシュアリティを研究の俎上に載せました。

③ 女性学・男性学からジェンダー研究へ

女性学と男性学とは，これまでの人間学に，それが従来扱ってこなかった新たな主題群をつけ加えただけではありません。どれだけ女性学の研究分野が活気にあふれていても，女性学のゲットー化が起きてしまい，それが主流の学問

▷4 井上輝子（1980）『女性学とその周辺』勁草書房。

▷5 男性学の成立と展開については伊藤公雄（2010）『新編 日本のフェミニズム』12「男性学」解説［天野ほか編2009-2011］を参照。

分野を少しも揺るがさないことに、女性学の研究者は不満を覚えるようになりました。「フランス革命に女が参加していたということを知ったからといって、私のフランス革命に対する理解が変わるわけではない」——女性史の知見に対する大半の男性歴史家の反応はこういうものだ、とジョーン・スコットはいらだたしげに書いています。女性学は偏っているという男性史家の批判をいったんは受けいれたうえで、スコットは返す刀でこう切り返します。「客観的な歴史はこれまでも、これからも可能ではない」、すなわち従来の歴史は偏った男性史にすぎない、と。[46]

そうなれば、フェミニスト研究者の役割は、学問に「女性」というローカルな対象を新たにつけ加えることではありません。女性を男性から区別する差異化のカテゴリーである「ジェンダー」をあらゆる分野に導入することで、従来の学問を書き換えることが目的となります。こうして男／女の差異を構築する「ジェンダー」は、ありとあらゆる学問分野に適用可能な領域横断的な分析カテゴリーとなります。「ジェンダー研究」は、こうして成立しました。したがってジェンダー研究とは、領域や分野ではなく、分析方法や視角を指しています。

女性学からジェンダー研究へ、ローカルな分野からユニバーサルな方法への転換は大きな効果をもたらしました。社会現象のうちでジェンダー・カテゴリーの関与しない領域はほぼ考えられませんから、ジェンダー研究は女性のいるところでは女性の研究を、女性のいないところでは女性を構造的・組織的に排除する男性集団の研究を行います。理論上、ジェンダー研究に扱えない領域はないと言ってかまいません。女性の「指定席」であった私的領域を研究主題として初めてとりあげた女性学から出発して、ジェンダー研究は、国家や政治など、公的領域をも対象とすることができます。「男らしさの学校」である軍隊をも分析対象とすることで、「男らしさ」の社会的構築をも論じることが可能になりました。ジェンダー研究はありとあらゆる学問分野をジェンダー概念で串刺しにすることで、その学問の根拠そのものもゆるがすに至ったのです。[47]

❹ ジェンダー研究の成果

女性学・ジェンダー研究が成立してからおよそ40年。そのあいだにいくつもの学問的貢献をもたらしました。

第一に、これまでの「婦人問題論」では社会病理としてとりあげられてきた「女性問題」を、むしろ社会が構造的に生み出す問題として、問題の図と地とを転換するパラダイム・シフトを達成したことです。[48]「幸せ」なはずの「主婦役割」が検討の対象となり、「主婦」研究が中心課題の一つとなりました。

第二に、これまでの学問の分野ではとりあげられてこなかった新しい研究主題を次々に発掘し、成果を上げてきたことです。女性の日常的な関心領域である、月経や閉経、避妊、中絶、出産、育児など、これまでの学問ではとるにた

▷6 スコット, J. W./荻野美穂訳（1988=1992）『ジェンダーと歴史学』平凡社。なお後年、本書の増補新版が出版されている（平凡社ライブラリー, 2004）。

▷7 たとえばジョーン・ケリーの「女にルネサンスはあったか？」と題する論文で、「人間復興」の名のもとに起きたルネサンスはその実、女性の抑圧を引き替えにした「男性復興」に限られ、魔女狩りを伴う「暗黒の中世」を準備したことをあきらかにした。またリンダ・ノックリンの「女に大芸術家はいないのか？」は、「芸術」の定義に立ち返って、女性を構造的に排除する「芸術」の男性中心性をあばいた。歴史も芸術も哲学も、また経済学や政治学もジェンダーの挑戦にとって聖域ではない。

▷8 『科学革命の構造』でトーマス・クーンが作った概念。学問の知的枠組（パラダイム）が大きく転換する革命的な変化を指す。

▷9 セクシュアリティについては、上野千鶴子（2011）「『セクシュアリティの近代』を超えて」『新編 日本のフェミニズム』6「セクシュアリティ」解説［天野ほか編2009-2011］を参照。

りない，また学問の対象として適切でないと思われてきた新しい研究が登場しました。学問の世界には，何が適切な研究主題であるかをめぐるアジェンダ設定の政治がありますが，それを覆したのです。

第三に，それまでタブー視されていたセクシュアリティを研究の対象とし，レズビアンやゲイ，トランス・ジェンダー，トランス・セクシュアルなどの性的少数者の存在を可視化しました。またドメスティック・バイオレンスや子どもの虐待を問題化し，それまで家族の闇のなかにとじこめられていた多くの問題を顕在化させました。そのためフェミニズムとジェンダー研究はしばしば「家族破壊者」の汚名を被せられましたが，実際にはすでに壊れていた近代家族のトラブルをたんに白日のもとにさらけだしたにすぎません。

第四に，女性の経験の再定義をもたらしました。たとえば「家事」を「不払い労働」と置き換えることで，主婦もまた「働く女性」，しかも不当に報われない不払い労働者であるとあきらかにしました。その結果，政府のジェンダー統計に影響を与えるに至りました。国連は各国の国民計算システムのサテライト勘定に「不払い労働」の寄与分を算出するよう求めていますし，日本政府も90年代後半以降，無収入労働の算出にとりくむようになりました。また，「性的いたずら」を「セクシュアル・ハラスメント」に，夫婦の「痴話げんか」を「ドメスティック・バイオレンス」にと再定義することで，これらの経験を，女性が受忍する必要のない不当で不法な行為であることをあきらかにしました。しかもこれらの研究は，運動をエンパワーする（力づける）フェミニストのアクション・リサーチの方法で実施され，その成果は，セクハラ防止対策を使用者に義務づけた1997年の改正男女雇用機会均等法や，2001年のDV防止法などの法律の制定に結実しました。

5 学問の「客観性」神話への挑戦

最後に，ジェンダー研究が挑戦したもう一つの「抵抗勢力」について述べておきたいと思います。それは学問の中立性・客観性の神話です。ジェンダーに関係のない研究者はいませんから，ジェンダー研究が自己言及的な学問となるのは避けられません。それを忘れたふりをすれば，結果として多数者すなわち男性のルールに従うことになるでしょう。一見ジェンダー中立的な学問の「客観性」は，「女性の経験」を構造的に排除する効果をもってきました。

女性の経験を言語化する——そこからスタートしたジェンダー研究は，学問の世界で市民権を得ることで，他の学問並みに「制度化」されるのか，それともジェンダーを武器として制度に切りこむことによって，学問という制度を揺るがすことができるのでしょうか。ジェンダー研究はその岐路に立っています。

（上野千鶴子）

▷10 上野千鶴子（1990）『家父長制と資本制』岩波書店（2009，岩波現代文庫）。
▷11 本書の「ハラスメントとジェンダー」(216-217頁)を参照。
▷12 本書の「女性と子どもに対する暴力」(196-197頁)を参照。
▷13 問題解決のために運動と研究とが一致すること。
▷14 セクシュアル・ハラスメント，ドメスティック・バイオレンスに関するフェミニスト・アクション・リサーチについては，▷5の文献を参照。
▷15 上野千鶴子（2001）「女性学の制度化をめぐって」『女性学』Vol. 9：日本女性学会『新編 日本のフェミニズム』8「ジェンダーと教育」収録〔天野ほか編2009-2011〕。

(おすすめ文献)

以上の女性学・ジェンダー研究の成果は，次のアンソロジーにまとめられている。自分が関心をもったテーマの巻から手にとってみてください。
†天野正子・伊藤公雄・伊藤るり・井上輝子・上野千鶴子・江原由美子・大沢真理・加納実紀代編／斎藤美奈子編集協力（2009-2011）『新編 日本のフェミニズム』全12巻，岩波書店（1 リブとフェミニズム／2 フェミニズム理論／3 性役割／4 権力と労働／5 母性／6 セクシュアリティ／7 表現とメディア／8 ジェンダーと教育／9 グローバリゼーション／10 女性史・ジェンダー史／11 フェミニズム文学批評／12 男性学）。

2 フェミニズム理論の見取り図

1 近代フェミニズムの誕生

フェミニズムとは、女性解放論一般、あるいはその思想に基づく社会運動を言います。近代社会では、一般に女性は、地位配分・資源配分・権力配分などにおいて、男性よりも相対的に劣位な位置におかれました。法制度においても、市民革命後から婦人参政権実現まで、女性は、男性の保護下にあるものと位置づけられ、参政権や自由権などの市民権を認められませんでした。このような女性の状態を「改善されるべき状態」と位置づけ、男女の固定的な観念や役割観を変革し、女性が男性と同様に自己実現の機会を得られるような社会を求める思想と運動が、近代フェミニズムです。

近代フェミニズムは、婦人参政権運動を中心とする第一波と、雇用など多様な社会制度や社会慣習における性差別の撤廃を求める第二波に、大きく時期区分されますが、その出発点の一つは、啓蒙思想にあります。17世紀から18世紀のヨーロッパの啓蒙思想は、「理性を通して知ることができる基本法則により自然も人間の世界も秩序立てられ」ており、それゆえ「本来個人にそなわっている理性によって、身分制社会の不合理な特権や権威を批判的に見直し、理性に適合する秩序を創出することができる」と、考えました。そこから近代人権思想が生まれました。近代フェミニズムは、このような啓蒙思想や近代人権思想のなかで準備され、思想として誕生したのです。

近代フェミニズムの最初の大きな著作は、1792年にイギリスのメアリ・ウルストンクラフトによって書かれた『女性の権利の擁護』です。この著作においてウルストンクラフトは、フランス革命の自由と平等という理念を熱烈に支持し、その理念に基づく原則を女性にも適用すべきだと論じました。また、1791年、フランスのオランプ・ド・グージュは、同様の主張をもつ『女性と女性市民の権利宣言』を発表しました。これらフランス革命期のフェミニズム思想は、19世紀において台頭する第一波フェミニズム運動の思想的基礎となり、婦人参政権運動に受継がれていきます。

2 婦人参政権運動と社会主義フェミニズム

婦人参政権運動は、イギリスとアメリカ合衆国において、もっとも激しく展開されました。イギリスにおいては、ジョン・スチュアート・ミルが婦人参政

▷1 メアリ・ウルストンクラフト（Mary Wollstonecraft, 1759-1797）
イギリスの社会思想家。『女性の権利の擁護』が主著。

▷2 ジョン・スチュアート・ミル（John Stuart Mill, 1806-1973）
イギリスの哲学者・経済学者。功利主義者ジェームズ・ミルの息子。主著は『自由論』(1859)。

権を主張し，『女性の隷従』(1869) を発表しました。アメリカ合衆国においては，1848年，ニューヨーク州セネカフォールズにおいて，エリザベス・スタントンらの呼びかけによって「女性の権利のための大会」が開かれ，婦人参政権運動が運動として組織され，「所感の宣言」が採択されました。しかし，この両国のいずれにおいても，婦人参政権は第一次世界大戦後まで実現しないままであり，その実現には，イギリスのエメリン・パンクハーストや，アメリカ合衆国の，スーザン・B. アンソニーら，多くの婦人参政権活動家の長い活動を必要としました。

　他方，フェミニズムは社会主義思想のなかでも展開されていきました。イギリスに端を発する産業革命によって貧富の差が拡大し，その変革を求める社会主義思想が生まれました。いわゆる空想的社会主義者として知られるフーリエやサン＝シモンは，いずれも，女性の隷属的状況を憂いその是正を主張しました。マルクス主義の流れのなかでは，ドイツのアウグスト・ベーベルが「科学的社会主義」の視点から女性解放を論じた『婦人論』(1879) を，フリードリッヒ・エンゲルスが『家族・私有財産および国家の起源』(1884) を著わし，社会主義革命によってのみ女性問題の解決が可能だという主張を展開しました。1917年のロシア革命は，女性も男性と同様，社会的労働に従事することを原則とする社会を生み出しました。ロシアのアレキサンドラ・コロンタイは，『婦人問題の社会的基礎』(1909) を著わし，ソ連成立後の社会においても，人工妊娠中絶法の確立など母子保健と女性解放のために尽力しました。

　19世紀末から20世紀前半にかけて，多くの国々において婦人参政権が実現すると，女性問題についての議論の主要な力点は，労働者階級の女性の貧困などの社会問題に移行することになり，社会主義フェミニズムが台頭しました。このことは，当時多くの社会主義フェミニズムが「女性の経済的困窮などの解決は，社会主義社会の建設によってしか可能ではない」という立場をとっていたため，フェミニズムの独自の展開を抑制する効果も，もたらしました。

③ 第二波フェミニズム

　第二次世界大戦後自由主義諸国においては，社会民主主義的施策が多く採用され，階級格差の是正や福祉社会の形成が一定程度進みました。また，ソ連型社会主義社会の実像があきらかにされるにつれ，ソ連とは異なる社会主義社会の建設を求める新左翼運動が生まれていきました。第二波フェミニズム運動は，これらの，1960年代から70年代にかけて台頭した新左翼運動や，階級問題に還元されない環境・人種差別・性差別等の社会問題の解決を志向する「新しい社会運動」の展開のなかで誕生します。多くの国々では，婦人参政権成立以降においても，男女間の格差が依然として強固に存在していました。それゆえ，その解消のために，社会慣習や社会制度に存在する性別役割分業の変革等，社会

▷3　エメリン・パンクハースト（Emmeline Pankhurst, 1858-1928）
イギリスの婦人参政権活動家。彼女の娘の，クリスタル・パンクハーストとシルヴィア・パンクハーストも，活動に参加。

▷4　フリードリッヒ・エンゲルス（Friedrich Engels, 1820-1895）
カール・マルクスとともに「科学的社会主義」思想の形成に尽力した社会思想家・活動家。

主義運動に追随するのではない固有の女性運動が必要であると考えられるようになりました。また，性差別は，環境問題や人種差別問題と同じく，西欧近代思想そのものに内在しているという考え方も強くなり，啓蒙思想や社会主義等近代思想の延長上に女性の解放を描いた戦前のフェミニズムとは異なるフェミニズムの必要性も主張されました。この，啓蒙思想や科学的社会主義などの近代思想そのものをも問い直そうとするフェミニズムを，第二波フェミニズムと呼びます。第二波フェミニズムには，多様な立場があります。以下，主な立場のみをあげます。

女性抑圧の原因を，「家父長制」的社会や「家父長制」的家族において成人する男女がつくりだす支配被支配関係に求めたのが，ラディカル・フェミニズムです。ラディカル・フェミニズムは，運動と深いつながりをもち，その「個人的なことは政治的」という洞察が，第二波フェミニズム運動のスローガンとして大きな推進力を発揮しました。主な理論家としては，ケイト・ミレット[45]や，アドリエンヌ・リッチなどがあげられます。

社会主義思想の流れを汲む立場としては，マルクス主義フェミニズムが生まれました。この立場は，第一波の社会主義フェミニズムとは異なり，ラディカル・フェミニズムが明確化した「性支配」の存在を前提としたうえで，その原因を「性心理」にではなく，女性の経済的条件に求めます。労働力再生産労働である家事労働に着眼し，「家事労働は，資本制に不可欠な労働力を産出する労働である。それが無償であることによって資本は利潤を生み出している。それゆえ資本制こそ性支配を生み出している」と主張する立場や，家事労働と市場労働双方に着眼し，「市場労働においても女性が従属的位置にいることを説明するために，『資本制』だけでなく『家父長制』概念が必要である」と主張する立場などがあります。前者としては，マリアローザ・ダラ＝コスタやエリ・ザレツキー，後者には，ナタリー・ソコロフやハイジ・ハートマンなどを，理論家としてあげることができます。

フランスにおいては，1970年代以降，近代啓蒙思想そのものにはらまれている抑圧性を指摘するポストモダン思想[46]が生まれました。その主張によれば，ヨーロッパ近代を生み出した啓蒙思想は，精神に身体を，文化に自然を，理性に感情を，西欧に非西欧を，男性に女性を従属させる思考であったといいます。ここから，理性により抑圧されたものを回復することを，女性の抑圧からの回復と重ね合わせる，ポストモダン・フェミニズムが誕生しました。主要な理論家としては，フランスのジュリア・クリステヴァ[47]やリュス・イリガライらがいます。

❹ 現代フェミニズム

80年代まで多くのフェミニズム論は，暗黙に白人中流女性の立場を，「女性の立場」として論じる傾向がありました。しかし，「女性の経験」とされた経

▷5 ケイト・ミレット
（Kate Millet, 1934-）
アメリカの思想家・文学者。『性の政治学』（1970）を著し，近代文学史や近代社会思想史・社会科学史を批判的に考察し，後の女性学やジェンダー研究の成立に影響を与えた。

▷6 ポストモダン思想
1970年代から80年代，主にフランス哲学のなかで展開された啓蒙主義等のモダン思想を批判的に考察する思想的立場。ミシェル・フーコー，ジャック・デリダなど，多様な立場がある。

▷7 ジュリア・クリステヴァ（Julia Kristeva, 1941-）
フランスの文学批評家。「家父長制社会」における女性のアイデンティティを，精神分析理論により分析し，ポストモダン・フェミニズムの主要な理論的基礎の一つを築いた。本人はフェミニストと呼ばれることを拒否している。

験の多くの場合単に白人中産階級女性の経験にすぎなかったことから，80年代後半以降，レイシズムを問題視する立場，あるいはポストコロニアルの立場からの批判が，相次いでなされていきます。この批判は，西欧中心主義批判であるポストモダン思想からも影響を受けました。主な理論家としては，ベル・フックスや，ガヤトリ・スピヴァクなどがあげられます。

　ポストモダン思想は，その後フランスからイギリスやアメリカに伝わり，英語圏のプラグマティズムやシンボリック・インターラクショニズムなどの社会理論と相互に影響し合いました。ここから1990年代アメリカにおいて，社会構築主義という立場が生まれました。この立場から見れば，1980年代までのラディカル・フェミニズムやマルクス主義フェミニズムなどは，内容的には近代社会理論の批判や再検討を含みつつも，その理論自体は，「主体と客体」「精神と身体」「物質と意識」などの二項対立的概念枠組みを使用するなど，モダンの社会理論を踏襲していたという点で，問題があることになります。

　この流れを受けて，アメリカのジュディス・バトラーは，『ジェンダー・トラブル』(1990) を刊行し，フェミニズムを洗練された現代哲学・現代思想と結びつけました。社会構築主義の興隆は，言説分析という方法論を一般化させることにもなり，フーコーのセクシュアリティ論に依拠しつつ，ジェンダーとセクシュアリティの編成を論じる言説分析による研究も多く生まれました。1990年には，セクシュアリティの多様性についての認識が深まり，クィア理論も誕生しました。

　このような「多様性の承認」を求める立場からすれば，単一の「女性の立場」「女性の経験」を主張することはできないことになります。実際に存在するのは，セクシュアリティ・階級・階層・エスニシティ・人種・年齢・障害の有無などを異にする多様な「女性」なのですから。それなのに，「女性の立場」という言説装置を用いるならば，多数派にすぎないひとびとの声を単一の「女性の声」と規定し，それ以外の「多様な女性の声」の存在を消してしまうことになるのです。しかし，「女性の立場」の存在を否定することは，フェミニズムという思想と運動の存立可能性をも「問題含み」にする効果もありました。

　他方，1990年代の冷戦体制の崩壊によって，多くの女性が貧困化していきました。旧社会主義圏においては，市場経済の導入とともに，女性に対するさまざまな保護政策が消滅し，同様に女性の生活状況は悪化しました。自由主義諸国においても，ネオリベラリズムの台頭によって，福祉切り捨てや労働者保護撤廃の動きが生じ，家族成員のケアを引き受けることが多い女性の生活は，悪化しています。グローバル化する世界のなかで国際移動するひとびとが急増し，先進国の家事・育児・介護などを主な雇用口として移動する女性移民の比率も，急激に増加しています。21世紀フェミニズムは，グローバル化する世界のなかで，あらたな理論的営為を必要としているといえるでしょう。　（江原由美子）

▷8　**ポストコロニアル**（Postcolonialism）
文学批評や文化批評の一つの立場。植民地と宗主国の関係に見られる西欧中心主義を批判的に考察する。

▷9　**シンボリック・インターラクショニズム**
1960年代，アメリカの社会学者 H. ブルーマーが提唱した社会学の立場。ひとびとが言語などのシンボルを用いて行う相互行為を行為者の観点から明らかにする。

▷10　**社会構築主義**（social constructionism）
社会学の一つの立場。「社会的現実」がひとびとの社会的実践によって構築されるという立場から，社会現象を記述する。

▷11　**ジュディス・バトラー**（Judith Butler, 1956-）
アメリカの思想家。ポスト構造主義の立場から，性別二元論を批判する理論を展開し，クィア理論に理論的基礎を与えた。

▷12　**クィア理論**（Queer theory）
非異性愛者を抑圧・排除する社会を解明する社会理論。

おすすめ文献

†江原由美子・金井淑子編（1997）『ワードマップ　フェミニズム』新曜社。
†ピルチャー，ジェイン・ウィラハン，イメルダ／片山亜紀ほか訳／金井淑子解説（2004=2009）『キーコンセプト　ジェンダー・スタディーズ』新曜社。
†江原由美子・金井淑子編（2002）『フェミニズムの名著50』平凡社。

3 ジェンダー・スタディーズのインパクト

1 アカデミズムとジェンダー

　アカデミズムの世界では一般に客観性や中立性が高く評価され，学問研究とは特定の価値やイデオロギーに偏らない「真理」を追究する営みであると考えられがちです。けれども学者や研究者もある社会のなかで生まれ育ってきた人間である以上，無意識のうちにその社会のジェンダー秩序を身につけているのが普通です。その結果，彼らが生み出す学問にもさまざまな形でジェンダー意識や規範が投影されたり，基盤となっていたりします。1970年代，フェミニズムの興隆とともに学問の世界で「女性学（Women's Studies）」が誕生しました。それは，従来の学問が人間一般を研究対象にすると称しながら，そのじつ，研究者の大半を占める男を基準に，男の視点からしか世界を見てこなかったがゆえに，女の視点からすべての学問研究を洗い直し，新たな問題設定を行うことが必要だと考えられたためでした。そして女性学は，「性別」とは「自然」ではなく「文化」だとするジェンダー概念を理論的武器として，ジェンダー・スタディーズへと発展していきます。

　歴史研究を例にとれば，少し前までは政治・外交・戦争などの公の世界での大事件や重要人物について叙述することが正統な歴史学と考えられ，名もない庶民の生活や大衆文化，あるいは性と生殖のような私生活についての研究はそもそも存在しないか，あっても「文化史」「風俗史」として片隅に追いやられてきました。公＝男の世界の方が，私＝女子どもの世界より高級で重要で「まじめな」研究に値する，という暗黙のジェンダー秩序に基づく序列関係があったからです。

　E. H. カーは，「歴史とは現在と過去との対話である」という言葉で知られるイギリスの歴史家です。彼は，歴史家が膨大な過去のなかの何を歴史的事実として注目するかは，「彼が海のどの辺で釣りをするか，どんな釣道具を使うか」によって変わってくる，とも書いています。つまり歴史とは，現在の価値観や問題関心に動かされた歴史家による，過去の事実の取捨選択，「解釈」の結果に他ならないというのです。歴史家が世界を見るときの参照枠組みとして内面化しているジェンダー意識もまた，その人が過去のなかの何に興味をひかれるか，その結果，研究によって何が釣り上げられ，何が取り落とされてしまうかを左右する，重要な条件の一つといえるでしょう。

▷1　カー，E. H.／清水幾太郎訳（1961=1962）『歴史とは何か』岩波新書，29頁。

2　歴史学とジェンダーの政治性

　アメリカの女性史研究者ジョーン・W. スコットは，脱構築主義的なジェンダー概念を歴史研究の分野に持ち込んだことで名高く，彼女の「ジェンダーとは，肉体的差異に意味を付与する知」であるという定義は，歴史学以外の分野でも頻繁に引用されています。「女」と「男」という2つの性は，いつの時代にも存在する自然で普遍的なものと考えるのではなく，本来はからっぽの器にすぎないこの2つのカテゴリーに，それぞれの社会や時代によってどのように異なる意味が与えられ，意味同士が競合したり修正されたりしてきたか，そしてそこに誰のどんな利害や権力関係が作動しているかを検証していくことが，ジェンダー概念を用いて歴史を分析することだと，スコットは主張しました。

　さらに研究者にとって重要なのは，自らの行う研究それ自体が現在におけるジェンダーの知の産出や再生産につながる政治的行為となりうることに，十分自覚的でなければならないことです。たとえば歴史家が用いる「階級」のように一見客観的に見える概念が，いかにジェンダー意識によって無意識のうちに規定されているかの例としてスコットがあげているのが，労働史の大家，E・P・トムソンの『イングランド労働者階級の形成』です。産業革命期の19世紀は，労働者階級という新しい集団が形成されていく時代でした。ところが，当時の生産活動と政治行動には男とともに女も多様な形で参加していたにもかかわらず，トムソンはある特定の男性性を軸にこの時代の労働者像を描くことで労働者階級＝男というジェンダー化された階級概念をつくりあげ，それを固定させてしまったと，スコットは批判しています。「階級」に限らず「政治」や「革命」，「市民」，あるいは「権利」や「平等」など，一見性別とは無関係で中立的だと思われているさまざまな概念も，それが誰によって，いつ，どのように形成され定着していったかという過程を歴史的に検証してみれば，じつはジェンダーによる記号化と密接な関係があることが見えてくるかもしれません。

3　科学とジェンダー

　でも，自然科学の分野ではもっと客観性が重視されるので，ジェンダー意識のようなバイアスが研究のなかに入り込む余地はないはずだと考える人もいるかもしれません。そこで，科学史家のロンダ・シービンガーがあげている面白い例を紹介しましょう。

　わたしたち人間は，類人猿，有蹄動物，その他の生物とともに哺乳類に分類されています。自然界の動物，植物，鉱物を分類し，人間を含むグループを「哺乳類」と命名したのは，18世紀のスウェーデンの博物学者カール・リンネです。「哺乳類」の原語は Mammalia で，直訳すれば「乳房類」という意味です。でも，乳房があることは確かに哺乳類の特質の一つですが，乳汁分泌という

▷2　スコット，J. W.／荻野美穂訳（1988=1992/2004）『ジェンダーと歴史学』（初版，平凡社）増補新版，平凡社ライブラリー，24頁。

▷3　トムソン，エドワード・P.／市橋秀夫・芳賀健一訳（1963=2003）『イングランド労働者階級の形成』青弓社。

▷4　本書の「科学史とジェンダー」（158-159頁）を参照。

形で機能する乳房をもつのはこの類の半分である雌（女）だけで，それも授乳期という短期間に限られます。自然科学界でも世間一般と同様，何事につけても雄（男）を基準にして考える長年の伝統があるにもかかわらず，この件についてだけは例外的に雌の特質に高い価値が与えられ，それがこの類全体を表象するイコンとなって，「哺乳類」という呼称がつくられたのです。ではリンネは，「体毛に覆われ，3つの耳骨と四室からなる心臓とをもつあらゆる動物を含む綱」を指すのに，それまで使われていた「四足動物」や，あるいはこのグループの他の共通の特徴を表す「多毛動物」など，いろいろな可能性があるなかで，なぜ「哺乳類」と命名することにこだわったのでしょうか。

18世紀ヨーロッパは，医者や政治家や学者が「母性愛」という徳を賛美しはじめ，中・上流階級の女性たちはそれまでのように産んだ子を乳母に預けるのでなく，自ら授乳することを奨励されるようになった時代でした。開業医で7人の子の父であったリンネも，この母乳推進運動に関わっていました。シービンガーは次のように述べて，リンネが「哺乳類」という新しい造語によって女性の乳房を偶像化しようとした背景には，当時のこうした女性に対する役割期待の変化があったことを指摘しています。

「〔乳母反対〕運動は，女性の公的能力を阻み，女性の家庭的役割に新たな価値を付与する政治的再編につながるものであった。言いかえれば，雌の乳房に向けられた強い科学的な関心は，雌が――人間であれ動物であれ――自分の子供を母乳で育てることがどんなに自然なことかを強調することによって，ヨーロッパ社会における性的分業を促したのである。」

④ 日本のジェンダー・スタディーズ

ここでは英語圏のジェンダー研究から2つの例をあげましたが，日本においてこうしたジェンダー視点からの従来の学問研究への異議申し立てや問い直しが最もさかんなのは，社会学や歴史学の分野だといえるでしょう。けれどもそれ以外にも，たとえば言語学や文学，法学，政治学，経済学，倫理学，哲学等々，さまざまな学問分野で「ジェンダー」や「フェミニズム」をタイトルに冠した，あるいはそうした視点を組み込んだ新しいタイプの研究が誕生しています。

それらに目を通してみれば，従来の学問のほとんどがいかに「男目線」でありながら，そのことに無自覚・無批判なままできたかに気づかされ，驚くことになるでしょう。ジェンダー研究はたんにそうしたアカデミズムの男性中心主義を批判するだけでなく，女という，男とは異なる問題関心やニーズをもつ者のポジショナリティ（立ち位置）から世界を見直して，これまでは重視されなかった問題に光を当てたり，あることがらに対して通説とは異なる評価や批判を提示したりすることによって，学問研究の再活性化や新たな発展を促そうとしているのです。さらに「女」というジェンダーについてだけでなく，これま

▷5 ロンダ・シービンガー／小川眞理子・財部香枝訳（1993＝1996）『女性を弄ぶ博物学』工作舎，52頁。
▷6 同上書，53頁。
▷7 社会学分野でのジェンダー研究は枚挙にいとまがないが，ここでは一例として，江原由美子（2001）『ジェンダー秩序』勁草書房；加藤秀一（2006）『ジェンダー入門』朝日新聞社をあげておく。
▷8 最近のまとまった例として，『ジェンダー史叢書』全8巻（2009～2011）明石書店。
▷9 中村桃子（2007）『〈性〉と日本語――ことばがつくる女と男』NHKブックス。
▷10 上野千鶴子・富岡多恵子・小倉千加子（1997/09）『男流文学論』ちくま文庫。
▷11 三成美保・立石直子ほか（2011）『ジェンダー法学入門』法律文化社。
▷12 岡野八代（2012）『フェミニズムの政治学――ケアの倫理をグローバル社会へ』みすず書房。
▷13 大沢真理（1993）『企業中心社会を超えて――現代日本を「ジェンダー」で読む』時事通信社。
▷14 金井淑子・細谷実編（2002）『身体のエシックス／ポリティクス――倫理学とフェミニズムの交叉』ナカニシヤ出版。
▷15 大越愛子・志水紀代子（1999）『ジェンダー化する哲学――フェミニズムからの認識論批判』昭和堂。

で取り立てて問題にされてこなかった「男」というジェンダーについても，それがどのように構築され，どれほどの多様性をもつかといった関心が生まれ，研究が進みつつあります。[16]

5 性別二元論を超えて

とはいえ，ジェンダー・スタディーズにも問題がないわけではありません。ジェンダー研究はフェミニズムを基盤に成立した学問領域ですが，フェミニズムとは男性中心社会（家父長制社会）における性による差別や抑圧からの女性の解放をめざす思想と運動であり，そもそも女対男という性別二元論が発想の前提になっています。けれども，フェミニズムのいう「女」とはすべての女を意味するのではなく，「西洋の白人中産階級の高学歴・健常・異性愛女性」であり，一部の女の利害を代弁しているにすぎないとして，早くから有色人種やレズビアン，障害女性や第三世界の女性たちからの批判の声がありました。男と女の間だけでなく「女」というカテゴリーの内部にも，人種やエスニシティ，階級，先進国か途上国か，異性愛か同性愛か，障害の有無，宗教などなど，さまざまな差異とそれによる差別構造が存在することが指摘されたのです。そしてブラック・フェミニズム[17]やポストコロニアル・フェミニズム[18]など，新しい研究分野が生まれました。ジェンダー理論は性別二元制が人間社会を規定する基本的な要因であることを明らかにしましたが，ではそこでいう「女」や「男」とは誰なのか，人種や階級など，人間を分類し差異化するさまざまなカテゴリーと性別とはどのような相関関係にあるのかについて，ジェンダー研究はより思索と分析を深めていくことが求められているのです。

さらに近年，性的マイノリティの立場から異性愛中心主義社会を批判するレズビアン／ゲイ・スタディーズから発展したクィア理論[19]は，フェミニズムやジェンダー研究の基盤にある性別二元論的思考への批判を展開しています。[20]たとえばジュディス・バトラーは，まず女／男という2つの生物学的性があり，その上に文化的・社会的に二元的ジェンダーが構築されるという考え方は，異性愛的セクシュアリティと生殖を規範として強制しようとする社会が捏造した虚構にすぎないと主張し，にもかかわらずフェミニズムが二元論的なジェンダーのとらえ方に固執することは，セックス／ジェンダー／異性愛という三位一体的制度を補強し再生産することにつながると批判しました。[21]

わたしたちが生きるこの社会には，いまだに多くの性別による差別や問題が存在しており，そのために苦しんでいるひとびとがいます。ですから，男とは異なる「女の視点」から世界をとらえ直すことの必要性がなくなったとはいえません。と同時に，性別や性差を自明のものではなくつくられた制度として批判的に乗り越えていくためには，わたしたちの思考を性別二元論という「常識」から解き放つための試みもまた，必要とされているのです。（荻野美穂）

[16] たとえば，村田陽平（2009）『空間の男性学――ジェンダー地理学の再構築』京都大学出版会；阿部恒久・天野正子・大日方純夫編（2006）『男性史』1～3，日本経済評論社，など。

[17] ベル・フックス／大類久恵・柳沢圭子訳（1981=2010）『アメリカ黒人女性とフェミニズム』明石書店。

[18] ウマ・ナーラーヤン／塩原良和他訳（1997=2010）『文化を転位させる――アイデンティティ・伝統・第三世界フェミニズム』法政大学出版局。

[19] 河口和也（2003）『クィア・スタディーズ』岩波書店。

[20] 本書の「ことばとセクシュアリティ」（68-69頁）を参照。

[21] ジュディス・バトラー／竹村和子訳（1990=1999）『ジェンダー・トラブル』青土社。

おすすめ文献

†江原由美子（2002）『自己決定権とジェンダー』岩波書店。

†荻野美穂（2011）「総論――ジェンダー／セクシュアリティ／身体」服藤早苗・三成美保編『権力と身体』明石書店。

†細谷実（1994）『性別秩序の世界』マルジュ社。

4 グローバル・フェミニズム：国際的な人権確立の流れ

1 グローバル・フェミニズムとは

植民地独立後，国境を越えて起こった「女性の従属的状況を解消し人権の確立」を求めるグローバルな運動のことをグローバル・フェミニズムと呼びます。女性に対するさまざまな形態の暴力廃絶，ジェンダー視点での環境問題の解決，平和構築などがあげられます。

女性の従属的状況は，社会的文化的背景などによる程度の差はあれ，世界のどの国においても共通した問題です。しかし，そのような女性の状況改善の運動は，先進国中心に進められてきました。18世紀後半から女性参政権運動を中心に欧米で始まった第一波のフェミニズムは，日本では青鞜などの女性解放運動として展開されました。1960年代にアメリカなどで始まった実質上の平等，性別役割分担の解消など幅広い領域での男女平等を求めた第二波のフェミニズム運動でも，開発途上国の女性たちとの連帯はなかったのです。

2 グローバル・フェミニズムの進展に果たした国連の動き

しかし，1945年10月に設立された国際連合（国連）¹は，1946年に女性の地位委員会²を設置し，メンバーである政府だけでなく，国際NGOからの働きかけを受け止め，さまざまなNGOからの情報を分析し，男女平等をグローバルに推進してきました。国連が制定した1975年の国際女性年及び1976～85年の「国連女性の十年」，1980年，1985年，1995年に開催された合計4回の世界女性会議を通して，男女平等をグローバルに進めるための課題と達成するための行動・戦略をあきらかにしてきました。しかし，1975年及び1980年の世界会議では南北の対立も見られました。多くの開発途上国の女性たちが参加し，グローバル・フェミニズム運動が始まったのは，1985年「国連女性の十年」最終年にナイロビで開催された第3回世界女性会議とNGOフォーラム³以降とされています。

さらに，1979年に国連総会が採択した国連女性差別撤廃条約を批准した国から提出される報告書の審査をするために，1982年に設置された国連女性差別撤廃委員会は，各国の差別的法律の改正，差別的慣習の是正などを通して女性の人権の確立を進めています。同委員会もNGOからの情報を報告書の評価に活用しています。

(1) 国連女性の地位委員会，世界女性会議及びその他の国連会議⁴

▷1 United Nations（設立時の51加盟国（先進国中心）のうち，30カ国しか女性が参政権をもっていなかった。）
▷2 CSW (Comission on the Status of Women) 日本政府は「婦人の地位委員会」という訳を使用している。
▷3 NGOフォーラム参加者数は第1回世界会議「トリビューン」6000人，第2回以降「NGOフォーラム」7000人，第3回1万4000人，第4回4万7000人。
▷4 1995年までは，「United Nation and the Advancement of Women UN Blue Book Series no. 6」及び国際女性の地位協会抄訳（1996）『国際連合と女性の地位向上 1945～1996』国連ブルーブックシリーズ第6巻を主に参照。

④ グローバル・フェミニズム：国際的な人権確立の流れ

エレノア・ルーズベルトなど17名の女性政府代表が，第1回総会に「国連が，世界の女性の権利獲得のためにも活動すべきである」という公開書簡を出したことにより，国連に女性の地位委員会（CSW）が設置されました。この17名のなかには，ドミニカ，ブラジルなど開発途上国の女性代表も含まれていましたが，草の根の女性の実態を反映していたとはいえませんでした。

1946年の第1回会合以降，CSWは，女性参政権，婚姻上における女性差別の解消など，世界の国の男女平等のために政府レベルで検討を続け，4回の世界女性会議で検討された行動計画案の内容の作成，女性差別撤廃条約案，選択議定書の案などの検討をしてきました。「国連女性の十年」最終年である1985年にナイロビで開催された第3回世界女性会議では，世界の女性の地位向上のための行動計画であるナイロビ将来戦略を採択しました。

1995年に北京で開催された第4回世界女性会議では，1990年代に開催された次のような領域の世界会議の成果をふまえ，女性の人権，女性に対する暴力の廃絶，ジェンダーの主流化，エンパワーメントという概念が特徴となっている北京行動綱領を徹夜に近い議論で検討し，採択しました。南北対立というよりは，宗教的原理主義者・国とそれ以外の国の女性たちとの対立した議論があったといえます。1992年にリオデジャネイロで開催された国連環境会議で採択されたアジェンダ21の第24章は持続可能かつ公平な開発に向けた女性のための地球規模の行動となっています。1993年にウィーンで開催された世界人権会議では，「女性の権利も人権である」ことが確認されました。1993年12月に国連総会が採択した「女性に対する暴力撤廃宣言」では，家庭内の暴力，社会における暴力，国家による暴力が明記されました。

1994年にカイロで開催された国際人口開発会議で採択された「行動計画」では，「リプロダクティブ・ヘルス／ライツ」が確認されました。アフリカなどで行われてきた女性器切除も1988年に任命された有害な慣習に関する国連特別報告官，1994年に任命された女性に対する暴力国連特別報告官によって状況の報告がされ，CSWでも廃止のための決議が毎年のように採択されています。

さらに，2000年の世界ミレニアムサミットで採択されたミレニアム開発目標（MDGs）は8つの目標を2015年までに到達することにしています。8つの目標のうち，第三のジェンダー平等，第五の妊産婦死亡率の削減は，直接女性に関わります。加えて，ほかの目標も女性の人権と深く関わっています。たとえば，目標①極度の貧困と飢餓の撲滅では，女性は貧困者の6割を占めるため，女性の貧困削減がこの目標の達成に貢献します。目標②の普遍的初等教育の達成では，女児は就学率が男児より低く，ドロップアウト率は高いため，女児の就学状況の改善が目標②の達成に結びつくなどです。このように男女平等が達成されないとMDGsの達成も難しいため，北京＋15となった第54回CSW2010年の検討テーマには，MDGsの実施促進も入っています。さらに第56回2012年の

▷5　CSWは，1946年には人権委員会の下部委員会として設置されたが，1947年の第1回会合の時には独立した委員会となった。

▷6　性と生殖の健康と権利　すべてのカップルと個人が自分たちの子どもの数，出産間隔，ならびに出産する時期を責任を持って自由に決定でき，そのための情報と手段を得ることができるという基本的権利のこと。
　本書の「リプロダクティブ・ヘルス／ライツ」（198-199頁）を参照。

▷7　MDGs（Millennium Development Goals）の8つの目標は，以下のとおり。
① 極度の貧困と飢餓の撲滅
② 普遍的な初等教育の達成
③ ジェンダー平等の推進と女性の地位向上
④ 乳幼児死亡率の削減
⑤ 妊産婦の健康状態の改善
⑥ HIV／エイズ，マラリア，その他の疾病の蔓延防止
⑦ 環境の持続可能性を確保
⑧ 開発のためのグローバルなパートナーシップの推進

テーマは，農山漁村女性のエンパワーメントと貧困・飢餓の撲滅及び今日的課題における役割となっており，目標①と関わっています。

(2) 女性差別撤廃委員会（CEDAW）と女性差別撤廃条約

　1967年にCSWは，女性差別撤廃宣言を採択し，総会でも採択されました。この宣言を元に女性差別撤廃条約案をCSWで作成，検討し，1979年の国連総会で採択されました。20カ国が批准の後，1980年に正式に条約として認められ，1982年に専門家23名で構成されるCEDAWが設置され，批准した国から提出される報告書の審議，一般勧告の決定などを始めました。CEDAW委員は，政府から提出される実施報告書だけでなく，NGOが提出する「代替報告書（Alternative Report）」を綿密に読み，政府関係者に対する正式のヒアリングに加え，NGOにヒアリングをして「最終見解（Concluding Observations）」を作成します。日本は1985年に批准し，これまで6回の報告書を提出しています。成果としては，男女雇用機会均等法の制定，差別的な国籍法の改正，男女家庭科共修などがあげられます。残念ながら，2009年の最終見解でCEDAWに指摘された民法改正，選択議定書の批准などはまだ行われていません。さらに，この条約に基づいた判決はそれほど多くありません。日本の46のNGOが日本女性差別撤廃条約NGOネットワークJNNCを結成し，レポートの共同作成，委員会・委員に対するロビイングをして，その結果は最終見解に活かされています。

(3) UN Womenの発足

　2011年1月にそれまで，国連にあった4つの女性関係機関（DAW, UNIFEM, INSTRAW, OSAGI）を統合して，女性のエンパワーメントのための国連組織UN Womenが設置されました。

❸ 国連との連携でグローバル・フェミニズム推進に貢献した代表的な国際NGO

　日本における男女共同参画政策は，国連など国際機関からの勧告・要請（外圧）と国内の女性団体の政府に対する要望（内圧）により推進されてきました。同様に国連のジェンダー平等政策も，ジェンダー平等が進んでいる北欧，EUなどからの提案とNGOからの要望で進展しています。グローバル・フェミニズムを推進している3つのNGOを紹介します。

　WEDOは，1992年の世界環境会議に女性の視点を入れるために，当時アメリカの国会議員であり女性運動家ベラ・アブザッグ，グロリア・スタイナム（『Ms』の創設者）など代表的な女性運動家により1979年から設立の準備が始められ，1991年に国連ECOSOC（経済社会理事会）登録団体になりました。それ以降，国連を中心とした環境とジェンダーの問題で積極的に活動しています。

　DAWNは，1984年に設置された女性社会科学研究者・活動家のネットワークでジェンダーと開発に関する言説を推進し広げています。ナイロビ会議では，

▷8　CEDAWはCommittee on the Elimimination of Discrimination against womenの略称。

▷9　NGOはNon Governmental Organizationsの略称。
▷10　シャドーレポート（shadow report）と称される場合もある。

▷11　権利侵害を受けた締約国の個人を救済する個人通報制度及び，大規模な人権侵害の事実確認を行う調査制度などについて規定。2012年8月現在で104カ国が批准，日本は未批准。
▷12　DAWはDivision for Advancement of Womenの略称。
▷13　UNIFEMはUN Women's Development Fundsの略称。
▷14　INSTRAWはInternational Research and Training Centre for the Advancement of Womenの略称。
▷15　OSAGIはOffice for Special Adviser to the Secretary-General on Gender Issuesの略称。
▷16　WEDOはWomen's Environment and Development Organizationの略称。

▷17　DAWNはDevelopment Alternatives with Women for a New Eraの略称。

開発途上国の女性研究者の英知を集め、開発における女性に関する「代替報告書」を提出しました。

1974年に設置されたIsis Internationalはローマのオフィスをマニラに移し、Isis-WICCE[18]はジュネーブのオフィスを1993年ウガンダの首都カンパラに移し活動しています。Isisとは、エジプトの知恵、創造、知識を司る女神の名前にちなんだもので、ともに、アジア、アフリカさらに世界の女性がエンパワーするための情報提供をしています。

4 グローバルフェミニズムの推進のために

UN Women[19]の設立はNGOの活動とネットワークの成果でした。NGOは2006年から国連改革に向けてGEAR[20]キャンペーンをして積極的に働きかけ、UN Womenを設立させたのです。UN Womenの主な活動領域は、次の5つで、女性の人権はすべてに関わるものです。

①女性の参画の拡大、②女性の経済的エンパワーメント、③女性に対する暴力の撤廃、④平和・安全・人道対応における女性のリーダーシップ、⑤政策・予算におけるジェンダーへの配慮

③の女性に対する暴力撤廃については、国連は1996年に女性に対する暴力撤廃信託基金を設置し、女性に対する暴力撤廃のためのキャンペーンを進めています。NGOも毎年11月25日から12月10日を世界各地で女性に対する暴力撤廃16日間キャンペーン[21]として、地域の実態にあった活動を進めており、グローバルな課題として国連・政府・NGOの連帯活動が進んでいます。2013年の第57回CSWの優先テーマでもあります。

2012年の第56回CSWにおいて、農村女性のエンパワーメントという比較的議論が少ないテーマについても合意結論の採択ができなかったことが象徴的ですが、国際的に女性の人権に対する保守的な意見や対立が強くなっています。1990年代に国際的に合意された「リプロダクティブ・ライツ」という表現に反対する国が多くなりました。「アラブの春」[22]で、女性が議席のクオータ[23]を失った国もあります。さらに、2012年のCSW期間中、国連事務総長と総会議長の連名により、第5回世界女性会議開催の提案がされました。しかし、北京行動綱領よりも後退した成果文書が採択される懸念、各国の不況によるUN Womenの予算不足など様々な理由により、2012年の国連総会では第5回世界女性会議の開催は提案されませんでした。

女性の人権に対する抑圧の強い国の女性たちの人権の確立をめざすためには、他国の女性たちとのネットワークやUN Womenなど、国連の支援がますます必要になっています。

(橋本ヒロ子)

▷18 WICCEはWomen's International Cross-Cultural Exchangeの略称。
▷19 UN Women日本事務所は大阪府堺市に、UN Women日本国内委員会は横浜市に設置されている。
▷20 GEARはGender Entity Architecture Reformの略称。
▷21 Rutgers UniversityのThe Center for Women's Global Leadership (CWGL)が1991年から始め、2011年までに175カ国、4114機関で実施。
▷22 「アラブの春」とは、2011年初頭から中東・北アフリカ地域の各国で本格化した一連の民主化運動のこと。この大変動によって、チュニジアやエジプト、リビアでは政権が交代し、イスラム原理主義の強い政府になった国では女性の政治参加が後退した。
▷23 積極的改善措置（ポジティブ・アクション）の手法の一つで、人種や性別などを基準に議席や候補者等に一定の人数や比率を割り当てる制度。

おすすめ文献

†伊藤るり・坂本義和編(1995)『市民運動』岩波書店（とくに第1、2章を参照されたい）。
†国連広報局／国際女性の地位協会 (1996=1996)『国際連合と女性の地位向上 1945-1996』（国連ブルーブック・シリーズ第6巻の抄訳である）。
†Pietila, H. (2007) *The Unfinished story of women and the United Nations*, UN Non-Governmental Liaison Service.

第Ⅱ部 ジェンダー・スタディーズの諸相

1 文化とジェンダー／A 育つ・育てる

① ジェンダーと社会化

❶ 「女」と「男」

わたしたち「人間」は、生まれながらにして「女／女性」と「男／男性」の2つの性別のいずれかに分かれており、身体・能力・パーソナリティなどにおいて、それぞれ異なる特徴を有しているといわれます。こうした見方は、通常問い直されることのない「常識」とされてきました。

しかし、20世紀の後半以降、この「常識」はさまざまな形で検討されました。「人間」は、本当に男女で明確に二分されているのでしょうか。あるいは、「男」と「女」の間には、超えられない生来的な違いが多くあるのでしょうか。そうした問いかけをしていくなかで、社会的／文化的に男女の性別二分法のあり方を考える「ジェンダー（gender）」概念が生まれました。「男は仕事，女は家庭」に代表される性別役割観、男性の方が知的に優れている（とりわけ理系分野で）という能力観、女性は優しさ／男性はたくましさといった「女／男らしさ」をもつとする性別特性論などは、いずれも文化的に、または社会システムとしてつくりあげられ、維持されてきたという視点が、ジェンダー概念の導入によって明確になってきたのです。

社会化（socialization）とは、人間が社会の求める役割や価値観を身につけて発達することとともに、そのようにして生み出された人間が当該社会を再生産することを指しています。性と生殖、労働など、生活のすべての領域に関わるジェンダー秩序（gender order）は、社会化プロセスにおいて重要な意味をもっています。特定のジェンダー秩序を有する社会に生きる子どもたちは、それを学習しながら、「大人」になっていくのです。

❷ 「男と女のどっち？」から始まるジェンダーの社会化

わたしたちが「女」と「男」に「つくられる」過程は、赤ちゃんとして生まれた時から始まっています。新しい生命が誕生した時、「女の子」なのか、「男の子」なのか、身近なひとびとはかならず知りたがります。赤ちゃんの性別によって、母親・父親にかける言葉やお祝いに贈る洋服の色を変えることが、礼儀にかなった慣習とみなされています。

子育てをスタートさせる際に、名前をつけるということは、親の最初の大きな「仕事」です。その名づけにおいても、性別は重要な意味をもちます。赤ち

▷1　自然科学の領域に関しては、本書の「自然科学とジェンダー」（148-149頁）を参照されたい。

▷2　本書の第Ⅰ部（2～17頁）を参照されたい。

ゃんの名づけに関する書籍や子育て雑誌記事では，かならず「男の子の名前」と「女の子の名前」は区別されて紹介されているものです。近年の人気名前ランキングなどをみても，男の子の名前と女の子の名前では，使われる漢字からイメージされる内容だけでなく，口にした時の音のひびきも異なっていることがわかります。▷3

子どもたちが遊びや生活を通じて，乾いた砂が水を吸うように言葉を覚え文化を吸収していく幼児期には，女らしい遊び／男らしいふるまい／女らしい言葉／男向けの色や服装など，性別二分法にのっとったメッセージが周囲の大人やマスメディアからふんだんに提供されます。▷4 そのルールに沿えば賞賛・肯定され，沿わない行動をすれば叱責・否定される経験が蓄積し，ジェンダー秩序は子どもたちの内面にしっかりと根づいていくと考えられます。▷5

思春期を経て青年期へと，身体の発達や社会的な成長の段階に沿って，私たちは既存のジェンダー秩序への認識を深めていきます。既存の秩序に順応するにせよ，抵抗するにせよ，まずは社会を構成しているジェンダー秩序を把握することが必要になるからです。

③ 社会が求める「男／女」の二分法

個人の発達という側面からジェンダーの社会化の問題をみてきましたが，次に社会システムの維持・再生産という側面からみてみましょう。

学校教育は，近代社会が自らに適合的な人間を生み出すための，最も重要な社会的装置です。近代初期には，「男らしい男」と「女らしい女」をつくることをめざして，性別で区別された学校体系やカリキュラムが確立されます。かつては，男女の生物学的差異を理由として女性に対する教育を制限することがめずらしくありませんでした。その結果として，異なる知識・技能・態度を身につけた「男」と「女」が生み出され，その違いがふたたび性差別を正当化する理由とされてきたのです。

教育を受ける権利が平等に保障されるようになった現代においても，学校教育はジェンダー秩序の再生産機能を有しているのではないかということが議論されています。現在も多くの国で学歴や専攻分野の性差がみられ，それらが，学校卒業後の労働市場での配置の性差につながります。

男性優位の序列と性別役割分担に沿って，職場での地位や役割は男女で異なり，女性は子育てや介護などの理由で離職（とパートタイマーなどで再就職）しがちです。人間のケアに関わる仕事の多くは，家庭や地域で女性が担っているのです。そうした社会全体のジェンダー秩序の再生産あるいは再編は，わたしたちが性別二分法の文化を内面化し，その文化に沿って行動することで，実現するといえます。

(木村涼子)

▷3 明治安田生命の「生まれ年別の名前ランキング2011」では，男名前のベスト3は「大翔」「蓮」「颯太」，女名前のベスト3は「陽菜」「結愛」「結衣」となっている。(http://www.meijiyasuda.co.jp/profile/etc/ranking/best100/)

▷4 樋口恵子（1997）『女の子の育て方』学陽書房；グリーングラス，E.R.／樋口恵子訳（1982=1987）『女と男はどうつくられる？』三笠書房；望月重信ほか編（2005）『教育とジェンダー形成——葛藤・錯綜／主体性』ハーベスト社，など参照されたい。

▷5 本書の「ジェンダーと発達」「ジェンダー・アイデンティティ」「ジェンダー・ステレオタイプ」(92-97頁)を参照されたい。

おすすめ文献

†伊藤公雄・牟田和恵編（2006）『ジェンダーで学ぶ社会学』世界思想社。
†江原由美子・山崎敬一編（2006）『ジェンダーと社会理論』有斐閣。
†天野正子編（2009）『ジェンダーと教育』岩波書店。

1 文化とジェンダー／A　育つ・育てる

2 幼児教育・保育

① 保育政策とジェンダー

　保育とは，乳幼児を保護し育てることを意味します。就学前の子どもの教育，保育を担う代表的機関として，日本では幼稚園，保育所があります。どちらも子どもの成長と発達を促し保育を行う機関ですが，幼稚園は幼児を保育し心身の発達を助長する教育機関（文部科学省の所管），保育所は保護者の就労，病気などのため家庭で十分な養護と教育を受けることのできない子どものための児童福祉施設（厚生労働省の所管）と位置づけられ，制度的・組織的には区別されてきました。

　保育政策はジェンダー政策と深く関わっています。近年，女性の社会進出を受けて保育所の入所希望者が増加傾向にありますが，保育所に入れない待機児童も増え続け，その対策が急務とされています。政府は幼稚園，保育所の一体的運営を意図した認定こども園制度の発足（2006年）などの取り組みを進めていますが，両者の安易な統合は，子どもの安全やケアと教育の保障に関わる問題を含むものとして，慎重な意見もあります。

　時代を遡ってみると，戦後すぐには幼保の年齢別一元化の改革や，すべての児童を対象とする理念に基づく保育政策が議論されましたが，一元化は現実化せず，ほどなく乏しい財政と施設不足から，保育所に入所可能な児童範囲が徐々に狭められていきました。1951年の児童福祉法改正では，保育所への入所条件に「保育に欠ける」の文言が挿入され，母親の就労，疾病，母親のいない家庭など，「母親が保育できない状態」であることが入所基準として厳正に適用されていきました。その背景にはジェンダー化された国家政策があったといえましょう。1960年代に本格化する日本型経営戦略は，基幹労働力として労働市場でフルに働く男性労働者と，それを支える家事・育児の担い手としての女性の再生産役割の組み合わせによる性別役割分業体制に裏打ちされ，その体制のもとに母親による家庭での育児を優先し，公的な育児支援を限定化する政策がとられることになったのです。その後，保育政策の転換点となったのは90年代の少子化のインパクトでした。「家庭保育の重視」の原則から，子育ては家庭と社会のパートナーシップへ，保育所の入所方法は市町村が決定する「措置」方式から，保護者が希望する保育所「選択」方式へと方向転換がなされた背景には，少子化対策，子育て支援政策の動向があります。

▷1　幼稚園は「幼児を保育し，適当な環境を与えて，その心身の発達を助長することを目的」として（学校教育法第77条），満3歳から就学前の幼児に1日標準4時間開かれている教育機関。保育所は「日々保護者の委託を受けて，保育に欠けるその乳児又は幼児を保育することを目的」として（児童福祉法第39条第1項），就学前の乳幼児に，1日標準8時間開かれている児童福祉施設。

▷2　白石淑江（2009）『スウェーデン　保育から幼児教育へ——就学前学校の実践と新しい保育制度』かもがわ出版；椋野美智子・藪長千乃（2012）『世界の保育保障——幼保一体改革への示唆』法律文化社。

▷3　北欧を中心に欧州の

② エデュケアとジェンダー平等

　海外の保育に目を向けると，日本の保育所，幼稚園にあたる施設のほかに，ベビーシッター，チャイルドマインダー（イギリス），親の自主運営による共同保育など多様なシステムがあります。ここでは福祉制度と男女平等政策を推進する国として知られるスウェーデンを見ましょう。スウェーデンの保育制度は一元化され，親の子育てと仕事の両立支援と，子どもの健やかな発達と学びの援助という2つの目的を達成するために，教育（education）と養護（care）とが一体になった実践をめざして「エデュケア」モデルがとられてきました。1990年代後半には，それまでの保育サービスの責任が教育省・学校庁に移管され，ダークヘム（昼間の家）と呼ばれていた保育所は，フォーシュコーラ（就学前学校）となり，生涯学習の最初の段階として公教育の体系に位置づけられることになりました。就学前学校のカリキュラムでは，民主的価値観の基礎として，個人の自由と尊厳，男女の平等，弱者との連帯などがあげられ，男女のステレオタイプの役割意識から離れて多様な関心や能力を育てることが重視されている点も，スウェーデンならではのカリキュラムといえそうです。

③ 幼児教育とジェンダー形成

　日本の幼児教育の実情はどうでしょうか。学校教育に比べて幼児教育や保育の場は，公式のカリキュラムの縛りが弱いため，社会化の担い手である幼稚園の先生や保育士のジェンダー意識，価値や志向性が表出しやすい場といえます。
　イギリスのR・キングの幼児教育研究をふまえて，日本で行われた参与観察の分析では，園児の身体操作に「お父さん座り」「お母さん座り」との表現や，シールの性別ごとの色分け（女子はピンク，男子は青）など，子どもの集団的社会化に性別カテゴリーが「自然な」ものとして用いられ，性役割が子どもに内面化されていくプロセスが論じられています。また幼児の世界は，大人社会の反映でもあり，園庭や遊びの場，絵本，ゲームやマスメディアを通して，子ども自体がジェンダーカテゴリーを構築していくとの研究もあります。
　幼児教育という文化伝達の場で，「自然で自明な」カテゴリーとしてのジェンダー類別を通して，秘かに作用していくジェンダー統制は，幼い頃になされるほど深く強固に浸透していくのです。
　一方，最近の幼児教育の場では，性別カテゴリーに結びつきやすい色分け，シンボルの使用に留意し，子どもの多様性に配慮しつつ，男性保育士の存在を含めて，ジェンダーに敏感な対応をとろうとする園，保育所も見受けられます。
　幼児教育・保育の場は，親の就労支援や子育て支援の役割だけでなく，ジェンダー化された文化伝達の初期段階での気づきの場として，親と子の学びの機会ともなっていく可能性があるといえましょう。

（天童睦子）

ケアのあり方で特筆すべき点として，ケアラーとしての男性（men as carers）への注目と実践がある。ケアラーはケア（世話）する人の意味で，父親の育児休業取得の促進以外にも，保育・介護といったケアの役割を男女が共同して担う社会がめざされている。舩橋惠子（1999）「父親の現在——ひらかれた父親論へ」渡辺秀樹編『変容する家族と子ども』教育出版；矢澤澄子・国広陽子・天童睦子（2003）『都市環境と子育て——少子化・ジェンダー・シティズンシップ』勁草書房。

▷4　キング, R./森楙・大塚忠剛監訳（1978=1984）『幼児教育の理想と現実』北大路書房。

▷5　森繁男（1989）「性役割の学習としつけ行為」柴野昌山編『しつけの社会学』世界思想社。

▷6　Thorne, B.（1993） *Gender Play: Girls and Boys in School*, Rutgers University Press.；藤田由美子（2005）「幼児期におけるジェンダー形成と子ども文化」望月重信ほか編『教育とジェンダー形成——葛藤・錯綜／主体性』ハーベスト社。

おすすめ文献

†青野篤子（2012）『ジェンダー・フリー保育』多賀出版。

†永井聖二・神長美津子編（2011）『幼児教育の世界』学文社。

†望月重信・近藤弘・森繁男・春日清孝編（2005）『教育とジェンダー形成——葛藤・錯綜／主体性』ハーベスト社。

第Ⅱ部　ジェンダー・スタディーズの諸相

1　文化とジェンダー／A　育つ・育てる

3　かくれたカリキュラム

▷1　たとえば，アップル，M. W.／門倉正美・宮崎充保・植村高久訳（1979＝1986）『学校幻想とカリキュラム』日本エディタースクール出版部。

▷2　たとえば，ボウルズ，S.・ギンティス，H.／宇沢弘文訳（1976＝1986）『アメリカ資本主義と学校教育』岩波書店。

▷3　エスノグラフィーとは，アンケート調査のような量的調査とは異なり，インタビューや観察を中心とした質的方法を用いて，ひとびとがどのように行動し，意味を構築するのかという質的な問題関心を問う調査方法論である。

▷4　サドカー，M.・サドカー，D.／河合あさ子訳（1994＝1996）『「女の子」は学校でつくられる』時事通信社。

▷5　Clarricoates, K. (1978) "'Dinosaurs in the Classroom': A Reexamination of Some Aspects of the 'Hidden' Curriculum' in Primary Schools," *Women's Studies International Quarterly*, 1 : 353-364.

▷6　Martin, A. Karin (1998) "Becoming a Gendered Body: Practice of Preschools," *American Sociological Review*, Vol. 63, No. 4.

1　かくれたカリキュラムとは

　平等主義を掲げる学校のなかで，どうして差別がなくならず，かえって助長されてしまうのか，という問いは，教育社会学者たちの中心的な課題ですが，その問いを解く鍵として，欧米で1970年代から注目されてきたのが，かくれたカリキュラム（hidden curriculum）という概念です。欧米の研究者たちは，教科書のように表立って教えられるカリキュラム（overt curriculum）よりも，学校で行われる活動や，教師—生徒関係，教師の態度など，意識されない日常実践によって伝達されるかくれたカリキュラムにこそ，生徒たちを不平等に社会化する価値観や規範が潜んでいるのだと主張しました。そして，かくれたものを研究によって明らかにしていくことが平等な教育を実現するために必要だと考えました。

2　ジェンダーの社会化とかくれたカリキュラム

　かくれたカリキュラムは，まず，階級の異なる生徒たちを異なった進路に水路づけるものとして問題にされましたが，ジェンダー研究者たちは，かくれたカリキュラムは，ジェンダーの社会化を解明する鍵にもなるのだと主張しました。そして，学級の内部を見るのに適しているエスノグラフィックな方法を用いて，幼稚園から大学院までさまざまな教育段階におけるジェンダーのかくれたカリキュラムをあぶり出しました。たとえば，サドカー＆サドカーなどの数多くの研究が，教室において，男子が女子よりも圧倒的に教師の注目を集めたり，教師と相互交渉をしたり，発言の機会が与えられたりすることを明らかにし，クラリコウツなど多くの研究者が，教師が生徒の性別によって異なった期待（女子生徒は良い子で静かで協力的，男子生徒は創造的で活発で自主性があるなど）をかけていることを描きました。また，マーティンなどの研究者は，女子は身体の動きや声を規制されるのに対し，男子はリラックスした活発な行動が許される傾向にあり，身体がジェンダー化されることを指摘しています。このように，学習の機会や進路や将来の就業形態に重大な影響をもたらす，あるいは身体やアイデンティティまでを限定する，重要なジェンダーの社会化のプロセスが，かくれたカリキュラムという概念によって脈々と明るみに出されてきました。

また，1990年代半ばから米国で盛んになってきたのが，学校をセクシュアル・マイノリティの視点で見直す試みです。ティーンの自殺者の30%がセクシュアル・マイノリティであるというショッキングな数値が公になったことを受けて，数々の研究が，学校においてセクシュアル・マイノリティに対する残酷な差別やいじめや暴力があることを明らかにしました。学校のかくれたカリキュラムは，社会と同様，異性愛が唯一の自然なセクシュアル・オリエンテーションであることを前提とする「ヘテロノーマティヴィティ」を基本にしており，学校はセクシュアル・マイノリティのアイデンティティ構築が困難な場になっているということができます。日本でも，望ましいセクシュアリティ／ジェンダーを基準にいじめやアイデンティティ統制を起こすヘテロノーマティヴィティを解明することは，学校文化全体の見直しにつながる重要な試みになるでしょう。

③ 日本の学校におけるジェンダーのかくれたカリキュラム

日本のジェンダー研究者たちも，かくれたカリキュラムという概念を使って，日本という特定の文脈におけるジェンダーの不平等の再生産のしくみを解き明かそうとしてきました。たとえば，森繁男は，日本の幼稚園で性別カテゴリーやステレオタイプが多用されているが，それらは，性別役割のしつけのために意図的に行われるのではなく，教室統制に利用されているのであり，こういった「社会過程に内在するかくれたカリキュラムを抽出する作業」が必要であると指摘しました。宮崎あゆみは，小学校でのエスノグラフィーを基に，性別カテゴリーの多用は，性役割の社会化として教師に意識される場合は少なく，日本の教育の慣習として，あるいは教室統制の手段として使われ，森と同様に，「結果としての」ジェンダーの社会化となっていると結論づけました。さらに，氏家陽子は，一つの中学校のかくれたカリキュラムを多方面から吟味し，男女平等と性差別という矛盾したメッセージが錯綜していることを明らかにしました。また，日本の学校で慣習的に使用されている男女別名簿は，男子が先にされること，分けられた男女に異なった意味づけがされることで，ジェンダーのメッセージを送っていることも明らかにされました（男女平等教育をすすめる会 1997）。木村涼子は，サドカーらが明らかにした性別による発言権の明らかな不均衡は，日本の学級の女子と男子とのパワー争いと教師との攻防という複雑な関係のなかで確固なものになっていることを指摘しました。

かくれたカリキュラムの研究は，欧米発信のものが主でしたが，このような日本の研究は，ジェンダーの生成過程を特定の文脈と結びつけて理論づけた優れた知見を提示できています。今後，さまざまな文化のなかでのかくれたカリキュラムを照らし合わせて，学校におけるジェンダー及びセクシュアリティ構築の複雑なしくみを解き明かしていくことが重要だといえるでしょう。

（宮崎あゆみ）

▷7 Epstein, D. and Johnson, R. (1998) *Schooling Sexualities*, Buckingham, Philadelphia: Open University Press.

▷8 森繁男（1989）「性役割の学習としつけ行為」柴田昌山編『しつけの社会学』世界思想社。

▷9 宮崎あゆみ（1991）「学校における『性役割の社会化』再考——教師による性別カテゴリー使用をてがかりとして」『教育社会学研究』東洋館出版社，第48集，105-123頁。

▷10 氏家陽子（1996）「中学校における男女平等と性差別の錯綜——二つの「隠れたカリキュラム」のレベルから」『教育社会学研究』東洋館出版社，第58集，29-45頁。

▷11 男女平等教育をすすめる会編（1997）『どうしていつも男が先なの？——男女混合名簿の試み』新評論。

▷12 木村涼子（1999）『学校文化とジェンダー』勁草書房。

おすすめ文献

†木村涼子（1999）『学校文化とジェンダー』勁草書房。

†木村涼子編著（2009）『ジェンダーと教育』日本図書センター。

†木村涼子・古久保さくら編著（2008）『ジェンダーで考える教育の現在——フェミニズム教育学をめざして』解放出版社。

1 文化とジェンダー／A 育つ・育てる

4 生徒文化

1 生徒文化研究の始まり

　1970年代から，観察やインタビューに基づいたエスノグラフィックな方法を用いて，生徒たちの行動様式や価値規範やサブカルチャーを描く生徒文化研究が欧米で盛んに行われるようになりました。これらの研究は，学校のなかで不平等が再生産されるしくみを探求する際に，学校側が発する社会化のメッセージのみに注目し，生徒はそのメッセージを受動的に内面化するだけだと仮定するのは間違っていると主張して，生徒たちが不平等な社会構造にどのように反抗しえるのかを見極めようとしました。生徒文化研究のなかで記念碑的な研究であるウィリスのエスノグラフィーは，イギリスの労働者階級の生徒たち（「野郎ども（lads）」）が，巧みに権力の裏をかき，今の楽しみに価値を置き，暴力や男っぽさを評価する労働者階級の文化を基盤とした生徒文化を築いて中産階級の文化を基盤とする学校に反抗することで，皮肉にも自らの階級を維持していることを明らかにしました。

2 生徒文化研究とジェンダー

　ジェンダー研究者たちは，男子生徒による階級構造への反抗に焦点を当てた既存の研究は女子生徒を無視してきたと批判し，ジェンダーの構造への女子生徒たちの反抗のプロセスを描くべく，多くのエスノグラフィーを生み出しました。たとえば，マクロビーは，イギリスのユースクラブで行った観察やインタビューを基に，女子生徒たちが，仲間とつねに行動を共にし，少女雑誌に大きな影響を受けて，ファッション，恋愛，結婚などを中心にした女子特有の「ロマンス・カルチャー」を構築していることを描き出しました。この文化は，男性中心のカリキュラムや学校文化に疎外されている女子生徒に居場所を与え，反抗の基盤を与えるものであるとマクロビーは位置づけました。また，主に観察の手法を用い，女子生徒たちの学校のなかでの行動や教師との交渉に焦点を当てて，女子生徒特有の生徒文化を描き出す研究も数多く行われました。たとえば，デイヴィスは，女子生徒たちは，ただ抑圧される客体ではなく，女性性を強調した戦略を用いることで，非力な立場を最大限に利用し，学校のなかでパワーを得ようとしていることを明らかにしました。

▷1　本書の「かくれたカリキュラム」（24-25頁）を参照。

▷2　ウィリス，P.／熊沢誠・山田潤訳（1977=1985）『ハマータウンの野郎ども——学校への反抗・労働への適応』筑摩書房。

▷3　McRobbie, A. (1991) *Feminism and Youth Culture*, Houndmills, Basingstoke, Hampshire: Macmillan（初出が1980年前後を中心とした論文集）.

▷4　Davies, L. (1983) "Gender, Resistance, and Power," *Gender, Class, and Education*, Stephen Walker and Len Barton, eds., New York: The Falmer Press, 39-52.

▷5　McRobbie, A. (2009) *The Aftermath of Feminism: Gender, Culture and Social Change*,

③ 近年のジェンダー生徒文化研究の発展

　しかし，これらの初期女子生徒文化研究は，女性性を利用し，女性特有の文化を築くことが果たして本当に反抗足りえるのかという点で，意見の食い違いがありました。近年のジェンダー生徒文化研究は，「女子生徒」と「男子生徒」という相対するグループが形成する「ジェンダー特有」の文化が「適応的」か「反抗的」かを問うのではなく，さまざまな文化や社会状況のなかで，ジェンダーが階層や人種など他の権力関係と絡まり，さまざまな女性性／男性性／セクシュアリティが構築されるプロセスを明らかにしようとしています。

　たとえば，マクロビーは，女子生徒が男子生徒に成績の面で追いついたのだから，もうフェミニズムはいらないポストフェミニズム社会なのであるとする言説が流布していることに危惧を示し，後期近代の新自由主義のなかで，アカデミックにも成功した美しく完璧な女子生徒という達成不可能な新しい女性性が規範になっており，女子生徒たちは成功の裏で多大な心理的コストを支払っていると警鐘を鳴らしています。そういった不可能な女子像を押しつけられて不安に感じる女子たちは，本物の（authentic）女性性が提示できるかどうかで学校の人気を争い，それが達成できない女子たちを批判することで自分たちを正当化しています。しかし，その非現実的な女子像は実はミドルクラスの白人女子生徒に限られており，それをめざす資源のない女子生徒たちを中心に，ジェンダー規範に反した女子版野郎ども（ladette）文化が構築されているといいます。一方で，男性性も生徒文化の重要なテーマであることが明らかになっており，たとえば，パスコーは，カリフォルニアの高校で男子生徒がオカマ（fag/faggot）という言葉を頻繁に使用してからかい合うのは，単なるホモセクシュアルへの差別行為ではなく，男子生徒が望ましい男らしさから外れぬように統制し合うプロセスであると指摘しました。

④ 日本のジェンダー生徒文化研究，今後の課題

　日本でも，勤勉を求める学校規範と女らしさを求めるジェンダー規範という矛盾したメッセージに引き裂かれる女子生徒たちのタイプを分析した木村涼子の研究，女子高校の生徒たちが，「勉強グループ」「オタッキーグループ」「一般グループ」「ヤンキーグループ」に差異化し合い，異なった女性性を批判し合う力学を描いた宮崎あゆみの研究，女子高校において，高い階層出身で本物のコギャルとみなされる「トップ」，それに追随する「コギャル」，排除される「オタク」がヒエラルキーを形成し，関係を変化させる様子をつぶさに描いた上間陽子の研究などがあります。日本でも生徒文化研究が蓄積され，さまざまなジェンダー／セクシュアリティのあり方が明らかになることで，若者たちとジェンダー構造との関係の理解が進むことが望まれます。

（宮崎あゆみ）

Los Angeles, London, New Delhi, Singapore, Washington D.C.: Sage Publications.

▷6　たとえば，Read, B., Francis, B. and Skelton, C.（2011）"Gender, Popularity and Notions of In/authenticity amongst 12 year-old to 13-year old School Girls," *British Journal of Sociology of Education*, Vol. 32, No. 2, 169-183.

▷7　たとえば，Jackson, C.（2006）"'Wild' Girls? An Exploration of 'Ladette' Culture in Secondary Schools," *Gender and Education*, Vol. 18, No. 4, 339-360.

▷8　たとえば，Pascoe, C. J.（2005）"'Dude, You're a Fag': Adolescent Masculinity and the Fag Discourse," *Sexualities*, 8：329-346。

▷9　木村涼子（1999）『学校文化とジェンダー』勁草書房。

▷10　宮崎あゆみ（1993）「ジェンダー・サブカルチャーのダイナミクス──女子高におけるエスノグラフィー」『教育社会学研究』東洋館出版社，第52集，157-177頁。

▷11　上間陽子（2002）「現代女子高校生のアイデンティティ形成」『教育学研究』69(3)，47-58頁。

【おすすめ文献】

†DVD「リトルブリテン」BBC。

†千田有紀（2009）『女性学／男性学』岩波書店。

†橘ジュン（2010）『漂流少女──夜の街に居場所を求めて』太郎次郎社。

1 文化とジェンダー／A 育つ・育てる

５ 家庭科

１ 家庭科の誕生

家庭科の存立をめぐる歴史をたどると，社会のジェンダー秩序を背景に教育政策のもと性別役割分業に基づく生き方を強いていた時代から，男女共同参画に資する教科へと理念が大きく転換し，こんにちに至っていることがわかります。まず，家庭科の誕生からこんにちまでの推移を概観してみましょう。

家庭科はそのルーツを戦前の裁縫科，家事科に代表される「良妻賢母教育」としての女子教育の中に見出すことができます。しかしその後，第二次世界大戦後の教育改革が進められるなかで，「民主的家庭建設」を志向する教科として，家庭科は新たに学校教育法施行規則により規定され，誕生しました。

戦後初期の家庭科教育は，新たな時代の到来に伴い，女性の権利保障や社会の民主化をめざす動きのなかで，社会の基礎単位として「家族」をとらえ，民主的な家族関係のもとで民主的な人格が育まれることによって社会の民主化へと発展するという思想に支えられていました。

しかし，想定されていた「民主的家庭」とは，「主婦の仕事」である家事労働に協力する家族関係であり，性別役割分業を内包するものでした。家庭科はジェンダー・バイアスを払拭できないまま，新教科として出発したのです。

２ 家庭科とジェンダーの再生産

高度経済成長期にさしかかった1958年に改訂された学習指導要領において，中学校に教科「技術・家庭」が新たに設置されました。このとき，「生徒の現在および将来の生活が男女によって異なる点のあることを考慮」した結果，「女子向き」の「家庭」と「男子向き」の「技術」が性別役割分業と結びついて正当化されました。また同時期に，高等学校家庭科は「女子のみ必修」となりました。こうして，公教育のなかにジェンダー差別が公然と導入されました。

３ 家庭科の男女共修から男女共同参画へ

性別にかかわらず，小学校高学年から高等学校まで誰もがみな，家庭科を必修で学ぶ履修形態になったのは，1989年の学習指導要領改訂以降のことです。

1975年は国連の定めた国際女性年でした。この年を契機として1979年には女子差別撤廃条約が採択され，日本も同条約の批准に向けて，国内の法律・制度

▷１　常見育男（1972）『家庭科教育史増補版』光生館。
▷２　朴木佳緒留（1990）「『民主的家庭建設』と家庭科」岩垂芳男・福田公子編『家政教育学』福村出版，39-52頁。

▷３　堀内かおる（2003）「家庭科は誰が学ぶもの？ ——〈ジェンダー再生産の象徴〉を超えて」天野正子・木村涼子編『ジェンダーで学ぶ教育』世界思想社，104-118頁。

の見直しを図り始めました。男女同一の教育課程の享受を明記した女子差別撤廃条約に抵触するとして，日本の中等教育における家庭科の男女別教育課程が批判され，改善の必要性が指摘されました。当時発足した市民団体の「家庭科の男女共修をすすめる会」には，国会議員や教師，保護者などさまざまな市民が参画し，家庭科をすべての生徒が学ぶ教科とするように運動を展開しました。

以上のような国内外の男女平等をめぐる動向を受けて，日本は家庭科教育における男女別履修を解消することを前提に1985年に女子差別撤廃条約を批准し，1989年に学習指導要領が改訂されました。この時初めて，中学校において男女の共通履修領域が設定され，高等学校では男女とも必修で家庭科を履修するように定められました。男女別履修の長い時代を経て，ようやく家庭科は男女共修となり，家庭科教育に関する「制度上の平等」が形作られました。男女が共に学ぶ教科としてリニューアルした家庭科の教育課程は，中学校では1993年から，高等学校では1994年の新1年生から実施されています。

1999年制定の男女共同参画社会基本法をふまえ，2000年に制定された第一次男女共同参画基本計画では，男女共同参画推進のための教科として家庭科が明記されました。その後，同基本計画は3回の改訂を経て現在に至っています。

4 家庭科の未来に向けて

社会のジェンダー秩序を変えていくための手がかりとして，ひとびとの意識に変革をもたらすために，教育は大きな手段となります。2015年に改訂された第四次男女共同参画基本計画には，「男性，子どもにとっての男女共同参画」という条項が新たに設けられました。生活者としての自立に向けた知識と技術を習得し，男女平等な生き方を展望する教科である家庭科は，男女共同参画社会の到来に向けて重要な意義をもつ教科だといえるでしょう。

しかし，生活全般を網羅した広範にわたる内容にもかかわらず授業時数が少ない家庭科にとって，子どもたちに十分な学習を保障するためには，カリキュラムの充実や，非常勤ではなく正規の教師を配置するなどの指導体制の整備をはじめとする課題があります。

また，文部科学省の学校教員統計調査（2016）によると，高等学校で教える男性教師のうち，家庭科を担当しているのはわずか0.2％です。高等学校まですべての男女生徒が学んでいるとはいえ，将来の進路として家庭科教師を志す男性はいまだ希少な存在です。それでも，わずかながら存在している男性家庭科教師たちは，「家庭科を教えること」を通して，ステレオタイプな男性役割の呪縛から次第に解放されていく「ジェンダーの転機」を経験しています。

生徒たちにとって，男性家庭科教師の存在は，ジェンダーにとらわれない生き方を体現するロールモデルです。男女で共に学ぶ家庭科が実現したこんにち，担当教師のジェンダー・バイアスの解消が待たれます。

（堀内かおる）

▷4　家庭科の男女共修をすすめる会編（1997）『家庭科，男も女も！──こうして拓いた共修への道』ドメス出版。

▷5　堀内かおる（2001）『教科と教師のジェンダー文化──家庭科を学ぶ・教える女と男の現在』ドメス出版。

おすすめ文献

†日本家庭科教育学会編（2000）『家庭科教育50年──新たなる軌跡に向けて』建帛社。
†堀内かおる（2009）「学校教育における〈母〉のメタファー──教師の家庭科観から」木村涼子編著『ジェンダーと教育』日本図書センター，197-210頁。
†堀内かおる（2006）「バックラッシュの中の家庭科教育──家族をめぐるポリティクスの過去・現在・未来」金井淑子編著『ファミリー・トラブル──近代家族／ジェンダーのゆくえ』明石書店，233-252頁。

1　文化とジェンダー／A　育つ・育てる

6 進路選択

1 学校教育の改革：女性の教育機会の制限から平等化へ

　現在わたしたちは、教育を受ける権利が性別に関わりなく平等に保障されることを当然のことと考えています。しかし、日本において教育の平等原則が法制度として確立されたのは、第二次世界大戦後のことです。それ以前の学校教育は、性差別が公的に制度化されたものでした。

　戦前の学校教育における性差別は、「分離」「差異化」「排除」という3つのキーワードで説明することができます。初等教育から男女別学が基本であるだけでなく、中等教育以上は、男子が進学する学校と女子が進学する学校は、学校種別からして二系統に分離されるとともに（「分離」）、そこでの学習内容（カリキュラム）も異なるものでした。学校を通じての社会移動、「立身出世」を鼓舞された男子には、卒業後は家庭に入り「良妻賢母」として内助の功を尽くすことを期待された女子よりも、より専門的で高度な教育が施されました（「差異化」）。そうした男子優先の教育体系の頂点である高等教育機関への進学は、基本的に女性には閉ざされていました（「排除」）。

　しかし、そうした性差別システムは、戦後大きく改革されます。男女共学と男女平等を原則に新しい学校教育制度が確立された結果、それまで制限されていた女性の教育機会は大きく拡大しました。戦前の複線型から単線型の教育体系となったことで、社会階層間不平等の緩和もめざされました。何を目標にいかなる分野のいかなる学校に進学するかという進路選択の自由は、「原則として」万人に与えられたといえましょう。ここで、「原則として」と留保しましたが、1980年代以降の教育を研究対象とするジェンダー・スタディーズは、留保しなければならない教育の現実を論じてきました。

2 戦後改革後の進学動向

　まず、戦後教育機会が平等化された結果として、男女の高等教育進学率がいかなる変化を遂げたかをみてみましょう。1980年代から90年代にかけて女子の大学進学率が急速に伸び、男子とのギャップを縮めています（図1）。女子は短期大学進学者が多いため、1989年には四年制大学と短期大学を足し合わせた進学率では、女子が男子を上回るという男女逆転現象が生じました。しかしながら、現在も四大や大学院への進学率は男子の方が高いという状況が続いてい

▷1　教育に関わるジェンダー・スタディーズの代表的なものについては、木村涼子編（2009）『ジェンダーと教育』日本図書センター；亀田温子・舘かおる編（2000）『学校をジェンダー・フリーに』明石書店；藤田英典ほか編（1999）『ジェンダーと教育』世織書房などを参照されたい。
▷2　進学率の性差については、木村涼子（2010）「ジェンダーと教育」岩井八郎・近藤博之編『現代教育社会学』有斐閣を参照されたい。
▷3　専攻分野の性差については、木村涼子（2005）「女は理系に向かないのか——科学技術分野とジェンダー」木村涼子・小玉亮子『教育／家族をジェンダーで語れば』白澤社を参照されたい。
▷4　科学技術とジェンダーに関する調査研究には、村松泰子編（2004）『理科

ます。

進学率だけでなく，専攻分野の性差をみると，理系及び文系の法学・経済学分野には男子が多く，文学・芸術系及保健分野には女子が多いという，男女別の傾向がはっきりとみてとれます。女子の大学進学率が伸びた1990年代以降，男女比率のアンバランスは縮小しているとはいえ，科学技術分野の女子の少なさはジェンダー・スタディーズの課題となっています。

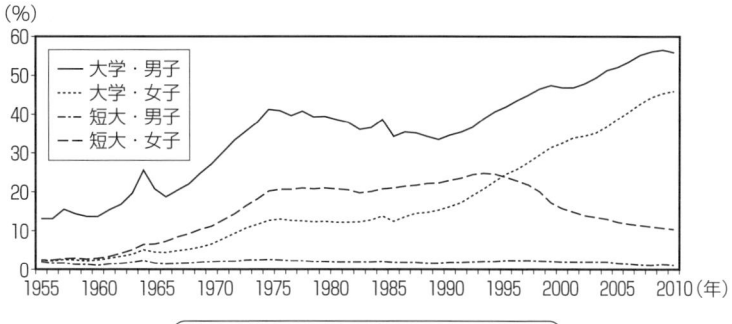

図1　四年制大学・短期大学進学率（男女別）

出所：文部科学省「学校基本調査」より筆者作成。

3 進路選択に性差が生じる理由

機会は平等に開かれていても，進学や専攻分野など進路選択に性差があらわれるのはなぜなのでしょうか。その理由をかつてのように生物学的な違いに求めることもできますが，ジェンダーの視点からの実証的な諸研究は，周囲のジェンダーに関する意識や，学校教育における「かくれたカリキュラム」などの影響を示唆しています。

まず，家庭や学校，マスメディアなどによってステレオタイプの性別特性観が子どもたちに伝達される状況があることを指摘すべきでしょう。教師が児童・生徒の性別によって異なる働きかけをしていること，親が望む進学期待が子どもの性別によって異なることは，各種の調査で浮き彫りにされています。男の子には「もっとがんばれ」「がんばればできるはず」とひたすら進学意欲を煽る働きかけ（ウォームアップ）がなされますが，女の子には「無理せずそこそこでよい」「しょせん女の子なのだから」と意欲を冷却する働きかけ（クーリングダウン）がなされがちです。

子どもたちが性別特性観や男性優位主義を内面化することによって，自由な選択の幅を自ら狭めてしまっているということも考えられます。たとえば，「成功不安（fear of success）」研究は，女性が他者（とりわけ男性）との競争的な場面において，他者を打ち負かして成功することを恐れる気持ちをもっているのではないかとの仮説で多くの実験や調査を積み重ねています。

家庭役割と職業役割をどのように調整するのかが将来設計の課題となる女の子の場合，性別役割意識の違いによって，進路選択が多様になることを指摘した研究もあります。性別役割意識や性別特性観は流動化しています。それらを前提とした制度・慣習も見直されつつあります。子ども・若者たちの進路選択が今後どのように変化していくのか，ジェンダーの視点からの分析は今後も不可欠といえるでしょう。

（木村涼子）

離れしているのは誰か――全国中学生調査のジェンダー分析』日本評論社；村松泰子編（1996）『女性の理系能力を生かす――専攻分野のジェンダー分析と提言』日本評論社などがある。
▷5　亀田温子（1999）「ジェンダー認識と進路形成」亀田・舘編前掲書；尾嶋史章（2001）『現代高校生の計量社会学――進路・生活・世代』ミネルヴァ書房など。
▷6　本書の「性役割」（72-73頁）を参照。
▷7　中西祐子（1998）『ジェンダー・トラック――青年期女性の進路形成と教育組織の社会学』東洋館出版社；中西祐子（1999）「学校の選抜機能とジェンダー――性役割観に基づく進路形成」亀田・舘編前掲書。

おすすめ文献

†中西祐子（1998）『ジェンダー・トラック――青年期女性の進路形成と教育組織の社会学』東洋館出版社。
†木村涼子（1999）『学校文化とジェンダー』勁草書房。
†尾嶋史章（2001）『現代高校生の計量社会学――進路・生活・世代』ミネルヴァ書房。

1 文化とジェンダー／A 育つ・育てる

7 性教育

1 若者の性行動は活発化しているか

いつの時代もいわれることかもしれませんが，青少年の性行動はともすれば無軌道な放埓なものになりがちだから，大人の側できちんと抑制・規制しなければならないという主張が，近年折々に注目されています。

本当に青少年の性行動は活発化しているのでしょうか。日本性教育協会が1974年から約6年間隔で実施してきた青少年の性行動調査のデータをみてみると，1974年から2005年までのおよそ30年間の間に，キスや性交の経験率が非常に高くなってきたことがわかります。経験率の上昇傾向は，中学生・高校生・大学生いずれの年齢段階にも，また，男女ともにあてはまります。たとえば高校生の場合，キスの経験率は3割程度から5割へ，性交経験率は10％強から25％程度へと上昇しています。大学生の性交経験率の上昇はとくに激しく，15％程度から60％を越えて伸びています。

確かに，青少年の性行動はさかんになっているといえるでしょう。青少年がセクシュアリティに関する権利を主体的に行使していることはよろこばしいことといってよいかもしれません。しかし，性行動が若年化していること，アダルト商品など扇情的で時に間違った情報を含んだメディアに触れることなどを考えると，青少年の多くが何らかのリスク（性感染症，望まない妊娠，性暴力：デートDVなど）に直面している可能性の高さも否定できないのです。

そうした状況に対して，セクシュアリティとは何かをしっかりと考える機会，セクシュアリティに関わる種々の知識を正確に伝えていく機会の提供が必要とされています。

2 日本における性教育の歴史

性教育もしくは性に関する教育とは，性に関わる知識や価値観を教える教育を意味します。性教育という言葉は戦前から存在していましたが，学校教育において本格的に取り組まれるようになるのは戦後のことです。

戦後は，1947年の文部省社会教育局通達「純潔教育の実施について」が出されて以降，70年代に至るまでは「純潔教育」，80年代以降は「性に関する指導」や「性教育」といった名称で，青少年期の性行動をコントロールすることを主眼とした性教育が行われてきました。青少年の性行動抑制を重視する性教育が

▷1 財団法人日本性教育協会編（2007）『「若者の性」白書——第6回青少年の性行動全国調査報告』小学館。

▷2 性教育の歴史については，田代美江子（2003）「敗戦後日本における『純潔教育』の展開と変遷」『ジェンダーと教育の歴史』川島書店；田代美江子（2002）「性差と教育——近代日本の性教育論にみられる男女の関係性」『歴史学研究』765号，青木書店，などを参照されたい。

▷3 浅井春夫ほか編（2003）『ジェンダーフリー・性教育バッシング——ここが知りたい50のQ&A』大月書店；木村涼子編（2005）『ジェンダー・フリー・トラブル』白澤社，などを参照されたい。

すすめられてきた一方で，身体や性・生殖についての科学的な知識を伝達する性教育や，子どもの人権・主体性の観点からの性教育もさかんになっていきます。

1999年に文部科学省は「学校における性教育の考え方・すすめ方」を出し，学習指導要領においても理科・保健体育・家庭科で性に関わる教育内容を定めるなどの努力を行っていますが，十分な性教育カリキュラムを構成するに至っていません。しかも，21世紀初頭に巻き起こった，「過激な性教育」バッシングによって，性教育の先進的な実践例が厳しい攻撃を受けたこともあって，近年，地域や学校によっては性教育を実践しがたい状況が生まれているのではないかということが懸念されています。

3 これからの性教育

20世紀末から21世紀にかけて新しい性教育の流れは，セクシュアリティを人間の生き方や人格に関わるものとして考える方向で発展してきています。そうした性教育の流れは，さまざまな人権運動と連動しています。

第一には，子どもの権利を確立する運動との連動があげられます。子どもを管理の対象としてだけでなく，自らのセクシュアリティを発達させ自己決定していく主体としてとらえる観点から性教育の見直しが行われてきました。第二は，フェミニズム運動との連動です。男女平等の観点が取り入れられ，男女が対等に互いを尊重する関係を築くことが，性の営みの基礎として考えられるようになっています。第三は，セクシュアル・マイノリティの権利獲得運動との連動です。性的指向や性的アイデンティティに関して，マイノリティの立場にあるひとびとの権利を擁護する観点から，セクシュアリティの多様性についての学習が取り入れられつつあることが注目されます。今日性教育で欠かせないトピックとなっているエイズ教育においても，同性愛指向のひとびとの人権問題をからめて行われることが多くなっています。今後の性教育は，こうしたセクシュアリティの領域における個々人の権利・自由・責任といった観点から行われる必要があるでしょう。

性に関する事柄を忌避するのではなく，子どもたちには性と生殖という営みの重要性とともに，それらに伴う身体的・社会的リスクに関する認識をもたせたうえで，責任ある自己決定について考えさせるべきです。

性教育の学習主体は子どもや青少年に限られるわけではありません。成人後，高齢者にいたるまで，わたしたちはずっと自らのセクシュアリティを生きています。「大人」であれば，セクシュアリティの知識が十分であるとは限りませんし，つぎつぎと展開するライフコースや人間関係のなかで，新しい課題に悩むことも多いはずです。成人にとっても，性について真剣に語り合い，学び合う場が不可欠であることを忘れてはなりません。

(木村涼子)

▷4　そうした先進的な実践例については以下のものを参照されたい。HIVと人権/情報センター編(2010/2011/2012)『すとーりぃ AIDS/STI/SEX』全3冊，解放出版社；(2011)『季刊 SEXUALITY――性教育実践2011』第50号，エイデル研究所。性教育先進国といわれる北欧の国々の性教育を日本に紹介する文献はいくつかある。たとえば，橋本紀子(2006)『フィンランドのジェンダー・セクシュアリティと教育』明石書店。本書の「セクシュアル・マイノリティ」(186-187頁)を参照。

▷5　1994年のカイロ国際人口・開発会議は，リプロダクティブ・ヘルス(性と生殖に関する健康)を宣言，北京世界女性会議行動綱領は，セクシュアル・ヘルス(個人の生と個人的人間関係の高揚を目的とする性に関する健康)について「自由かつ責任ある決定」の権利を宣言。これらの国際的動向をふまえて，性教育は構想されるべきである。本書の「リプロダクティブ・ヘルス／ライツ」(198-199頁)を参照。

▷6　中澤智恵(2003)「性について学ぶ」天野正子・木村涼子編『ジェンダーで学ぶ教育』世界思想社を参照されたい。

おすすめ文献

†橋本紀子(2011)『こんなに違う！ 世界の性教育』メディアファクトリー。
†浅井春夫(2007)『子どもと性』日本図書センター。
†池谷寿夫(2003)『セクシュアリティと性教育』青木書店。

1　文化とジェンダー／A　育つ・育てる

8 子育て・育児戦略

1　育児戦略とは何か

　育児戦略とは、育児の担い手である親の産育意識、しつけ方、教育投資といった育児意識と育児行為の総称のことです。それとともに親自身にも明確に意識されない、社会に構造化された暗黙の戦略、さらに国や市場において展開される子どもの産育をめぐる、政治的・経済的・文化的戦略も含まれます。▷1

　「戦略（strategy）」はもともと「兵士の才略・用法」を意味し、経営戦略や国家戦略といった表現に見られるように、その響きにはなんらかの競争的状況のなかで勝ち残り、生き残りをかけた目的合理的な方略の意味がありますが、そればかりでなく、なにげない個人の選択や好みにも「戦略」が立ち現れます。社会学者ブルデューは、ひとびとの自由な判断や選択に委ねられているようにみえる慣習行動が、その人の属する社会集団に特有の行動様式の体系（ハビトゥス）によって方向づけられた「再生産の戦略」をもつことを指摘しました。▷2

　個人や家族の意識的「選択」に依拠しているように見える育児行為や日常的育児の実践にも、社会に構造化された再生産システムと関連した戦略が作用していることが見えてきます。このような日常的営みとしての育児（ミクロ）と、社会の構造的変化（マクロ）をつなぐ分析概念が育児戦略です。

2　人口と戦略の転換

　子どもの産育に関わる育児戦略の事例を、日本の出生率の変化をたどりつつ、ジェンダー視点から考えてみましょう。

　歴史を遡れば、日本では昭和の戦中期、「産めよ殖やせよ」のかけ声のもとに出産奨励策がとられていました。戦後のベビーブーム期（1947-49年）に出生率の上昇を見て、その後、合計特殊出生率は1949年の4.3から57年の2.0へと急降下しました。戦後の出生率の低下をもたらしたのは、夫婦間出生数の抑制効果でした。戦時下の国家政策として「国力増強」のための「多産」が求められ堕胎罪が科せられた時代から、戦後は一転して優生保護法（1948年）が施行され、人工妊娠中絶が実質的に自由化・合法化されたことも急激な出生率低下の一因となりました。▷3

　一方、戦後の家族にも、子ども数を抑えようとする意識変化がありました。敗戦後の生活水準の極度の低下という経済的要因、乳児死亡率の低下という人

▷1　天童睦子編（2004）『育児戦略の社会学』世界思想社、8-10頁。

▷2　ブルデュー、P.／石井洋二郎訳（1979=1990）『ディスタンクシオン──社会的判断力批判Ⅰ』藤原書店。

▷3　優生保護法は成立の翌年（1949年）に一部改正され、人工妊娠中絶が認められる条件として「妊娠の継続又は分娩が身体的又は経済的理由により母体の健康を著しく害するおそれのあるもの」と経済的理由が盛り込まれ、それが選択の幅を広げることになった。同法は、1996年に母体保護法と名称が改められ、「優生思想」的条文の削除、文言の修正がなされている。

口学的変化とともに，家族にとって育児戦略の転換の契機となったのは社会の構造的変化でした。戦後から高度経済成長期にかけて農業中心から工業・商業中心への産業構造の変化に伴い，雇用者比率が著しい上昇を示すなかで，子どもにできるだけ「良い教育」を与えて，将来「良い職業」に就かせたいとする，親の教育意識が一般化していきます。そのため，子どもの数を抑えて一人当たりの投資を高める再生産の戦略が広がりを見せていきました。そして，そのような育児戦略を支えたのがメリトクラシーのイデオロギーでした。

▷4 メリトクラシーは，子ども自身の能力や努力次第で，社会的地位が決定するという考え方。

③ 少子化時代の育児戦略

日本は1970年代半ば以降，人口置き換え水準を下回る低出生率の時代を迎え，90年代には少子化が社会問題として広く認識され，少子化対策や子育て支援が政策課題となりました。

少子化の要因として，女性の相対的な結婚の不利益感，女性の高学歴化と社会進出による晩婚・晩産化などがあげられますが，個人や家族の価値志向の転換も背景要因の一つと考えられます。それは，メリトクラシーに基づく近代家族の「子ども中心主義」から，「親自身の自己実現の最大化」というペアレントクラシー時代の到来といえるでしょう。

イギリスの教育社会学から提起されたペアレントクラシー（parentocracy）は，「親の財（資本）と教育意識（意欲と選好）」次第で子どもの教育達成に格差が生まれる，新たな「属性主義」の生成という不平等の再生産メカニズムを示す概念です。格差社会のなかで，子どもの産育・教育のあり方に敏感となった親たちのなかには，グローバル化競争の激しさを増す社会のなかで，子どもの「成功」を願い，幼少期からの教育投資，子どもへの関心・配慮・励ましといった感情投資を含む文化資本の導入戦略に駆られる層も登場しました。ペアレントクラシーのイデオロギーは，育児と教育が親の家庭責任であることを強調し，育児エージェントとしての親役割を家族の「選択」の文脈のなかで自ら強化し，「我が子中心」の子育てに集中していく家族の姿とも重なります。

▷5 David, M. E. (1993) *Parents, Gender and Education Reform*, Polity.

さらに少子化時代の再生産戦略について見ると，近年の日本の子育て支援政策には，子育てと就労の両立支援に向けた環境整備や，子育て期の男性／父親の育児関与推進などの施策が盛り込まれ，男性のケア保障を含めたジェンダー格差を縮小する契機となる可能性もあります。とはいえ，少子化や次世代育成のための「対策」は，「国家規模での人口再生産戦略」と結びつきやすいことにも留意が必要です。子どもを産み育てる女性と家族の意思決定への公的介入や，現代の構造的な育児問題を不可視化したまま，育児の家族責任を強調する秘かな統制戦略の危険性にも，目配りを忘れてはなりません。

少子化時代の再生産戦略とジェンダーの考察には，社会の構造的分析と日常的育児の実践をつなぐ分析枠組みが必要とされるのです。

（天童睦子）

おすすめ文献

†天童睦子編（2004）『育児戦略の社会学——育児雑誌の変容と再生産』世界思想社。
†舩橋惠子（2006）『育児のジェンダー・ポリティクス』勁草書房。
†牟田和恵（1996）『戦略としての家族——近代日本の国民国家形成と女性』新曜社。

1 文化とジェンダー／B 多様な文化・多様なくらし

① 婚姻・親族・子育て

🌑 多様性を知ることは相対化すること

　どんな赤ん坊も，ある社会・文化のなかに生まれてその社会の大人になっていきます。まっさらの赤ん坊が，多様な文化を身につけた大人になっていくとするならば，子育てのやり方も唯一正しい方法があるのではなく，多様であることを示しています。多様な文化を知ることの意味は，現在の方法を唯一のものと考えずに，相対化して見ることができるようになる点です。たとえば，「産みの母が子育てをすべきだ」とある社会でいわれているとしても，バングラデシュの農村では，歩けるようになって以降の子育ては子ども同士で行われています。またインドネシアの農村では，近所の人や親族などの複数の人が子育てに関わり，誰が母親なのか見ていてもわかりません。それに対して，日本では母子の対が誰の目にも明らかなぐらい子育ては母親によって一対一で行われています。このようなことを知ると，人類の育児は歴史的にも地理的にも多様であり，母親が自分の子を育てるやり方はそのなかの一つでしかないことに気づきます。日本で母親が子育てすることが重視される背景には，現代の日本社会で支配的な男性は仕事，女性は家事・育児というジェンダー規範があることに気づきます。つまり，子育ての習慣は日本社会の他の習慣や規範と密接に関連して，全体として一つのまとまりをつくっているのです。

🌑 文化に隠されたジェンダー不平等

　文化の多様性を知ることは，現在の支配的なものの見方を相対化するうえで重要です。しかしどんな習慣や文化も尊重されねばならないと言いたいわけではありません。たとえば，文化のなかにジェンダー不平等や貧困などの問題が覆い隠されていることがあります。例をあげれば，バングラデシュの農村では12歳で結婚したという女性や，14歳で子どものいる女性たちに出会います。このような婚姻は早婚の習慣といわれ，あたかもその地域の文化のようにいわれますが，その背後には貧困や男女不平等があるといえます。なぜならインドやバングラデシュでは，女性は婚姻に際してダウリーと呼ばれる持参財を用意する習慣があり，貧しい家ではそれを省くために小さいうちに嫁に出すのです。またこの地域では男児を女児より重視する男児選好の習慣もあり，女性たちは男児を産むまで妊娠を繰り返したり，男児には医療を受けさせるが女児の治療

▷1　婚姻に際して妻方から夫方に渡される財を持参財（dowry）といい，インド，バングラデシュや東ヨーロッパに多く見られる。インドでは持参財の習慣が法律で廃止になった後も習慣は続いている。反対に夫方から妻方に渡される財やサービスは花嫁代償（bride price）と呼ばれる。
▷2　男児を女児より大切にし，男児が生まれるのを願うことを男児選好と呼び，インドやバングラデシュのほか，中国，韓国でも，またかつての日本でも見られた。男児選好の背景には，

代は節約することも行われていました。このような習慣まで含めてこの地域の文化と呼ぶとするならば、文化のなかには人権侵害やジェンダー不平等が含まれていることになります。なぜなら、先進国であればまだ義務教育の年齢にあたる女の子が、自分の意思とは無関係に男性と性交渉をもたされ、その人の子どもを産むことや、女児であるために医療を受けさせてもらえないということは、現在の価値観からすれば人権侵害にあたるからです。そして、もしこの地域が経済的に豊かになり、女性が高等教育を受けて仕事でお金を儲けるようになったときに、早婚の習慣が依然として行われているとは考えにくいでしょう。そうであるなら、豊かさや教育・労働の平等が実現したときになくなる習慣は、文化なのかあるいは貧困や不平等の別名なのかという疑問が出てきます。このように、文化という言葉を使ったときには見えなくなるジェンダー間の力関係や貧困に目を向けるとき、文化の多様性といういい方ですべてを認めることについては慎重でなければならないといえるでしょう。

③ 人類の多様な婚姻の形

　私たちは、通常自分の文化を当たり前と思い、他の文化を見たときには違和感を覚えます。一人の女性と一人の男性が結婚する一夫一婦制を当然とみなす社会では、一夫多妻や一妻多夫の習慣は奇妙なだけでなく、人権侵害にも思えます。また現代では主流にはなっていない婚姻や家族のつくり方——たとえば同性婚や同性カップルで子どもをもつこと、死者の配偶子で子どもをもうけることなど——は、多くの社会で賛否両論の議論を巻き起こす道徳的問題となっています。しかし、個人の自由が認められるようになった結果、あるいは生殖補助医療の進歩によって出てきたと思われる行動を、人類はすでに多様な婚姻の形で実践していました。たとえば、不妊の女性が別の女性と結婚して子どもをもうける女性婚や、死者の名で女性と婚姻し、その女性が産んだ子を死者の子どもとする亡霊婚、婚姻前に死んだ女性や男性を結婚させる冥婚や死霊婚などです。それらの奇妙に思われる習慣の背後には、不妊や死者であっても子孫を得て祖先として祀られるべきだとする考え方があり、それは現在生殖技術を利用して子を持ちたいと考えるひとびとの考え方に通じるものがあります。

　人類は多様な婚姻や育児の習慣を文化として実践してきました。それを通して私たちは、ある社会で行われていることはその文化がつくりあげた一つのやり方であり、人類の長い歴史や大きな可塑性を考えれば他のやり方も可能であることに気づきます。そして文化や伝統とされる習慣のなかに潜むジェンダー不平等にも敏感である必要があります。同時に、多様な文化を比較するなかで、自分たちの社会で新たな問題とされることが、他の文化ではすでに形を変えて実践されていたり、解決済みであることに気づくことができます。

（松岡悦子）

その地域が父系による家系や財産、祭祀の継承を行っていること、男性の労働力が重視されていることなどがある。通常、女児の出生数を100としたとき、男児は105ぐらいの割合で生まれるが、妊娠中の胎児の性別判定技術が進むにつれて、国によっては性比が110〜120と大きく変化した。その背後には、女児の胎児の中絶が推測されている。しかし現在の日本のように高齢社会になり、女性の介護や家事能力が期待されるようになると男児選好はうすらぎ、女児選好の傾向も見られるようになっている。

▷3　一人の男性が複数の女性と結婚するのを一夫多妻婚、反対に一人の女性が複数の男性と結婚するのを一妻多夫婚と呼ぶ。一夫多妻婚が認められているイスラム社会では、妻を4人までもつことができるとされているが、実際に複数の妻をもつのは一部の富裕者や年長者である。一妻多夫の例としては、かつてのインドのナーヤルやチベットに住むシェルパがあり、シェルパでは兄弟で一人の女性と結婚することが多く見られた。

▷4　レヴィ＝ストロース, C.／川田順造ほか訳（1988＝1988）『現代世界と人類学』サイマル出版会。

おすすめ文献

† 和田正平（1988）『性と結婚の民族学』同朋舎出版。
† 国分拓（2010）『ヤノマミ』NHK出版。
† 松岡悦子・小浜正子（2011）『世界の出産——儀礼から先端医療まで』勉誠出版。

1 文化とジェンダー／B 多様な文化・多様なくらし

❷ 儀礼

❶ 実践へ

　ジェンダーは文化的な実践によって生まれ，確認され，かつ強化されます。わたしたちは，あいさつ，ジェスチャー（身振りとしぐさ），言葉遣いなどを通じて，男性あるいは女性になるのです。バトラーの言葉に従えば，ジェンダー・アイデンティティは「ジェンダーの首尾一貫性を求める規制的な実践によってパフォーマティヴ〔行為遂行的〕に生みだされ，強要される」。したがって，ジェンダー・アイデンティティにある種の実体を認めることは誤りなのです。もう一つ引用しておきます。「ジェンダーは，……形式的な反復行為によって……制度化されるアイデンティティなのである。ジェンダーの効果は，身体の形式化をつうじて生産される。したがってそれは，身体の身ぶりや動作や多様な形式が，永続的なジェンダー化された自己という幻想をつくりあげていくときの，日常的な方法と考えなければならない。この考え方によって，ジェンダー概念は，実体的なアイデンティティ・モデルから離陸し，ジェンダーを，構築された社会的に一時的なものとみなす立場へと着地するのである」。

　「規制的な実践」あるいは「形式的な反復行為」「身体の形式化」の典型が，本項目の主題である儀礼にほかなりません。儀礼について辞書では「社会慣習として，形式を整えて行う礼儀。礼式」（『広辞苑 第五版』）と説明されていますが，より一般的には，(1)慣習性，(2)形式性あるいは規則性，(3)繰り返し，(4)伝統主義・過去遡及性，(5)宗教性などを特徴とする行為といえます。

　儀礼は，あいさつのように毎日同じように繰り返されることもあれば，宗教儀礼のように実施される機会が限られていることもあります。しかし，個人的には限られていても，日本中で，あるいは毎年類似の儀礼が行われていると考えますと，そこに反復性を認めることができます。

　さらに，性行為に向けてのやりとりや，性行為自体における男女のふるまいもまた形式化されていることに注目したいと思います。性行為は，ひとびとの性的志向（セクシュアリティ）とともに，ジェンダーが構築される場所でもあります。性行為こそ男らしさや女らしさが求められている実践なのです。

❷ ジェンダー儀礼

　さて，宗教儀礼にはさまざまなものを想定できますが，そのなかの一つに人

▷1　バトラー，J.／竹村和子訳（1990=1999）『ジェンダー・トラブル』青土社，57頁。〔 〕内は引用者による補足。

▷2　バトラー（1990=1999）同上書，247頁。著者自身による強調。一部引用者による修正あり。

▷3　田中雅一（2010）『癒しとイヤラシ──エロスの文化人類学』筑摩書房。

生儀礼があります。それは誕生から死まで，そして死後まで続きます。七五三，成人式や結婚式，入社式，還暦祝いや葬式，十三回忌など数え上げればきりがありませんが，ここで注目したいのがジェンダー儀礼です。ジェンダー儀礼の目的は，参加者を当該社会の男や女にふさわしい存在に劇的に変化させることです。この儀礼を経なければ男とも女とも思われず，当然，性関係や結婚に支障が生じます。ジェンダー儀礼はしばしば成人式と重なりますが，必ずしも同じとはいえません。生まれてすぐになされる儀礼もあるからです。

　典型的なジェンダー儀礼は，ニューギニアのウェゲオたちのものです。儀礼で少年たちの舌の両端に傷をつけ瀉血します。舌に傷をつけるのは，そこが母ともっとも近い場所だったからです。乳房を吸っていた舌に母的なものが残っているとみなされているため，そこの血を出して女性（母）性を排除し，晴れて男性となるのです。この儀礼の後，かれらは初めて女性と性交渉をします。

3　男子割礼

　性器への施術である男子割礼についてはどうでしょうか。もっとも典型的なものは包皮の一部削除です。これは，宗教上ユダヤ教徒やイスラーム教徒が割礼を行うこともあって，世界中に分布が広まっています。他にも，ポリネシアやメラネシア，アフリカ各地の民族などにも認められます。包皮が男性の女性的部分とみなされている点に注目すると，割礼は身体から女性的なものを排除して，男性のアイデンティティを確立するための儀礼とみなすことができます。神との契約の印を意味するユダヤ教の場合のように宗教的な性格の強い説明がなされることもありますし，清潔さを保つことや過度の自慰の禁止などが合理的な説明としてあげられることもあります。ただ，ユダヤ教やイスラームにおいても，割礼を経てよりよい信者になることと，よりよい男性になることとは密接に結びついているのです。

　女性については，男性性の象徴であるクリトリスを切除するFGM（Female Genital Mutilation）や初潮儀礼をジェンダー儀礼とみなすことができます。後者について述べますと，初潮そのものは，もちろん女性の成長を示す身体的変化ですが，その儀礼化の有無や方法は文化によって異なるのです。たとえば南インドのタミル人の間では，結婚式に似た盛大な儀礼がなされます。そこで女性の豊穣力が増すような所作がなされ，結婚可能な女性へと変貌するのです。

　では，儀礼を通じて生まれるジェンダー秩序をいかに攪乱できるのか，あるいは攪乱してきたのか。これが儀礼の規制的性格を強調するジェンダー論に求められている課題といえます。

（田中雅一）

▷4　田中雅一・中谷文美共編（2005）『ジェンダーで学ぶ文化人類学』世界思想社。

▷5　本書の「女子割礼／女性性器切除」（44-45頁）を参照。

▷6　詳しくは田中雅一（2010）「交叉イトコ婚からシマイ交換婚へ」『関西学院大学社会学部紀要』111号，57-70頁。

おすすめ文献

†ファン・ヘネップ，アノルト／綾部恒夫・綾部裕子訳（1909=1977）『通過儀礼』弘文堂。
†田中雅一・中谷文美共編（2005）『ジェンダーで学ぶ文化人類学』世界思想社。
†田中雅一・川橋範子共編（2007）『ジェンダーで学ぶ宗教学』世界思想社。

1 文化とジェンダー／B 多様な文化・多様なくらし

3 性別分業

1 「らしさ」に基づく役割と分業

「女らしい人」や「男らしい人」とは、一体どういう人を指すのでしょうか。それは一人前の女性や男性にふさわしいとされる役割やふるまいを身につけ、期待に添った行動を取れる人のことです。社会のなかで特定の地位や身分にある人に対して他者から期待される行動様式が「役割」であり、なかでも性別に基づいた役割は「性役割」と呼ばれます。性役割の遂行は、単に女らしい、男らしい服装や言葉づかい、ふるまいを身につけるだけではなく、その社会で女性・男性がそれぞれすべきと考えられている仕事を担うことを意味します。

異なった属性をもつ集団に違う種類の仕事を割り当てる「社会的分業」のなかで、性別に従って「男の仕事」と「女の仕事」を振り分けることを「性別分業」といいます。性別分業を固定的にとらえる傾向の強い社会では、女性がすべきとされる仕事に男性が手を出すと「男らしくない」といわれ、男性の仕事を女性がしようとすると「男まさりだ」といわれるように、境界を越えようとする行為が揶揄や中傷の対象となりがちです。

2 性別分業は「自然」か？

「男性は仕事、女性は家庭」というフレーズで呼び習わされているような性別分業は、太古の昔から存在するという考え方があります。このような性別分業が「自然」であることの根拠の一つとしてよく引き合いに出されるのが、狩猟採集社会の事例です。男は妻子を養うために遠くまで狩猟に出かけ、女はベースキャンプの近くで家事や育児の合間に採集を行うといった分業があるのだから、これは生物学的性差に基づく自然なことである、という主張は、一見もっともらしく感じられるかもしれません。しかし、現実の狩猟採集民のなかには、厳しい自然環境を生き抜くために性別に基づく分業が極小化されている例や、女性が一部の狩猟に従事したり、夫婦単位で採集に行くことが普通に見られる例もあります。採集活動は多岐にわたり、長距離の移動が必要な場合もあります。

3 社会・時代によって異なる分業

狩猟採集という共通の生業形態を取る社会の間にも違いがあるように、分業

▷1 性別役割分業、性別役割分担などともいう。

▷2 狩りで野生の動物を捕獲したり、漁撈で魚をつかまえたり、果物・木の実・蜂蜜などを採集したりすることによって食糧を獲得することを生計の基盤とする社会を指す。階級差や貧富の差などが少なく、平等性が高いとされる。

▷3 妊娠・出産機能をもつ女性、運動能力の高い男性というような生物学的な違いを指す。

▷4 原ひろ子（1989）『ヘアー・インディアンとその世界』平凡社。

▷5 今村薫（2010）『砂漠に生きる女たち』どうぶつ社。

の度合いやどのような仕事をどちらの性に割り振るかについては，文化的多様性が見られます。分業の根拠となる「女」「男」というカテゴリーのあり方やそのカテゴリーに付随するとされる資質もまた，社会によって異なるからです。

たとえばインドネシアをはじめとする東南アジアの諸社会では，「やわらかい」とされる布は女性性と結びつけられ，男性性と関連づけられる「かたい」金属と対でとらえられます。そして布を生み出す仕事，つまり染めや織りなどは女性のすべき仕事とされるのに対し，金属にまつわる鍛冶屋業は男性の仕事とされるのです。ところがあらゆる社会で女性と布が結びつけられるわけではなく，東南アジア以外の地域では，布のすべて，あるいはほとんどを男性が生産する社会も見られます。

また，牧畜社会では子どもがヤギやヒツジなど小さい家畜の世話を任されていたりするように，性別に加えて年齢による分業も重要な場合があります。日本でも，たとえば昭和初期の農村の例を見ると，子どもであっても，養蚕の桑取りや弟妹の子守という形で生業に貢献したり，老人がわら細工をしたりと，性別や年齢，さらに体力や経験量の差などに従って家の成員がさまざまな役割を受けもち，全体として生計維持が成り立っている様子がわかります。さらにそうした生業の複合体のなかに，日々の家事も重要な労働の要素として位置づけられているところを見ると，近代社会のなかで生計を支える手段が賃金労働に傾斜する過程は，現金収入を生み出さない家事が労働としての価値を失い，過小評価されていく過程であったともいえます。このように分業のあり方は社会によって異なるばかりでなく，同じ社会でも時代の変化とともに変わっていく可能性があります。

4 性別職務分離の問題点

現代の日本社会に目を向けると，上でも紹介したような「夫が市場労働に従事してお金を稼ぐ，妻が家庭の中で家事や育児に専念する」分業のあり方が依然として大きな影響力を持ち続けているようです。出産後も就労を継続する女性の割合は1980年代半ばからほとんど変わっておらず，今なお，第1子出産前に働いていた女性の約6割が出産を機に退職します。

ただ同時に重要なのは，晩婚化・少子化が進む現在，すべての女性が必ず結婚や出産を経験するわけではないという事実です。にもかかわらず「どうせ女性は結婚や出産で辞めてしまうのだから当てにできない」という前提の下にキャリア展開のない職域に配置されたり，女性の特質を生かすという名目で性別職務分離が維持されたりする現状は望ましいものでしょうか。逆に女性自身の側も，自分の人生のなかで働くことの意味を確認し，結婚や出産までの期間限定と割り切るのではなく，長期にわたって就労を継続できるかどうかという視点から仕事を選ぶ姿勢が求められているといえるかもしれません。　(中谷文美)

▷6　中谷文美（2003）『〈女の仕事〉のエスノグラフィ──バリ島の布・儀礼・ジェンダー』世界思想社．

▷7　たとえば，中央アフリカのレレ人やクバ人の社会では，ラフィアによる織物を手がけるのは男性である．シュナイダー，J.・ワイナー，A. B./佐野敏行訳（1995）『布と人間』ドメス出版．

▷8　小川了「牧畜民──フルベ社会」米山俊直・谷泰編（1991）『文化人類学を学ぶ人のために』世界思想社．

▷9　安室知（2003）「稼ぎ」新谷尚紀ほか編『暮らしの中の民俗学2　一年』吉川弘文館．

▷10　本書の「ジェンダー・セグリゲーション」(112-115頁)を参照．

▷11　内閣府（2011）『平成23年版　子ども・子育て白書』．

▷12　熊沢誠（2000）『女性労働と企業社会』岩波新書．

おすすめ文献

†田中雅一・中谷文美編（2005）『ジェンダーで学ぶ文化人類学』世界思想社．
†宇田川妙子・中谷文美編（2007）『ジェンダー人類学を読む』世界思想社．
†ミード，M./田中寿美子・加藤秀俊訳（1949=1961）『男性と女性』（上・下）東京創元社．

1 文化とジェンダー／B 多様な文化・多様なくらし

④ 世界観

① 世界観とは何か

　私たちの日常は，日々のルーティン的な行動から成り立っています。けれどもこうした行動は，ただやみくもになされているわけではありません。私たちの行動は，世界を認識し解釈する図式にのっとってなされているのだと，従来の文化人類学では考えられてきました。このような図式は，世界観（world view）と呼ばれています。

　世界観とは，人間がその世界全体のあり方についてもつ統一的解釈を指します。そして世界観には，自分と他者についての認識，さまざまな事象の分類図式，時間と空間についての認識，物事の因果関係についての認識などが含まれると考えられています。こうした世界観は，民俗社会の神話や儀礼，土着信仰の中に見ることができるとされてきました。

　文化人類学で世界観という言葉が用いられた背景には，私たちとはまったく異なる文化を生きているひとびとが，世界をどのように了解しているのかを知りたいという欲求がありました。たとえば，ロバート・レッドフィールドは，いくつかの先住民の世界観を比較して，「未開」民族の世界観の特徴を3点にまとめています。レッドフィールドはしかし，このような世界の認識の仕方は，「文明」が進歩するにつれて，衰退していくとしています。

② 認識人類学と構造主義人類学

　確かにレッドフィールドの提示する世界は，異文化に生きるひとびとの世界認識を，わかりやすく示しています。けれどもこの図式はあまりにも一般的ですし，こうした認識がこの人たちの日常生活に，どのように関わっているのかも見えてきません。それに対してひとびとが，自分の身の回りの自然や事物を，どのように分類・認識し，用いているのかについて，徹底して実証的な研究を推し進めたのが，認識人類学と呼ばれる分野の研究者たちでした。これらの研究は，「未開」と呼ばれる社会に生きるひとびとの，動物や植物の精緻な分類体系を解き明かし，彼らがいかにして環境と相互作用を行っているのかを細やかに記述しました。けれども認識人類学が焦点を当てたのは，ひとびとの環境認識で，空間や時間，自己や他者，超自然的な存在の認識にまで踏み込むことはまれでした。

▷1　Kearney, M. (1975) "World View Theory and Study," *Annual Review of Anthropology,* 4 : 247-270.

▷2　(1)自然と神は区別されないこと，(2)人間もそのような世界の一部であると了解されていること，(3)人間を含む世界全体は精神的な特質をもつこと。

▷3　レッドフィールド，R.／染谷臣道・宮本勝訳（1953=1978）『未開世界の変貌』みすず書房。

▷4　松井健（1983）『自然認識の人類学』どうぶつ社。

認識人類学の成果をふまえ、さらにそれを、こうしたひとびとの世界認識一般に押し広げようと試みたのが、クロード・レヴィ＝ストロースをはじめとする構造主義人類学者たちでした。レヴィ＝ストロースは「未開社会」のひとびとの認識一般が、いかにして分類の二項対立の積み重ねから構成されているのかを、神話や儀礼、環境分類の分析を通して、巧みに説明しました。またエドマンド・リーチはレヴィ＝ストロースの分析を応用し、このような分類体系からはみ出すものが、いかにして宗教的な聖性を帯びるのかを説明しました。

3 フェミニスト人類学者の批判

構造主義人類学において、「世界観」の研究は実証と一般理論をつなぐ一つの到達点に達したように見えます。けれどもこれにも、多くの問題がありました。なかでも鋭い批判を加えたのは、フェミニスト人類学者たちでした。構造主義人類学の分析では、民俗社会における世界の分類は、究極的には自然と文化の対立に還元され、その比喩的表現として、しばしば女性と男性という対立があてはめられるとします。男性が人間の証しである文化を創造するのに対して、女性は文化を脅かしたり文化に馴致されたりする自然をあらわすというのです。けれどもフェミニスト人類学者たちは、このような「世界観」自体が、男性人類学者によって、現地社会の男性のインフォーマントから聞きとられた、きわめて男性中心主義的な構築物だということを明らかにしたのです。

フェミニスト人類学者の探求はさらに、構造主義をはじめとする従来の文化人類学研究の見落としていた、いくつかの重要な点を指摘しました。第一に、これまで一枚岩とみられてきた文化の内部にも、ジェンダーをはじめ、世代、階級等のいくつもの下位文化があり、「世界」の見方はそれぞれの集団によって異なるだろうこと。第二に、これまで中立的な「世界観」とみなされてきたものは、そのなかでも権力を握っている集団（多くは男性の年長世代です）による、自分たちの立場を正当化して説明するためのイデオロギーではないかということ。第三に、支配集団が自らの見方を神話や儀礼、明示的な分類体系によって行うのに対して、女性や年少者、被差別集団などのように抑圧される立場にあるひとびとが自分の立場を表出するのは、しばしば精霊憑依、多重人格、摂食障害などのような身体的な表現による場合があることです。

ここまで至ると、冒頭に定義した静態的で一般的な「世界観」という概念を維持することが、いかに困難かがわかると思います。私たちはもはや統一的な「世界観」の探求から方向を転じるべきでしょう。そして、ひとびとを集団やカテゴリーに振り分ける社会の仕組みと、それぞれの集団の間の力関係をふまえたうえで、そしてそれぞれの集団の提示する世界の認識の仕方を、自らの立場を説明したり正当化したりするための政治的な意味合いをもつものとして、読み解いていく必要があるはずです。

(宮脇幸生)

▷5　レヴィ＝ストロース, C./大橋保夫訳 (1962=1976)『野生の思考』みすず書房。
▷6　リーチ, E./青木保・宮坂尊造訳 (1976=1981)『文化とコミュニケーション——構造人類学入門』紀伊國屋書店。

▷7　三宅良美訳 (1972=1987)「信仰と「女性問題」」アードナー, E.・オートナー, S. B. ほか/山崎カヲル監訳『男が文化で女は自然か？』晶文社。

おすすめ文献
†上野千鶴子 (1986)『女は世界を救えるか』勁草書房。
†福井勝義 (1991)『認識と文化——色と模様の民族誌』東京大学出版会。

1 文化とジェンダー／B 多様な文化・多様なくらし

5 女子割礼／女性性器切除

1 女子割礼／女性性器切除とは何か

「女子割礼／女性性器切除」(female circumcision/female genital mutilation, 以下FC/FGM) は、サハラ以南アフリカの中部から北部を中心として、アラビア半島の一部などで女性に対して行われている性器加工を伴う「儀礼」です。現在アフリカでは、1億3200万人の女性がFC/FGMを受けているとされています。WHOは現在、性器にくわえられる加工の形態に応じて、FC/FGMを大きく4種類に分類しています。タイプ1は一般に「クリトリス切除」と呼ばれるもので、クリトリスの包皮の切除を行います。タイプ2は「切除」と呼ばれ、包皮とクリトリスの切除にくわえ、小陰唇の一部、あるいは全部を切除するものです。タイプ3は一般に「陰部封鎖」と呼ばれるもので、外性器の一部、あるいは全部の切除をしたうえで、尿や経血を排泄するための小さな穴を残して膣口部の縫合を行います。タイプ4は、これ以外の形態を指します。FC/FGMのうちで最も多いのがタイプ1とタイプ2で、FC/FGMを受けている人口の85％が該当するとされており、もっとも重い形態であるタイプ3が行われているのは、北部スーダン、エリトリア、ソマリアなどに限られています。

FC/FGMは女性に、大きな健康被害をもたらすとされます。激しい痛みやショック、大量出血、破傷風などの感染症を含む急性の合併症、ケロイドの形成、尿道損傷による失禁、性交疼痛などの長期的な合併症、ほかにも外陰部切除時のトラウマによって性交時の機能不全が引き起こされる可能性もあるといわれます。

2 人類学とFC/FGM

従来の人類学はこれらの慣習を、アフリカの「部族社会」における「通過儀礼」の一部とみなし、社会の存続に貢献する機能があると解釈してきました。それに対して1970年代から、より詳細な研究がなされるようになります。エル・ダリールは、スーダンの中部から北部にかけての地域で、5000人近くのひとびとを対象に、FC/FGMに関してアンケート調査を行い、この慣習の実施状況、FC/FGMが女性の健康におよぼす影響、慣習を行う理由やそれについての態度に関して、統計的な分析を行っています。またスーダン北部の集落で調査をしたジャニス・ボディは、ジェンダーをめぐる象徴の分析を行い、陰

▷1 Toubia, N. and Izett, S. (1998) *Female Genital Mutilation : Overview*, Geneva: World Health Organization.

▷2 若杉なおみ (1999)「女性性器切除——文化という暴力」吉村典子編『出産前後の環境 講座人間と環境5』昭和堂.

▷3 たとえば陰部封鎖は女性の貞節を守り、父系親族集団の維持に貢献するというような解釈。

▷4 El Dareer, A. (1982) *Woman, Why Do You Weep ? Circumcision and its Consequences*, London: Zed Press.

▷5 **陰部封鎖と多産性**
このスーダン北部の村では、陰部封鎖は女性の子宮を、肉体的にも象徴的にも囲い

封鎖は「多産な女性」という肯定的なジェンダー・イメージを形成するうえで重要な意味をもつ行為であり、そのために彼女たちは、自ら進んでこれを行うのだと解釈をしました。

3 FGM廃絶運動とそれをめぐる議論

けれどもこの時期に現れた研究で、これ以降の研究動向にもっとも大きなインパクトを与えたものは、ラディカル・フェミニズムの影響下にあったFC/FGM廃絶活動家たちの研究でした。彼女たちはそれまで「割礼」と呼ばれていたこの慣習を、身体を修復不能な形で損なうことを意味する「性器切除」という言葉で呼び代えました。運動の中心となったフラン・ホスケンは、アフリカで行われていたFC/FGMの実態を集めた『ホスケン・レポート』を出版し、それ以降の世界的なFC/FGM廃絶運動の流れを決定づけました。またアメリカの小説家アリス・ウォーカーの制作したドキュメンタリー映画『戦士の刻印』は、この慣習のもつ問題を広くひとびとに認識させました。

ホスケンやウォーカーの主張は、FC/FGMを文化や伝統、儀礼ではなく、男性の女性のセクシュアリティに対する支配であり、女性の人権に対する侵害であるというものです。そしてそれを儀礼や文化の一部として記述してきた人類学者も、家父長制支配の隠蔽に加担してきたとして批判したのです。これ以降人類学においても、FC/FGMを記述する際には、家父長制支配のあり方や、それに対する女性の視点を分析に取り込むことは不可欠となりました。

他方でホスケンらのFC/FGM廃絶運動は、同様にFC/FGM廃絶を推進していたアフリカのフェミニストたちから、強い批判を受けました。ホスケンは、FC/FGMを行う理由を、もとの社会・文化的文脈から切り離して解釈し、この慣習を行うひとびとが非合理な信念をもつひとびとであるかのように描いている。またアフリカの女性たちは、FC/FGM以外にも多くの困難に直面しているのに、ホスケンらはFC/FGMだけをセンセーショナルにとりあげることで、他の深刻な問題を隠蔽している。さらにこうした困難に直面しながら、自ら進んでFC/FGMを受け共同体にとどまろうとする女性たちは、国家のなかでも底辺にいるひとびとだが、彼女たちがそうせざるをえないのは、他でもない欧米によるアフリカに対する政治・経済支配のゆえである。ホスケンはこうした新植民地主義の影響を見逃している、というものです。

現在国連やNGO、そしてアフリカの国々の政府が、FC/FGMの廃絶に取り組んでいます。けれどもこれらの取り組みは、未だ十分な成果をあげているとはいえません。その理由を探るのには、グローバルな政治経済のなかで、ひとびとがFC/FGMをいかなるものと解釈し、それを自分の民族アイデンティティ、ジェンダー・アイデンティティとどのように結びつけているのかを、実証的に探っていく必要があるでしょう。

(宮脇幸生)

込んで、外部の悪霊の侵入から防御する意味をもつ。

▷6 Boddy, J. (1989) *Wombs and Alien Spirits: Women, Men and the Zar Cult in Northern Sudan*, Madison: University of Wisconsin Press.

▷7 ホスケン, F./鳥居千代香訳(1982=1993)『女子割礼——因習に呪縛される女性の性と人権』明石書店。

▷8 パーマー, P.・ウォーカー, A./ヤンソン柳沢由美子監修(1993=1996)『戦士の刻印——女性性器切除の真実』スタンス・カンパニー。

▷9 **新植民地主義**
植民地が独立して以降も続く、第三世界に対する欧米諸国の政治・経済・文化的支配。

▷10 岡真理(1998)「「同じ女」であるとは何を意味するのか——フェミニズムの脱構築に向けて」江原由美子編『性・暴力・ネーション』勁草書房。

おすすめ文献

†大塚和夫(1998)「女子割礼および/または女性性器切除(FGM)——一人類学者の所感」江原由美子編『性・暴力・ネーション』勁草書房。

†内海夏子(2003)『ドキュメント——女子割礼』集英社新書。

†宮脇幸生(2007)「グローバル化する世界における女子割礼／女性性器切除——交渉されるジェンダーとセクシュアリティ」宇田川妙子・中谷文美編『ジェンダー人類学を読む——地域別・テーマ別基本文献レヴュー』世界思想社。

1 文化とジェンダー／B 多様な文化・多様なくらし

6 グローバル化と文化研究の新しい展開

1 グローバリゼーションによる社会の変化

　私たちの生きている世界は，国家という政治的な枠組みによって区切られています。けれどもこうした枠組みにもかかわらず，人・情報・技術・お金・思想は，国境を越えてますますすばやく動くようになってきています。このような情報や資本などの国境を越えた流動は，この30年ほどのことと考えられます。英米における新自由主義的政策を掲げる政権の成立と，経済の自由化，それを支える情報技術の発展が，その背景にあります。

　政治経済のグローバリゼーションは，けれども，先進国内では階層間の格差の拡大を，発展途上国では多国籍企業による急激な産業化と社会の変容をもたらしました。そしてそのような社会の変化は，民族・階層・世代・ジェンダーといういくつかのファクターを通して，ひとびとに異なった形で影響を及ぼしています。ここではとくに，経済のグローバル化に伴い第三世界において急激に進展した輸出加工区の形成が，周辺の後背地にどのような社会変化をもたらし，ジェンダーとそれを規定する文化をどのように変化させつつあるのかに焦点を当てて説明することにしましょう。

2 輸出加工区と女性労働

　グローバル化に伴う先進国及び第三世界における産業構造の変化と，第三世界から先進国へ向かう移民の構成の変化について統一的な説明を与えたのが，サスキア・サッセンです。サッセンはアメリカへの移民の構成が，この数十年で大きく変化していることを指摘します。そして1980年以降の移民送り出し国は，メキシコ，フィリピン，韓国など，特定の国々に集中しており，さらにその移民の多くは若い女性たちで，彼女たちの多くは，ニューヨークのような大都市に居住したのです。これはどうしてなのでしょうか。

　サッセンはそれを，グローバルな経済構造の変化から説明しました。1970年代以降，主要先進国の企業は，安価な労働力を求めて，製造業を海外に移転しようとしました。他方で経済発展をはかる第三世界では，インフラが整備され租税特権が与えられる輸出加工区を造成し，外国企業を誘致しました。これらの輸出加工区には，後背地の農村から若い女性たちが労働者として集まりました。しかし企業は人件費がかさむのを嫌がり，女性たちを一定の年限を超えて

▷1　新自由主義
政府の役割を最小限にとどめ，企業活動の制約を取り払うことにより，経済を活性化させようとする政治政策。イギリスのサッチャー政権，アメリカのレーガン政権が，その嚆矢。

▷2　スティーガー，M. B.／櫻井公人・櫻井純理・高嶋正晴訳（2003=2005）『グローバリゼーション』岩波書店。

▷3　1960年代までにはヨーロッパからの移民が大半を占めていたのに対して，1980年以降は，アジア，ラテンアメリカからの移民が急激に増加した。

▷4　本書の「移民女性労働」（118-119頁）を参照。

は雇用しようとしません。けれども農村部とはまったく異なった職場文化に適応した女性たちの多くは，解雇されてからも農村に帰還しませんでした。他方でこれらの企業の本社のある先進国では，大都市部に企業の管理経営部門が集積する一方で，それを支える低賃金サービス業の雇用が拡大します。そして第三世界の輸出加工区に滞留した女性たちは，先進国をめざす移民となり，大都市の低賃金雇用部門に吸収されたのです。▷5

サッセンの研究は，グローバル経済のもとでのジェンダー化された労働力の実態を，見事に描き出しました。それ以降，第三世界の輸出加工区において製造業に従事する女性たちについての実証的研究が，積み重ねられたのです。▷6

③ 女性労働者と精霊憑依

マレーシアにおける女性労働者の精霊憑依をあつかったアイウワ・オングの研究は，そのなかでも有名です。オングの調査したマレーシアの輸出加工区では，多くの日系企業が操業していました。電子部品の組み立てのように，細やかで集中力を必要とする労働集約的な製造業には，若い女性が望ましい労働者と考えられ，農村出身の若年女性が多数雇用されていました。けれども彼女たちの労働環境は，共同的で各自の自主性を重んじる農村の伝統的な労働とは異なり，厳格な規則のもとに管理される過酷なものでした。そしてこれらの工場で，女性労働者に野生の精霊が憑依するという現象が多発したのです。

オングはこれを，これらの女性たちの欲望と規範の葛藤から読み解きます。農村の家父長制支配のもとにおかれていた若い女性たちにとり，賃労働につくということは，家計へ貢献をすることで自らの発言力を高めるチャンスでした。女性たちはとくに配偶者の選択において，自分たちの発言力を強めようとします。他方で女性の解放をいとうマレーシアのイスラーム原理主義者たちは，工場で働く女性たちの品行がイスラームの規範に反しているというキャンペーンをはります。女性たちは工場での厳しい労働管理のもとにおかれるだけでなく，こうしたキャンペーンに抗して自分たちが品行方正な存在であるということを示す必要にも迫られるのです。女性たちに憑依する精霊は，輸出加工区ができる以前のジャングルに住んでいた霊で，工場内の祈祷所やトイレで女性にとり憑き，彼女たちを脅かしました。精霊と，それに憑依され工場の操業をストップさせる女性たちは，もっともプライベートなところにまで侵入する監視のまなざしと，それに対する抵抗を表しているとオングは言います。▷7

グローバリゼーションは，それぞれの国が世界経済において占める政治・経済的な位置，その国のひとびとが属している出身地域・階層・ジェンダーによって，異なった影響を与えます。グローバル化した社会における文化研究では，このようなさまざまな要因を考慮に入れたうえでの解釈が重要となります。オングの研究はそれを，説得的に示しているといえるでしょう。　　　（宮脇幸生）

▷5　サッセン，S．／森田桐郎訳（1988=1992）『労働と資本の国際移動——世界都市と移民労働者』岩波書店).

▷6　Mills, M. B.（2003）"Gender and Inequality in the Global Labor Force," *Annual Review of Anthropology*, 32：41-62.

▷7　Ong, A.（2010）*Spirits of Resistance and Capitalist Discipline : Factory Women in Malaysia*, second edition, State University of New York Press.

おすすめ文献

†クライン，N．／松島聖子訳（2001=2000）『ブランドなんか，いらない——搾取で巨大化する大企業の非情』はまの出版。
†リボリ，P．／雨宮寛・今井章子訳（2007=2005）『あなたのTシャツはどこから来たのか——誰も書かなかったグローバリゼーションの真実』東洋経済新報社。
†平井京之介（2011）『村から工場へ——東南アジア女性の近代化経験』NTT出版。

1 文化とジェンダー／C 'his story' を超えて

1 社会史のインパクト

1 歴史とは？

「歴史」とはなんでしょうか。普通、学校で教わる歴史は、一国の歴史であれ世界史であれ、「国の成り立ち」についての記録や叙述に基づく政治史を中心としているため、国や幕府を建てた人物や年号、世界を揺るがした戦争などが歴史であると考えられがちですが、それは歴史全体のごく一部にすぎず、実際は歴史は、そうした常識とは異なってとらえることができます。

通常、歴史として記録されるのは、時の権力者をはじめ、文字を操ることができる人たちによるもの。でも、その背後には、どの時代であれ、文字を知らないひとびと、多少の読み書きはできるとしても記録として残すなど思いもよらない、毎日の生活を営んでいる大多数の普通のひとびとがいました。それらのひとびとは、どのように生活をしていたのか、どのようなものを食べ、どのように働き、どのような人間関係を営み、どのようなことを怖れ望み、楽しみとして生きていたのか。その変化はとても緩やかで、政権の崩壊や支配者の入れ替わりのように年代や日にちを特定することはできないでしょうし、ひとびとの暮らしは、平安・鎌倉……明治、といった時代区分とはほとんど無縁に、数世紀間にわたるゆっくりとしたペースで徐々に移り行ったことでしょう。

そうした普通のひとびと、民衆らの人間活動の総体として社会をとらえ、狭義の歴史にとらわれない全体的な視角から、人間や人間集団のさまざまな活動がつくりあげてきた歴史的現実を総体的に把握することをめざすのが社会史なのです。

2 社会史の誕生と成長、社会史の諸領域

社会史は、1929年創刊の雑誌『アナール』を中心としてフランスでまず誕生し、30年代以降、広がっていきます。その代表的研究者が、マルク・ブロックやフェルナン・ブローデルです。イギリスでは、1950～60年代に、社会経済史と複雑にからみつつ社会史の研究がしだいに盛んになったほか、歴史人口学も1950年代から発展しました。ドイツでは、1970年代になって社会史研究グループが成立し、75年には『歴史と社会』が発刊されました。

日本でも、キリスト教禁令が行われた江戸時代、民衆の宗教管理手段として定期的に記録作成された、世界的に見てもすぐれた歴史資料である宗門改帳を

▷1 ブロック、マルク／新村猛ほか訳（1939=1973）『封建社会』（1・2）みすず書房。
▷2 ブローデル、フェルナン／浜名優美訳（1949=2004）『地中海』（1・2）藤原書店。

用いた研究をははじめ、優れた研究が蓄積されています。

　社会史では、とくに、家族生活や民衆文化に関する研究が数多くあります。まず家族史では、人口や生殖・結婚・出生・死亡に関わる歴史資料から、過去における家族の構成（核家族や三世代家族など）を分析したり、親子・夫婦といった家族の関係を探る研究があります。

　また、過去の社会のある特定の人間集団の間に、集合的に共有されていた心のありよう、すなわち心性（メンタリティ）を明らかにするのが心性史です。民衆文化史は、祝祭や民間の習俗を扱った研究です。16〜17世紀の北イタリアの農耕儀礼が、異端審問官たちによって「魔術」に仕立てあげられていく過程を明らかにしたカルロ・ギンズブルクの研究はその代表です。

③ 社会史とジェンダー・スタディーズ：女性史からジェンダー史へ

　ジェンダー・スタディーズと社会史には、深い関連があります。歴史の王道とされてきた政治史で女性が登場するのはもっぱら、権力者を産む母・支える妻として、あるいは籠絡する悪女としてです。しかし、女性たちは歴史上の人口の半分をなしていたわけで、公式の記録には描かれなくとも、女性たちの営みは、広く、多岐にわたってありました。

　そこに着目してまず登場したのが女性史です。1960年代末から70年代にかけて繰り広げられたフェミニズム運動のなかから、女性の視点から従来の学問のあり方を問いなおす女性学が発展し、歴史学の領域で女性史が生まれたのです。

　女性史研究は、一方では、既存の歴史学の史料を再検討し、それまでとは異なった解釈をほどこしたり、新史料を発掘したりする作業を行って、信じられていた歴史像とは異なる歴史を描きだしました。また他方、歴史に名を残すことなく人生を終えていった一般の女性たちを研究対象とし、過去における彼女たちの生活や経験が歴史の闇から掘り起こされました。とりわけ女性の身体や出産、子育てをめぐる状況の歴史的変化の分析は、女性史研究の生んだ大きな成果です。

　こうして発展した女性史ですが、1980年代から90年代になると、女性の視点だけで十分なのか、それでは、既存の歴史学に「女性」という「補足」を付け足すにすぎないのではないかという反論や反省が生まれました。その論者の代表が、ジョーン・スコットです。ここから、女性に着目するだけでなく、ジェンダーの視角から歴史学を問いなおすジェンダーの歴史学へと発展していきます。なぜ女性たちの存在や役割が見過ごされてきたのか、そのことが意味することは何か、そのメカニズムはいったい何なのか。はじめから「女性」「男性」を措定するのではなく、政治的・社会的に男／女の境界が構築され機能してきたことの意味を問い返し、すなわちジェンダーの脱構築によって新たな歴史を描いていくことに挑戦するのがジェンダー史なのです。

（牟田和恵）

▷3　速水融（1997）『歴史人口学の世界』岩波書店；鬼頭宏（2000）『人口から読む日本の歴史』講談社，他。

▷4　とくに後者では、フィリップ・アリエスが、図像を含めたさまざまな歴史資料を駆使して、保護され愛情を注ぐべき対象としての「子ども」という概念が近代にいたる社会経済的変容のなかで生まれてきたと論じた『〈子供〉の誕生』が有名。

▷5　ギンズブルグ，カルロ／竹山博英訳（1966=1986）『ベナンダンティ──16-17世紀における悪魔崇拝と農耕儀礼』せりか書房。

▷6　グリム童話で知られる、13世紀ドイツで起こった子どもたちの失踪事件についての伝承を分析した阿部謹也（1974）『ハーメルンの笛吹き男』（平凡社）もこの分野の草分け的な研究。

▷7　スコット，J. W.／荻野美穂訳（1988=1992）『ジェンダーと歴史学』平凡社（増補新版，平凡社ライブラリー，2004）。

おすすめ文献

†阿部謹也（2009）『社会史とは何か』洋泉社 MC新書。
†アリエス，フィリップ／杉山光信・杉山恵美子訳（1960=1980）『〈子供〉の誕生』みすず書房。
†スコット，J. W.／荻野美穂訳（1988=1992）『ジェンダーと歴史学』平凡社。

1 文化とジェンダー／C 'his story' を超えて

2 近代家族

1 家庭という言葉

　家族というものを、婚姻と血縁によって結ばれた集団ととらえるならば、いつの時代においても家族というものは存在しています。しかしその家族のあり方にまで目を向ければ、時代によって家族には随分と違いがあることがわかります。

　現代において家庭という言葉はありふれた日常語ですが、これが使われるようになったのは19世紀末のことです。この頃から家庭という家族のあり方が盛んに議論されるようになり、従来の家族とは異なる新しい家族という意味を込めて、家庭という言葉が普及していきました。そして家庭の新しさとして、「男は仕事、女は家事・育児」という性別役割分業が想定されていること、家庭は社会と一線を画した私的な空間であり、女性が責任をもつべき領域であると考えられていること、家庭が情愛や安らぎに満ちた情緒的空間となり、子どもを産み、育て、社会的労働を担う男性の休息の場となることが求められていることなどを指摘することができます。

　このようにいうと、こんなことは当たり前のことであり、どこが新しいのかといぶかしく思う人がいるかもしれません。しかしそれは、わたしたちの意識のなかにすでに家庭が定着しているからです。当時の大多数の家族には家業があり（もっとも多いものが農業でした）、男女はともに家内労働力としてその家業に従事していました。また家長は威厳をもって家族成員に君臨しており、家族関係が上下関係としてとらえられていましたし、家族は地縁や血縁の共同体と強い関係性をもっていて、必ずしも私的な存在とは言い難かったのです。このようなことを考えるならば、家庭という言葉で語られる家族のありようは斬新なものでした。

　つまり家庭は、現代に生きるわたしたちにとっては当たり前のものですが、近代という社会において生まれたものであり、近代社会に特有の家族であるという意味を込めて、それを近代家族と呼ぶことができるのです。

2 新中間層の家族

　ただ、19世紀末に家庭が新しい家族のあり方であると語られても、この当時はこのような家族がまだ実態として存在していたわけではありませんでした。

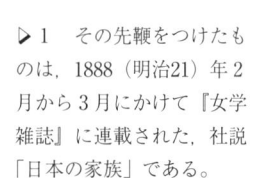

▷1　その先鞭をつけたものは、1888（明治21）年2月から3月にかけて『女学雑誌』に連載された、社説「日本の家族」である。

▷2　日本に近代家族論を紹介した落合恵美子は、近代家族の特徴として次の8点を指摘している。家内領域と公共領域の分離、家族成員相互の強い情緒的関係、子ども中心主義、男は公共領域・女は家内領域という性別分業、家族の集団性の強化、社交の衰退、非親族の排除、（核家族）。詳しくは、落合恵美子（1989）『近代家族とフェミニズム』勁草書房を参照。また西川祐子はこれらにさらに、この家族の統括者は夫である、この家族は近代国家の単位とされる、の2つの項目を近代家族の特徴として付け加えている。詳しくは、西川祐子（1991）「近代国家と家族モデル」『ユスティティア』第2号、ミネルヴァ書房を参照。

家庭，つまり近代家族が実際に歴史上に登場してくるのは20世紀に入ってからです。そしてそれは新中間層と呼ばれる階層のひとびとが都市部を中心に登場してきたことと深く関わっていました。新中間層というのは，近代化とともに生まれ，学校教育を媒介として獲得された，官公吏（現在の公務員）や会社員，教員などの職業に従事し，月給によって生計を立てていくひとびとのことです。彼らは，日露戦争後，とりわけ第一次世界大戦後の産業化の進展とともに増加していきます。1920年において，全国民に対する新中間層の割合は5～8％にすぎませんが，東京市では20％を越えていました。このように，新中間層は都市部に特有の階層だったことがわかります。

そして新中間層の家族では，夫たちは家庭から離れた職場へと通勤するサラリーマンとしての生活を送り，妻たちは生産労働から切り離されて，主婦として家事や育児に専念していくことになります。また多くの新中間層は，しばしば，農村から学校教育を受けるために都市へ流入し，そのまま都市において就職・結婚した農家の二男・三男たちによって形成されていましたので，核家族となることも珍しくありませんでした。このような新中間層こそが，まさに家庭，すなわち近代家族をつくっていったのです。

③ 主婦の誕生と母性の発揮

この新中間層の家族において，サラリーマンと主婦という組み合わせが生まれたことになりますが，ここでとくに注目しておきたいことは，家事や育児に専念する主婦が誕生したということです。そしてそこで行われる家事や育児は，生産労働の合間に行われていた従来の家事・育児とは質が異なるものでした。

たとえば，主婦である女性たちは，栄養に配慮したバラエティに富んだ食事を準備すること，夫や子どもの身の回りの世話をきちんとすること，日常生活を衛生的に保つこと，家計の管理を行うこと，一家団欒を実現することなどが，期待されるようになります。そのために新しい家事知識が必要となり，彼女たちは『主婦之友』などの実用雑誌を通してそれらを学んでいきました。

また新中間層の子どもたちは継ぐべき家業をもっていませんでしたから，学校教育を通して自らの社会的地位を形成することが必要になります。したがって，母親は子どもに対して愛情を注ぎつつ，格別の配慮を払って育児や教育を行い，子どもが学校で良い成績を収めて学歴を身につけるように育てなければなりませんでした。ちょうど1910年代から20年代にかけては「母性」という翻訳語が定着する時期にあたっていますので，母親と子どもとの結びつきは「自然なもの」とみなされ，母親は先天的に備わっていると考えられた母性を発揮することが求められていきました。

このように，近代家族という家族のあり方は，現代のわたしたちが抱いている家族観と深く関わっているということができるのです。

（小山静子）

▷3 伊東壮（1965）「不況と好況のあいだ」南博編『大正文化』勁草書房。

▷4 沢山美果子（1979）「近代日本における「母性」の強調とその意味」人間文化研究会編『女性と文化』白馬出版。

▷5 本書の「家族とジェンダー」（76-77頁）を参照。

おすすめ文献

† 落合恵美子（2004）『21世紀家族へ 第3版』有斐閣。
† 木村涼子（2010）『〈主婦〉の誕生』吉川弘文館。
† 小山静子（1999）『家庭の生成と女性の国民化』勁草書房。

1　文化とジェンダー／C　'his story' を超えて

3　性と生殖

1　性と結婚と愛

　現代日本では，性交を初めて経験する割合は16歳で男女とも約2割，高校3年生（18歳）では女性の半数近く，男性の4割近くとなっています（2005年調査）。とくに，この数十年間で10代女性の経験率の伸びが著しく，1975年には経験率が10％台であったのが，1999年には7割以上が経験済みと大きく変化しました（男性は4割から7割へと変化）。

　女性の性経験率の上昇は，何を伴ったでしょうか。民法においては，女性は16歳で結婚できるので，10代女性の結婚が増えてもよいはずです。しかし，晩婚化はますます進み，10代の既婚者は男女ともに1％もいません。民法上，婚姻可能年齢に男女差がつけられているのは，不平等だとして国連から指摘されていますが，性経験は未婚の若者の間で，そのような法律や結婚とかかわりなく行われるようになっているのです。

　性が結婚と関係ないとすれば，何と関わって行われているのでしょうか。さまざまな調査によって，性が愛と結びつけられていることがわかります。厚生労働省の調査によれば，「結婚前の男女でも愛情があるなら性交渉をもってかまわない」と賛成する人は男女ともに8割以上です。NHKによる調査でも，20歳代から30歳代の男女ともに，やはり8割前後が性行為の意味は愛情表現だと回答しています。性は結婚と結びついていないけれど，愛とは結びついているのです。

2　性の物語とジェンダー

　しかし，性がいつも愛と結びついているわけではありません。高校で「愛情がなくてもセックス（性交）すること」に反対する人の割合は，女子の6割以上であるのに対して，男子は約4割。つまり，男子は構わないと考えるほうが多いのです。20歳代以上では，性行為の意味が快楽と結びつくのは男性では半数前後であるのに対し，女性は2割前後しかいません。異性愛ならば一緒に性行為を行うはずなのに，彼女と彼の思いは，ずれているのです。

　これを男女の本質的な違いだと考えてしまう前に，性のあり方の学習に大きな男女差，つまりジェンダーがあることを考慮すべきでしょう。男性は性の情報を性的パートナーからではなく，アダルトビデオやグラビア誌，成人マンガ

▷1　財団法人日本性教育協会編（2007）『「若者の性」白書──第6回青少年の性行動全国調査報告』小学館。
▷2　木原雅子（2006）『10代の性行動と日本社会──そして WYSH 教育の視点』ミネルヴァ書房。
▷3　国立社会保障・人口問題研究所編（2010）『人口の動向　日本と世界──人口統計資料集2010』財団法人厚生統計協会。
▷4　国連女性差別撤廃委員会（2009）『第6回 CEDAW（女性差別撤廃委員会）最終見解』第17項（http://www.gender.go.jp/）。
▷5　国立社会保障・人口問題研究所編（2010）『第14回出生動向基本調査』（http://www.jpss.go.jp/）。
▷6　NHK「日本人の性」プロジェクト編（2002）『データブック　NHK 日本人の性行動・性意識』日本放送出版協会。
▷7　財団法人日本性教育協会編（2007）前掲書。
▷8　NHK「日本人の性」プロジェクト編（2002）前掲書。

や同性の友人から，女性は同性の友人や女性誌から学びます。性と愛の物語はパートナー同士の間でではなく，男女別々の文化のなかでつくられているのです。

③ ロマンティックラブ・イデオロギーの役割

そもそも，性と愛と結婚を結びつける考え方は，近代西洋で成立したものです。これはロマンティックラブ・イデオロギーと呼ばれ，結婚までは処女・童貞を守り，愛する人と結婚し，その人とだけ性生活を送り，子どもを産み育てることを理想とします。日本へは明治時代に輸入され，love の翻訳語として「恋愛」という新しい言葉が発明され，「恋愛結婚」が一部の知識人層に喧伝されました。この時期，同時に「見合い結婚」も普及したといわれています。もっとも，現実には徴兵制のもと，入隊時にしばしば儀式のように買春が行われるなど，男性に貞操を求める風潮はあまりなく，他方で女性には純潔と貞操が求められました。このイデオロギーと同時に，異性愛のみが正常で同性愛が「異常」「病理」と位置づけられてもいきました。

このイデオロギーが大衆化し，恋愛結婚が多数派になったのは1960年代です。その当時，未婚女性の性経験率は低く，多くの女性は結婚時に初めて性交したと推測されています。

④ 性と生殖と愛と金

現在，私たちにとって厄介なのは，ロマンティックラブ・イデオロギーが社会保障体制や夫婦間の性別役割分業，労働市場の形成の思想的基盤になっていることです。つまり，戦後に新しい社会がつくられていったとき，性と愛は結婚だけでなく金とも結びついたのです。いまや，未婚化が進み，性愛や結婚は大きく変化し，性的多様性も徐々に認められつつあるのに，労働市場や，異性愛の世帯を単位とする社会保障は変化していません。

また，戦前には，十分効果のある避妊方法がなく，人工妊娠中絶が厳しく禁止されていて，法的に婚姻していない男女の間に多くの子どもが生まれました。戦後，人口を減少させるために中絶が一部合法化され，避妊が普及されるに伴い，婚外子は急速に減りました。現代日本では，上にみたように未婚者の性経験率が非常に高いにもかかわらず，先進国のなかでは珍しく婚外子が少なく，全出生の約２％となっています。性と生殖は切り離されましたが，性行為と異なり，子どもを産み育てるには金が要るので，生殖だけが金と結びついた結婚のなかでようやく可能となっているのです。

このような性と生殖を，愛や自然な欲望の言葉だけで語ることはできません。文化や経済，労働と結びついたジェンダーの政治が幾重にも展開されているのですから。

(田間泰子)

▷9 同上書。

▷10 ギデンズ，アンソニー／松尾精文・松川昭子訳(1992=1995)『親密性の変容──近代におけるセクシュアリティ，愛情，エロティシズム』而立書房。

▷11 柳父章 (1982)『翻訳語成立事情』岩波書店。

▷12 ノッター，デビッド(2007)『純潔の近代──近代家族と親密性の比較社会学』慶応義塾大学出版会。

▷13 国立社会保障・人口問題研究書編 (2010) 前掲書。

▷14 国立社会保障・人口問題研究所編 (2011)『人口の動向　日本と世界　人口統計資料集2011』財団法人厚生統計協会。

▷15 本書の「リプロダクティブ・ヘルス／ライツ」(198-199頁)を参照。

おすすめ文献

†荻野美穂 (2008)『「家族計画」への道』岩波書店。
†川村邦光 (2004)『性家族の誕生──セクシュアリティの近代』筑摩書房。
†善積京子 (1995)『婚外子の社会学』世界思想社。

1 文化とジェンダー／C 'his story' を超えて

4 労働史

1 ジェンダー視点からの労働史

労働史は，ひとびとの働き方，労働をめぐる事象や制度の歴史について研究する学問分野です。たとえば労働市場，賃金，労働時間，雇用政策，労働運動，労使関係などをとりあげ，これらの構造，実態，形成を歴史的に考察し，一国社会だけでなく国際比較を通じて共通点や相違点を分析したりもします。そのうえで，ジェンダー視点から分析する労働史では，これまでの労働関連の概念を問い直す研究やこの過程で見えてきた労働実態，制度形成，社会構造を批判的に考察することで，新たな歴史像を描き出します。このことによって，ジェンダー化した研究そのものを問い直し，労働問題の改善・解決策を導きだします。

2 労働研究における限定された研究対象

日本社会の労働問題は雇用管理制度，労使関係，法制度，雇用政策のあり方とは切り離せません。とくに性差別問題を考察する場合にはこうした制度・政策の前提である労働／労働者のとらえ方が重要となります。たとえば日本的雇用慣行といわれる「終身雇用」「年功賃金」「企業別組合」は，実はすべての雇用労働者に適用されてきたものではありませんでした。その対象は主に大企業の正規の男性労働者にすぎず，彼らの労働市場の構造や労使関係の特徴がこれまでの労働研究の中心であり，彼らの働き方が「社会的標準」となってきました。そのため主流の研究では，女性労働者や今日拡大している非正規労働者の労働条件・労働環境，ひいては長期にわたる職業生活に関する問題は必ずしも十分に分析しきれているわけではありませんでした。

日本の労働研究を振りかえると，1930年代から1950年代にかけての研究では，「近代化」された「二重の意味で自由」な労働者の創出は「出稼ぎ型」と呼ばれていました。土地制度と結びついた農村出身労働者が賃労働者化し，農家経済と結びついた家計補助的な低賃金構造のもとで賃労働の形成が進行していたからです。その際には繊維産業の女工が分析の対象とされ，劣悪な労働条件を伴う「原生的労働関係」を形成し，特殊日本的な賃労働の型として分析されてきました。けれどもやがて，高度経済成長期の近代的な労働者として主要産業の大企業の男性労働者を想定した研究が主流となり，その労働市場や労使関係に研究者の視点が移り，研究成果もそこに集中していきます。

▷1 藤原千沙・山田和代 (2011)「いま，なぜ女性と労働か」藤原千沙・山田和代編『女性と労働』大月書店；大森真紀 (2008)「日本における『労働問題』研究と助成――社会政策における"脱落"と"伏流"」政策学会第116回大会報告 (2008年5月25日，國學院大学)。

▷2 本書の「農村女性史」(56-57頁)を参照。

▷3 千本暁子 (1990)「日本における性別役割分業の形成――家計調査をとおして」荻野美穂ほか編『制度としての〈女〉――性・産・家族の比較社会史』平凡社；川東英子 (2001)「日本的労使関係の源流――1920年代の近代的労働者の創出と性別分業の成立」三宅義子編『日本社会とジェンダー』明石書店。

▷4 本書の「性別分業」(40-41頁)を参照。

▷5 榎一江 (2008)『近代製糸業の雇用と経営』吉川弘文館。

▷6 野依智子 (2010)『近代筑豊炭鉱における女性労働と家族――「家族賃金」概念と「家庭イデオロギー」の形成過程』明石書店。

▷7 山田和代 (1997)「電産賃金体系における『年齢』と『家族』――ジェンダー視点からの分析」『大原社会問題研究所雑誌』461号。

労働史をジェンダー視点で分析する場合，日本の労働研究で主流となった日本的雇用慣行とその「社会的標準」とみなされた労働者がどのような条件の下で成立しているのかに目を向けることが必要です。そして彼らと自らの賃金のみでは労働力再生産がなされない労働者との関係や条件についてあらためて問い直すことが重要です。

3 ジェンダー関係を労働史から問う

労働史のジェンダー分析が進むなかで，新たな歴史像が見えてきました。1920年代の重工業化の進展のなかに日本的雇用慣行の源流を見出すことができますが，この時期までに労働者階級の階層化によって重工業大企業労働者の妻が専業主婦化し，近代家族が成立していきます。中産階級や新中間層だけではなく，労働者階級のなかに性別役割分業が浸透していったことがわかります。また戦前日本資本主義発展期の主産業であった製糸業では，女工の雇用関係の変遷を企業内養成，機械化，農村社会などに着目しながら分析し，寮舎における工女教育や採用管理における経営側の工女位置づけなど，製糸女工のリアルな雇用管理を描きだした研究が注目されます。また筑豊炭鉱の女性坑内鉱夫の労働変容から労働の場におけるジェンダー関係の構築過程を分析した興味深い研究もあります。戦後史の研究では，戦後日本の賃金の原型といわれる電産賃金体系が家族賃金として具現化したという指摘では，日本社会の性差別賃金を解消していくうえで賃金の決定要素の重要性について問いかけています。また1960年代に誕生した育児休職制度の成立過程の分析では育児のとらえ方や性別役割分業の受容の実態が明らかにされ，今日のワーク・ライフ・バランスを考える際に重要な視点を提起しています。その他にも，女性労働者の労働条件や環境の改善に取り組んだ無産運動や婦人労働運動の意義についての研究や，戦後のGHQの占領政策の研究が注目されます。

法制度の領域でも興味深い研究が見られます。労働基準法の前身となった工場法では女性労働者が「保護職工」として扱われていましたが，この規定について女性労働者を保護の対象として位置づける一方で，男性労働者の健康問題が軽視されていたとしてジェンダー研究から批判的検討がなされています。これは労基法の女子保護規定や男女雇用機会均等法の形成過程で生じた「保護か平等か」という論争を考えるうえでも，重要な論点です。

ジェンダー視点をそなえた労働史研究が蓄積され，現実社会でも均等法やパートタイム労働法に見られるような法制度の整備が行われてきましたが，それによって職場のジェンダー差別が一掃されたわけではありません。労働をめぐるジェンダー差別的慣行や制度はいまだに根強いものがあります。労働史で学んだ内容を，現在の労働をめぐる問題・課題の解決に結びつけていくことは，労働史研究の大きな意義の一つです。

(山田和代)

▷8 萩原久美子(2008)『「育児休職」協約の成立──高度成長期と家族的責任』勁草書房。

▷9 赤松良子編(1977)『日本婦人問題資料集成 労働3』ドメス出版；労働省婦人少年局(1948)『労働基準法と女子・年少者』労働省婦人少年局；西清子編(1985)『占領下の日本婦人政策──その歴史と証言』ドメス出版；進藤久美子(2004)『ジェンダーで読む日本政治──歴史と政策』有斐閣。

▷10 上村千賀子(2007)『女性解放をめぐる占領政策』勁草書房；豊田真穂(2007)『占領下の女性労働改革──保護と平等をめぐって』勁草書房。

▷11 竹内敬子(2001)「工場法とジェンダー──1911年工場法と女性をめぐる「仮説」の受容」三宅義子編『日本社会とジェンダー』明石書店。

▷12 本書の「労働法と均等法」(142-143頁)を参照。

おすすめ文献

†赤松良子編(1977)『日本婦人問題資料集成 労働3』ドメス出版。

†スコット, J. W.／荻野美穂訳(1988=1992)『ジェンダーと歴史学』平凡社。

†竹中恵美子編(2001)『労働とジェンダー』明石書店。

†ハンター, J.／阿部武司ほか監訳／中村真幸ほか訳(2003=2008)『日本の工業化と女性労働──戦前期の繊維産業』有斐閣。

†姫岡とし子(2004)『ジェンダー化する社会──労働とアイデンティティの日独比較史』岩波書店。

1　文化とジェンダー／C　'his story' を超えて

5　農村女性史

1　農村女性と産業化

近代以降，農村は都市との関係によって，あるいは政策によって，経営や生活・文化を規定されてきました。農村女性たちも，国民国家としての日本における農村の社会的機能から自由ではありえませんでした。

日本の近現代における農村女性の果たした役割としては，まず何よりも女工の供給源であったことがあげられます。日本における資本制確立期において，低賃金と劣悪な労働条件で勤勉に働く農村出身の女工たちの労働力が豊富にあったことがきわめて重要な意味をもつことは，周知の事実です。この農村出身女工たちの労働状況については，細井和喜蔵『女工哀史』[1]をはじめとして，『ああ野麦峠』[2]などのルポルタージュとその映画化によって，よく知られているところです。ここには，生家の生活を支えるため，口減らしのために家を出ていかざるをえない若年女性の立場があるのであって，農村におけるジェンダー秩序のなかで女性が軽んじられてきたそのことが，日本の資本制の発展の原動力としてあったわけです。その背景があったからこそ，生活世界としての女工の労働環境について積極的な評価が，女工経験者自らの口から披露されることにもなりました。

2　「大陸の花嫁」

近代における政策によって農村女性たちの人生が大きく規定された契機として，1930年代半ばからの満州農業移民のための「大陸の花嫁」問題があります。現在の中国残留婦人・子女の帰国・定住化問題の原因でもある満州農業移民についての研究は，一方で政策主導のなかでの犠牲者としての側面と，もう一方では侵略の先兵としての加害者としての側面との両面を明らかにせざるをえない研究となっています。これは，女性の戦争協力の問題とも密接に連関しています[4]。

なぜ多くの農村女性が，満洲へ移民していくことになったのか，農村秩序を前提とした募集・送り出しシステムや，「大陸の花嫁」養成を経験した女性たちからの聞き取り，当時の雑誌における「大陸の花嫁」をめぐる言説分析，敗戦後の暴力と困窮の解明など，国家政策と農村におけるジェンダー秩序，都市文化との連関などから，さまざまな研究が進められています[5]。

▷1　細井和喜蔵（1925）『女工哀史』改造社。
▷2　山本茂実（1968）『ああ野麦峠』朝日新聞社。

▷3　小川津根子（1995）『祖国よ――「中国残留婦人」の半世紀』岩波書店。
▷4　加納実紀代（1982）「『国策移民』の女たち」女たちの現在を問う会編『銃後史ノート復刊2』女たちの現在を問う会。
▷5　陳野守正（1992）『「満州」に送られた女たち――大陸の花嫁』梨の木社；相庭和彦ほか編（1996）『満州「大陸の花嫁」はどうつくられたか』明石書店；杉山春（1996）『満州女塾』新潮社，など。

③ 農村におけるジェンダー秩序＝「嫁」の劣悪な地位

　農村におけるジェンダー秩序というものは，近代化するなかで政策的に進められてきたジェンダー再編であるところの「良妻賢母」役割への期待とは異なったものでした。とは言え，農村女性史を明らかにするための歴史資料には限界が多いと言わざるをえません。女性たちの労働は農業労働についても，家内労働についても，公的文書に残ることはほとんどありませんでした。したがって，農村女性の歴史を明らかにするためには，聞き取り調査によるデータ，過去の雑誌・新聞記事，当時なされた実態調査データやルポルタージュなどが資料になっていきます。民俗学の領域の研究成果もまた資料として活用されることになります。

　このような資料を通じて，農村においては，「処女会」という社会教育機関を通じ，「良妻賢母」規範を参照しながらも「働妻健母」という独自の若年層女性への規範がつくりあげられていたことや，産業組合の機関誌などを通じ，積極的に農業と農村を支えようとする良妻＝若年層女性が期待されていたことが明らかになっています。しかしながら，現実には「角のない牛」という言葉に代表されるように，農業労働力としての期待が高く，かつ「嫁」の地位は劣悪であったため，重なる妊娠出産体験と，出産時における十分な休養・栄養の欠如により，女性のリプロダクティブ・ヘルス／ライツは実現できていない状況でした。

　このことが，結果としては近代以降高度経済成長期を経て昨今まで，一貫した農村部からの女性の流出を招いたといえるでしょうし，海外から妻を迎えようとする最近の動向にも関連しています。

④ 農村女性問題への着目

　日本の農村家族の「国際化」と同時に，女性差別撤廃条約批准やその後の世界女性会議の開催など，国際規模での女性の地位向上のための動きを背景に，発展途上国における女性たちの貧困問題や女性差別の問題に関心が高まるようになりました。開発とジェンダーの問題領域についての研究の発展は，日本における農村女性の問題へも関心を引き寄せます。

　日本の農村研究にジェンダーの視点を入れて考えようとする動きは，1990年代以降本格化しました。ここには，農村における女性の活用をめざす政策展開がありました。アグリツーリズムや産地レストランの展開，つくり手の顔の見える安心安全な農業生産物に対する都市住民の評価が高まっていったことを背景として，農村女性の活躍の場が拡がり，農村活性化のため女性の活動に期待が高まっていくなか，農村女性の活動についての社会学的研究も進みました。

　このような文脈において，社会学的研究の発展と同時に，農村女性史もまた研究が深化していくものと思われます。

　　　　　　　　　　　　　　　　　　　　　　　　　（古久保さくら）

▷6　小山静子（1991）『良妻賢母という思想』勁草書房，など。

▷7　農村婦人問題をもっとも早く扱ったものとして丸岡秀子（1937）『日本農村婦人問題』高陽書院（ドメス出版，1980年復刊）がある。

▷8　劣悪な農村の「嫁」の状況については，大金義明（2005）『風の中のアリア──戦後農村女性史』ドメス出版に詳しい。本書の「リプロダクティブ・ヘルス／ライツ」（198-199頁）を参照。

▷9　武田里子（2011）『ムラの国際結婚再考──結婚移住女性と農村の社会変容』めこん，など。

▷10　本書の「開発」（108-109頁）を参照。

▷11　井上輝子ほか編（2011）『新版　日本のフェミニズム第9巻　グローバリゼーション』岩波書店，など。

▷12　秋津元輝ほか（2007）『農村ジェンダー』昭和堂，など。

おすすめ文献

†丸岡秀子（1937）『日本農村婦人問題』高陽書院（ドメス出版，1980年復刊）。

†杉山春（1996）『満州女塾』新潮社。

†秋津元輝ほか（2007）『農村ジェンダー』昭和堂。

1 文化とジェンダー／D　想像と創造

1 エクリチュール・フェミニン

1 エクリチュール・フェミニンとは

「エクリチュール・フェミニン」は，フランス語で「書いたもの，書くこと」を意味する「エクリチュール」と「女性の，女性的な」を意味する「フェミニン」からなる言葉で，1970年代フランスの女性運動のなかから生まれた文学・思想上の革新的な活動とその作品群を指します。

2 フランスのウーマン・リブ MLF と言語をめぐる問題

MLF と呼ばれるフランスのウーマン・リブは1968年の大学闘争から生まれ，女性たちはカップル社会の長い伝統を破って女性だけで集まり，強姦や当時非合法だった妊娠中絶など女性特有の問題を集中的にとりあげました。

重要な問題の一つに言語がありました。1969年に出版されたモニック・ヴィティッグの小説『女ゲリラたち』は，女性に向け，「おまえが話す言葉はおまえを殺す語からなる」と書いています。女性たちは男性中心の価値観に支配された既成の言語では自分をうまく表現できないと感じていました。その一方で，「男根ロゴス中心主義」という用語の登場が示すように，すでに思想界では西洋形而上学批判に性的差異という要素が導入されていました。「男性的」とみなされた論理，秩序，真理などの支配的な位置が，本質をもたず，定義から逃れるとみなされた「女性的なもの」を用いて批判されていたのです。そこで女性たちは，男性たちの先端的な哲学や精神分析を批判的に継承しつつ，自分たちの側から女性を表現する言語を探索し始めました。

3 「女性的なもの」による破壊

しかし，「女性的に」「書く」とは何をどう書くことなのでしょうか。

アニー・ルクレールはエッセイ『女の言葉』で，月経や母性の「幸福」を語り，マリ・カルディナルは『それを語るための言葉』で，性器出血という心身症を抱えた女性が精神分析により治癒する過程を書き，ジャンヌ・イヴラールの小説『母死』では心を病む娘が母に語りかけます。何よりも女性の身体のとらえ直しが，ときに女性同士の関係の見直しとともに行われました。

作品にはしばしば前衛的な表現が用いられました。『母死』というタイトルは日常言語を逸脱しています。またシャンタル・シャヴァフは小説『祭壇画・

▷1　MLF は mouvement de libération des femmes（「女性解放運動」）の略称。

▷2　ウィティッグ, M./小佐井伸二訳（1969=1973）『女ゲリラたち』白水社, 165頁。この邦訳では著者名がウィティッグと表記されている。

▷3　Leclerc, Annie (1974) *Parole de femme*, Grasset.
▷4　カルディナル, M./柴田都志子訳（1975=1983）『血と言葉』リブロポート。
▷5　Hyvrard, Jeanne (1976) *Mère la mort*, Les Éditions de Minuit.
▷6　Chawaf, Chantal

夢』で，動詞や名詞や形容詞を羅列する独特のリズムで子の誕生を語りました。

変革はジャンル区分にも及びました。『それを語るための言葉』は小説ともノン・フィクションとも呼ばれました。またジュリア・クリステヴァは聖母マリアの表象を分析する論文「愛という異端の倫理」[7]に，本文とは異なる活字で自分の出産をめぐる生々しい感情を書き込みました。さらにリュース・イリガライは博士論文『スペキュロム』[8]で，ギリシャ古代哲学から現代の精神分析までを「母胎」，女性性器の「唇」等をキーワードに分析するなか，ときに口語で男性思想家たちをからかいました。こうして，学術論文にまで女性のセクシュアリティが入り込むと同時に，口語や詩的表現や個人的体験の導入により，学術論文，詩，フィクション等のジャンル区分が，さらには客観性，論理性，真実と主観性，感情表現，虚構との区分もが越境され，混ぜ返されたのです。

というのも女性たちは，エレーヌ・シクスーが『メデューサの笑い』で語ったように，書くことで，「すべてを破壊し，制度という骨組みを粉々にし，法を空中にふっとばし，《真理》とやらを笑いでねじ曲げ」ようとしたからです[9]。たとえ女性の身体がそれぞれのやり方や見方でとらえ直されたとしても，めざされていたのはそれを新たな定義に縛りつけることではなく，男性中心の思想のなかで本質をもたないとされてきた女性という位置（位置づけられない位置）を逆手にとって，そこから既成の文法規則やジャンル・学問分野の区分をめちゃくちゃにかき回し，「男性的な」秩序と真理と権力を揺るがすことでした。

フェミニズムという一つの「男性的な」イデオロギーもまた疑問に付され，「エクリチュール・フェミニン」に関わる女性たちは概してフェミニストを自称しませんでした。この傾向に属する作品を数多く出版した「女性出版社」をもつMLFの一グループ「精神分析と政治」の代表アントワネット・フークは「すべての『イズム』は私には罠に思われた」と語っています[10]。

4　エクリチュール・フェミニン論争とMLFの分裂

「エクリチュール・フェミニン」に批判的な女性たちもいました。女性が差別されてきたのは，まさに男性と異なる存在としてなのにその根拠となる「女性的なもの」を，たとえとらえ直すにせよ，引き受けてどうするというのか？　男女の差異は家父長制がつくり出したものなのだから，その消滅こそが平等な社会を導くのではないのか？　とりわけマルクス主義的な女性たちは「エクリチュール・フェミニン」を「反・フェミニズム」と呼びました。そして論争と対立は，1979年のMLF商標登録事件を機に分裂に至り[11]，80年代に入ると運動の鎮静化とともに，「エクリチュール・フェミニン」は通俗化や「女性的なもの」の固定化へと向かい，ラディカルさを失います。ともあれ，言語と女性をめぐるこれらの考察こそが70年代フランスの女性運動が文学・思想界にもたらした最大の功績だといえるでしょう。

（小野ゆり子）

▷ (1974) *Retable la rêverie*, éditions des femmes.

▷ 7　クリステヴァ，J.／棚沢直子・天野千穂子訳 (1977=1991)「愛という異端の倫理」『女の時間』勁草書房，61-104頁。

▷ 8　Irigaray, Luce (1974) *Speculum, de l'autre femme*, Les Éditions de Minuit.

▷ 9　シクスー，H.／松本伊瑳子・国領苑子・藤倉恵子編訳 (1975=1993)『メデューサの笑い』紀伊國屋書店，34頁。

▷ 10　フーク，A.／石川久美子訳 (1990=1998)「運動のなかの女たち──昨日，今日，明日」棚沢直子編『女たちのフランス思想』勁草書房，219頁。

▷ 11　「精神分析と政治」グループが「MLF」を商標登録して独占した事件。おすすめ文献『女たちのフランス思想』のクリスティーヌ・デルフィ「フランス女性解放運動」の章と編者解説を参照のこと。

おすすめ文献

† 棚沢直子編 (1998)『女たちのフランス思想』勁草書房。

† フランソワーズ・コラン／内藤義博訳 (1992=1998)「差異と抗争」杉村和子・志賀亮一監訳『女の歴史Ⅴ　二十世紀1』藤原書店，417-476頁；マルセル・マリーニ／三宅京子訳「文化の生産における女性の位置──フランスの例」同上書，477-515頁。

† イリガライ，リュース／棚沢直子・小野ゆり子・中嶋公子訳 (1977=1987)『ひとつではない女の性』勁草書房。

1　文化とジェンダー／D　想像と創造

② フェミニスト・クリティーク

❶ 用語としてのフェミニスト・クリティーク

エレイン・ショウォールターは、1978年のエッセイで、フェミニズム批評を2つの種類に分けました▷1。一つは、読者としての女性による問題提起、もう一つは書き手としての女性に関わる問題提起です。そして前者を「フェミニスト・クリティーク」と名づけ、後者を「ガイノクリティックス」と名づけました。単純化すれば、女性読者による男性作家の書いた作品の読み直しと、女性作家や女性文化の再発見と言い換えられます。フェミニズム批評は、フェミニスト・クリティークに始まりガイノクリティックスへと展開してきました。現在では、男性作家を糾弾するような批評は姿を消し、フェミニスト・クリティークという名乗りも聞かれません。この用語そのものは、歴史的な使命を終えたといってよさそうです。とはいえ、ショウォールターが、フェミニスト・クリティークの主題としてあげた問題群を眺め直せば▷2、もう少し射程を広げて理解することができそうです。ここでは、男性ジェンダー化した文化の諸相を読み解く分析がどのように展開してきたか辿ってみたいと思います。フェミニスト・クリティークと明示されることはなくとも、男性性や男性文化の分析は、今もなお重要なテーマであり続けているからです。

❷ 「文学」をジェンダー化する

フェミニスト・クリティークの始まりは、1970年代に遡ります。ケイト・ミレット『性の政治学』▷3、日本では駒尺喜美『魔女の論理』▷4などが、女性読者としての立場を鮮明にして、普遍的な何かを示していると思われてきた男性作家の作品がいかに男性の視点に偏って書かれているかを論じました。当時は、個人的な出来事が描かれていてもそこに普遍的な意味が宿っているという考え方が「文学」を支える前提となっていましたから▷5、それをひっくり返す試みはきわめて挑戦的なものでした。フェミニズム批評は読み手である自分の「女性」というジェンダーを発見し、同時に、作家にもジェンダーがあることを論じたのです。「女流作家」という言い方はあっても「男流作家」という言い方はありません。上野千鶴子と富岡多恵子と小倉千加子の三人は、こうした非対称を浮かびあがらせるべく、『男流文学論』と題して、歯に衣着せぬ口調で男性作家の作品に物申しました▷6。こうした読み方は邪道で文学的な読みではないとい

▷1　ショウォールター, E. 編／青山誠子訳（1985=1999）「フェミニズム詩学に向けて」『新フェミニズム批評――女性・文学・理論』岩波書店。

▷2　ショウォールターは、「文学における女性のイメージやステレオタイプ、批評における女性不在とか女性に関する誤解、男性が構築した文学史の裂け目などの問題」「大衆文化や大衆映画における女性の読者＝観客＝聴衆の利用や操作」、「「記号としての女性」の分析」が、フェミニスト・クリティークに含まれると整理している。

▷3　ミレット, K.／藤枝澪子ほか訳（1970=1973）『性の政治学』自由国民社。

▷4　駒尺喜美（1978）『魔女の論理――エロスへの渇望』エポナ出版。

▷5　今でも高校までの「国語」の教室には、そうした前提が温存されています。

▷6　上野千鶴子・富岡多恵子・小倉千加子（1992）『男流文学論』筑摩書房。

う批判もかつてはありましたが，今では文学に政治性があること（さまざまな力学——人種や民族や階級やジェンダー——が組み込まれているということ）は当然のこととして理解されています。記号としての「女」を語る物語は他の力学と絡み合い，個別の男と女のレベルから国民国家の形成に至るまで，文化を構築するものとして機能しているのです。

③ ホモソーシャルな文学共同体

ジェンダーという概念は，男／女という対をなした記号の機能の仕方を分析するという視点を示しました。生身の男と女ではなく，男と女というメタファーがどのように使われるかを分析するわけです。そうした視点に立ってみれば，もともとは女子どもむけの娯楽として位置づけられてきた小説などのフィクションの領域が，「芸術」に向かって離陸するときに男性化した，つまり「男がする仕事」としての価値を得たといえます。以後，男性による男性のための物語が普遍的な「文学」となりました。斎藤美奈子は，「子供が出来たの」と言われて男が動揺する小説が繰り返し書かれてきたことを指摘し，それらを「妊娠小説」とカテゴライズしました。森鷗外の『舞姫』から村上春樹『風の歌を聴け』といった現代の作品に至るまで，男にとって意味のある物語が文学史を形づくってきたのです。クィア理論に位置づけられているセジウィックの「ホモソーシャル」という概念も，男性文化を分析したものとして理解することができます。女性作家は，ホモソーシャルな文学共同体の周縁に置かれ，さまざまな妨害を受けてきました。ジョアナ・ラスは「テクスチュアル・ハラスメント」という概念で実に多様な彼らの誹謗中傷のやり口について論じています。

④ 欲望に形を与えるフィクション

さて，今日の状況はどうでしょうか。間違いなくいえるのは，フィクションの形式が多様化し，かつてあったヒエラルヒーが壊滅したということです。研究や批評の対象も広がり，サブカルチャーに配置されてきた映画やテレビ，マンガ，アニメ，ポルノグラフィーあるいはネットにあふれる物語など，多様な領域が研究や批評の対象になっています。女性文化についていえば，「やおい」やBLの分析が盛んです。男性文化の「おたく」のジェンダーやセクシュアリティについての分析もなされています。斎藤環は，「戦う少女」という表象とそれに「萌え」る「おたく」の欲望を分析し，現実とフィクションの関係が変わってきていることを論じています。女性は今も記号化されていますが，その内容も，記号と私たちの関係も変化し続けているのです。フィクションは欲望に形を与えるものです。その分析は，ジェンダーやセクシュアリティの制度と，私たちの欲望について語る重要な手段であり続けています。

（飯田祐子）

▷7　内藤千珠子（2005）『帝国と暗殺——ジェンダーからみる近代日本のメディア編成』新曜社；中井亜佐子・吉野由利編著（2011）『ジェンダー表象の政治学——ネーション，階級，植民地』彩流社，など。

▷8　飯田祐子（1998）『彼らの物語——日本近代文学とジェンダー』名古屋大学出版会。

▷9　斎藤美奈子（1994）『妊娠小説』筑摩書房。

▷10　本書の「ホモソーシャリティ」（202-203頁）を参照。

▷11　ラス，J.／小谷真理編訳（1983=2001）『テクスチュアル・ハラスメント』インスクリプト。

▷12　本書の「サブカルチャーとジェンダー」（86-87頁）を参照。

▷13　斎藤（2000）『戦闘美少女の精神分析』太田出版。

おすすめ文献

†ショウォールター，E.編／青山誠子訳（1985=1999）『新フェミニズム批評——女性・文学・理論』岩波書店。

†斎藤美奈子（1997）『妊娠小説』ちくま文庫。

†斎藤環（2006）『戦闘美少女の精神分析』ちくま文庫。

1　文化とジェンダー／D　想像と創造

3 西洋美術とジェンダー：つくられた身体

1 見る者と見られる者

　雑誌やテレビ，映画，マンガ，アニメ，ポスター，イラスト，絵画，彫刻など，私たちは日常的に，あらゆる場所で，大量の視覚的な表象，イメージに取り巻かれています。そして高級な文化，大衆的な文化を問わず，女性や男性の身体は無数の視覚表象においてとらえられています。それらを前にして，私たちはそれほど深く意識しないにせよ，多かれ少なかれ快や不快，欲望や嫌悪といった感情や感覚をかき立てられているのであり，それゆえにこそ，こうしたイメージは根深く社会のジェンダー構造と結びついているのです。

　異性愛男性中心のジェンダー構造は他の領域同様，美術にも強力に作用しました。対象を眼差し，美を創造する主体としての芸術家は男性性と重ね合わされ，美の素材として眼差される客体としてのモデルは多くの場合，女性の身体と重ね合わされます。「まなざし」は対象を支配する権力に他なりません。「美」に関わる権力の問題はしばしば見過ごされてきましたが，芸術や美的趣味は主流の価値に支配され，またそれを形成する強力な場なのです。社会的に重要とされる「精神的」文化創造は男性性と重ね合わされて父から息子へ継承されるべきものとされ，女性は創造の現場から排除され，そこに入ることは主流の規範からの孤立を意味しました。女性の役割は男性の文化創造の素材となり，彼らに霊感をもたらすミューズとなることでした。こうした構造は社会通念や教育，市場，収集，展示など美術を巡る多様な制度により補強されてきました。

2 つくられた身体

　もちろん西洋では，古代から男性の裸体の身体もまた表象の対象となってきました。しかし古代の男性神の身体が自足した，行為の主体として堂々としたポーズで表象されてきたのに対し，ヴィーナスのような女性神の身体は，多産を象徴する産む性としての表象を別とすれば，古代から，見られることを意識し，それを恥じらう仕草である胸と股間を隠すポーズで表され，異性愛的な欲望を伴って見られる対象として造形されていたのです[1]。こうした女性裸体の表象のされ方はルネサンス以降改めて継承され，女性の身体は，神話の登場人物や遠いオリエントのハーレムの女性といった主題を口実に，芸術の名の下に制御され，再構成され，理想化されたヌードとして繰り返し表象されました。芸

▷1　いわゆる「恥じらいのヴィーナス」の成立の意味と歴史については次の文献が詳しく分析している。Salomon, Nanette（1996）"The Venus Pudica: uncovering art history's 'hidden agendas' and pernicious pedigrees," Pollock, Griselda ed., *Generations and Geographies in the Visual Arts-Feminist Readings*, Routledge.

術における男性中心の欲望に満ちたまなざしの存在は，美の判断は欲望や欲求から切り離されたものだとする美学によって隠蔽されてきました。

19世紀半ば以降，裸体表象に規範的な理想化や神話的主題を求めたアカデミックな制度が否定され，女性裸体は，芸術家が男性性に重ね合わされた創造性を様式革新を通して証する場となり，新しい様式を通して，異性愛男性の欲望や嫌悪自体が美術の主題となりました。様式革新を独創性の核とみなすモダニズムは，芸術から社会や政治の問題を切り離し，芸術生産や受容におけるジェンダー構造を覆い隠しただけでなく，結果的にむしろそれを補強しました。

❸ フェミニズムによる問い直し

私たちを取り巻く大衆文化のイメージにおいても，女性身体は多くの場合異性愛男性の欲望の対象として，若く，整ったプロポーションと容姿をもち，男性の欲望に満ちたまなざしを受け入れる姿で表象されます。男性に望まれる身体となることは，女性たちにとっても自らがこの社会で居場所を得るために必要なことと認識されました。つまり男性の欲望は女性たちに内面化され，女性たちは良いとされるプロポーションや，若さや美貌を自らの欲望として追い求めることになります。「美しい」女性像は女性にとっても憧れやナルシシズムをかき立てる対象として求められます。しかしそれは女性たち自身が，非対称なジェンダー構造に逃れようもなく縛られていることもまた物語っています。

ジェンダーの問題が美術の世界でも注目されるようになった1970年代には，女性芸術家たちはこうした問題を自覚し，それを自ら打ち破るための試みを始めます。それまでもさまざまなやり方で既存の制度のなかで活動の場を見出そうとした女性たちはいましたが，この時代になると，女性たちは自分たちを創造行為から排除する制度や構造をより明確に自覚し，連帯してこれらを打ち破ろうとします。同時に彼女たちは男性の眼差しによって理想化され，求められた女性像を解体し，揺るがす身体表象を試みました。化粧やダイエット，生理や出産，老いや多様なセクシュアリティなど，これまで覆い隠されていた女性たちの日常的な感覚や欲望，抑圧もまた表象の対象となりました。いわば女性たちは，自らの身体を自らの手に取り戻そうとしたのです。

同じ頃，美術史の領域においてもジェンダーの視点の重要性が主張され始めました。天才や偉大さ，傑作，創造性，独創性，美，芸術等の基本的な概念や文化継承の枠組み，教育や美術館などの制度，美術の歴史や語りのあり方，それらを支える従来の知の枠組み自体が問い直され，非対称なジェンダー構造のなかで生きる女性の経験がどのようにして作品に差異として表れ，あるいはまた読み取られるか，といった問題がクローズアップされています。こうした問い直しは，これまでの主体や作家性といった考え方自体をとらえ直しながら，視覚表象をめぐる生産と受容のあり方の根本的な転換を求めています。　（天野知香）

▷2 カントによる，美的な快を身体的な快や欲望から切り離す「関心を伴わない」美という考え方は広く浸透した。I. カント／宇都宮芳明訳（1790=1994）『判断力批判』（上・下）以文社及び次を参照。キャロリン・コースマイヤー／長野順子・石田美紀・伊藤政志（2004=2009）『美学――ジェンダーの視点から』三元社，80頁以降。

▷3 Butler, Cornelia. organised (2007) *Wack!- Art and the Feminist Revolution,* The Museum of Contemporary Art, Los Angeles.

▷4 ノックリン, L.／松岡和子訳 (1971=1976)「なぜ女性の大芸術家は現れないのか？」『美術手帳』5月号, vol. 28, no. 407 46-83頁。

(おすすめ文献)

✝ポロック，グリゼルダ，パーカー，ロジカ／萩原弘子訳（1981=1992）『女・アート・イデオロギー――フェミニストが読み直す芸術表現の歴史』新水社。

✝ポロック，グリゼルダ（1988=1998）『視線と差異――フェミニズムで読む美術史』新水社。

✝ニード，リンダ／藤井麻利・藤井雅実訳（1992=1997）『ヌードの反美学――美術・猥褻・セクシュアリティ』青弓社。

1　文化とジェンダー／D　想像と創造

4 日本絵画とジェンダー：天皇皇后の肖像

1 日本絵画と「伝統」

　日本各地の博物館や美術館で開催されるさまざまな美術展。そのなかにあって「日本美術」をとりあげる展覧会では，しばしば「伝統」への注意が促されます。文化の庇護者としての天皇・皇室の重要性に言及する展示も少なくありません。私たちはそのことにさほど違和感を抱くことなく，作品に「日本の美」を見出し，楽しんではいないでしょうか。また，海外などで日本についての紹介を求められると，つい「伝統的」な文化を，知識のなかから懸命に探そうとはしませんか。

　けれども美術の歴史を検証すると，古代以来，絵画に限っても絵師たちは熱心に異国の絵画，とりわけ中国絵画を学んできました。京都や鎌倉をはじめ，権力者が住み，富が集中する都市において，ひとびとは輸入された中国絵画を尊び，それに倣った絵画を競って求めました。今日，私たちが伝統的と感じる「日本絵画」の多くは，主題やモチーフ，構図や表現などを中国絵画に学び，各時代の画家が，注文主や観賞者の期待に応え描いたものなのです。

2 「日本絵画」とジェンダー

　しかし，「日本美術」「日本絵画」というカテゴリーは，フィクションにすぎないと一蹴することもできないのです。7～8世紀にかけて，古代律令国家は，危険を冒して遣唐使を派遣し，制度や文化を学び日本への移植を試みました。唐の絵画はまさに日本の画家の手本でした。平安時代の宮廷社会は，唐王朝が滅んでもなお，一方で異国の風景や行事・人物を描いた「唐絵」を尊重し，他方でそれとは異なる日本の風景や行事・人物を描いた「やまと絵」を創出しました。この「唐絵」と「やまと絵」の並立，使い分けが，ジェンダーの問題と深く関わっていることを指摘したのが千野香織です。

　千野は，平安時代の宮廷文化に，権力とジェンダー（性差）を巧みに交差させた構造を見出し，それを「二重の二重構造」と名づけ，概念図（図1）を用いて説明しました。すなわち，Aは，「海の向こうにある巨大な幻影であり，限りない憧憬と畏怖の対象である〈唐〉」。Bは，「平安京の支配者たちが〈唐〉の対抗概念として作り上げた幻影の自己である〈和〉」。さらに，「Bの中にあるaは，〈和〉のなかにあって《唐》の領域を示すものであり，bは，〈和〉

▷1　千野香織（2010）「日本美術のジェンダー」『千野香織著作集』ブリュッケ。
▷2　「唐絵」はa，「やまと絵」はbの領域に存在します。

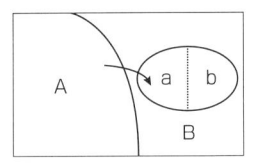

図1　平安文化の二重の二重構造（千野モデル）

▷3　男女の恋愛をテーマとし，季節の景物を画面に配した小画面絵画。
▷4　池田忍（2005）「ジェンダーの視点から見る王朝物語絵」（1997）鈴木杜幾子・千野香織・馬渕明子編『美術とジェンダー――非対称の視線』ブリュッケ；同「「日本美術」と方法としてのジェンダー――千野香織さんの仕事への応答（あとがきにかえて）」。

の中の《和》の領域を示すもの」となります。そしてこの図式のAとB，そしてBのなかのaとbに，〈公／私〉，〈男性性／女性性〉いう対概念を重ねて当てはめることができると指摘し，性差を織り込んだ文化構造を巧みに利用した平安時代の社会的実践の様相を浮かび上がらせたのです。▷2

「やまと絵」に限らず，平安時代後期の宮廷社会では，たとえば「源氏物語絵巻」のような物語絵画もまた女性性の領域に位置づけられます。このような絵画領域が生まれ隆盛した背景には，現実の宮廷女性たちが描き，集め，交換して楽しんだ「女絵」▷3と呼ばれる個人的な絵が，宮廷をあげて制作される大規模な絵巻の画面に吸収された事情もあります。▷4 ただしジェンダー化された絵画領域の制作や享受の場において，その担い手は性別に応じて単純に二分化されていたわけではありません。天皇や高位の貴族男性であれば，多様な絵画の制作を主導することが可能でしたが，女性は「唐絵」を見ることはあっても，制作に携わることはまずなかったのです。

３　近代日本のジェンダー秩序と天皇皇后の肖像

近世にも，中国絵画の伝統に結びつく自らの画派（狩野派）の優位性を，ジェンダーの比喩を用いて主張する言説が遺されています。▷5 ただし，一般に前近代の日本では，ひとびとがどのような絵画を描き好むかは，他の文化領域と同様，性別よりもむしろ身分に強く規定されていました。ところが近代になって，明治政府が天皇を元首に戴く統治システムの確立と強化を急ぎ，男女それぞれの国民化と統合，すなわちジェンダー秩序の再編が重要課題になると，絵画を含むさまざまな視覚イメージの政治的役割に対する期待が高まりました。

さて1980～90年代を通じ，多くの歴史家が近代天皇制研究の一環として，理想の身体を具えた君主の肖像（御真影）研究に取り組みました。天皇の肖像については，明治政府に雇われたイタリア人画家が油彩で描いた肖像を写真撮影したものが「御真影」として使用されましたが，多木浩二は，その複製と流通過程に国家が介入，それを礼拝対象として社会的に管理するシステムに注目することで，天皇の神聖性が創造された経緯を浮かびあがらせました。▷6 他方，皇后の肖像研究は，若桑みどりによって本格化します。▷7 今日では，狭義の天皇皇后の肖像にとどまらず，ひとびとの心性に社会秩序，規範と伝統の正統性を刻み込む政治シンボルの研究として展開しています。アマテラスや神武天皇など神話上の人物を形象化し，さらには植民地支配や戦争など歴史的出来事に参照する多様な表象，媒体を対象とする研究成果が蓄積されました。▷8 また，女性自らが，絵画にとどまらず，たとえば手芸や映画制作などジェンダー化された創造の領域で創造に携わった事例に着目することで，ジェンダー秩序の強化と可変性の両側面に注目する興味深い研究も生まれています。▷9　　（池田　忍）

▷5　亀井若菜（2003）「室町時代の土佐派をめぐる言説」『表象としての美術，言説としての美術史――室町将軍足利義晴と土佐光茂の絵画』ブリュッケ，38-48頁。
▷6　多木浩二（1988）『天皇の肖像』岩波書店。
▷7　若桑みどり（2001）『皇后の肖像』筑摩書房。
▷8　千葉慶（2011）『アマテラスと天皇――〈政治シンボル〉の近代史』吉川弘文館；北原恵（2005）「消えた三枚の絵画――戦中／戦後の天皇の表象」『岩波講座　アジア・太平洋戦争　戦争の政治学』；北原恵（2006）「消えた天皇・皇后像と「戦争画」――第二回大東亜戦争美術展に特別奉掲された三枚の絵画」『イメージ＆ジェンダー』6号，など。
▷9　吉良智子（2002）「〈女流美術家奉公隊〉と《大東亜戦皇国婦女皆働の図》について」『美術史』153号；山崎明子（2005）『近代日本の手芸とジェンダー』世織書房；池川玲子（2010）『「帝国」の映画監督　坂根田鶴子――『開拓の花嫁』・一九四三年・満映』吉川弘文館，など。

（おすすめ文献）
†『千野香織著作集』（2010）ブリュッケ。
†池田忍・小林緑編（2010）『ジェンダー史叢書第4巻　視覚表象と音楽』明石書店。
†亀井若菜（2010）「日本美術史におけるジェンダー研究の動向」『女性史学』20号。

第Ⅱ部　ジェンダー・スタディーズの諸相

1　文化とジェンダー／D　想像と創造

5　女ことば・男ことば

▷1　この分野の古典は，レイコフ，R.／かつえ・あきば・れいのるず訳(1975=1990)『言語と性──英語における女の地位』新訂版，有信堂高文社。

▷2　この分野の入門には，中村桃子(2001)『ことばとジェンダー』勁草書房。

▷3　寿岳章子(1979)『日本語と女』岩波書店は書き言葉の多様性を指摘。

▷4　メディアがつくる言葉については，金水敏(2003)『ヴァーチャル日本語──役割語の謎』岩波書店。

▷5　中村桃子(2007)『「女ことば」はつくられる』ひつじ書房。

▷6　女学生言葉とは，「あら，よくって**よ**。いや**だわ**。」という話し方を指し，語尾の特徴から「てよだわ言葉」とも呼ばれた。

▷7　「書生」とは主に男子学生を指し，書生言葉とは，「**きみ**，行き**たまえ**。」「**ぼく**は，**失敬**。」のような話し方。金水敏(2010)「男ことばの歴史」中村桃子編(2010)『ジェンダーで学ぶ言語学』世界思想社，35-49頁。

▷8　中村桃子(2009)「戦争と『女ことば』」林博史・中村桃子・細谷実編『連続講義　暴力とジェンダー』白澤社，109-149頁。

▷9　女房詞とは，14世紀

① 女ことば・男ことばは，女と男が話している言葉づかいではない

「女／男ことばとは何か」という問いはジェンダー・権力・アイデンティティの関係を解明する重要テーマです。これまで，女／男ことばは女と男が実際に話している言葉づかいだと考えられてきました。男女が長い間違う言葉を使い続けたので，それが自然に女／男ことばになったのであり，男女が違う言葉づかいをするのは，女／男らしさが言葉づかいに表われるからだといわれます。その結果，女／男ことばをあきらかにするために，「女と男はどのように異なる言葉づかいをするのか」を研究する性差研究が数多く行われました。

しかし，このような理解には問題が指摘されています。第一に，わたしたちは会話の場面，聞き手との関係，会話の目的，自分の立場などに応じてさまざまに言葉を使い分けています。言葉づかいがこれほど変化するものならば，その多様な言葉づかいが自然に女／男ことばにまとまったとは考えられません。言葉に性差があるという主張は，性差研究によって捏造された神話だったのです。第二は，女／男ことばはメディアの会話がつくりあげてきた側面が強いという指摘です。日本に住んでいる人のほとんどは，その地域の言葉を話しているので，身近にいる人から標準語の女／男ことばを日常的に聞くことがありません。むしろ，私たちはマンガやドラマなどから，特定の女／男らしさと特定の言葉づかいの結びつきを知識として学んでいるのではないでしょうか。女／男ことばは女／男らしさを自然に表わしているという考え方は，女／男らしさは自然であるという考え方を言語の側面から補強しているのです。

② 女ことば・男ことばの形成

女／男ことばが，女や男が話してきた言葉づかいでないのならば，何によって形成されてきたのでしょうか。そこで注目されたのが，メディアの会話と「女／男は，このように話している，話すべきだ」と語る言説です。前者には，小説，映画，ドラマ，マンガなどの会話が含まれます。メディアの登場人物が特定の言葉づかいを繰り返し使ったので，その言葉づかいが女らしさや男らしさと結びついたのです。後者には，マナー本，識者の発言，文法書，国語教科書などが含まれます。これらの言説が，女の言葉づかいを評価し，批判し，規範を与えることで，特定の言葉づかいが女ことば，あるいは，男ことばとして

66

まとめあげられたと考えられます。

この新しい視点が明らかにしたことの一つに，女／男ことばは近代以降の新しい概念だということがあります。男女の言葉づかいの違いも，女学生言葉と書生言葉という明治時代に一部の学生が使い始めた言葉づかいを，小説家が登場人物に使わせたことから広く認識されるようになりました。国民を性別化して近代国家建設を進めようとしていた時期に，メディアの会話が学生を女学生と書生に性別化したのです。また，日本語の伝統とみなされている女ことばが伝統になったのは，第二次世界大戦中であることもわかりました。日本語による東アジアの植民地化を正当化するために，女ことばは宮中で使われた女房詞を起源にもつ日本語の伝統だという言説が国語学者によって多数生み出されました。男女平等が意識され始めた近代以降こそ，女／男ことばによって言語の側面から性別を確実にしたのです。

❸ さまざまなアイデンティティを創造する女ことば・男ことば

さらに，女／男ことばを知識とみなす視点は，女／男ことばを話し手のジェンダーから切り離して，話し手がさまざまなアイデンティティを表現するときに利用する言語資源（材料）としてとらえ直しました。女／男ことばがアイデンティティを表現する材料だとしたら，時と場合に応じて，女も男ことばを使うし，男も女ことばを使うでしょう。それまで，「女らしくない」と批判されるだけだった女の男ことば使用に対しても，なぜ批判されるのか，男ことばを使って何を表現しようとしているのか，という新しい問いが可能になりました。

研究対象も，面と向かった会話だけでなく，メディアの会話やそれらの翻訳へと広がりました。マンガの会話では，女／男ことばは，話し手のジェンダーを示すというよりも，聞き手との距離感やその場の雰囲気を調整したり，一時的に別人格になるために用いられています。しかも，女／男ことばが果たす機能は一定ではなく，話し手の普段の言葉づかいから作品の時代背景まで，さまざまな要因によって変化します。同じ女／男ことばでも，相手との距離を縮める場合も広げる場合もあるのです。また，ていねいで従順な女性像と結びついていた女ことばが，高飛車で高慢な女性人物や，命令，主張，挑発に多用されていることも指摘されています。

女／男ことばは各々の時代の政治や経済に関わるイデオロギーを反映してつくられた概念であり，各々の地域のジェンダー秩序形成に大きな影響を与えてきました。また，女／男ことばを言語資源の一つとみなす視点は，言葉はすでにある話し手のアイデンティティを表現するのではなく，話し手は言葉を使う行為によってさまざまな人物として立ち現れていることをあきらかにしました。今後は，具体的な場面におけるさまざまな制限の中で言語を通してアイデンティティが構築される様子が注目されます。

（中村桃子）

に宮中で働いていた女官たちが使い始めた「おかべ（豆腐）」「おでん（田楽）」「おひや（水）」「おなか（腹）」「すもじ（すし）」「しゃもじ（杓子）」など，食物や台所用品，衣服に関する語彙を含む話し方を指し，長く女ことばの起源だと言われてきた。しかし，鷲（2000）は，女房詞が初めて女ことばと関連づけられたのは第二次世界大戦中であることをあきらかにした。鷲留美（2000）「女房詞の意味作用――天皇制・階層性・セクシュアリティ」『女性学年報』日本女性学研究会，21号，18-35頁。

▷10 中村桃子（2007）『〈性〉と日本語――ことばがつくる女と男』日本放送出版協会。

▷11 因京子（2010）「マンガ――ジェンダー表現の多様な意味」中村桃子編（2010）『ジェンダーで学ぶ言語学』世界思想社，73-88頁；日本語ジェンダー学会編（2006）『日本語とジェンダー』ひつじ書房。

▷12 金水（2003）前掲書；高橋すみれ（2009）「挑発する『女ことば』――少女マンガ連載『ライフ』にみる少女の二面性と言語使用」『多元文化』名古屋大学国際言語文化研究科，9号，95-109頁。

おすすめ文献

†金水敏（2003）『ヴァーチャル日本語――役割語の謎』岩波書店。

†中村桃子（2012）『女ことばと日本語』岩波新書。

†中村桃子（2007）『〈性〉と日本語――ことばがつくる女と男』日本放送出版協会。

1 文化とジェンダー／D 想像と創造

6 ことばとセクシュアリティ

1 恋愛小説からポルノまで

　ことばとセクシュアリティ研究は，性的アイデンティティを指示する表現や性的アイデンティティを遂行する言語行為について考察する分野です。また，性に関わる表現——たとえば「セックス」や「性交」——性描写の規制——の研究も含みます。それは，恋愛小説からポルノまで，人間の性愛に関する営みは多くの場合，ことばを通して行われるからです。

2 「性」に関わる表現の研究

　ことばとセクシュアリティの関係を考えるとき，忘れてはならないのは，人間の性的指向を指し示す表現の数々です。日本語には，医学用語として導入された「異性愛」や「同性愛」以外に，カタカナ語である「ゲイ／レズビアン」や「ストレート」，さらに古くから使われる「男色」や「おかま」といった用語が存在します。時代とともにその意味や使われ方は変化しており，「おかま」のように，侮辱的なニュアンスを含むことばでもやがて当事者の間では，場合によって肯定的に使われることもあります。また，「ノンケ＝その気（同性愛の気）がない」のようにLGBT[1]コミュニティ内で創造された俗語やスラングも多く存在します。そのような特定のコミュニティに使われていることばはまた，メディアの影響によって広く一般に使われるようにもなりました。「カミング・アウト」や「おねえことば」は，その例です。「カミング・アウト」とはもともと自らの性的アイデンティティを自認し，他者に伝える行為を意味していたのですが，今やマスコミでは広く「告白」という意味で用いられています。同様に，「おねえことば」はゲイ・バーで使われる典型的な女性ことばを過剰にパロディ化した話し方として，LGBTコミュニティ内で使われていました。

3 ことばと性的アイデンティティ

　ことばとセクシュアリティ研究の一つの側面は，性的アイデンティティとことばの関係を探るものです。英語圏ではゲイ男性の間で使われる俗語をとりあげる書物は，1920年代頃から出版されています[2]。しかし，1990年代から，この研究は新たな方向に向かいました。LGBT話者が用いることばに焦点を当て，ゲイ男性やレズビアン女性のことばづかいに関する論文集が注目を浴びるよう

▷1　LGBTとはレズビアン・ゲイ・バイセクシュアル・トランスジェンダーの頭文字をとって使われる表現。
▷2　Kulick, D. (2000) "Gay and Lesbian Language," *Annual Review of Anthropology*, 29: 243-285.
▷3　Leap, W. L. ed. (1995) *Beyond the Lavender Lexicon*, Gordon and Breach Science Publishers.
▷4　Hall, K. and Livia, A. eds. (1997) *Queerly Phrased : Language, Gender and Sexuality*, Oxford University Press.
▷5　Harvey, K. and Shalom, C. eds. (1997) *Language and Desire : Encoding Sex, Romance and Intimacy*, Routledge.
▷6　Leap (ed.) (1995) *ibid.*.
▷7　Livia, A. and Hall, K. eds. (1997) *Queerly Phrased : Language, Gender and Sexuality*, Oxford University Press.
▷8　バトラー，J.／竹村和子訳（1990＝1999）『ジェンダー・トラブル——フェミニズムとアイデンティティの攪乱』青土社。

になりました。[3,4,5]これらの研究では,「同性愛者」の間のことばを異性愛男性・女性のことばをまねたものとして位置づけることに批判的考察を加えています。[6]また,クィア研究,すなわち異性愛規範を問題視する研究もこの時期から多く行われるようになりました。[7]

1990年の研究活動の背後には,「ジェンダー」という概念に対する考え方の変移があります。新たなジェンダー研究の影響は,さらにより広くポストモダン思想に位置づけることができます。ポストモダン・ジェンダー研究は,ジェンダーと生物学的性の二分法を疑問にし,ジェンダーを行為遂行的——つまり生まれつきのものではなく,人間が行う行為として——とらえます。[8]また,「女性」「男性」との間の差異を主な着眼点とした研究姿勢にも変化が生じ,むしろ「女性」「男性」という社会的アイデンティティの内部にある多様性を重視するようになりました。そのため,セクシュアリティを取り巻く社会的規範と発話者のコンテクスト化された言語活動との間の交渉に関する研究が増えています。[9,10]

4 性愛規範と抑圧の問題

性の二分法を基本とするセクシュアリティ概念——つまり,「自然」で「当たり前」の生き方としての「異性愛」とその主流から逸脱する「同性愛」——の構図も疑問視され,異性愛規範も重要な研究テーマとなりました。「異性愛規範」とは,異性愛の特定の形式を唯一正しい性愛とした強制力をもつものです。これは,同性愛を排除するだけでなく,異性愛規範に従わない者を周辺に追い払う強制力を備えています。若年層のことばの研究からも,友情関係にこの規範が多大な影響力をもつことが確認されており,[11]また,サラリーマンの間でも,異性愛規範が互いの関係性を保つ手段としてホステス・クラブでの会話においても重要な作用をしていることが指摘されています。[12]

性的アイデンティティと言語活動に関する研究,つまり「異性愛女性」同士,「ゲイ男性」同士の会話におけるジェンダーやセクシュアリティやその他のアイデンティティ要因がいかに遂行されるか,というテーマの重要性を確認したうえで,さらに,セクシュアリティの他の側面,とくに「desire (欲望/抑圧)」,を取り扱う必要があることも数年前から強調され始めました。[13]この場合は,「desire (欲望/抑圧)」,は精神分析にしたがい,「抑圧」と関わる概念として設定されています。つまり,言語活動において表現可能なアイデンティティだけでなく,「言わない・言えない・言いたくない」や「沈黙」も重要な研究対象です。ことばとセクシュアリティ研究は,性的アイデンティティと言語行為,セクシュアリティを取り巻く社会的規範と発話者のコンテクスト化された言語上のネゴシエーション(交渉)のみならず,精神的抑圧に関するとも相互に関わりのある分野なのです。

(クレア・マリィ)

▷9 Cameron, D. (2005) *Language, Gender, and Sexuality : Current Issues and New Directions*, Applied Linguistics, 26(4) : p. 482-502.

▷10 マリィ,クレア(2007)『発話者の言語ストラテジーとしてのネゴシエーション(切りぬける・交渉・談判・掛け合い)行為』ひつじ書房。

▷11 Eckert, P. (1994) "Entering the Heterosexual Market-place : Identities of Subordination as a Developmental Imperative," *Working Papers on Learning and Identity 2*, Institute for Research on Learning.

▷12 Allison, A. (1994) *Nightwork : Sexuality, Pleasure and Corporate Masculinity in a Tokyo Hostess Club*, University of Chicago Press.

▷13 カメロン,D.・クリック,D./中村桃子・佐藤響子・熊谷滋子・マリィ,クレア訳(2003=2009)『ことばとセクシュアリティ』三元社。

(おすすめ文献)

†カメロン,D.・クリック,D./中村桃子・佐藤響子・熊谷滋子・マリィ,クレア訳(2003=2009)『ことばとセクシュアリティ』三元社。

†バトラー,J./マリィ,クレア訳(1997)「批評的にクイア」『現代思想』25 : 6頁。

†Okamoto, Shigeko and Janet S. Shibamoto Smith (2004) *Japanese Language, Gender, and Ideology : Cultural Models and Real People*, New York : Oxford University Press.

1 文化とジェンダー／D 想像と創造

7 言語の男性支配

1 ことばは行為である

　言語と性差別の関係を早くに指摘したのは，デイル・スペンダーでした。▷1 スペンダーは，サピア＝ウオーフの仮説に基づいて「言語は男が支配する」と主張しました。しかし，このような指摘には「言語を変えても社会は変わらない。女の賃金が上がるわけでもない」という反論が繰り返されました。▷3
　この状況を変えたのが，言語には社会的行為としての側面があるという指摘です。▷4「明日10時に会いましょう」という発言は約束という行為です。約束を破れば社会的な制裁もあります。この転換は重要です。第一に，「差別語」という単語のレベルに終始していた議論を「差別表現」にまで拡張しました。出版社などに流通していた「禁句集」にかわって，文章全体を扱う「ガイドライン」が作成されました。▷5 第二に，言語表現が行為であるならば，差別表現も行為とみなされます。「女のくせに」などの表現も，女に対する暴力と同じ行為となります。この転換は，「差別する意図はなかった」という弁明を許しません。差別表現の背後に差別意識があるかどうかが問題なのではなく，差別表現を言うこと自体が差別する行為だとみなされるからです。差別意識をもつことよりも，差別意識を言葉にして表現することを問題視するのです。第三に，言語が性差別的な考え方を再生産していることも見えてきました。「ことばを変えても女の賃金は上がらない」という批判に対して，「賃金は上がらないが，女の昇給を阻止している性差別的な考え方が，言語によって常識とされていることを明らかにできる」と答えられるようになったのです。

2 日本語もさまざまなレベルで性差別している

　どのような表現が問題になったのでしょうか。第一は，「未亡人（夫が死んでもまだ死んでいない人）」「主人（夫を指す）」などです。▷6 第二は，「女社長」「女性社員」「女子選手」「女流作家」など，これらの職業の基準を男にし，「女である」ことを必要以上に強調した表現です。「社長」がミスをすれば本人のせいだと言われますが，「女社長」のミスは「女だから」とみなされる傾向を助長しています。第三は，差別語を含まない差別表現です。会社にかかってきた電話に女が出ると，「誰か男の人いない？」と言うことは，「女のあなたでは役に立たない」ということです。第四は，言葉の慣用的な使い方です。男性の自称

▷1 スペンダー，D.／れいのるず・秋葉かつえ訳（1982＝1987）『ことばは男が支配する──言語と性差』勁草書房。
▷2 サピア＝ウオーフの仮説とは，「世界の言語は外界を異なって分類する」という言語相対論と，「人間の外界認識は言語によって決定される」という言語決定論から成るが，その後，極端な言語決定論は否定された。
▷3 フェミニストの言語改革については，中村桃子（1995）『ことばとフェミニズム』勁草書房。
▷4 オースティン，J. L.／坂本百大訳（1962＝1978）『言語と行為』大修館書店。
▷5 斉藤正美（2010）「差別表現とガイドライン──差別をつくる／変えることば」中村桃子編『ジェンダーで学ぶ言語学』世界思想社，183-196頁。

▷6 遠藤織枝（1987）『気になる言葉──日本語再検討』南雲堂。

詞である「ぼく」は虫から恐竜までほとんどの生き物に使われ，生き物の基準は男であることを示しています。たとえば，男女24人の生徒の成長を描いたフランス映画の題名は，『パリ20区，僕たちのクラス』（2008年，ローラン・カンテ）と翻訳されており，女子の存在が薄れています。自称詞のもう一つの問題は，日本では小学校入学時に，名前ではなく自称詞で自分を呼ぶことが常識だとみなされている点です。そのため，親や教師は，女子は「わたし」，男子は「ぼく」を使うように指導します。しかし，この「常識」は子どもが自分の性自認を確立する以前に異性愛規範▷7をたたき込む働きをしています。第五は，「女はていねいに話すべき」などの言葉の使い方に関するルールです。このルールは明確な権力関係が存在する就職活動や，不特定の人間が共存する通勤電車などで効力を発揮します。女がちかんにあっても「やめてください」と頼むしかないのは，「ふざけんな，このやろう！」とどなると車内の同情を一気に失う恐れがあるためです。

3 新しいことばが開く新しい社会

　言語が性差別を再生産しているとしたら，それを変化させることができるのも言語です。フェミニストは，ガイドラインの作成や差別表現に対する異議に加えて，新しい言葉も提案してきました。「売春」「売春婦」に対して「買春」「買春夫」という言葉を提案し，性行為を金銭によって「買う」男に焦点を当てました。その結果，児童買春は処罰の対象となりました。なかでも，「セクハラ」という言葉の普及は，女の日常を大きく変化させました。それまで，自分の身に何が起こっているのか理解することすら難しく苦悩していた女たちが，「これはセクハラという犯罪なんだ」と認識し，それを人に伝え，仲間とともに闘うことが可能になったのです。セクハラの認知は，アカハラ（学校における嫌がらせ）▷10やパワハラ（性的行為を含まない嫌がらせ）など，権力関係を利用したさまざまな嫌がらせを訴えることを可能にしました。また，言葉を新しい視点から定義する試みも行われました。近年電車内で聞かれる「ちかんは犯罪です」という放送は，「ちかんなどささいなことだ」という意識をくつがえし，多くの被害者に声をあげる勇気を与えました。「看護婦，スチュワーデス，保母」が「看護師，客室乗務員，保育士」に変更され，これらの職種への男の就業を促進しました。自称詞の「ぼく」は，すでに多くの女子が使っています。

　言語から差別をなくしていくためには，言語は偏見や差別とは無関係な伝達の道具であるという言語観から離れて，言語にはすでに，そして，これからも差別的な考え方が入り込むものだということを受け入れ，その事実を意識して言葉を使っていく必要があります。表現の自由を守りながらも人を差別しない言語を作り出していくのは，私たち一人一人の創造的な言語行為なのです。

(中村桃子)

▷7　異性愛規範とは，異性愛だけが唯一の正しい性愛の形態だとする社会制度であり，子どもに男女別の自称詞を使わせることは，人間は女か男のどちらかであるという異性愛の大前提を実践させている。

▷8　中村桃子（2007）『〈性〉と日本語——ことばがつくる女と男』日本放送出版協会。

▷9　丹羽雅代（2010）「セクシュアル・ハラスメント——女性への暴力を可視化させたことば」中村桃子編『ジェンダーで学ぶ言語学』世界思想社，197-213頁。

▷10　上野千鶴子編（1997）『キャンパス性差別事情——ストップ・ザ・アカハラ』三省堂。

▷11　本書の「ハラスメントとジェンダー」（216-217頁）を参照。宇佐美まゆみ（1997）『言葉は社会を変えられる』明石書店。

おすすめ文献

†中村桃子（1995）『ことばとフェミニズム』勁草書房。

†上野千鶴子・メディアの中の性差別を考える会編（1996）『きっと変えられる差別語——私たちのガイドライン』三省堂。

†中村桃子編（2010）『ジェンダーで学ぶ言語学』世界思想社。

2 社会とジェンダー／A 社会システムを考える

1 性役割

1 社会学における役割理論と性役割概念の誕生

　役割（role）は社会構造と個人を結びつける概念であり，社会学理論の基本的な概念の一つです。私たちは，近代において幅広い自由を獲得したとはいえ，周囲と無関係に勝手気ままにふるまうわけではなく，社会における自分の位置に付随する役割を遂行する社会的存在です。社会や集団から期待される役割を認知し，自らにふさわしい行動様式を学習することを「役割取得（role taking）」，取得された役割に沿って行動することを「役割遂行（role performance）」といいます。役割理論には，役割取得から役割遂行へという予定調和的なプロセスだけではなく，個人が担う複数の役割が相互に対立・矛盾してしまう状況や，個人が期待される役割に自己を適応しきれない状況で生じる「役割葛藤（role conflict）」，自己に関わる諸役割の束（「役割群（role-set）」）のなかで特定の役割に固執して他の役割遂行や新しい役割獲得が困難になる「役割固着（role fixation）」など，役割をめぐる問題を説明する議論もふくまれています。

　社会学は，ジェンダー・スタディーズが（当初女性学（Women's Studies）の形で）先進的に発展した学術分野といえます。社会学のさまざまな理論や概念が，批判的に読みかえられ，活用されてきました。社会学の役割理論を性差別（sexism）の問題に適応することによって誕生した概念が，「性役割（sex role/gender role）」です。男性と女性は，社会が期待する「男性役割」と「女性役割」を認識し，その枠組みに沿って行動するという性役割理論は，性差が社会的な構築物であることを明確にする理論でもありました。

　こうして，性役割は，第二波フェミニズムを背景として隆盛した女性学（Women's Studies）の核となる概念となりました。1970年代から80年代にかけて，女性学研究といえば，性役割研究を指すといっても過言ではないような状況があったのです。

2 性役割と役割規範

　社会学者たちは性役割概念をもちいて，生物学的運命のように考えられている「女らしさ」「男らしさ」や性別役割分担が，子どもから大人になる過程で期待される役割を学習した結果として説明されうると論じました。役割取得の際に，模範とする人物のことを「役割モデル（role model）」といいます。男の

▷1　役割について論じた社会学者としては，G. H. ミード（G. H. Mead），R. K. マートン（R. K. Merton），R. ダーレンドルフ（R. Dahrendorf），T. パーソンズ（T. Parsons）などをあげることができる。
▷2　女性学研究会編（1981）『女性社会学をめざして』垣内出版；井上輝子（1980）『女性学とその周辺』勁草書房などが，日本の社会学における女性学発展の初期の息吹を伝えている。
▷3　井上輝子・上野千鶴子・江原由美子編（1995）『性役割』岩波書店；井上俊ほか編（1995）『ジェンダーの社会学』岩波書店などを参照されたい。なお，性役割研究は，社会学のみならず，心理学分野でも活発に行われてきたが，そのなかには性役割を生物学的差異と関連づけて固定化してとらえる視点からの研究も少なくなかった。現在では心理学分野もジェンダー・スタディーズが非常に盛んな分野の一つとなっている（本書の「ジェンダー・アイデンティティ」（94-95頁）を参照）。
▷4　目黒依子（1980）『女役割——性支配の分析』垣内出版。
▷5　わかりやすい例をあ

子にとっての最も身近な役割モデルは父親，女の子にとってのそれは母親であり，子どもたちはまず身近な家族から性役割を学んでいきます。子どもたちが成長するうえで，仲間集団（ピア・グループ：peer group）の重要性も見逃せません。学校や地域での同年齢／近い年齢の友人関係において，子どもたちが同性集団の均質性を高めるような圧力（ピア・プレッシャー：peer pressure）を互いにかけあうことも指摘されています。

役割理論で使う「役割規範（role norm）」という概念は，性役割を個人が獲得していくプロセスの解釈に役立ちます。「役割規範」とは，ある役割を担う際に，遵守すれば肯定的なリアクションを，遵守しなければ否定的なリアクションを受ける，ある種の強制力をもった価値や行動の基準を指します。身近な集団において性役割を取得・遂行する場面では，ステレオタイプの特性観から，日常生活のこまごまとしたファッションや立ち居振る舞いまで，性別で厳しく二分された規範が働いていることが指摘されてきました。性別の境界を踏み越えることには，今もなにかしら否定的な反応を引きおこしますが，かつては現代以上にきびしい社会的制裁が与えられていたのです。

③ 女性役割の核になる「主婦」と役割葛藤

成人女性を念頭においた性役割研究では，女性が「娘」「妻」「母」「主婦」「嫁」「職業人」「地域住民」など，男性以上に複雑な役割を期待されていることが論じられました。目黒依子は，女性に期待されている複数の役割群において「主婦」役割が中核となっていることに注目しました。あらためて見直すと，「主婦」役割は，他の諸役割と重複する特徴をもっていることがわかります。主婦役割はそれらすべてを統合するものであり，他よりも高次におかれているのです。「主婦」役割は，「夫のため」や「子どものため」といった，家族への無償の愛をキーワードとする強い役割規範を伴っており，女性の生活を脅迫的に制限・方向づけていると考察されてきました。

女性役割の中心となる「主婦」役割は，女性の生来的な天職だと語られがちですが，女性が家事・育児に専念する生活スタイルは，近代化の過程でつくりあげられてきた歴史的産物であることも，社会学研究の中で明らかにされてきました。かつても，そして今も，女性の多くはなんらかの形で（家事育児以外の）労働に従事しています。だからこそ，家庭での役割を遂行することと職場での役割を遂行することは対立しがちであり，そこから生み出される女性の役割葛藤に焦点を当てた研究も進められてきました。

さまざまな分野で女性の活躍する機会が増えている現代，女性の役割をめぐる葛藤や矛盾は複雑化するとともに，男性役割もゆらいでいるといわれます。男性にも視野を広げ，女性の多様性をも組み込んだ形で，性役割研究はさらに精緻な理論枠組みを模索していくことになるでしょう。

（木村涼子）

げれば，たとえば，主婦に関する役割規範によって，女性の職業人役割は限定的なものにならざるをえない，など。「主婦」役割については，袖井孝子編（1982）『現代のエスプリ　性役割』至文堂；武田京子編（1983）『主婦はつくられる』汐文社；木村栄（1983）『壁のなかの主婦たち』汐文社；田中貴美子編（1983）『動き出した主婦たち』汐文社，などを参照。

▷6　オークレー，A.／岡島茅花訳（1974＝1986）『主婦の誕生』三省堂；落合恵美子（1989）『近代家族とフェミニズム』勁草書房；木村涼子（2010）『主婦の誕生――婦人雑誌と女性たちの近代』吉川弘文館。

▷7　ミュルダル，A. R.・クライン，V.／大和チドリ・桑原洋子訳（1956＝1985）『女性の二つの役割――家庭と仕事』ミネルヴァ書房；ホックシールド，A. R.／田中和子訳（1989＝1990）『セカンド・シフト 第二の勤務――アメリカ共働き革命の今』朝日新聞社などを参照。

▷8　本書の「男性学」（84-85頁）を参照。

おすすめ文献

†井上輝子編（2009）『性役割』岩波書店。

†ホックシールド，A. R.／坂口緑ほか訳（1997＝2012）『タイム・バインド：働く母親のワークライフバランス――仕事・家庭・子育てをめぐる真実』明石書店。

†矢澤澄子編（1993）『都市と女性の社会学――性役割の揺らぎを超えて』サイエンス社。

2　社会とジェンダー／A　社会システムを考える

2 メディアとジェンダー

1 つくられたメディアによって「現実」がつくられる

　ジェンダーが社会的・文化的に構築されるということは、社会・文化の重要な一部をなすメディアによってもジェンダーがつくられていることになります。

　既存マス・メディアに加えて、新しいデジタル・メディアも個々人に普及しました。これらは、日常生活に不可欠なツールとなっており、もはや家族や地域、準拠集団や国を超えて、バーチャルな擬似環境を形成するに至っています。

　この、メディアが報じる情報、提供する擬似環境は、「現実」そのものではありません。とりあげる対象についての取捨選択や価値判断を行い、ある視点から映像を撮り、記事にし、タイトル、音響効果、見出しやレイアウトなど効果的な演出を施し、余剰はカットして番組時間内や紙誌面に収まるように編集を行い、上層部や広告主の意見、視聴者・読者のニーズもくみ取りながら、つくりあげられていった、「メディア的現実」です。

　しかし、ひとびとはこのようなプロセスをほとんど知りませんから、「できあがったもの」をそのまま受け取るしかありません。かくして今度は、構築されたメディアによって私たちの「現実」が構築されていくことになります。

2 メディアが構築する「現実」とジェンダー

　当然のことながらメディアは、社会的・文化的に構築されたジェンダーも色濃く反映しています。つくられたメディアのなかのジェンダーによって、わたしたちのジェンダー（振る舞い、言葉づかい、ものの見方・考え方、ファッション、役割、パーソナリティー、ポリティカルな行為など）が構築されていくわけです。

　ジェンダー・スタディーズは、「生きづらさ」を強要してくる性の別は普遍的なものでなく、変わりうる／変えられるという立場に立つ批判の学ですから、現代社会の代表的なシステムであるメディアについても、したがって、クリティカルに対象化することとなります。ここでは、メディアをジェンダーの視点からとらえる操作概念として、(1)ステレオタイプ、(2)ダブル・スタンダード、(3)性の商品化、(4)暴力、の4つを取り出して考えてみましょう。

3 メディアはステレオタイプ化を好み、ダブル・スタンダード扱いする

　ジェンダーの問題性は、何よりも性別二分法とその両者の非対称性にありま

▷1　リップマン, ウォルター／掛川トミ子訳(1922=1987)『世論』(上・下)岩波文庫。テレビで「バナナで痩せる」と報じられれば、現実に店頭からバナナがなくなる。SNSはもはやその人にとっての「世界＝環境」となっている。擬似環境も、「リアル」なものとして、わたしたちの行為・反応を実際に呼び起こしている。

▷2　「メディアは構成されたものである」というテーゼは、メディア・リテラシー（メディアを批判的に読み解き、またメディアを主体的に利用すること、またその取り組み）の第一歩である（カナダ・オンタリオ州教育省編／鈴木みどり・FCT市民のメディアフォーラム訳（1992）『メディア・リテラシー——マスメディアを読み解く』リベルタ出版、8-11頁）。

▷3　この場合の「反映」は、必ずしも100％「社会の鏡」であるということを意味するものではない。逆説的だったり、社会の「半歩先」を行っていたり、視聴者・読者のニーズだったり、ひとびとの「抵抗」の結果だったりと、多様である。

▷4　メディア（におけるジェンダー）は構築されたものであり、構築されたメディア（におけるジェンダ

す。わたしたちは対象認識のために言語による分類を行い、そのことをもって、本来複雑で複合的な対象を単純化し、「わかった気」になっています。「女」「男」という、言語による性別二分法（カテゴリー化）の命名も、実は「わかった気」にさせているだけのマヤカシかもしれません。

メディアも、複雑な出来事や人間をわたしたちに「わかる」よう、かつ「面白い」よう、加工して、提供しています。「わかりやすさ」や「面白さ」のためには、対象の特徴を過度に強調するステレオタイプ化が効果的です。たとえば、メディアには実際の現実とは異なり、「若い（しかも美しい）女性」と「中年の（しかもかっこいい）男性」があふれ、「わかりやすい」「面白い」世界が形成されています。このバイアス（歪み）など、その典型といえるでしょう。

女性といえば若く、男性といえばミドル、というステレオタイプの背後には、女性と男性とで異なる二重の評価基準、つまりダブル・スタンダードの存在があります。女性は若さに価値があるとされ、男性は働きざかり・分別ざかりの年代に価値があるという、両者に非対称的な基準があてはめられているのです。

❹ メディアは性を商品化することを好むが、それは一種の暴力といえる

この両性間で異なる評価基準が適用されるダブル・スタンダードは、女性に対しては美しさや性的魅力に価値が置かれ、男性に対しては生産性や知性に価値が置かれていることのあらわれ、とみることができます。とくに、女性の「外見のよさ」や「性的な身体」は、あらゆるものを「売り物」にしてしまう現代市場にあって、「商品」としての価値を付与させられており、これを「性の商品化」といいます。この場合の「性」はセクシュアリティです。

メディアのなかの女性たちは、したがって、市場経済に流通し消費される「商品」ですから、顧客に、より高く、より多く、売れなければいけません。顧客の満足に応える「商品」として、人格や自己主張は邪魔ですし、あたかもモノのように見られ・扱われることになります。それは、尊厳ある人間としての扱いをされていない、ということではないでしょうか。

人を、その人格を無視してセクシュアリティにのみ矮小化し売買することは、本人の主体的意志と自己決定の権利を認めず、身体から精神までモノ化するという意味で、暴力です。さらに、メディアによる性的情報に半ば日常的・強制的に触れさせられている女性たち（そして男性たち）にとっても暴力です。

メディアが構築されたものであり、その際にバイアスがかかるものであるという"宿命"を知りつつ、ジェンダーにとらわれない多様な表現をメディアにさせていく、自らも表現していく、そういった実践が求められています。

(諸橋泰樹)

ー）によって今度はわたしたちのジェンダーが構築されているからといって、この世界が円環をなしているわけではない。「メディアの影響」などとよくいわれるが、ひとびとはすべてが「受け身」的で単線的に影響を受けていると単純化するのではなく、ヘゲモニーをもったひとびととメディアとのダイナミズムによって変化してゆくイメージだろうか。

▷5　ステレオタイプ（紋切り型）は、リップマンが用いた用語。「われわれはたいていの場合、見てから定義しないで、定義してから見る」といっている（リップマン（1922=1987）前掲書・上、111頁）。

▷6　性の商品化の延長線上には売買春がある。また、あらゆるものが商品化される現代の消費社会にあっては、男性も商品化されている。だが、「だから公平性が進んだ」といって、それを無条件で肯定することはできるだろうか。

▷7　いうまでもなく、メディアにおけるセクシュアルな表現をすべて否定するものではない。多様で自由なセクシュアリティ表現も、創造的な文化に必要だ。

おすすめ文献

†井上輝子ほか編（2009）『新編日本のフェミニズム7 表現とメディア』岩波書店。
†国広陽子・東京女子大学女性学研究所編（2012）『メディアとジェンダー』勁草書房。
†諸橋泰樹（2009）『メディアリテラシーとジェンダー』現代書館。

2 社会とジェンダー／A 社会システムを考える

③ 家族とジェンダー

① 家族とは？

　今日でも，家族といえば，一組の男女が婚姻し，互いに協力し合いながら，子どもが生まれたら十分な愛情を注いで育てるという家族像を思い浮かべる人が多いのではないでしょうか。典型的なイメージは，夫妻と未婚の子どもからなる，いわゆる"核家族"です。

　しかし，今日の日本において，「夫妻と子」からなる世帯の割合は，1980年頃をピークに減少し続け，2010年には，ついに「単独」世帯にトップの座を譲り渡しました。"核家族化"の時代は，とっくに終わっているのです。

② 近代社会以降の近代家族

　わたしたちがあたりまえとみなしてきた家族は近代社会に主流となった家族類型であるとして，落合恵美子は，「近代家族」と名づけています。近代家族の大きな特徴は，公領域と私領域が分離し，典型的には核家族で，愛情重視の育児や介護を子どもの母親が担う必要があることから，男は公領域，女は私領域という性別分業が一般化したことです。「男は外，女は内」「男は仕事，女は家事・育児」という性別分業は，実は近代の産物なのです。

　また，近代の資本主義経済のもとでは，どれだけ金銭を稼ぐことができるかという経済力が人間の価値規準として重要性を増したことから，家族内の性別分業が，公領域において稼ぐことのできる男と公領域から撤退することになった女との社会的な上下関係の基盤となり，そのような関係が夫と妻との私的領域での形式的な平等関係を押さえて，実質的には優劣な関係を維持させてきたといえます。

③ 近代家族をジェンダー・システムの視点でとらえる

　図1は，上記の点をふまえて，近代家族をジェンダー・システムの視点からとらえるために試行的に描いたモデル図です。

　図1の一番中心の円Ⅰは，「公私の分離」「賃労働と家事の分業」「家族福祉」「情緒重視の愛の共同体」といった近代家族の特徴を示しています。円Ⅰの外側のドーナツ円Ⅱは，このような近代家族を，ジェンダー・システムとしてとらえたものです。すなわち，近代家族は，（男女の性愛に基づきながらも，）父と

▷1　落合恵美子（2004）『20世紀の家族へ』有斐閣。

▷2　本書の「近代家族」（50-51頁）を参照。

▷3　社会システムに組みこまれたジェンダーのしくみをシステムとしてとらえることができる。

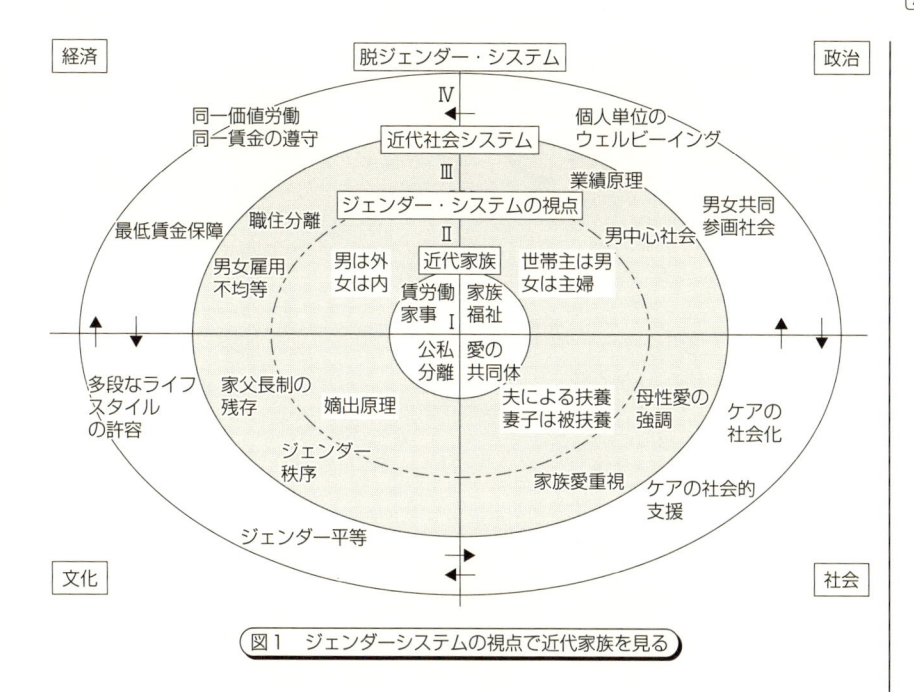

図1 ジェンダーシステムの視点で近代家族を見る

子の血縁を重視する嫡出の原理によって価値づけられ、その子の父であり、主たる稼ぎ手である男性が、対内的には、その子と、その子をケアする母親とを扶養するという扶養—被扶養関係を成立させ、対外的には、世帯主として家族を代表することで、維持されてきました。

図1のドーナツ型のⅢの部分は、近代社会の特徴を示しています。

工業化や都市化が進行した高度成長期のように、男中心の企業社会において、ほとんどの成人男性の雇用が確保され、夫ひとりの稼ぎによって家族福祉を実現できていた頃は、家父長制を残存させながらも、近代家族はシステムとしては比較的安定を保つことができていました。しかし、1990年代以降の長引く不況のなか、雇用の流動化により、男性に支払われていた家族賃金は保障されなくなり、公的福祉施策も十分とはいえない状況において、女たちは、「愛」という美名のもとで育児や介護を一手に担わされることに対して、「結婚しない」「産まない」「夫の親や夫の介護を引き受けない」という選択をすることにより、近代家族の存続に NO を突きつけるようになりました。

4 ジェンダー家族を超える

牟田和恵は、男女の性愛で結ばれた夫婦とその子からなり、その結びつきを国家が保護し正統性を付与している「ジェンダー家族」の仕組みが、社会全体にある性差別の根源であるとみなし、夫に依存することなく、子をケアする母と子からなる「母子」の対を、国家による保護の単位とする社会的サポート体制の確立が、「ジェンダー家族」を超えるための不可欠な条件と主張しています。だれでも、子をケアする「子づれシングル」になれますよ。　　（神原文子）

▷4 労働者としての一人分の賃金ではなく、家族を扶養するための扶養手当や住宅手当などを加えて支給される賃金を意味する。
▷5 図1の一番外側の楕円内を参照。
▷6 子どもを養育するシングルの一生活者を意味する。性別も血縁も問わない。

おすすめ文献

†牟田和恵（2006）『ジェンダー家族を超えて——近現代の生／性の政治とフェミニズム』新曜社。
†神原文子・杉井潤子・竹田美知（2016）『よくわかる現代家族［第2版］』ミネルヴァ書房。
†神原文子（2020）『子づれシングルの社会学——貧困・被差別・生きづらさ』晃洋書房。

2 社会とジェンダー／A 社会システムを考える

4 コミュニケーション

1 コミュニケーションとしての会話

会話を考える基本として「会話の順番取りシステム（turn taking system）」があります。わたしたちは普段会話する時，発話の順番や発話する権利をどのように配分しているのでしょうか。いわば誰がいつどれくらい話せるのか，その配分をめぐる問題ですが，私たちはこのシステムを通して普段会話するなかでこの問題を解決しているのです。会話は大きくいえば，発話する部分と発話の順番交替が可能になる部分から構成されています。そして会話者は互いの発話や会話への関与などを常に微細にモニターしながら"語り合う"そして"聞き合う"という実践を「いま，ここ」で達成し，相手とコミュニケーションしているのです。そして発話する権利を均等に平等に配分することはとても重要な営みです。発話するのが適切な時に伝えたいことを言葉や情緒を駆使して伝え尽くすことはコミュニケーションにとって基本といえるのです。そして自然に生起する会話がどのように組織されているのかを詳細に解読した会話分析の初期の知見は，次のことを確認したのです。一つは，わたしたちは，ただ相手と語り合っているというのではなく，いかに効率よく相手の話を聞き，言いたいことを語るのかというにいわば会話のエコノミーといえるべきものを，多様で微細な実践を通してつくりあげているということです。いま一つは，エコノミーをめざしつつも会話者は互いの発話する権利を均等に配分し，互いがいいたいことがいえるよう，聞きたいことが聞けるように会話を平等につくりあげているということです。ただこの知見は，自然に生起する会話を解読することから見出されたものです。実際に多様な状況や属性などに影響されているわたしたちの相互行為ではどうなっているのでしょうか。この問いは，ジェンダーの視点から日常的なコミュニケーションを考える，まさに基本といえるのです。

2 男女間相互行為の非対称性：性差別のエスノメソドロジー

わたしはかつて日常会話における男女間差異，男性から女性への微細な権力行使を例証したことがあります。詳細はその論文を読んでほしいのですが，結果として男女間の会話における多様な違いが明らかになりました。たとえばいまあなたの話を聞いているということを示す相手からの「支持作業（support work）」は会話の円滑な達成にとりきわめて重要な営みです。調査では男女間

▷1 好井裕明・山田富秋・西阪仰編（1999）『会話分析への招待』世界思想社。

▷2 サックス，H.・シェグロフ，E. A.・ジェファソン，G.／西阪仰訳（1974, 1977=2010）『会話分析基本論集』世界思想社。

▷3 エスノメソドロジー（ethnomethodology）とは，わたしたちが普段自明視してしまっている常識的知を，ひとびとが多様な現実を創造し維持するのに用いている「方法（ethnomethods）」という発想で，詳細に読み解く現代社会学の最新アプローチのこと。詳しくは串田秀也・好井裕明編（2010）『エスノメソドロジーを学ぶ人のために』世界思想社を参照。

▷4 好井裕明（1991）「男が女を遮るとき——日常会話の権力装置」山田富秋・好井裕明『排除と差別のエスノメソドロジー』新曜社，213-249頁。

で支持作業の差異がみられたのです。女性から男性へは一部過剰とも思えるほどの「支持作業」（「へぇ」「うっそー」「かわいいー」等々）があり男性の語りが促進されていたのに対し，男性から女性の場合は，支持作業の頻度も低く，女性の語りへの通常であればあるべき「支持作業」の欠如が見られたのです。また会話における「割り込み（interruption）」の意味も考えたのです。「割り込み」はいま話している相手の権利への侵害です。ただそれだけではないのです。通常会話では，今話している人が話し終えたとき，次の発話を調整する場が生まれます。会話ではその場で互いをモニターしながら次に誰がしゃべるのかを決めており，今話していた人は，その場で次に誰に話してほしいのかなど次の会話をめぐる行為の方向を決める可能性ももつのです。とすれば発話の途中で「割り込まれる」ことは，今話している人にとり発話終了後の次の行為の可能性も同時に奪われることになるのです。微細かもしれませんが「割り込み」は二重の意味でゆゆしき権利侵害といえるのです。「割り込み」の生起する割合を調べましたが，同性同士の会話では互いがほぼ同じくらい「割り込んで」いたのです。これは会話分析の知見が示す平等性を例証しています。しかし男女間会話では，男性から女性への「割り込む」割合が明らかに大きかったのです。

③ 非対称性を解読し，男女をめぐる"常識的"知の変革へ

　コミュニケーションを批判的に解読するための視点。それは男女間で多様に実践され，世の中に仕組まれている非対称性を見抜き，それを日常次元でいかに変革しえるのかというものなのです。非対称的現実は会話だけにはかぎりません。たとえば「カテゴリー化」という問題があります。日常わたしたちは「女／男であること」をどのように理解しているのでしょうか。あるCMを見てほぼ無意識的に瞬時に私たちは「家族」「夫婦」だと理解するのです。「カテゴリー化」という営み。それはあまりにも自明な実践であり目前の現実を常に"意味あるもの"として瞬時に解釈する強力な現実認識の実践といえるのです。そして，そこに息づいている"常識的"知こそ詳細に検討し批判すべき対象なのです。多様な場面や問題状況における「女／男であること」をめぐるカテゴリー化実践を解読し，そこに含まれる「歪み」を明らかにし批判する作業は重要なのです。たとえばセクシュアル・ハラスメントが問題化するとき，被害者と加害者間の現実解釈に生じる圧倒的なズレや落差を成立させている推論や"常識的"知の検討，批判，再編が求められていくのです。そしてそこに含まれる「歪み」こそ，解体すべき核心です。性差別や性支配は，たとえば身体的暴力を通して行使されます。しかし同時に冗談やジョークなどというかたちで真面目にとりあげにくい「からかい」として微細にかつ確実に行使されるのです。こうした微細な形での性差別や抑圧は，ジェンダーをめぐるコミュニケーションを考えるうえで優れて意味のある解読対象なのです。　　（好井裕明）

▷5　江原由美子（2001）『ジェンダー秩序』勁草書房。
▷6　江原由美子（1995）『装置としての性支配』勁草書房を参照。わたしも大学生男女の議論でつくられる性差別現象や中年女性に対し上司が冗談のつもりで投げかけた「おばはんの言うことやから，気にせんとき」という発言がもつ権力行使の様相を解読しています（好井裕明（1999）「からかわれ，さらされる「身体」と「論理」——あるディスコース空間にしくまれ，つくられる性差別現象の解読」『批判的エスノメソドロジーの語り』新曜社，234-264頁；好井裕明（2006）『差別原論——〈わたし〉のなかの権力とつきあう』平凡社新書，117-142頁）。

おすすめ文献
†好井裕明（2006）『「あたりまえ」を疑う社会学』光文社新書。
†好井裕明（2007）『差別原論——〈わたし〉のなかの権力とつきあう』平凡社新書。
†串田秀也・好井裕明編（2010）『エスノメソドロジーを学ぶ人のために』世界思想社。

5 社会階級論・社会階層論

1 不可視化されてきた性別の不平等

日本では1990年代後半から格差や不平等の問題に対する関心が高まりましたが、こういった問題を扱う代表的な研究分野として社会階級論や社会階層論があります。どちらも社会学のなかで伝統のある分野ですが、「男性の不平等を分析することが社会全体の不平等の解明になる」という暗黙の前提がおかれてきたため、性別に基づく不平等の問題は長い間、不可視にされてきました。

2 社会階級と社会階層

カール・マルクスによって考案された社会階級（social class）とは、土地や工場などの生産手段の有無によって区別される集団を指します。社会は生産手段をもつ資本家階級と、生産手段をもたないため資本家階級に労働力を提供する代わりに賃金を得る労働者階級という2つの階級に大別され、前者は後者を不当に搾取し、両者の間には乗り越えがたい壁があるという見方をとります。

これに対して、社会階層（social stratification）とは、マックス・ウェーバーに由来する概念であり、職業や学歴、収入、財産、威信、知識、文化、ライフスタイルなどの多様な資源を分類基準として用い、それらの保有量や保有する資源の違いなどによって序列化された集団を意味します。

このように階級論と階層論では集団を区別する基準が異なります。さらに、前者では階級は質的な差異であるため階級間移動は生じえないと考えますが、後者は階層を量的差異ととらえるため階層間移動は生じうるし、また、用いる基準によって地位の上下が異なるとみなす点でも違いが見られます。▷1

3 工業化社会における性別役割分業と階級・階層論：アッカーによる問題提起

このような違いはあるものの、階級論、階層論のいずれにおいても70年代初頭までは「男性の不平等の解明＝社会全体の不平等の解明」という暗黙の前提がおかれていました。夫が外で働き、妻が家事や育児、介護をするという性別役割分業はホワイトカラー層でまず登場し、産業化（工業化）の進展とともにブルーカラー層にも広がりました。▷2 階級・階層論では職業で地位を測定していたこともあり、無職の女性の地位は結婚前では父親、結婚後には夫の階級・階

▷1 このような不平等のとらえ方の違いは、研究手法の違いにもつながっている。階級論ではインタビュー調査や参与観察といった質的研究法（典型的には製造業の労働者階級を対象とした調査）、階層論では④で述べるSSM調査に見られるように、ランダムサンプリングとアンケートを用いて大量にデータを集め、統計分析を適用して数量的に不平等をとらえる量的研究法が一般的である。日本の階級論の代表的な研究として、布施鉄治編著（1982）『地域産業変動と階級・階層』御茶の水書房；鎌田とし子・鎌田哲宏（1983）『社会諸階層と現代家族——重化学工業都市における労働者階級の状態』御茶の水書房が知られている。階層論については⑥を参照。

▷2 ホワイトカラーとは、事務職や専門職、管理職など、非肉体労働の仕事に従事する被雇用者を指す。ブルーカラーとは生産現場で肉体労働に従事する被雇用者を指し、かつては青い作業着を着て仕事をしたことからこのように呼ばれた。

▷3 ソコロフは、マルクス主義的観点から家父長制と資本制の結びつきに関する理論研究のレビューを行っている（ソコロフ、1980=1987）。詳細はソコロ

層と同じとみなされました。実際には女性のみ世帯や母子世帯で暮らすひとびともいましたが，大多数が結婚して性別役割分業型の家庭生活を営む状況下では，これらの世帯は「例外」とみなされ，研究の対象外とされてきました。

このように，階級・階層研究では「家父長的」ともいえる家族像を前提に研究がされてきましたが，1970年代以降，第二波フェミニズムの影響を受けた研究者が批判の声をあげました。たとえば，アッカーは階級・階層研究では(1)家族は階層システムにおける一つの単位である，(2)家族の社会的位置は男性世帯主の地位によって決定される，(3)女性の地位は同じ世帯で暮らす男性によって決定される，(4)家族は同じ評価を受ける一つの単位であるため，女性自身の地位は女性が付随している男性の地位と同等である，(5)女性が男性に付属していない場合のみ，自身の地位をもつ，(6)女性は多くの点で男性と同等ではなく，性別に基づいて異なった評価を受ける，という6つの仮定をおくことで女性の不平等問題が不可視にされてきたことを厳しく批判しました。アッカーの指摘は大きな反響を呼び，女性を組み込んだ階級・階層研究を促していきました。

④ 日本の階層研究へのジェンダー視点の導入：SSM調査を中心に

日本の階層研究は1955年から10年おきに実施されてきた「社会階層と社会移動に関する全国調査（SSM調査）」を軸に展開してきましたが，75年の第3回調査までは男性のみが調査対象でした。欧米の研究動向の影響を受け，85年の第4回調査で初めて女性も調査対象になりました。この時の中心課題は「女性の階層をどのように測定したらよいか」であり，全体として男性の分析枠組みをそのまま女性にも適用した分析がほとんどでした（いわゆる「地位達成モデル」や階層意識の規定要因分析など）。女性は結婚や出産，育児などで職業キャリアを中断することが多い一方，職業生活以外の文化活動や社会参加などの面でも階級・階層差があらわれやすいと考えられます。このような女性特有の状況をふまえた分析は95年の第5回調査以降，行われるようになりました。

⑤ 階級・階層とジェンダーの複合的不平等の増加

現在，階級・階層とジェンダーが結びついた不平等問題が顕在化しています。たとえば，ポスト工業社会への移行やグローバリゼーションなどにより非正規雇用化が進行していますが，そのスピードは女性でより速く進んでいます。また，男女間の賃金格差や職業教育の機会の格差などが温存されているため，未婚者や離婚数の増加は女性の貧困問題に直結します。夫婦世帯の階層分化，女性高齢単身世帯の貧困化などの現象も見られます。急激な少子高齢化への対応策として今後は医療や福祉の現場を中心にアジアの国々からの女性の外国人労働者や移民の増加が見込まれています。「階級・階層」「ジェンダー」に加えて，「民族」も視野に入れた研究がこれまで以上に求められるでしょう。（岩間睦子）

フ，N. J.／江原由美子ほか訳（1980=1987）『お金と愛情の間——マルクス主義フェミニズムの展開』勁草書房を参照。

▷4 アッカー，J.／岩間暁子訳（1973=2008）『女性の就業と家族のゆくえ——格差社会のなかの変容』東京大学出版会，32頁。ジェンダー研究の影響についてのより詳しいレビューは同書の1章を参照。

▷5 英語名は Social Stratification and Social Mobility Survey である。

▷6 第5回調査の成果は2000年に『日本の階層システム』（全6巻），2005年の第6回調査の成果は2011年に『現代の階層社会』（全3巻）としていずれも東京大学出版会から刊行。

▷7 階層によって夫婦の家事分担や夫婦の意思決定，出生意欲などが異なるという分析結果が示されている（アッカー，1793=2008，前掲書）。

▷8 具体的なデータは白波瀬佐和子（2010）『生き方の不平等——お互いさまの社会に向けて』岩波新書を参照のこと。

▷9 本書の「移民女性労働」（118-119頁）を参照。

（おすすめ文献）

†岩間暁子（2008）『女性の就業と家族のゆくえ——格差社会のなかの変容』東京大学出版会。

†白波瀬佐和子（2010）『生き方の不平等——お互いさまの社会に向けて』岩波新書。

†上野千鶴子（2009）『家父長制と資本制——マルクス主義フェミニズムの地平』岩波現代文庫。

第Ⅱ部　ジェンダー・スタディーズの諸相

2　社会とジェンダー／A　社会システムを考える

6　ライフコース論

▷1　Elder, G. H. Jr. (1977) "Family History and the Life Course," *Journal of Family History*, 2(4): 279-30；エルダー, G. H.／本田時雄・川浦康至ほか訳 (1974=1991)『新版　大恐慌の子どもたち──社会変動と人間発達』明石書店は，ライフコース研究の嚆矢とされる。

▷2　ライフサイクル論の代表としては，エリクソン, E. H.／仁科弥生訳 (1950=1977・1980)『幼児期と社会』(上・下) みすず書房；ハヴィガースト, R. J.／荘司雅子監訳 (1953=1995)『人間の発達課題と教育』玉川大学出版部；レビンソン, D. J.／南博訳 (1978=1992)『ライフサイクルの心理学』(上・下) 講談社。

▷3　ライフコース研究では，ここでいう世代のことを出生コーホートと呼ぶ。コーホート (cohort) とは，同じ時期に特定の社会や集団に参入したひとびとからなる集団のこと。コーホート間比較がライフコース研究の特徴的方法の一つ。

▷4　石川実 (1996)「中年期の発見」井上俊ほか編『ライフコースの社会学』岩波書店, 95-143頁。

▷5　労働力率を縦軸，年齢を横軸として日本女性の年齢別労働力率をグラフに表すとM字に似た形になる。

1　ライフサイクルとライフコース

ライフコース (life course) とは，「個人が年齢別の役割や出来事を経つつたどる人生行路」のことで，個人が加齢とともに，就学，就職，結婚，出産，子どもの自立，親の死亡，退職などといった社会的な地位＝役割の変化を伴うライフイベントを経験していく過程をとらえようとする概念です。この概念が広く用いられるようになった1980年代以前にも，ライフサイクル (life cycle) という類似の概念が用いられていましたが，2つの概念の間には，少なくとも次のような強調点の違いがあります。ライフサイクル論は，歴史的な視点が希薄で，世代を超えて一つの典型的な人生パターンが繰り返されるかのように想定しがちです。それに対してライフコース論は，生まれ育った時代によって典型的な人生パターンが異なる可能性や，同じ世代に属するひとびとの人生にも複数のパターンがある可能性を想定します。

2　世代とジェンダー

したがって，ジェンダー・スタディーズにライフコース論の視点を導入することで，同性内での世代による人生行路の違いや，同世代内での性別による人生行路の違いに光を当てることが可能となります。

たとえば，同じ日本人女性でも，1905年生まれの平均的ライフコースは，20歳代半ばから30歳代後半までに4.7人の子どもを産み，末子が結婚を迎える60歳代前半で死亡するというものでした。しかし，約半世紀後に生まれた1951年生まれの女性の場合，20歳代半ばから後半にかけて1.9人の子どもを産み，末子が結婚した後にもまだ25年ほどの人生が残されるようになりました。

また，この1950年前後に生まれた世代は，サラリーマンと専業主婦と数人の子どもからなる「標準家族」が理想とされた1970〜80年代に就職，結婚，子育てを経験してきましたが，この世代のライフコースは男女で大きく異なる傾向にありました。男性の場合，多くが初就職から定年まで同じ組織で正規雇用職に就き，結婚するか否か，子どもをもつか否かにかかわらず仕事中心の生活を送ってきました。一方女性のライフコースは，男性に比べれば幾分多様でしたが，M字型就労曲線に象徴されるように，結婚や出産に伴っていったん退職し子育て終了後に再就職するというパターンが典型的でした。

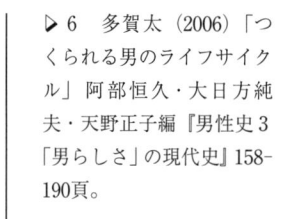

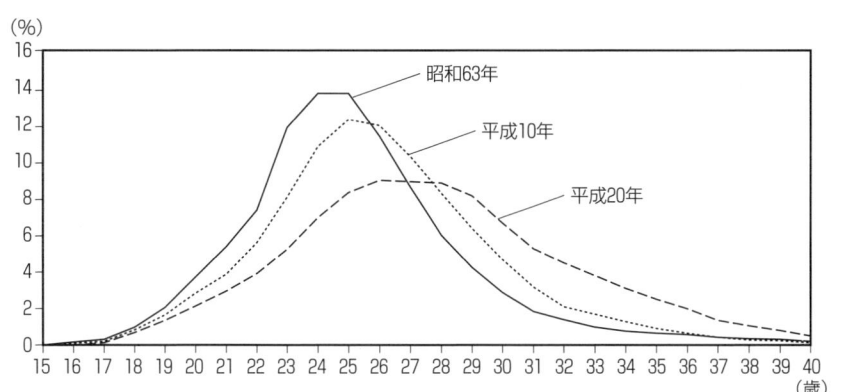

図1　初婚の妻の年齢（各歳）別婚姻件数の割合

出所：内閣府（2010）『平成22年版 子ども・子育て白書』41頁。

③ ライフコースの脱標準化

　このように，1980年代までの日本社会では，同一世代の男女それぞれに典型的なライフコースを想定することができましたが，1990年代になるとそれが容易ではなくなってきました。結婚生活を例にこうした変化のいくつかの側面を確認してみましょう。第一に，個人が特定のライフイベントを経験する年齢の多様化です。図1は女性の初婚年齢の分布の経年変化を示したものですが，ピーク年齢近くで結婚するひとびとの割合が低下し初婚年齢が多様化していることがうかがえます。第二に，ほとんどのひとびとが経験していたライフイベントを経験しない人の割合の増加です。生涯にわたって結婚しない人の割合は，戦後から1970年代半ばまでは女性で4％未満，男性では2％未満で推移していましたが，その後急激に増加し，2010年には女性で10％を超え，男性では20％近くにのぼっています。第三に，これまで例外的とみなされてきたライフイベントを経験する人の割合の増加です。結婚件数に対する離婚件数の比率は，1970年にはほぼ10対1でしたが，その後の結婚件数の減少と離婚件数の増加が相まって，2007年にはほぼ3対1になりました。職業生活の面では，女性全般における雇用労働者の非正規雇用化と並んで，若い男性の間でも非正規雇用化が急激に進み，正規雇用が当たり前とは言えない状況になってきました。

　こうした同性内でのライフコースの多様化は，単なる偶然や個人の好みに基づく意図的な選択だけによって生じているわけではありません。たとえば，同世代に属する男性の間でも，学歴が高いほど正規雇用職に就く確率が高いことや，正規雇用の方が，そして年収が高い方が，結婚する確率が高いことが確認されています。わたしたちは，ライフコースの多様化の背景に存在する，学歴，経済階層，エスニシティなどの社会的属性による「隠れた」影響にも注意を払い，それらとジェンダーとの交互作用のなかで個人のライフコースをとらえ直していく必要があるでしょう。

（多賀　太）

2-A-⑥　ライフコース論

▷6　多賀太（2006）「つくられる男のライフサイクル」阿部恒久・大日方純夫・天野正子編『男性史3「男らしさ」の現代史』158-190頁。

▷7　内閣府（2015）『平成27年版 子ども・子育て白書』24-25頁；内閣府（2010）*Women and Men in Japan*, 13頁。

▷8　内閣府（2011）『平成23年版 男女共同参画白書』57頁。

▷9　厚生労働省（2009）『平成21年版 厚生労働白書』8頁。

（おすすめ文献）

†岩上真珠（2007）『ライフコースとジェンダーで読む家族（改訂版）』有斐閣。
†嶋崎尚子（2008）『ライフコースの社会学』学文社。
†岩井八郎（2008）「『失われた10年』と女性のライフコース――第二次ベビーブーム世代の学歴と職歴を中心に」『教育社会学研究』第82集，61-87頁。

2 社会とジェンダー／A 社会システムを考える

7 男性学

1 男性学の歴史と視点

　男性学（men's studies）とは，ごく簡単にいえば「男性を研究する学問」のことですが，これだけでは十分にその特徴を表しているとはいえません。なぜなら，女性学の誕生以前の人間を対象とした学術研究のほとんどは，実のところ，男性を人間一般と同一視し，女性の存在を半ば無視して男性のみを対象としてきたからです。こうした傾向は，女性学やジェンダー・スタディーズがある程度発展した現在でも依然として見られます。したがって，あえて「男性学」と名乗る学問領域には，男性を対象とした一般的な研究とは異なるいくつかの特徴が備わっているはずです。

　そうした男性学の特徴の一つは，女性学に対する男性側からのリアクションとして誕生し発展した点です。女性学と男性学は，今日ではジェンダー・スタディーズを構成する2大領域のようにも見えますが，両者は誕生の経緯において対等ではありません。まず，従来の男性中心の学術研究に対する女性からの異議申し立てとして女性学が先に誕生し，その女性学に対する男性側からのリアクションが学術研究の形をとることで男性学へと結実したのです。

　こうして男性学は，常に女性学の成果を意識しながら発展してきました。女性学という鏡に映し出された「権力者」としての男性像を目の当たりにし，それに反発する研究も見られた一方で，男性自身による自己省察を促すような多くの研究も生み出してきました。また，女性学が女性を描き出すのに用いた方法を参考にして，社会的につくられた「男らしさ」に沿った生き方を強いられる存在として男性を描き直してきました。このように，男性を常に女性との関係性のなかでとらえ，男性を社会的につくられた性別を生きる「ジェンダー化された存在」とみなす視点も男性学のもう一つの大きな特徴です。

　アメリカでは，こうした男性学研究の優れた著作が，すでに1970年代半ばにはいくつも刊行されています。日本でも，同じ頃に市民活動では同様の動きが見られましたが，学術的な男性学研究の著作が見られ始めたのは1980年代半ば以降，男性学という名前が一般に知られ始めたのは1990年代半ば以降のことです。

2 男性性への注目

　近年では，この学問領域を男性学ではなく男性性研究（masculinity studies）

▷1　上野千鶴子・NHK取材班（1991）『90年代のアダムとイブ』日本放送出版協会，86頁。
▷2　一言で男性学といっても，女性学に親和的なものから女性学の成果を無視するものや女性学に反発するものまでその政治的スタンスはさまざまである。詳しくは，Messner, M. (1997) *Politics of Masculinities: Men in Movements*, Sage Publicationsを参照。
▷3　Clatterbaugh, K. (1997) *Contemporary Perspective of Masculinity* (2nd ed), Westview Press.
▷4　大山治彦・大束貢生（1999）「日本の男性運動のあゆみⅠ――〈メンズリブ〉の誕生」『日本ジェンダー研究』第2号，43-55頁。
▷5　渡辺恒夫（1986）『脱男性の時代――アンドロジナスをめざす文明学』勁草書房。
▷6　日本で「男性学」の普及に大きく貢献した代表的な著作としては，伊藤公雄（1996）『男性学入門』作品社。

と呼ぶ動きも見られます。男性性とは，平たくいえば「男らしさ」のことですが，日本語の「男らしさ」は肯定的なニュアンスとともに特定のタイプの男性のあり方をイメージさせがちなのに対して，「男性性」は価値中立的でさまざまな男性のあり方を指し示すことのできる学術的な用語です。

　この学問領域をあえて男性性研究と呼ぶのにはいくつかの理由があります。まず，先述の歴史的経緯により，男性学の担い手としては暗黙のうちに男性が想定されてきましたが，近年ではこの領域における女性研究者の貢献が非常に大きくなっています。また男性学は，生物学的な男性そのものよりも，むしろ社会的に形成された男性のあり方，さらには，そうした男性のあり方に影響を与える社会規範や，言語，図像などによって表現された男性像にも焦点を当ててきました。これらをふまえると，この学問領域を男性性研究と呼ぶことは理に適っています。ただ，これまでの経緯や男性学という用語への馴染みやすさから，今日でもこの領域を男性学と呼ぶ慣行は続いています。

　こうした男性性研究における重要な鍵概念の一つに，オーストラリアの社会学者レイウィン・コンネルが提唱した「ヘゲモニックな男性性（hegemonic masculinity）」という概念があります。これは，ごく簡単にいえば，特定の社会的状況における複数の男性のあり方のうち，最も賞賛される男性のあり方のことです。コンネルの理論においては，ひとびとによるヘゲモニックな男性性の賞賛を通して，女性に対する男性の優越が正当化されていることが想定されており，ヘゲモニックな男性性の変化，ならびにその定義や存立条件をめぐる攻防の様子を分析することで，男性支配の正当化メカニズムが追究されます。[7]

3　男性学の意義と可能性

　男性学は，基本的に女性よりも男性に焦点を当てますし，時には男性特有の問題をより強調することもあります。[8] そうした男性学のスタンスが，結果的に女性のありようからひとびとの目をそらせたり，女性よりも男性の方が社会的弱者であるかのような誤った印象をひとびとに与えてしまう危険性をもつことには十分な注意が必要です。しかし同時に，男性学は，固定的なジェンダーのあり方が女性だけでなく男性にも抑圧的に働くこと（例：扶養責任に伴う働きすぎや過労死）や，女性がかかえる問題の発生に男性がいかに関与しているのか（例：配偶者間暴力の加害者の大部分が男性），さらには男性内における社会階層，エスニシティ，性的指向に関わる不平等などにも光を当てることによって，多くの男性たちに，ジェンダー問題を自分たち自身の問題としてとらえることを促してもきました。こうして男性学は，学術的な面でも実践的な面でも，女性学を補完しつつ，ジェンダー・スタディーズの発展を支える可能性を秘めているといえるでしょう。

（多賀　太）

▷7　Connell, R. (1995) *Masculinities,* Polity Press. コンネルの男性性理論の詳細については，多賀太（2010）「男性性というジェンダー」井上俊・伊藤公雄編『近代家族とジェンダー』世界思想社，177-186頁を参照。
▷8　本書の「ホモソーシャリティ」（202-203頁）を参照。

おすすめ文献
†伊藤公雄解説（2009）『男性学』岩波書店。
†多賀太（2006）『男らしさの社会学――揺らぐ男のライフコース』世界思想社。
†阿部恒久・大日方純夫・天野正子編（2006）『男性史』（全3巻）日本経済評論社。

2 社会とジェンダー／A 社会システムを考える

8 サブカルチャーとジェンダー

1 サブカルチャーとは？

　一般的に日本社会ではサブカルチャーといえばアニメ，マンガ，ゲームなどを思い浮かべると思いますが，社会学の歴史におけるサブカルチャーの使い方は少し違います。アニメ，マンガ，ゲームなどは資本主義社会において流通する「商品」です。それらはポピュラーカルチャーであり，原則的にはサブカルチャーそのものではありません。もちろん，サブカルチャーは「商品」としてのポピュラーカルチャーを素材にすることが多くあります。社会学におけるサブカルチャー研究の主な系譜では，20世紀の前半から半ばにかけて米国のシカゴ学派と呼ばれる研究者たちが移民街やスラム街，若者や犯罪者たちの逸脱文化を参与観察によって分析した米国の系譜と，第二次世界大戦後のバーミンガム大学現代文化センター（CCCS）を中心とした英国のカルチュラル・スタディーズの二つの潮流があります。

2 サブカルチャー／「抵抗」／ジェンダー

　サブカルチャーの「サブ」とは，「副次的」「下位的」「細分的」という意味で，広い支持のある主流とみなされる文化（ポピュラーカルチャーなど）や正統的な文化とみなされるもの（クラシック音楽など）とは異なるという認識があります。CCCSを拠点とする研究者たち（以下，CCCS派）は主に労働者階級やその若者たちの文化に焦点を当て，そのなかに階級的ないし世代的な「抵抗」を読み込んできました。しかし，この「抵抗」が誰にとってのものなのか，ということが1970年代後半から問題視されるようになってきました。なぜならば，「労働者階級の若者たち」とはほとんどが「白人男子」を指していたからです。

　ジェンダーの観点は，CCCS派の代表的な著作である『儀礼を通した抵抗』(1975)という論文集ですでにサブカルチャー研究に女性の存在が欠落していることを指摘する論文が掲載されていました。しかし，CCCS派の男性研究者たちが「人種」や民族の要因を組み込んだとしても，そこで焦点が当てられたのはやはり男子たちの「抵抗」や「反抗」だったのです。その同じ「抵抗」や「反抗」が女子の側からすると「抑圧」や「支配」にしばしば転化した状況をもたらすという「位置」の問題はなかなか認識されなかったようです。それに対抗してフェミニズム意識をもった女性研究者たちが『女性は異議を唱える』

▷1　もちろんサブカルチャー領域の内容が「商品化」される場合もある。なお，本項では，ポピュラーカルチャーとは主に商品化していることが多く大衆レベルでの支持がある文化と定義してサブカルチャーとは区別している。

▷2　たとえば，年に2回開催されるコミックマーケットは数十万人のひとびとが集う同人誌即売会を中心としたイベントだが，そこではポピュラーカルチャーであるアニメ，マンガ，ゲームなどを素材にしたファンたちの二次的な創作物を媒介とした交流の場になっている。

▷3　CCCSはThe Center for Contemporary Cultural Studies (1964-2002)の略称。

▷4　ここではサブカルチャーの社会学的な用法や系譜についての詳細は省くが，初めてサブカルチャーという用語が使用されたのは米国社会学雑誌（ASR）1945年掲載のA. Leeの論文であるという。定義としては「ナショナル・カルチャーの下位区分」と規定した1947年のM. Gordonが指摘されている (Jenks, C. (2005) *Subculture : The Fragmentation of the Social*, SAGE : 7)。

(1978)という論文集で「フェミニストの争点に対するCCCS派のあきらかな無関心の継続」を告発できないとしたら、それこそは男性支配の実例にほかならないと主張しました。当時のCCCS所長であったS・ホールは、このフェミニズムからの介入について「CCCSに家父長的にフェミニズムを導入しようとしていたそのときに、フェミニズムは自律的に現れて、私たちの度肝を抜いた」と述べています。後にホールは、フェミニズムの異議申し立てに対して真摯に答えていくことがカルチュラル・スタディーズの態度だとしています。またフェミニズム側も「人種」や民族、階級、セクシュアリティなどの要因を取り込むことを要請されるようになりました。

さて、1990年代以降にはCCCS派とは異なる視座でサブカルチャーをとらえようとする動き（ポストCCCS派）が登場します。その社会的背景には、グローバル化に伴う階級文化や意識の揺らぎがあります。

総じてポストCCCS派の立場では、サブカルチャーを「抵抗」の様式というよりも自由や感性、悦楽などの一体化をめざす個人をベースとした消費空間における横並びの連帯ととらえます。こうした観点には聞くべき点も多いのですが、CCCS派との対立を強調するあまり、あらかじめサブカルチャーに「抵抗」の要因を否定してしまうことになりかねません。

❸ ジェンダー研究からみたサブカルチャー空間

サブカルチャーとは一つの文化的実践であり、そこに集うひとびとはなんらかの共有された関心をもっています。こうしたサブカルチャーの特質は、社会運動論からもジェンダー研究からも興味深いものです。なぜならば、関心を共有するひとびとが集う空間が参加者をエンパワーするからです。女性を含む社会的なマイノリティは公共的領域に参加することが困難なことが多いですが、そうした社会層が日常生活で生じた問題や異議をどこへもっていくのでしょうか。必要にかられて形成されるのがN．フレイザーのいう「対抗的公共圏」です。そこでは、公的な言語資源とは異なる表現や言葉が使用されながら新しい意味が創出される可能性も高いのです。同様にA．メルッチも、社会運動がデモ行動などに結実することの方が稀であり、むしろ日常的で継続的な「水面下の文化的実験室」によってその潜在力は醸成されると指摘しています。サブカルチャー空間がそうしたものに相当する可能性は十分にあります。だからジェンダー研究にとっても女性たちのサブカルチャーは無視できないのです。具体例はたくさんあります。女子が男子への「モテ」を気にしないで集っているサブカルチャーはオススメです。有名なのは「やおい（＝ボーイズラブ）」です。他にもロリータ・ファッションに身を包む女子たちなどの「ガーリー文化」のなかにも意外なことに自分たちをエンパワーしているものがあるので、ぜひそれらを発見してみてはいかがでしょうか。

（笠間千浪）

▷5　ターナー，G.／溝上由紀ほか訳（1996=1999）『カルチュラル・スタディーズ入門――理論と英国での発展』作品社．

▷6　Hall, S.・陳光興（1996）「あるディアスポラ的知識人の形成」『思想』859号．

▷7　ホール，S.／葛西弘隆訳（1989=1998）「新時代の意味」『現代思想』vol. 26-4）．

▷8　笠間千浪（2006）「サブカルチャー研究における論争点についての一考察」『神奈川大学人文学会人文研究』160号．

おすすめ文献

†メルシー，A.／山之内靖ほか訳（1989=1997）『現在に生きる遊牧民――新しい公共空間の創出に向けて』岩波書店．

†上野俊也・毛利義孝（2000）『カルチュラル・スタディーズ入門』ちくま新書．

†ブロッカー，P.／有元健・本橋哲也訳（1999=2003）『文化理論用語集』新曜社．

2 社会とジェンダー／A 社会システムを考える

9 宗教：「混在するめぐみ」として

1 宗教とジェンダー

　宗教とジェンダーは，さまざまな理論や立場，論争が取り巻く複雑な領域の一つです。したがって各領域を十分に理解するには，両者を包括的にとらえる視点が不可欠になります。ところがその障害は，宗教とジェンダーの間の閉じられた関係にあり，ジェンダー・ブラインドと宗教ブラインドという二重の無理解（double blindness）なのです。

　宗教学は，フェミニズムへの抵抗が強い分野の一つといわれていますが，その背景には，ジェンダー関連の分析が「客観性・中立性」を欠くとみなされたことがあります。またジェンダー研究では宗教が批判の対象になっても，その役割は見過ごされてきました。宗教に対する否定的読みには，フェミニズムに潜む理性を特権化する啓蒙主義の負の遺産が指摘されています。そこには，宗教や宗教的シンボルが女性や他のマイノリティにとって，抑圧だけではなく，生存や変革，挑戦の手段に使われてきたことが看過されてきたという問題が指摘できます。では，どのような挑戦があるのでしょうか。

2 宗教伝統への挑戦

　家父長主義的な宗教伝統への初期の挑戦は，欧米のユダヤ教及びキリスト教フェミニストによって展開されてきました。その後，宗教伝統を離れるポストクリスチャンやポストユダヤ教徒もいれば，そのなかに踏みとどまるフェミニストもいます。後者のフェミニストは，ジェンダー抑圧そのものが神のイメージを反映しておらず反宗教的と考えます。また，北米では宗教伝統とは距離を置き，スピリチュアリティという用語で個人の宗教性をあらわす人たちもいます。フックスはフェミニスト・スピリチュアリティという言葉を用いて，宗教とフェミニズムのヴィジョンを語る一人です。

　このようなジェンダー平等に向けた挑戦は，日本の現代仏教に閉塞感を感じる女性たちの15年にわたるネットワークにも見られます。宗派を超えて集まったさまざまな背景の女性たちが，仏教の再構築と再創造を行っているのです。つぎに北米のキリスト教の伝統への挑戦として，1970年代以降の脱中心化を見てみましょう。

▷1　「混在するめぐみ」については，川橋範子・黒木雅子（2004）『混在するめぐみ――ポストコロニアル時代の宗教とフェミニズム』人文書院，8頁を参照。
▷2　ダブル・ブラインドネスとは，ジェンダーと宗教に対する無知や無視のこと。King, Ursula and Beattie, Tina (eds.) (2004) *Gender, Religion & Diversity: Cross-Cultural Perspectives*, London: Continuum, pp. 1-2.
▷3　Castelli, Elizabeth A. ed. (2001) *Women, Gender, Religion: A Reader*, NY: Palgrave, p. 5.
▷4　第二波フェミニズム以前の挑戦としては，19世紀の女性参政権運動のリーダーの一人，エリザベス・ケイディ・スタントンたちの『女性の聖書』がある。
▷5　クライスト, C.・プラスカウ, J./奥田暁子・岩田澄江訳（1979=1982）『女性解放とキリスト教』新教出版社。
▷6　フックス, b./堀田碧訳（2000=2003）「フェミニズムとスピリチュアリティ」『フェミニズムはみんなのもの――情熱の政治学』新水社，186-192頁。
▷7　詳しくは，女性と仏教 東海・関東ネットワーク編の『仏教とジェンダー

③ キリスト教神学の脱中心化

　主流のキリスト教神学は1970年代以降，白人男性プロテスタントを中心としたパラダイムがさまざまな方向から挑戦を受け，その後不完全とはいえ，脱中心化されてきました。第二波フェミニズムの影響を受けて，神学における「女性の経験」の不在と排除，それによって男性が恩恵を受ける社会構造に挑戦したフェミニスト神学もその一つです。しかし，80年代以降，黒人，アジア系，中南米系，レズビアンの女性たちから批判を受けました。そこに非白人や性的マイノリティの女性の宗教的経験が含まれていないからです。

　さらに1990年代に入ると，聖書のポストコロニアル批判が目につき始めました。担い手の多くはいわゆる第三世界出身の神学者たちです。その根底には，キリスト教をはじめ宗教学がヨーロッパ中心的な思考法を無邪気に踏襲し，自分たちのカテゴリーに合うように，他者の宗教伝統を還元してきたという批判があり，神学における脱植民地化が起こるのです。

④ 「主人の道具」を流用して

　このポストコロニアル神学は，1960年代半ばにラテンアメリカにおいて提起された「解放の神学」には懐疑的です。なぜなら，聖書や他の神学的言説を，たえず論争にさらされるものと見るからです。したがって解放のために本質化した読みをするのではなく，複数で流動的な被害の形態に注目し，新たな単一の他者への還元を避けます。重要な問いは，神学的言説が解放的か抑圧的という二元論ではなく，被抑圧者が支配集団のつくったパラダイムからその言説をもぎとって，どのように使うかです。つまり「主人の道具」を捨て去るのではなく，あえて流用する方法が争点なのです。

　「主人の道具」とは，1980年代に黒人フェミニストのロードが警告した言葉からきたものです。宗教伝統内にとどまるマイノリティ女性の多くはこの警告の意味を理解したうえで，あえてそれを自分たちのサバイバルの道具に流用しようとしているのです。

　宗教をフェミニズムと相容れないものとして見捨てることは，宗教を家父長制の手にゆだねることになります。宗教はマイノリティにとって，コンテクストによって抑圧にも解放にもなりうる「混在するめぐみ」だからです。たとえば，聖書の「出エジプト記」はイスラエルの民には解放として読むことができても，もともとそこに住むひとびとにとっては「征服の語り」です。つまり，北米の黒人解放の神学とネイティブアメリカンやアボリジニのひとびとの聖書の読みとは対立することがあるのです。

　女性や他のマイノリティ集団がどのようにして生き延びるか，「主人の道具」といわれる宗教伝統の流用は一つの戦術なのです。

（黒木雅子）

――女たちの如是我聞』(1999)，『ジェンダーイコールな仏教をめざして――続女たちの如是我聞』(2004)いずれも朱鷺書房；『新・仏教とジェンダー――女性たちの挑戦』(2011) 梨の木舎を参照。

▷8　黒木雅子（2012）「ジェンダー・エスニシティ・宗教との交渉――北米アジア系キリスト教女性の複合的アイデンティティ」太田好信編著『政治的アイデンティティの人類学』昭和堂を参照。

▷9　Lorde, Audre 1984, "The Master's Tools Will Never Dismantle the Master's House（主人の道具が主人の家を壊すことはない），" *Sister Outsider : Essays and Speeches*, Crossing Press.

▷10　「主人の道具」については，川橋・黒木（2004）前掲書，178頁を参照。

▷11　同上書，13頁。

▷12　黒木（2012）前掲書177頁。

おすすめ文献

†川橋範子（2011）『現代日本の仏教とジェンダー――フェミニスト仏教は開花するか？』『現代仏教の可能性』佼成出版。

†黒木雅子（2007）「ポストコロニアル」田中雅一・川橋範子編（2007）『ジェンダーで学ぶ宗教学』世界思想社。

†山口里子（2009）『新しい聖書の学び』新教出版社。

2 社会とジェンダー／A 社会システムを考える

10 エスニシティ

1 エスニシティ◁1

　世界には無数の民族が存在しますが、国の数は200弱であって、ほとんどの国は複数ないし多民族の国家です。アイヌ民族、琉球民族といった先住民族、外国籍者、日本国籍でも外国にルーツをもつひとびとが成員である日本も、決して「単一民族国家」ではありません。そもそも国境は、しばしば戦争、植民地支配、独立や分裂などを契機に、民族分布を無視・軽視して引かれ、変更されてきたものです。そのうえ1980年代以降、国際移動、とくに移住労働の増加が、多くの社会の民族的、言語的、文化的ないし宗教的多様性を高めてきました。民族間の結婚・出産によって複数のエスニシティをもつ人も増えています。◁2他方、そうした現状に反発や危機感をつのらせるひとびとによる外国人排斥運動や憎悪犯罪が増え、西欧諸国を中心に排外主義的政党が勢力を増しています。◁3歴史的に、数および／ないし力関係において被支配的地位にある集団は、優位集団による差別と抑圧、同化の強制や迫害、追放、集団殺害といった暴力の対象にされてきました。冷戦後に増加した民族紛争では「民族浄化」というような凄惨な戦争犯罪も行われ、その後遺症に悩む社会も少なくありません。

　エスニシティによる人間の分類と序列化が、社会の階級・階層構造、民族間の不平等な関係、緊張、対立、紛争を生み出してきました。同時に、多くの人にとって、自己のエスニシティに誇りをもつことや集団的アイデンティティ◁4を自由に実践し、楽しむことは大切であり、民族的・文化的多様性は社会を豊かにするものとして保護されるべきものです。不平等や格差といった社会的不公正を放置したままの表面的な多文化主義や「共生」ではなく、あらゆる人と民族間の価値と権利の平等、相互尊重を基盤にした真の共生は、各国、地域、国際社会にとって重要な差し迫った課題なのです。

2 エスニシティとジェンダーの交差と複合

　ジェンダーの視点を導入してエスニシティの問題を考察するなら、先住民族、外国籍者を含めて、民族的マイノリティに属する女性（以下、マイノリティ女性）に対する複合差別の問題を避けて通ることはできません。先進国・途上国を問わず、マイノリティ女性は、その集団に対する人種差別に加えて、集団内外で直面する女性差別の結果、教育、雇用、土地・資源や公的サービスへのア

▷1　エスニシティは、しばしば「民族性」と訳されるが、多義的な概念であり、他に適切な訳語もないため、カタカナ語として流通している。言葉の元にある 'ethno' は「民族」、'ethnic' は「民族的」ないし「種族的」と訳されることが多い。

▷2　血統主義の国籍法をもつ日本では、エスニシティと国籍は同一視される傾向があるが、複数の国籍の保持が許されている国も少なくない。一人の人間が複数の民族的ルーツをもつことは、珍しくないのである。

▷3　移民や移住労働者の排除といった自民族中心主義的政策を掲げて活動する政党。

▷4　帰属する集団が共有する言語、生活様式、伝統、文化などを指す。

▷5　民族的出身に基づく差別は、人種差別撤廃条約が定義し、禁止する人種差別に含まれる。

クセスなど，生活のほぼ全領域において，同じ集団に属す男性よりも不利な立場に置かれ，より多くの不利益を蒙ることがしばしばです。人種差別が主に女性に，あるいは女性だけに向けられることもあり，女性には，男性以上の深刻な影響を与えることも珍しくありません。それでも，往々にして，民族を主導・代表するのは男性であり，「女性」というカテゴリーでは，特権的地位にある優位集団の女性です。どちらの場合も，グループ内の多様性と不均衡な力関係は見過ごされ，グループ内の相対的弱者であるマイノリティ女性の経験や意見が方針決定などに生かされることは少ないのです。国や国際社会でも同じで，女性政策とマイノリティ政策の策定と運用において，マイノリティ女性の状況や特別なニーズは，ほとんど考慮されてきませんでした。日本を含めて，マイノリティ女性の生活実態や人権状況を調査せず，情報すらもっていない政府も多いのです。

▷6 本書の「国際人権法」（146-147頁）及び「マイノリティ女性の人権」（188-189頁）を参照。

▷7 日本では，要請を繰り返しても政府が動かないために，被差別部落，在日朝鮮人，アイヌ民族に属する女性たちが，複合差別の観点から主体的に行った実態調査がある。『部落解放』（2007）579号参照。

マイノリティ女性といっても多様であり，人種差別と女性差別の交差と複合も，さまざまな状況でさまざまな形態をとります。しかし，マイノリティ女性が，貧困，搾取的労働，暴力，人身売買などの被害を受けやすいグループであることは確かです。そうした危険は，女性一般に均等配分されているわけではありません。貧しい農漁村や山岳地帯の民族・種族集団の女性・少女は，人身売買業者に狙われやすく，紛争下での組織的性暴力の多くは，女性一般に対する無差別な暴力ではありません。日本軍性奴隷制（いわゆる「慰安婦制度」）が示すように，特定の民族・宗教に対する蔑視や憎悪が女性差別，場合によっては階級差別などと複合したものであって，その一つだけに注目した分析では，問題の一面的把握にとどまる危険性があります。

▷8 本書の「戦時性暴力と日本軍「慰安婦」問題」（192-193頁）を参照。

3 多文化主義とジェンダー

共同体は通常，その構成員にとって，外部社会の差別や迫害からの安全地帯であり，集団の言語や文化を共有して楽しみ，維持・発展させる空間です。ただ，女性は伝統的生活様式や行事の担い手とされることや，女性の性が家族や集団の名誉と結びつけて管理されて個人の自己決定権が制約されることなど，フェミニズムから見ると問題が少なくないことも事実です。とくに，外部からの差別や同化の圧力が強いほど，内部の結束を強化して自衛・対抗しようとする力が働くために，外部社会に比べて，集団内の家父長主義的な傾向や性差別の克服が遅れる傾向があります。ただし，「先進国」や優位集団の女性がそうした「後進性」を高みから批判することは間違いであり，自己の加害性と責任を自覚しない行為といえるでしょう。

社会は常に，最も弱い立場に追いやられ，声をあげることも困難なひとびと（マイノリティのなかのマイノリティ）に注目し，その意見を聞き，あらゆる政策の立案と実施に反映させるべきでしょう。

（元　百合子）

おすすめ文献

†元百合子（2007）「マイノリティ女性に対する複合差別と国際人権保障システム」『法と民主主義』423号，52-57頁。

†佐竹眞明・ダアノイ，メアリー・アンジェリン（2008）『フィリピン―日本国際結婚――多文化共生と移住』めこん。

†宋連玉（2009）『脱帝国のフェミニズムを求めて――朝鮮女性と植民地主義』有志社。

2 社会とジェンダー／B 心のなかを見つめる

1 ジェンダーと発達

1 環境が育む子どものジェンダー

子どもたちのジェンダー発達には，ホルモンや脳の機能などの生物学的な要因，家庭や学校，マスメディアなどのような社会環境，さらに子ども自身の知的な面での発達，つまり認知発達が複雑に影響すると考えられます。ここでは，子どもたちがジェンダーを獲得していくプロセスを，環境からの影響と認知発達の面から説明した考え方を紹介します。

人間が社会のなかで行っている言動の多くは，観察や強化（賞罰）によって学習されたものであるという考え方を「社会的学習理論」と呼びます。ジェンダーに関しても，子どもは周りのひとびとを観察し，模倣し，そして，時に褒められたり叱られたりという強化を受けながら，自分の性別にふさわしい言動を身につけ，ふさわしくないことをしなくなると考えられます。たとえば，女の子は母親が化粧をしているのを見てそのまねをしたり，木に登って怒られると木登りをやめたり，というように。模倣をするのは親だけではありません。きょうだいや友だち，テレビの登場人物などもモデルになります。また，子どもを取り巻くひとびとも，たとえば男の子にはサッカーボール，女の子には人形をプレゼントするなど，子どもの性別によって接し方を変える傾向があります。このように子どもたちは周りの環境からの影響を受けて，その社会でふさわしいとされる男（女）らしさや男女の役割を身につけていくと考えられます。

2 子ども自身が積極的に追い求めるジェンダー

上述したような説明では，環境からの影響を一方的に受けとる子どもたちを想像してしまうかもしれません。しかし，ジェンダー発達には子どもたち自身の積極的な関わりが必要で，とくに認知発達と大きな関わりがあると考えられています。認知発達を重視している理論はいくつかあり，たとえば，性別の一貫性についての認知をとりあげた理論では，ジェンダー発達を次のように説明します。子どもは自分の性別を認識した後も，しばらくは性別がどのような状況であろうと一貫していると理解できず，外見や行動によって性別が変わると思います。そのため，自分が男の子だと認識した子どもは，男の子であり続けるために，男の子にふさわしいとされる服装をして，男の子にふさわしいとされる言動をとるようになり，男の子らしさを獲得すると考えられています。

▷ 1 Ruble, D. N., Martin, C. L. and Berenbaum, S. A. (2006) "Gender development," N. Eisenberg, ed., *Handbook of Child Psychology,* Vol. 3 (6th ed.), Wiley, pp. 858-932.
▷ 2 バンデューラ, A.／原野広太郎ほか訳(1977=1979)『社会的学習理論』金子書房。
▷ 3 「ベビー X」と呼ばれる実験で，一人の赤ちゃんを女の子として紹介するか，男の子として紹介するかによって，赤ちゃんに対する学生の認知や扱い方が変わることが示された。Seavey, C. A., Katz, P. A. and Zalk, S. R. (1975) "Baby X: The effect of gender labels on adult responses to infants," *Sex Roles,* 1(2): 103-109.
▷ 4 コールバーグは子ども自身が社会化の担い手であると主張し，大きな影響を与えた (Kohlberg, L. A. (1966) "A cognitive-development analysis of children's sex role concepts and attitudes," E. E. Maccoby ed., *The development of sex differences,* Stanford, CA: Stanford University Press pp. 82-173)。なお，本文で紹介した性別の一貫性についての考え方は，Kohlberg

また，子どもが外界の情報を処理する際の認知の枠組みを重視した考え方もあります。子どもは知的発達とともに自分の周りの世界を理解しようとしますが，その際，身体的性別は見ただけでわかることが多く，また社会のなかで男女の役割が区別されていることが多いため，性別をもとにした知識構造（ジェンダー・スキーマ）をつくると考えられます。最初に，この世には２つの性別があることが認識されると，それをもとにカテゴリー化が行われます。たとえば，母親，ピンク，スカート，料理は「女」のカテゴリーに，父親，ズボン，車の運転は「男」のカテゴリーに入れられます。自分の性別を認識するとこうした情報をさらに追い求め，そして，カテゴリーに基づいた言動をとるようになり，女（男）の子らしさを獲得すると考えられます。また，ジェンダー・スキーマは，子どもたちが外界のいろいろな情報を判断したり推測したりするときに使われており，たとえばジェンダーの知識に反する情報は記憶をゆがめさせるといったことが報告されています。

③ 発達とともに

　このようにジェンダー発達には，子どもの認知能力の発達とその子どもを取り巻く環境が欠かせません。環境が変わればジェンダー・スキーマの内容も変わり，同じ環境にいても子どもの発達レベルによってジェンダー・スキーマは変わるでしょう。つまり，環境と子どもの認知能力の両者がお互いに関連し合いながら，子どものジェンダー発達をおし進めているといえます。もちろん，ホルモンなどの生物学的な影響も無視できるものではありません。

　しかし，思春期（小学校高学年から中学生の頃）になると，子どもたちのジェンダーへのこだわりは少しずつ柔軟なものになります。たとえば，「保育士は女性の仕事と言われているけど，男性だってなれる」というように。こうした変化は女の子のほうに強く見られる傾向があります。小さい頃，女の子も男の子も自分の性別のほうが好ましいと思っていますが，発達が進むにつれ，社会において男性のほうが地位が高いことに気づきます。兄や弟は家に戻るのが遅くなっても叱られないのに，女の私だけが叱られ……，というように。そのため，女の子は女性役割や女らしさに疑問をもつようになります。こうしてジェンダーへのこだわりが柔軟なものになっていくのです。

　しかし同時に，思春期は恋愛を経験するようにもなる時期です。単なる友だち，時にはけんか相手だった人が恋愛の対象になってきます。どのようにふるまってよいのかわからなくなったとき，男らしさや女らしさの手本であるジェンダー・ステレオタイプに従うのが楽です。こうしてジェンダーへのこだわりが柔軟になる時期は，同時にジェンダーに縛られる時期でもあり，葛藤が経験されることが多くなります。このように，発達につれてジェンダーとの関係もだんだんと変化していくのです。

（森永康子）

(1966) の当初の主張を発展させたものである。
▷5　Martin, C. L., Ruble, D. N. and Szkrybalo, J. (2002) "Cognitive theories of early gender development," *Psychological Bulletin*, 128(6): 903-933.
▷6　スキーマ（schema）はさまざまな事柄についての一般化された抽象的な知識を意味する。顔には目鼻口があるという顔スキーマ，レストランではメニューを見て注文し……というレストラン・スキーマのように，さまざまなスキーマがある。ステレオタイプは人についてのスキーマといえるが，社会的な意味合いが強い。

おすすめ文献

†福富護編（2006）『ジェンダー心理学』朝倉書店。
†青野篤子・赤澤淳子・松並知子編（2008）『ジェンダーの心理学ハンドブック』ナカニシヤ出版。
†伊藤裕子編（2000）『ジェンダーの発達心理学』ミネルヴァ書房。

2 社会とジェンダー／B 心のなかを見つめる

② ジェンダー・アイデンティティ

① ジェンダー・アイデンティティの構成要素

　ジェンダー・アイデンティティとは，一般に自分が女あるいは男だという性的な自己認知をいいますが，「一人の人間が，男性，女性，もしくは両性としてもっている個性の統一性，一貫性，持続性」と定義され▷1，人格全体に関わる内容を含みます。それは3つの構成要素からなるとされています。(1)中核性同一性：自分が女あるいは男であるということについての確固とした自己認知と基本的確信（＝性自認）。(2)性役割：社会的・文化的レベルでの性別に基づく役割期待と役割遂行。(3)性的指向性：性的な興味，関心，欲望の対象が異性，同性，あるいは両性のいずれに向いているかという指向性。たとえば，性同一性障害は(1)の揺らぎですが，男として生まれ，性自認は女性で，女らしさを内面化し，性愛の対象は男性（この場合，同性愛ではなく異性愛になる）というように，3つの要素は基本的に相互に独立です。

② ジェンダー・アイデンティティの形成過程

　ジェンダー・アイデンティティの形成過程（性役割の発達過程）には，図1に示すように3つの側面があります▷2。社会的要因とは子どもを取り巻く外部環境を指し，誕生と同時に，両親をはじめとする周囲のひとびとから子どもの性別に基づいた期待や働きかけがあります。また，子どもは仲間集団を通しても多くのことを学習します▷3。メディアも性役割の社会的学習に大きな役割を果たしており，テレビやゲーム，絵本，マンガ，雑誌などを通じて，男女の「あるべき姿」を繰り返し呈示します▷4。さらに，子どもたちは学校で組織的にジェンダーを学びます。学校という制度そのものがその機能として「ジェンダー再生産装置」を内包しているといえます▷5。

　一方，性別の基盤には生物学的基礎があります。胎児期の一次性徴によって内性器・外性器がつくられ，子どもは外性器の違いを手がかりに自他の性別を識別します。そして二次性徴による性的・身体的成熟によって，子どもを取り巻く内外の環境は大きく変わり，自己意識や性意識が呼び覚まされます。

　さらに，子どもは一方的に性の型づけをされるだけではありません。認知能力の発達によって，2歳半で自分の性別をかなり正確に理解するようになり▷6，3歳になると自分の性や他人の性，事物の性的帰属もかなり理解できるように

▷1　Money, J. and Ehrhardt, A. (1972) *Man and Woman, Boy and Girl*, John Hopkins Press.

▷2　伊藤裕子（2000）「思春期・青年期のジェンダー」伊藤裕子編『ジェンダーの発達心理学』ミネルヴァ書房，30-51頁。

▷3　Harris, J. R. (1995) "Where is the Child's Environment? A Group Socialization Theory of Development," *Psychological Review*, 102：458-489.

▷4　村松泰子・ゴスマン，L.（1998）『メディアがつくるジェンダー――日独の男女・家族像を読みとく』新曜社。

▷5　藤田英典（1993）「教育における性差とジェンダー」東京大学公開講座『性差と文化』東京大学出版会，257-294頁。

▷6　性の型づけとは，その社会・文化において性別にふさわしいとされる行動を期待され，身につけていくこと。

▷7　コールバーグ，L.（1979）「子供は性別役割を

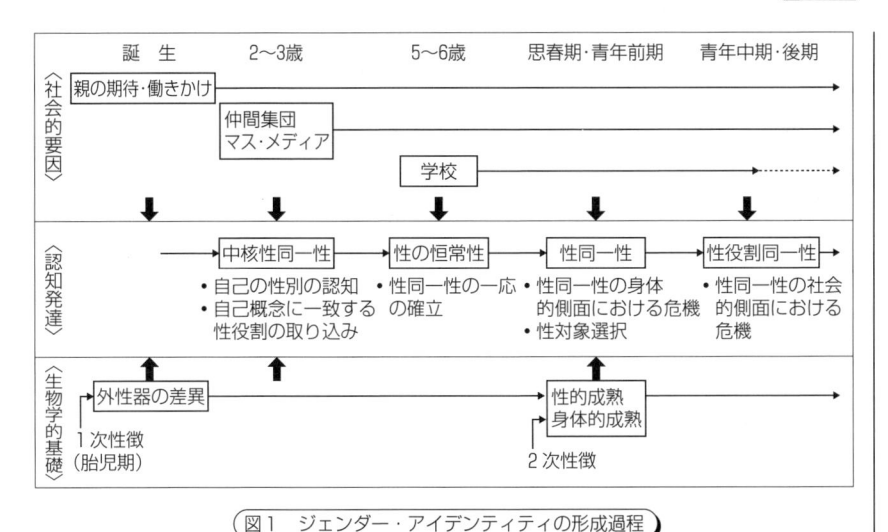

	誕生	2～3歳	5～6歳	思春期・青年前期	青年中期・後期
〈社会的要因〉	親の期待・働きかけ				
		仲間集団 マス・メディア			
			学校		
〈認知発達〉		中核性同一性 ・自己の性別の認知 ・自己概念に一致する性役割の取り込み	性の恒常性 ・性同一性の一応の確立	性同一性 ・性同一性の身体的側面における危機 ・性対象選択	性役割同一性 ・性同一性の社会的側面における危機
〈生物学的基礎〉	外性器の差異 1次性徴（胎児期）			性的成熟 身体的成熟 2次性徴	

図1　ジェンダー・アイデンティティの形成過程

出所：伊藤（2000）。

なります。このことから中核性同一性は2～3歳で確立すると考えられます。そしてこの中核性同一性が核になって，子どもは性別に沿った知覚世界と経験を自ら積極的に築きあげ，組織化していくのです。その結果，学齢の頃には性が一貫した不変の属性である（性の恒常性）ことを理解し，ジェンダー・アイデンティティの一応の確立をみます。

3 ジェンダー・アイデンティティの危機

しかし，ここまでの段階では，自分が女あるいは男であることと自己概念が一致するというにすぎません。ジェンダー・アイデンティティがセクシュアルな主体として内実を伴ったものになるには，まず，身体的側面における危機を経る必要があります。今日，女子の性的成熟は小学校の中高学年からみられますが，近年のやせ志向は小学生にも広く浸透し，この時期の女子のやせ願望に抵触します。その結果，女子では，性的・身体的成熟がピークに達する中学生の時期に自尊感情は最も低下し，性の受容もこの時期最も低下します。また，摂食障害の一つである拒食症，別名思春期やせ症が好発するのもこの時期です。

一方，青年中期・後期には性役割同一性が課題になってきます。ジェンダー・アイデンティティの社会的側面における危機といえましょう。この時期は，男女とも異性からの役割期待を実際以上に性に型づけされたものとして理解しているため，役割期待と自分の振る舞いとの間にギャップを感じています。また，進路選択において，ジェンダー・トラックといわれるような，性に沿った選択をする圧力が働きます。さらに，社会に出るにあたって，学生時代には感じることのなかった直接・間接の差別を経験することで，「社会が女性に期待すること」を改めて認識します。どう振る舞い（性役割），だれを好きになるか（性対象選択）はこの時期の大きな課題です。

（伊藤裕子）

どのように認知し発達させるか」マッコビィ，E. E. 編／青木やよいほか訳『性差――その起源と役割』家政教育社，131-253頁。

▷8　自己概念とは，自分自身に対するイメージのこと。

▷9　伊藤裕子（2007）「思春期の身体と性――痩身願望をめぐって」伊藤裕子編『ジェンダー・アイデンティティ――揺らぐ女性像』至文堂，42-53頁。

▷10　性の受容とは，自分が所属する性別カテゴリーを肯定的に受け止めること。例：「女（男）に生まれてよかった」など。

▷11　東京都幼稚園・小・中・高・心障性教育研究会（2002）『児童・生徒の性』学校図書。

▷12　伊藤裕子・秋津慶子（1983）「青年期における性役割観および性役割期待の認知」『教育心理学研究』日本教育心理学会，31巻，146-151頁。

▷13　ジェンダー・トラックとは，走るコースにたとえ，進路選択において選択肢が性別によってあらかじめ決められているさまをいう。中西祐子（1998）『ジェンダー・トラック――青年期女性の進路形成と教育組織の社会学』東洋館出版社。

おすすめ文献

†伊藤裕子編（2000）『ジェンダーの発達心理学』ミネルヴァ書房。

†伊藤裕子編（2007）『ジェンダー・アイデンティティ――揺らぐ女性像』至文堂。

†福富護（2006）『ジェンダー心理学』朝倉書店。

2 社会とジェンダー／B 心のなかを見つめる

3 ジェンダー・ステレオタイプ

1 ジェンダー・ステレオタイプとは

「女は優しい」「男はたくましい」「女は世話好き」「男は数学ができる」のような，男女の性格や能力，役割，行動などに関する単純で固定化された考え方をジェンダー・ステレオタイプと呼びます。ウィリアムズらは世界25カ国の大学生に男女それぞれを意味する形容詞を尋ね，その多くの国で男性を意味するものとして「活動的」「冒険好き」「支配的」，女性を意味するものとして「従順」「感動しやすい」「迷信を信じる」のような形容詞があげられたことを報告しています。日本でも「女（男）らしさ」の内容が検討され，女性的特性として「言葉使いのていねいな」「かわいい」など，男性的特性として「冒険心にとんだ」「たくましい」などが見出されてきました。こうした研究は1970～80年代にかけて盛んに行われましたが，その後の研究でも同様の結果が報告され，ジェンダー・ステレオタイプの内容が変わりにくいことがうかがえます。

しかし，女性（男性）のステレオタイプをすべて身につけた女性（男性）は現実には存在しません。それは，ジェンダー・ステレオタイプが極端に一般化された考えであり，女性（男性）のなかにもいろいろな人がいるという，男女それぞれのなかにある大きな個人差を無視しているからです。

性別に限らず，社会にはさまざまなステレオタイプが存在します。それらはジェンダー・ステレオタイプと同様に，極端に一般化された考え方で，誤っていることのほうが多いのですが，なかなかなくなりません。それは人間の情報処理能力にかかる負担のせいだと考えられます。もしステレオタイプがなければ，初対面の人を理解するためには，いつどこでどのようなことをしたという情報をたくさん蓄え，それをもとに総合して判断しなければならず，大変な労力が必要になります。しかし，ステレオタイプがあれば，相手の人種や出身地，職業，外見などをもとにして簡単にその人を判断できる（ような気がする）のです。他者理解にかける労力と判断を誤る危険性をはかりにかけると，後者のほうが小さいのかもしれません。このように，ステレオタイプは他者理解に非常に便利なものなので，その影響を免れることは難しいのです。

2 ジェンダー・ステレオタイプが他者理解に及ぼす影響

ジェンダー・ステレオタイプは私たちにいろいろな影響をもたらします。そ

▷1 一般に人間のさまざまな集団（人種，民族，地域，職業，外見，年齢などをもとにした集団）に対して，多くの人が共通してもっている，過度に単純化された画一的なイメージをステレオタイプと呼び，リップマン（1922）が『世論』のなかで論じた。リップマン，W.／掛根正昭ほか訳（1922=1963）『世論』河出書房新社。

▷2 Williams, J. E. and Best, D. L. (1982) *Measuring sex stereotypes : A thirty-nation study*, Beverly Hills, CA : Sage.

▷3 伊藤裕子（1978）「性役割の評価に関する研究」『教育心理学研究』日本教育心理学会，26巻1号，1-11頁。

▷4 たとえば，高井範子・岡野孝治（2009）「ジェンダー意識に関する検討——男性性・女性性を中心にして」『太成学院大学紀要』太成学院大学，11号，61-73頁。

の一つが，他者認知をゆがめるということです。たとえば，男子生徒と女子生徒が数学で同じ点をとっても，もし「男子は数学が得意，女子は数学が苦手」というステレオタイプがあれば，男子生徒が高得点をとるのは「当たり前」，しかし，女子生徒が同じ得点であっても「まぐれ」，時に「カンニングした」と思うようになるかもしれません。このように，人はステレオタイプに一致しない情報に出会うと，ステレオタイプに合うようにその情報をゆがめて解釈することがあります。また，「あの子は女だけど，特別だから」のように例外とみなすこともあります。さらに，ステレオタイプに一致する情報つまり数学の成績が良い男子生徒のみに注目し，一致しない情報つまり同じような成績をとっている女子や成績の悪い男子にはあまり注意を向けないということもあります。ステレオタイプが変わりにくい理由の一つに，こうした過程があると考えられています。

3 ジェンダー・ステレオタイプが行動に及ぼす影響

　ジェンダー・ステレオタイプは他者を見る目をゆがめるだけでなく，ひとびとの行動にも影響します。腰が悪いのに重い荷物を持たされた男性や，他人の世話をしたことがないのに，突然，子どもの面倒をまかされた女性もいるかもしれません。これは，「男性は力がある」「女性は世話ができるはず」という思い込みによるものといえるでしょう。そして，ステレオタイプに基づいて他人に期待して働きかけ，その結果，相手からステレオタイプ通りの行動を引き出すことがあります。たとえば，「女性は料理をするもの」というステレオタイプのために，料理をしたことがないにもかかわらず，女性であるがゆえにクラブ活動の合宿で料理当番をさせられ，経験を積むうちに料理ができるようになるというようなことです。こうした過程は自己成就予言と呼ばれています。

　ところで，私たちが自分の性別をいちばん意識するのは異性といる時です。性別を意識するような状況では，ステレオタイプの影響が非常に強くなり，本人も気づかないうちにジェンダー・ステレオタイプ通りにふるまってしまうことがあります。たとえば，「女性は数学が苦手」というステレオタイプがある場合，女性が自分の性別を意識すると，そのステレオタイプが影響して，数学のテスト成績が下がるという過程があるのではないかと考えられています。こうした現象は心理学で「ステレオタイプ脅威」と呼ばれています。このように，ステレオタイプはひとびとの行動にも影響することがあるのですが，これらはすべて意識されているわけでなく，多くの場合には本人も気づかないうちに生じているのです。さらに，こうした行動への影響は，本人がどのくらい女性的か男性的かとはあまり関係しないと考えられており，最近では，ジェンダーは個人の特性や態度ではなく，行動としてとらえる考え方が広まっています。

（森永康子）

▷5　これは「サブタイプ化」と呼ばれ，ステレオタイプに一致しない人たちを例外として扱うことで，もとのステレオタイプはそのまま維持される。ステレオタイプが維持されるしくみの一つである。

▷6　マートン，R. K./森東吾ほか訳（1957=1961）『社会理論と社会構造』みすず書房。

▷7　Spencer, S., Steele, C. M. and Quinn, D. (1999) "Stereotype threat and women's math performance," *Journal of Experimental Social Psychology*, 35(1): 4-28.

▷8　行動としてのジェンダーを強調した表現に「doing gender」がある。West, C. and Zimmerman, D. H. (1987) "Doing gender," *Gender & Society*, 1(2): 125-151.

【おすすめ文献】

†青野篤子・森永康子・土肥伊都子（2004）『ジェンダーの心理学　改訂版』ミネルヴァ書房。

†上瀬由美子（2002）『ステレオタイプの社会心理学』サイエンス社。

†カプラン，P. J.・カプラン，J. B./森永康子訳（2010）『認知や行動に性差はあるのか』北大路書房。

2 社会とジェンダー／B 心のなかを見つめる

4 摂食障害

1 摂食障害とは

特別身体的（器質的）な理由はないのに，心理的な原因によって食行動に異常を起こす病態を総じて摂食障害と呼びます。医学的な診断名であり，代表的な心身症の一つです。思春期に多く発症するとされ，思春期やせ症と呼ばれることもありますが，現在では，成人期にも多く見られます。不食（拒食）による極端なやせを維持しようとする神経性食思不振症と，過食を主症状とする神経性過食症があります。いずれも，自分を過剰に太っていると思いこむ著しいボディ・イメージの歪みと強い痩身願望が最たる心理的特徴です。

男性も最近増加の傾向にあるようですが，いまだ圧倒的に女性に多い疾患です。また先進国を中心に，ダイエットを奨励する世間の風潮のなかで，気軽なダイエットから発症することも多く見られます。このように，摂食障害は，社会や文化の規範に影響を受けた病であるとされ，医学，心理学，そして社会学的な検討が数多くなされています。

2 ジェンダー研究から見た摂食障害

摂食障害は，特効薬も見出されぬままに，治ることが難しく，死に至る危険もあるやっかいな病とされてきました。一方で，重症の中核群の周りに沢山の軽症群が潜み，女子中高生にとっては，むしろ誰にでもあるよくある病気の一つと認識されるほど広まっています。

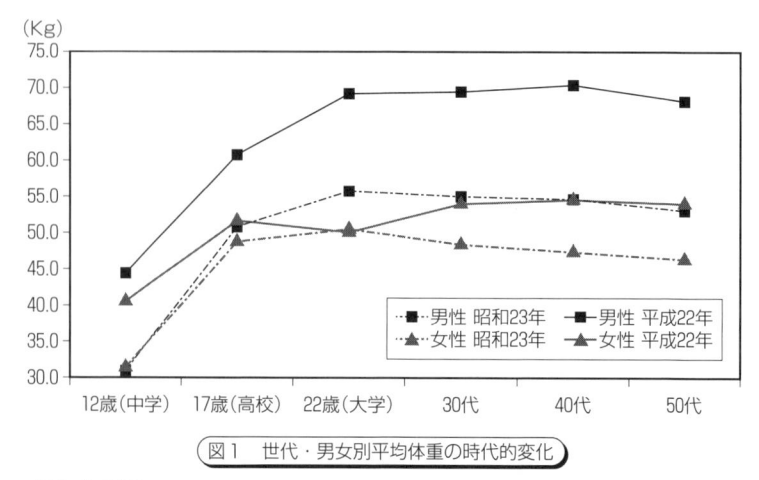

図1 世代・男女別平均体重の時代的変化

出所：▷5参照。

▷1 医学的診断基準の一つに DSM-IV-TR がある。DSM（Diagnostic and Statistic Mental Disorders）は，米国精神医学会が作成した精神障害の分類基準である。操作的分類と多軸分類を採用しているのが特徴で，日本でも広く使用される。DSM-IV-TR は，第IV版の一部改訂版である。今後第V版となる予定。

▷2 BMI（Body Mass Index）＝体重 kg／身長 m^2 で BMI22 となる値が，健康的な標準体重とされている。この －20％の体重が，診断基準の一つとなる。

▷3 DSM-IV-TR による摂食障害の診断基準では，神経性無食欲症には，低体重，体重増加の恐怖，自己体型認知の歪み，無月経の4基準，神経性大食症には，むちゃ食い，代償行動，それらの継続，自己評価への体型の過剰影響など，5基準がある。

▷4 ボディ・イメージ（身体像）の歪み
自分の身体の大きさや形について思い描いた心像，あるいは視覚的なイメージのこと。それが実際とあまりにかけ離れた認識の場合には，ボディ・イメージの障害とされる。

▷5 国民健康・栄養調査

図1は，男女の世代別平均体重の時代的変遷を示しています。栄養事情が困難から飽食への時代の変遷が反映されたと解釈できるのは男性の場合であって，若い女性の多くは，かなりの体重コントロールを行っていることが推測されます。特に身体の成長が著しい思春期に，体重コントロールは難しく，過度なダイエットから摂食障害に陥ってしまうケースが多発します。

　このような状況に陥った女性たちの問題の原因を，個人的な背景に求めようとするよりも，むしろそれを生み出す社会，文化，経済的な力を批判的に検討していこうとするのが，ジェンダー研究です。これらの研究では，痩せることと食べ物への極端なこだわりから自己コントロール不全に陥った状態にある，または過去にあったと自認する人たちを広く対象としており，医学的診断の有無は必須ではありません。

3 ジェンダー研究の貢献

　摂食障害に対するジェンダー論的な研究の貢献の一つは，それまで優勢だった因果論的な医学モデルによる説明に一石を投じたことにあります。難治性の病であるが故に，高度専門的治療が必要とされ，当事者である患者の主体性は，置き去りにされがちでした。それどころか，そもそも自己の自律性がない，すなわち自分がないということ自体が，この病の本質だともいわれてきたのです。そして多くの精神疾患の原因論と同様に，母源病が謳われ，実際には患者の回復を一番辛抱強く支え，より所となってくれる母親たちを苦しめてきました。

　ジェンダー研究の多くが，医学的な診断によって，異常というラベルが貼られ，社会の脱落者の如く摂食障害に苦しむ人が排除されることの問題を指摘しています。また原因論についても，画一的な親子関係の失敗論には異論を唱えています。こうしたジェンダー研究の示唆は，医学的な治療よりも，心理療法の実践分野で，積極的に生かされているようです。

　もう一つの貢献は，結局は商業的な利益のために，メディアを通じて，常に画一的な身体の美しさの基準が提示され，いつしか，それを自己追求することに対する高い価値づけが，私たちの無意識の領域まで浸透している問題を可視化したことでしょう。痩身は，自己コントロール力の証であり，摂食障害者にとって，それは自らの主体性を認識するための特別な手段であるにもかかわらず，実は女性のすべてが，痩身という名の消費活動をさせられているのだという理解は，摂食障害の予防を考えるうえでも，重要な観点となります。

　摂食障害の問題を今後どのように考えるかは，さまざまな方向性があると思われますが，もはや誰にでも起こりうる病である以上，臨床的には，一次予防のさらなる充実が望まれます。また，ジェンダー研究では，原因探しよりも，その回復過程に着目しようとする研究が生まれてきました。そこには，当事者たちが主体的に自分の体験を語る様子が描かれています。　　　（青木紀久代）

（平成22年）及び国民栄養調査（昭和23年）
http://www.mhlw.go.jp/bunya/kenkou/eiyou/dl/h22-houkoku-08.pdf
http://www0.nih.go.jp/eiken/chosa/kokumin_eiyou/doc_year/1948/1948_kek01.pdf より筆者作成。

▷6　浅野知恵（1996）『女はなぜ痩せようとするのか』勁草書房。
▷7　ブルック，H./岡部祥平・溝口純二訳（1978=1979）『思春期やせ症の謎——ゴールデンケージ』星和書店。
▷8　オバック，S./鈴木治郎・天野裕子・黒川由貴子・林百合訳（1986=1992）『拒食症——女たちの誇り高い抗議と苦悩』新曜社。
▷9　小倉千加子（2001）『セクシュアリティの心理学』有斐閣選書。
▷10　ヘッセーバイダー，S./宇田川拓雄訳（1997=2005）『誰が摂食障害をつくるのか——女性の身体イメージとからだビジネス』新曜社。
▷11　青木紀久代（2007）『摂食障害の予防教育プログラム——ジェンダー教育の観点から』485: 136-145。
▷12　中村英代（2011）『摂食障害の語り——〈回復〉の臨床社会学』新曜社。

おすすめ文献

†浅野知恵（1996）『女はなぜ痩せようとするのか』勁草書房。
†小倉千加子（2001）『セクシュアリティの心理学』有斐閣選書。
†中村英代（2011）『摂食障害の語り——〈回復〉の臨床社会学〉新曜社。

2 社会とジェンダー／B 心のなかを見つめる

5 トラウマ・PTSD

1 トラウマとは？

トラウマとは、心的外傷と訳されていますが、一生涯消えることのない心の傷という意味です。そのトラウマへのストレス反応の一つが「PTSD（Posttraumatic Stress Disorder＝心的外傷後ストレス障害）」です。

まず、トラウマについて説明しましょう。トラウマとは、死や重傷の可能性をともなう出来事（自然災害、戦争、テロ、交通事故など）や性暴力被害（強制性交、強制わいせつ、性的虐待など）を体験または目撃することによって受ける心の傷です。最近、トラウマという言葉が日常的に使われるようになりましたが、ここでいうトラウマとは、一時的な不安感や恐怖感ではなく、精神医学的・心理学的なケアを必要とするような深刻な心の傷のことです。

トラウマ体験への反応として、私たちは心身や生活上に大きな影響をこうむります。身体面では、不眠、食欲不振、動悸、身体の痛み、原因不明の発熱、手足のふるえ、過呼吸発作などです。心理面においては、自己否定的な感情に覆われることによって、抑うつ的な気分や無力感、罪悪感や情緒不安定な心理状態になります。社会生活のうえでは、人と関係をもつことがおっくうになり、ひきこもりがちとなり、周囲の人たちもどう関わったらいいのかわからないという孤立無援状態に陥ります。

深刻なケースでは、トラウマ体験直後から「ASD（Acute Stress Disorder＝急性ストレス障害）」を発症します。その症状は、後述するPTSDと同じですが、ASDに顕著なのは解離症状です。解離とは、自分が自分から離れてしまったような感覚、感情や現実感がなく、何事にも実感がもてず、事件や事故についてもまるで他人事のように感じてしまうという状態です。

2 PTSD（「心的外傷後ストレス障害」）

トラウマ体験後、1カ月が経過しても症状が消失せずに持続しているときにPTSDと診断されます。PTSDには、「侵入」「回避」「認知と気分の陰性の変化」「覚醒度と反応性の変化」などの症状がみられます。「侵入」では、トラウマとなった出来事を否応なく（「侵入」的に）思い出し、まるでそれを再体験しているかのように生々しく感じる「フラッシュバック」が代表的な症状です。「回避」は、その出来事に関連する場所や人などすべてを回避しようとする症

▷1 PTSDの診断基準は、アメリカ精神医学会の『DSM-5』（精神疾患の診断・統計マニュアル）や、世界保健機関の基準である『ISD-11』（精神および行動の障害――臨床記述と診断ガイドライン）によって決められている。

状で，そのため日常生活に支障をきたすことにもなります。「陰性の変化」は，自責感・孤立感・世界への不信感などをともなう症状で，楽しい感情や活動を経験できなくなります。「覚醒度・反応性の変化」は，トラウマ体験後，神経が過敏になり（「過覚醒」状態），物音や人との接触に過剰に反応してしまうような症状で，いらだちや怒りの暴発，自己破壊的行動などをともなうこともあります。

このPTSDからの回復をはかる治療的ケアとしては，まず精神科や心療内科を受診して，薬物療法を受ける必要があるでしょう。並行して，心理学的ケアとしてのトラウマカウンセリングが回復にとって効果的です。

③ フェミニスト・トラウマカウンセリング

フェミニストカウンセリングは，強制性交や強制わいせつ，性的虐待といった性暴力被害者のトラウマカウンセリングに関わることが多いので，J. L. ハーマンによるトラウマからの回復の3段階について説明します。

第1段階「安全の確立」では，被害者に対してトラウマやPTSD，そこからの回復についての心理教育（精神医学的・心理学的な情報提供）をし，心身，対人関係上の不安全感を取り去るためのカウンセリングにとりかかります。同時に，安全な生活環境，被害者を支援してくれる家族・友人による社会的サポートの樹立が必要であり，被害者とカウンセラーの信頼関係の樹立が必須です。

第2段階「想起と服喪追悼」では，被害者は，トラウマ体験をなかったものとして抑圧するのではなく，完全に，深く，具体的細部にわたって思い出し「外傷ストーリー」を再構築します。そうすることによってフラッシュバックの形で現れる外傷性記憶を通常の記憶に変え，自分自身の人格のなかに，自己史の中に統合することができるのです。その過程では，事件によって喪失したものを思い，怒り，嘆き悲しみ，悼むことがもっとも重要な作業となります。

第3段階「再結合」に至った被害者は，自分の力やセルフ・コントロール力を取り戻し，危険に対しては自分を守り，信頼できると思える人たちとの関係を深めることができるまでに回復しています。そして，フェミニストカウンセラーとの協同作業を経て，被害者は「犠牲者」というアイデンティティを捨て，「新しい自己」の創造を成し遂げます。ここでの被害者は「サバイバー・ミッション」（生還者としての使命）を発見し，加害者を告発・提訴することによって社会的正義を追求しようと決意し，さらに，この裁判をともに闘う支援者やカウンセラー，弁護士などとともに，まだまだ「強姦神話」が優勢な，加害者に甘い社会の変革にも向かうことになります。この「新しい自己」の創造が，とりもなおさず被害者の「新しい世界」の創造へとつながるのです。　　　（井上摩耶子）

▷2　ハーマン, J. L.／中井久夫訳（1992=1996）『心的外傷と回復』みすず書房。

▷3　強姦神話
本書の「フェミニストカウンセリング」（102-103頁）の▷1を参照。

（おすすめ文献）
†外傷ストレス関連障害に関する研究会・金吉晴編（2006）『心的トラウマの理解とケア』じほう。
†飛鳥井望監修（2007）『PTSDとトラウマのすべてがわかる本』講談社。
†小西聖子（2006）『犯罪被害者の心の傷』白水社。
†アレン・フランセス／大野裕・中川敦夫・柳沢圭子訳（2013=2014）『DSM-5精神疾患診断のエッセンス──DSM-5の上手な使い方』金剛出版。

2 社会とジェンダー／B 心のなかを見つめる

6 フェミニストカウンセリング

1 フェミニストカウンセリングとは？

　フェミニストカウンセリングは，1960年代から70年代の「第二波フェミニズム」運動から誕生しました。この第二波フェミニズム運動を草の根のレベルで支えていたのは，女性たちの「CR（Consciousness Raising＝意識覚醒）グループ」活動でしたが，この「CRグループ」は，女性たちのグループカウンセリングの場でもあったのです。週に1回，10人くらいの女性たちが集まって，この男性中心社会のなかで女性の位置を生きることからくるさまざまな生き難さや問題を互いに語り合い，共感し合い，解決策を模索し合っていました。そして，彼女たちは，個々の女性の抱える問題はすべての女性に共通する問題であり，フェミニズムの視点を適用し，政治的・社会的文脈から読み解くことによって解明できることを発見したのです。

　それゆえに，「CRグループ」を踏襲する形で構築されたフェミニストカウンセリングの根本理念は，「個人的な問題は政治的な問題である（the personal is political）」です。この点が，いわゆる男性中心の臨床心理学を基盤とする伝統的心理カウンセリングといちばん異なる特徴でしょう。もちろん，フェミニストカウンセリングもまた，伝統的カウンセリングと同様に，クライエントの内面を探求し，クライエントの自己洞察と自己変革による問題の解決をめざします。しかし，クライエントをとりまく差別的なジェンダー役割や社会規範や社会制度を変革することなしに，女性クライエントの抱える問題の根本的な解決はありえません。そういう意味において，フェミニストカウンセリングはクライエントの自己変革と同時に，社会的変革をも志向するものです。

2 フェミニストカウンセリング実践の特徴

　このような成立過程をもつフェミニストカウンセリングは，ジェンダーの視点あるいは男女共同参画の視点に立つ「女性による女性のためのカウンセリング」と言い換えることができます。とくに，男性から女性への暴力（強制性交，セクシュアルハラスメント，ドメスティックバイオレンス（DV），児童期の性的虐待など）の被害者の支援において，その特徴をいかんなく発揮しているといえます。なぜなら，まず多くの被害女性は，加害者と同性である男性専門家の支援を受けることを回避する傾向があるからです。暴力被害者へのフェミニストカウ

ンセリングならではのアプローチは,「問題の外在化」(問題をクライエントの内面の問題とはしないこと)です。彼女の受けた暴力被害に対して,法的・社会的な暴力の定義を適用し検討することによって,カウンセラーが「彼女は被害者だ」との確信を得た場合には,「あなたは悪くない」と明言します。ここが伝統的カウンセリングとの決定的な違いでしょう。多くの被害者は,この点で「目から鱗」という感想をもつようです。もちろん,性暴力やDVについて,またその心理的後遺症についての「心理教育」(心理・精神医学的な情報提供)を通して,「あなたは悪くない」という明言のもつ意味への理解をはかることはいうまでもありません。

　こうしたフェミニストカウンセリング実践においては,カウンセラーとクライエントとの対等な信頼関係の形成がなにより大切です。そのため,フェミニストカウンセラーは,クライエントを分析し治療するという姿勢ではなく,またクライエントの問題を「治る」「治らない」という観点からとらえようとするのでもなく,クライエントを「エンパワー」することを目標とします。エンパワーメントとは,社会的差別によって力を奪われていた人が,本来の自分の力を自分の手に取り戻すことです。私たちは他者との関係のなかで,自分の力を承認し合い,確認し合うことによってエンパワーされるのです。カウンセリングという協同作業において,女性クライエントが,悩みや問題の解決策を自己決定し,それが自分の当然の権利だと了解することがエンパワーメントの核心です。

3 アドヴォケイト活動から社会変革運動へ

　アドヴォケイトとは,代弁擁護という意味です。フェミニストカウンセラーは,性暴力裁判や大学のセクハラ調査委員会において,被害当事者を代弁擁護して意見書提出や専門家証言をしています。男性中心的な法廷や大学においては,女性被害者の心理や行動が誤解されやすく,ともすれば男性加害者に甘い「強姦神話」や「DV神話」に基づく解釈に沿って審理や調査が進められてしまうからです。

　また,フェミニストカウンセリングは,行政の男女共同参画センターにおいて多く実施されていますが,ここでのアドヴォケイト活動も重要な役割を担っているといえます。男女共同参画センターは,相談に訪れる女性たちの悩みや問題(暴力,貧困,摂食障害やうつ,子育て,セクシュアル・マイノリティなど)をアドヴォケイトする意識啓発事業を企画し,またそれを施策に反映させることによって,男女共同参画社会の1日も早い実現を促進するものでなければならないでしょう。

　さらに,個人変革と社会変革を射程に入れるフェミニストカウンセリングは,「DV防止法」(配偶者からの暴力の防止及び被害者の保護に関する法律)などを改正する運動にも,被害当事者をアドヴォケイトする形で積極的に関わっています。

(井上摩耶子)

▷1　ここでいう神話とは,世間一般に流布している男性加害者にとって都合のいい物語のことである。たとえば「強姦神話」として,「女のノーはイエスのサイン。嫌だ嫌だと言いながらほんとは強姦されたがっている」「男の欲はコントロールできないのだから,挑発した,スキを見せた女が悪い」などがある。
▷2　本書の「女性と子どもに対する暴力」(196-197頁)を参照。
▷3　本書の「女性の貧困」(122-123頁)を参照。
▷4　本書の「摂食障害」(98-99頁)を参照。
▷5　本書の「子育て・育児戦略」(34-35頁)を参照。
▷6　本書の「刑法とジェンダー」(144-145頁)を参照。

おすすめ文献

†井上摩耶子編 (2010)『フェミニストカウンセリングの実践』世界思想社。
†川喜田好恵 (2010)『新版　自分でできるカウンセリング——女性のためのメンタル・トレーニング』創元社。
†アイケンバウム, L.・オーバック, S./長田妙子・長田光展訳 (1988=2002)『女性心理療法を学ぶ——フェミニスト・セラピー』新水社。

2 社会とジェンダー／B 心のなかを見つめる

7 性差別主義

1 心理学における性差別主義とは

現代社会には，「男性は仕事，女性は家事・育児」などの性役割に基づく性差別や男女の格差が見られます。社会において性差別や男女の格差が維持される要因の一つとして，社会心理学の研究領域では，個人がもつ性差別主義（sexism）に着目してきました。性差別主義とは，「女性と男性との間の不平等な地位を支える態度や信念や行動」を指します。大別すると次の3種の性差別主義について実証的な検討がこれまでに行われてきました。

2 伝統主義的性役割態度

伝統主義的性役割態度は，性役割を肯定的にとらえる態度を指します。伝統主義的性役割態度をもつ女性は結婚後に自ら仕事を辞めたり，伝統主義的性役割態度をもつ男性は配偶者に対して，仕事を辞めるように求めたりするかもしれません。結果として，女性は結婚をしたらすぐに辞めるととらえられてしまい，責任のある仕事を任せてもらえないといった男女の格差が生じてくる可能性があります。そのため，ひとびとが有する伝統主義的性役割態度を解消していく必要があると指摘され続けてきました。

内閣府が2009年に成人男女を対象に行った調査では，「夫は外で働き，妻は家庭を守るべきである」との意見に，「賛成」もしくは「どちらかといえば賛成」と回答した者の割合は41％でした。この伝統主義的性役割態度を有している者の割合は，2012年の調査で52％と高まるまでは，近年になるほど，低くなるという傾向が見られ，今後，伝統主義的性役割態度を有する者の割合はさらに減少するとも予想されていました。しかし，性差別や男女の格差が解消されるためには，伝統主義的性役割態度を有する者が減少すればよいという簡単な問題ではないことを指摘したのが，次の2つの性差別主義研究です。

3 現代的性差別主義と新性差別主義

スウィムらは，伝統主義的性役割態度を有する者の割合が減少してきた理由として，性役割を肯定することが「性差別的である」と社会で認識されるようになり，伝統主義的性役割態度に基づいた意見を表明しにくくなったことを挙げています。スウィムらによれば，性差別主義者たちは，伝統主義的性役割態

▷1 Swim, J. K. and Campbell, B. (2001) "Sexism: Attitudes, beliefs, and behaviors," R. Brown and S. L. Gaertner eds., *Blackwell Handbook of Social Psychology: Intergroup Processes,* Blackwell Publishers, pp. 218-237. 理論的には男性の方が女性よりも地位が低いという男女の格差も考えられるが，本項では，より多くの研究知見が蓄積されている，女性の方が男性よりも地位が低いという男女の格差を維持する性差別主義について整理する。

▷2 鈴木淳子（1991）「平等主義的性役割態度——SESRA（英語版）の信頼性と妥当性の検討および日米女性の比較」『社会心理学研究』日本社会心理学会，6巻，80-87頁。なお，性役割を否定的にとらえる態度は，平等主義的性役割態度と呼ぶ。

▷3 内閣府（2009, 2012）「男女共同参画社会に関する世論調査」(http://www.gender.go.jp/yoron/yoron.html)。調査対象者は，5000名（有効回答者数はそれぞ

度に代えて，一見すると性差別とはわからないような「巧妙な」方法で性役割の維持に役立つ態度を形成し始めたとされます。スウィムらは伝統主義的性役割態度を「古典的性差別主義」と，新たに誕生した性差別主義を「現代的性差別主義（modern sexism）」と，それぞれ位置づけて実証的に検討しています。

現代的性差別主義者は，女性差別を過去のこととしてとらえ，現代社会を男女平等ととらえていると仮定されています。男女平等な社会にもかかわらず，女性が地位向上を求めて政治的・経済的要求をすることは，現代的性差別主義者にとって過剰な要求と感じられるため，男女の格差を解消するためのポジティブ・アクションに不満をもつと考えられています。トーガスら（1995）も同様の性差別主義の存在を指摘し，新性差別主義（neosexism）と名づけています。

トーガスら（1995）が男性を対象に調査を行ったところ，新性差別主義に基づく考えを有する者ほどポジティブ・アクションに反対することが明らかにされました。さらに，性役割態度とポジティブ・アクションへの態度との間には関連がなく，伝統主義的性役割態度を有しない人のなかにも，ポジティブ・アクションに反対する人がいることが明らかにされています。以上の「新しい」性差別主義に関する理論は，伝統主義的性役割態度を解消するだけでは，必ずしも男女の格差の解消に向けての動きにつながらない可能性を示唆しています。

❹ 両価値主義的性差別主義

スウィムらやトーガスらとは異なる観点から，「巧妙な」性差別主義を理論化したのが，グリックとフィスクです。性差別が他の差別と異なる点は，差別をする側の者と差別をされる側の者とが，恋愛や結婚などの親密な関係を築く点です。親密な関係を築くためには，差別する側の者が差別される側の者に対して，敵意だけはなく，好意も示す必要があります。

グリックとフィスクによれば，性差別主義者は女性に対して敵意と好意という2つの態度を同時にもっているとされます。性役割に沿わない行動をする女性に対しては非難するなどの敵意を示します。一方，性役割に沿う行動をする女性に対しては，高く評価したり，守ってあげたりするなどの好意を示します。性差別主義者は，一見すると性差別的とは感じられない女性に対する好意的な態度を利用することによって，性役割を「巧妙に」維持していきます。

性差別主義者が敵意と好意の相反する態度を同時にもつと仮定されていることから，この性差別主義を両価値主義的性差別主義（ambivalent sexism）と呼びます。なお，女性に対する敵意的な態度は敵意的性差別主義と，好意的な態度は慈善的性差別主義と，それぞれ呼ばれます。日本の大学生を対象とする調査においても，慈善的性差別主義を有する者は敵意的性差別主義も有する傾向があることが明らかにされています。この結果は，グリックとフィスクの理論を一部支持するものと考えられます。

（宇井美代子）

れ，2009年が3240名、2012年が3030名）であった。
▷ 4 Swim, J. K., Aikin, K. J., Hall, W. S. and Hunter, B. A. (1995) "Sexism and racism: Old-fashioned and modern prejudices," *Journal of Personality and Social Psychology*, 68 : 199-214.
▷ 5 Tougas, F., Brown, R., Beaton, A. M. and Joly, S. (1995) "Neosexism: Plus ça change, plus c'est pareil," *Personality and Social Psychology Bulletin*, 21 : 841-849.
▷ 6 Glick, P. and Fiske, S. T. (1996) "The Ambivalent Sexism Inventory: Differentiating hostile and benevolent sexism," *Journal of Personality and Social Psychology*, 70 : 491-512; Glick, P. and Fiske, S. T. (2011) "Ambivalent sexism revisited," *Psychology of Women Quarterly*, 35 : 530-535.
▷ 7 宇井美代子・山本眞理子（2001）「Ambivalent Sexism Inventory（ASI）日本語版の信頼性と妥当性の検討」『日本社会心理学会第42回大会発表論文集』日本社会心理学会，300-301頁。

おすすめ文献

†青野篤子・赤澤淳子・松並知子編（2008）『ジェンダーの心理学ハンドブック』ナカニシヤ出版。
†海保博之監修／福富護編（2006）『ジェンダー心理学』朝倉書店。
†柏木惠子・高橋惠子編（2008）『日本の男性の心理学——もう1つのジェンダー問題』有斐閣。

2 社会とジェンダー／C お金と労働のあいだ

① ジェンダー統計・ジェンダー予算

① 「世界を変えるには数字が必要である」

　これは国連初の女性白書である『世界の女性1970-1990——その実態と統計』の冒頭に謳われている一文です。程度の差こそあれ、今なお世界の多くの国々で女性と男性の間にはジェンダーによる社会的経済的格差がありますが、それを是正するには、まず実情をできるだけ正確に把握することが必要です。ところが女性の生活や活動にかかわる重要な分野についての統計調査が行われていなかったり、調査で用いられる概念に女性を無視、あるいは軽視するような偏りがあったり、調査結果が男女別に集計されていなかったりということから、実情の把握自体が困難であることも少なくありません。既存の統計に性別集計や分析を加えるだけではなく、統計の枠組みを見直したり、さらに今まで関心をもたれることのなかった分野の調査を新たに実施する必要も生じてきます。

② 見えにくい女性の経済貢献や生活実態

　ジェンダーに敏感な統計（ジェンダー統計）の必要性は、1970年代にジェンダー平等を推進する国際的な気運が高まるなかで注目されるようになりました。1975年の第1回世界女性会議を受けて、1979年に設置された国連女性の教育訓練研修所（INSTRAW）は女性の実情を明らかにする調査研究に、その方法の検討を含めて取り組んできました。冒頭に紹介した『世界の女性1970-1990』刊行は、この間の国際的な問題関心の高まりと調査研究の蓄積の成果です。『世界の女性』はその後5年ごとに刊行され、世界各国のジェンダー格差の実情と平等に向けた課題を示す基礎データを提供しています。とくに従来十分に調査されることがなかったアンペイド・ワークや零細自営業（インフォーマル・セクター）など、既存の統計では見えにくかった女性の経済貢献、生活時間、性と生殖などに焦点を当てています。国連開発計画（UNDP）も、1995年に年次報告書『ジェンダーと人間開発』で初めてジェンダー問題をとりあげています。日本でも総務省統計局の日本の長期統計系列の特定分野への「ジェンダー」項目の掲載や、国立女性教育会館（NWEC）による男女共同参画統計」の刊行など、ジェンダー統計の改善と充実が諮られています。

　ジェンダー統計が明らかにしたのは、既存の統計では認識されてこなかった女性の経済的貢献の大きさと生活条件の深刻な男女間格差です。政治的決定権

▷1　UNDP『ジェンダーと人間開発』（1995）は、世界の労働はむしろ女性に多く担われているにもかかわらず、その多くがアンペイド・ワークに偏り、収入を得られる労働が男性に担われているジェンダーの偏りが、先進国と途上国とを問わず存在することを報告している。以下の表紙デザインはこのジェンダー格差を示している。

左は女性、右は男性、上は有給の市場活動、下は無給の仕事である。仕事の負担のうち女性が半分以上を担っているが、その仕事の3分の2が無給である。一方、男性の仕事は4分の3が有給である。

▷2　以下を参照されたい。総務庁統計局（http://www.stat.go.jp/data/chouki/gender.htm）。国立女性教育会館（http://www.nwec.jp/jp/publish/#head12）。

をもつひとびとのなかに女性が少ないこと，労働市場の性別職務分離により女性は低賃金で不安定な地位の低い職に多く，アンペイド・ワーク[43]の大半は女性が担っていること等々，国や地域により多少の違いはあっても多くの共通点が見出せるのです。

3 ジェンダー主流化のツールとしてのジェンダー統計・ジェンダー予算

あらゆる領域にジェンダーの視点を入れて格差を是正するアプローチを「ジェンダーの主流化（gender mainstreaming）」といいます。ジェンダー統計はこのジェンダー主流化の第一歩として重要な役割を果たすものです。

ジェンダー統計とならんで，このジェンダー主流化のツールとして試行されているのがジェンダー予算です。ジェンダー予算は，国や地方自治体の予算をジェンダーに敏感な視点から分析し，女性と男性への影響を検討することによってジェンダー平等を推進する政策をめざす試みです。すでに1980年代にオーストラリアや南アフリカなどの国々で実施され，世界で60カ国以上の国々で取り組まれています。現在もっとも先進的な取り組みを行っているのは韓国で，ジェンダー主流化政策の強力なツールとして，2010年から立法措置により，ジェンダー統計とジェンダー予算を行政機関に義務づけています。

たとえば韓国では，ジェンダー主流化政策の一つとして，地下鉄のつり革の高さを10cm低くすることになりました。一見してジェンダーとは無関係に見える地下鉄のつり革の高さが，実は標準的男性の身長に合わせたものであり，それを低くすることは，女性だけでなく男性標準規格から外れた男性も含めて多くのひとびとの利益にかなうものです。こうした事例に典型的に示されるように，ジェンダーの視点は，私たちの社会で一見中立的に見える事柄の多くが実は健常な成人男性を標準としていることを明らかにするものです。

国家予算は一見ジェンダー中立的に見えるかもしれませんが，予算編成に際して成人男性を標準とする見方が基本になっていることは否定できないのです。[44]

ジェンダー予算は，現実の政策が男女の格差是正の観点からどう作用しているかを検討し，平等を推進する政策の実現をめざす取り組みです。その特徴の一つは，家事育児介護などのアンペイド・ワークやケア・ワークを視野に入れていることです。たとえば近年の財政支出を引き締める緊縮政策は必ずしも万人に平等に「痛み」を及ぼすのではありません。削減される公共支出は教育，福祉，保健，医療などにおいて顕著ですが，それは社会的弱者を切り捨てるだけでなく，性別分業によって女性が家庭や地域で無償で担ってきた仕事の負担をさらに重くすることになります。予算編成という政治的プロセスをジェンダー視点で見直していくことはジェンダー平等社会の実現のための有効なツールなのです。

（伊田久美子）

▷3　本書の「アンペイド・ワーク」（110-111頁）を参照。

▷4　たとえば，すでに少子化が深刻化していた1989年は消費税導入初年度であったが，当初は出産にかかる支出にまで消費税がかけられ，女性議員や女性団体による異議申し立てによって後に撤回されたことはその典型であるといえるだろう。

（おすすめ文献）
†法政大学日本統計研究所・伊藤陽一編著（1994）『女性と統計——ジェンダー統計序説』梓出版社。
†村松安子（2005）『「ジェンダーと開発」論の形成と展開——経済学のジェンダー化への試み』未來社。
†スウェーデン統計局／法政大学日本統計研究所訳（1996=1998）『女性と男性の統計論——変革の道具としてのジェンダー統計』梓出版社。

2 社会とジェンダー／C お金と労働のあいだ

2 開発

1 「開発」の意味とは：社会的行為としての「開発」

　現在ではさまざまな場面で語られる「開発（development）」という言葉。いわゆる発展途上国の経済・社会状況の改善をめざす「国際開発」は、ジェンダー研究の分野においても重要な領域となっています。しかしそもそも、「開発」とはどのような意味をもつのでしょうか。実際、「開発」は自動詞としての「発展」といった意味と、他動詞としての「開発」といった意味の両方をもち合わせています。そもそも第三世界の開発は、植民地支配と深いつながりをもってきました。植民地支配の下での「インフラ建設」「保健改善」「教育整備」といった政策が、現在のいわゆる発展途上国に対する先進諸国側からのさまざまな「開発」アプローチの源流になっていることは忘れてはならない事実です。そのため、「開発」とは援助や働きかけを行う「外側」の社会と、その援助や働きかけの「受け手」との相互作用、社会的行為である、という視点が最近では重視されています。言い換えれば、自動詞的な「発展」を、他動詞的な「開発」によって促す、といった意味になるでしょうか。そこには「促す」側の働きかけと、それによって変化をもたらされる側からの応答、というダイナミックな関係があります。そしてその関係は常にさまざまな権力関係、緊張関係を伴うものです。援助「する側」と「される側」の非対称な権力関係を視野に入れるという点で、身近な社会関係における権力関係を問題にするジェンダー研究の視点は、「開発」の分野における多様なアプローチの発展にも大きく貢献してきたといえます。

▷1　佐藤寛（2005）『開発援助の社会学』世界思想社。

2 「開発における女性」から「開発とジェンダー」へ

　第二次世界大戦後、旧植民地の独立に伴って世界的な課題となった開発ですが、1961年に開始した「国連開発の十年」においては、開発における女性の役割について関心がもたれることはありませんでした。そうした状況を批判したのが、ボズラップの『経済開発における女性の役割』（1970）です。ボズラップは近代化の過程で男女に異なった影響があること、とくに農業の機械化や商品経済化によって男性が恩恵を受け、女性の生活維持的な活動の地位が低下したことを指摘しました。こうした指摘を受け、「開発と女性（WID）」と呼ばれる開発アプローチが登場します。

▷2　Boserup, E.（1970）*Women's Role in Economic Development,* New York: St. Martin's Pess.
▷3　WID は Women In Development の略称。

WIDにおいては，開発における女性の役割や貢献を見直すと同時に，開発プロセスへの女性の参加促進や，開発による恩恵を女性も男性と平等に受けられることがめざされました。1976年から85年までが「国連女性の十年：平等，開発，平和」と宣言され，1980年には第一回世界女性会議がメキシコシティで開かれるなど，女性の地位向上に関する世界的な関心が高まりました。しかしそこでの焦点はあくまでも「女性」であり，また具体的な開発プロジェクトの内容も女性の伝統的な役割を継承するようなものが中心であるなど，限界が批判されるようになります。

こうした批判に基づいて生まれたのが，「ジェンダーと開発（GAD）」アプローチです。GADは広くジェンダーの問題として開発をとらえ，途上国の発展を妨げている社会経済構造としてのジェンダー不平等の是正こそが開発の重要課題であることが唱えられるようになりました。1990年代に展開したGADアプローチの下では，開発途上国そのもののジェンダー不平等の問題だけでなく，開発援助機関や援助実務者自身のジェンダー・バイアス，あるいは国家や地域の予算配分や政策におけるジェンダー・センシティヴィティ（ジェンダーへの敏感さ）なども重視されるようになりました。

こうしたGADアプローチのなかでも，とくに草の根のレベルから女性たちの地位の向上に取り組み，「持続可能な開発」という，より大きな課題に貢献したのが「エンパワーメント」という考え方です。

③ エンパワーメントとオルタナティブな「開発」

エンパワーメントとは，「力をつける」「力を回復する」といった意味です。キャロライン・モーザによれば，エンパワーメント・アプローチが考える「力（power）」の概念とは，他者に対する支配や強制力，という意味ではなく，内面的な力を増していく潜在能力（capability）であるとされています。これは，インドの開発経済学者アマルティア・センの考え方にも共通していますが，個々人の状況に着目する人間開発（human development）を考える視点においては，個人の「潜在能力」がどれほど活かせる状態にあるのか，という視点が重要になります。ジェンダー視点のエンパワーメント・アプローチでは，女性たちが自らの置かれている状況や社会構造を自覚し，自ら変化を求め，自らの潜在能力を開花させていく過程が重視されます。ここでは何よりも，当事者である途上国の女性たち自身の日常的な問題意識や認識が重視されます。しばしば国際的な援助機関や先進国フェミニストが一方的に押しつけがちな「発展」や「ジェンダー平等」の理想像を現地のひとびとの視点から組み換え，援助する側の意識変革までをも促すような「相互作用」としての「開発」のオルタナティブな姿を，エンパワーメント・アプローチは教えてくれるのかもしれません。

(小ヶ谷千穂)

▷ 4　GADはGender and Developmentの略称。

▷ 5　モーザ, C.／久保田賢一・久保田真弓訳（1993＝1996）『ジェンダー・開発・NGO——私たち自身のエンパワーメント』新評論。

▷ 6　セン, アマルティア／池本幸生・野上裕生・佐藤仁訳（1992＝1999）『不平等の再検討——潜在能力と自由』岩波書店。

▷ 7　谷口佳子（2007）「『開発とジェンダー』をめぐる政策と実践——スリランカ農村女性の事例から」宇田川妙子・中谷文美編『ジェンダー人類学を読む』世界思想社，214-239頁。

（おすすめ文献）

†田中由美子・大沢真理・伊藤るり編著（2002）『開発とジェンダー——エンパワーメントの国際協力』国際協力出版会。

†モーザ, キャロライン／久保田賢一・久保田真弓訳（1993＝1996）『ジェンダー・開発・NGO——私たち自身のエンパワーメント』新評論。

†佐藤寛（2005）『開発援助の社会学』世界思想社。

2　社会とジェンダー／C　お金と労働のあいだ

3　アンペイド・ワーク

1　「働く」ことは「稼ぐ」こと？

　私たちの社会では生活費を稼ぎ，その稼ぎで生活に必要な手段を購入・消費して暮らしています。今日の産業先進社会は貨幣が流通する場である市場社会であり，貨幣収入なしで生きていくことは困難です。「働く」ことは「稼ぐ」こととほとんど同一視されてきました。

　しかし私たちの生活はおカネのみで成り立ってはいません。家事，育児介護，地域活動などが行われなければ個人の生活も社会も維持することはできないのです。こうした労働の多くは支払われない労働（アンペイド・ワーク）です。しかしおカネを稼ぐことが労働であるという「常識」によって，こうした労働は，支払われないがゆえに，「労働」と認識されないまま，その大部分が女性によって担われてきました。

2　アンペイド・ワーク測定・評価に関する国際的な取組みの進展

　1970年代に産業先進国の女性たちによって家事労働をめぐる議論が開始されました。家事育児介護は労働力を提供するひとびとを生み育て，その生命を維持し，さらには看取るという，私たちの社会の維持にとって不可欠な労働です。同じ頃，開発途上国における女性の労働が注目されるようになってきました。途上国の女性は，生命維持のための自給労働（サブシステンス労働）やインフォーマル・セクターと呼ばれる零細自営業の労働など，生活に不可欠な労働の多くを担っているにもかかわらず，その実態は見えにくく開発政策の対象とはなりにくい状況が認識されるようになり，女性に焦点を当てるアプローチ「開発における女性（WID）」が提案されるようになりました。メキシコシティで開催された第1回国連世界女性会議を受けて1979年に設置されたINSTRAW（国連女性の教育訓練研修所）では，女性の見えにくい経済的貢献の実態調査研究を蓄積してきました。

　「男は仕事，女は家庭」という性別役割分業は，今日の産業社会においては支払われる労働と支払われない労働の分業です。「国連女性の十年」中間年の1980年にコペンハーゲンで開催された第2回国連世界女性会議で策定された「国連女性の十年後半期行動プログラム」は女性の経済的貢献の大きさと収入や資産の驚くべき格差を指摘し，格差是正とジェンダーに公正な配分の必要性

▷1　本書の「開発」（108-109頁）を参照。
▷2　「女性は世界の成人人口の50％，公的労働力の3分の2を占め，全労働時間の約3分の2を占めているにもかかわらず，世界の所得の10分の1しか受け取っておらず，また，世界の資産の1％以下しか所有していない」（国連女性の十年後半期行動プログラム）
▷3　社会生活基本調査は1971年以降，5年ごとに実施される国の指定統計調査である。10歳以上の男女を対象として1日の生活時間の配分と過去1年間における主な活動状況などを調査する。http://www.stat.go.jp/data/shakai/2011/guide/pdf/hana01.pdf

を訴えました。「国連女性の十年」最終年の1985年にナイロビで開催された第3回国連世界女性会議において採択された「ナイロビ将来戦略」では、開発先進国及び途上国における女性の無償の経済的貢献の測定・評価の必要性が盛り込まれ、さらに第4回国連世界女性会議（1995）の北京行動綱領では、「無償労働の評価」は重要な政策課題としてとりあげられるに至りました。

これを受けて各国はアンペイド・ワークの測定・評価に取り組み始め、日本においても経済企画庁（当時）が社会生活基本調査の生活時間調査データを利用して、2回にわたって試算を行っています（「無償労働の貨幣評価」1997年、1998年）が、そこから明らかになったのは、支払われる労働に就く女性が増えてきた今日なお、支払われない労働の9割が女性によって担われている現状です。従来の「男は仕事、女は家庭」に対して「男は仕事、女は仕事と家庭」というべき現状を「新性別役割分業」と呼ぶこともあります。

③ アンペイド・ワーク測定・評価の目的と意義

女性に極端に偏ったアンペイド・ワークの負担は、女性の労働市場における立場を不安定なものにしています。パートタイムや派遣労働などの非正規雇用形態は、アンペイド・ワークの第一の責任者という立場から逃れられない女性にとって適合的といわれますが、人件費抑制など企業の関心だけでなく、介護や保育などコスト削減を進めてきた日本の社会政策にも好都合だったのです。

「無償労働の貨幣評価」は、家事育児介護などの活動の規模と負担の実態を明らかにし、あまりにも大きなジェンダーの偏りを是正していくこと、そして政策に反映させていくことによって社会的に支えていくことをめざしたものですが、この目的が十分に認識されていたとはいえません。それでも介護保険制度、育児介護休業期間の所得保証等、育児と介護については少しずつ政策対応が進んでいます。しかし育児介護労働者の低賃金はなかなか改善されず、介護保険のなかでも家事援助が低い評価にとどまっていることなど、アンペイド・ワークとして女性が担ってきた労働の低い評価は、それがペイド・ワーク（支払われる労働）になっても維持されたまま、多くは女性によって担われています。そしてアンペイド・ワークの低い評価と女性への偏りは、ペイド・ワークにも影響し、男女の賃金格差の大きな要因の一つとなっています。

一方、女性のアンペイド・ワークや低賃金をカバーすると考えられてきた世帯主としての賃金を得るために、男性はその生活時間の大部分を費やしているのが実態です。男性もまた、偏った性別分業システムのなかで、家事、育児、介護、地域活動など、人間生活を豊かにする労働への関与を奪われているといえるでしょう。近年唱えられ始めた「ワーク・ライフ・バランス」や「イクメン」などの政策は、男性の労働を見直すことによって、ペイド・ワークとアンペイド・ワークの男女格差を是正することをめざしています。　（伊田久美子）

▷4　経済企画庁経済研究所国民経済計算部（1997）『あなたの家事のお値段はいくらですか？――無償労働の貨幣評価についての報告』。また、その後の報告書等については内閣府の以下のページを参照されたい。http://www.esri.cao.go.jp/jp/sna/sonota/satellite/roudou/roudou_top.html
▷5　過去20年間（1986～2006年）の家事関連時間（家事、介護・看護、育児及び買い物）の推移を15歳以上の人について男女別にみると、男性は18分から39分と、21分増加、女性は4時間から3時間44分と16分減少している。男女差は縮小してはいるが、依然として大きい（総務省統計局（2011）「明日への統計」）。
▷6　第1回無償労働の貨幣評価についての報道は「専業主婦の家事の値段」の試算であるとの誤解を喚起し、それが女性の平均年収より少し高かったことから「主婦の値段276万円、働く女性の賃金を上回る」という数字が一人歩きし、共働き女性の家事負担に十分に焦点を当てることができなかった。
▷7　本書の「ワーク・ライフ・バランス」（126-127頁）を参照。

（おすすめ文献）
†久場嬉子・竹信三恵子（1999）『家事の値段とは何か』岩波ブックレット。
†川崎賢子・中村陽一編（2000）『アンペイド・ワークとは何か』藤原書店。
†仁平典宏・山下順子編（2011）『ケア・協働・アンペイドワーク』大月書店。

4 ジェンダー・セグリゲーション

1 労働市場の変化

　グローバル時代を迎えた今日，ひとびとの働き方は激変し，失われた10年・20年の中で雇用不安の高まりや失業，非正規化，低賃金に直面しています。女性は多様な産業・職業に就き，労働市場での多様な雇用形態へと参入し，キャリア展開してきました。その一方で男女賃金格差は依然として大きく，労働市場の分断や市場からの退出誘因，仕事と家庭の両立などは相変わらずの課題となっています。ここでは，これらを統計的にみるとジェンダー間での大きな相違がみえることに注目してみます。

2 職場のリアリティ

　男女別の労働力率を見ると，男性と比べて女性の場合，20歳代後半から30歳代で低下し，40歳代から再び上昇するM字型曲線を描きます。この30余年の間に曲線の谷は埋められる傾向にあり，1985年の50.6％（30〜34歳）が2010年には66.2％（35〜39歳）となりました。しかし国際比較をすれば日本のM字型曲線はいまだ特徴的です。この背景には性別役割分業，育児政策の未整備，企業内の雇用管理・慣行による就業中断があげられます。

　男女雇用機会均等法（1985年成立，1986年施行）以降，女性の雇用環境は大きく変わり，就業・昇進のチャンスや女性の経済力も高まったといわれます。しかし，役員を除く正規雇用者として働く女性の数は1985年994万人から2010年1046万人へと52万人の増加にとどまっています。その一方で，女性の非正規雇用者は，同じ時期に470万人から1217万人へと747万人増となり，女性雇用者総数の53.8％，非正規雇用者総数の69.3％を占めています。女性の社会進出は非正規としての労働市場への参入といってよいでしょう。とくに1990年代後半以降，若年層の非正規化が急速に進んでいます（図1）。2010年時点で管理職に占める女性の割合は，係長では13.7％と1割を超えるものの，職位が上がるほどに女性割合は低下し，部長で見れば4.2％にすぎません。こうした企業内の性別職務分離（垂直的職務分離）ははっきりしています（図2）。

　2011年の労働市場について，『働く女性の実情』から概観すると，産業別の男女雇用者数は，女性の場合では「医療，福祉」に女性雇用者の21.4％が従事し，「卸売業，小売業」では同20.5％，「製造業」では同12.3％が就業し，男性

▷1　藤原千沙・山田和代（2011）「いま，なぜ女性と労働か」藤原千沙・山田和代編『女性と労働』大月書店。

▷2　(財)21世紀職業財団（2011）『女性労働の分析 2010年』(財)21世紀職業財団。

▷3　総務省「労働力調査特別調査」；同「労働力調査（詳細集計）」。

▷4　三山雅子（2011）「誰が正社員から排除され，誰が残ったのか──雇用・職業構造変動と学歴・ジェンダー」藤原千沙・山田和代編『女性と労働』大月書店；中西新太郎・高山智樹編（2009）『ノンエリート青年の社会空間──働くこと，生きること，「大人になる」ということ』大月書店。

▷5　厚生労働省雇用均等・児童家庭局編『働く女性の実情』（平成23年版），http://www.mhlw.go.jp/bunya/koyoukintou/josei-jitsujo/11.html （2012.11.11アクセス）。

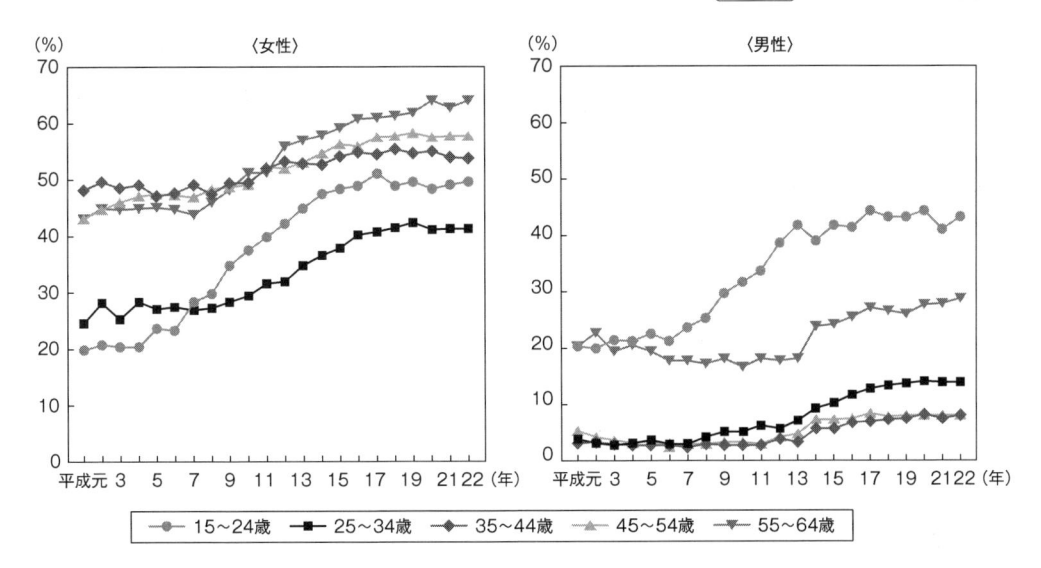

2-C-④ ジェンダー・セグリゲーション

〈女性〉　〈男性〉

─●─ 15～24歳　─■─ 25～34歳　─◆─ 35～44歳　─▲─ 45～54歳　─▼─ 55～64歳

(備考) 1. 総務省「労働力調査」より作成。
2. 非正規雇用比率＝（非正規の職員・従業員）／（正規の職員・従業員＋非正規の職員・従業員）×100。
3. 2001（平成13）年以前は「労働力調査特別調査」の各年2月の数値，2002（平成14）年以降は「労働力調査詳細集計」の各年平均の数値により作成。「労働力調査特別調査」と「労働力調査詳細集計」とでは，調査方法，調査月などが相違することから，時系列比較には注意を要する。

図1　男女別・年齢階級別非正規雇用比率の推移

出所：内閣府（2011）『男女共同参画白書　平成23年版』，第1-2-7図。

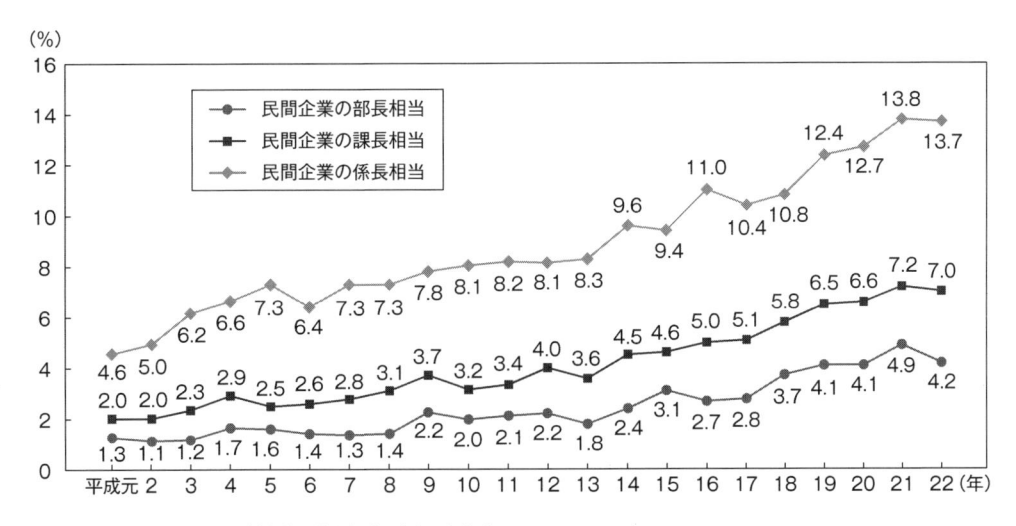

─●─ 民間企業の部長相当
─■─ 民間企業の課長相当
─◆─ 民間企業の係長相当

(備考) 厚生労働省「賃金構造基本統計調査」より作成。

図2　役職別管理職に占める女性割合の推移

出所：内閣府（2011）『男女共同参画白書　平成23年版』，第1-2-13図。

(1) 年齢別，性別，雇用形態別の平均年収
正規雇用者は賃金の伸びが高く，非正規雇用者は伸びが弱い

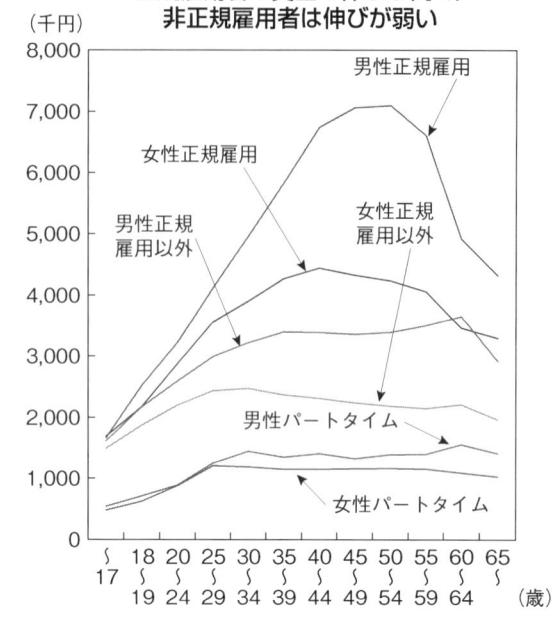

(2) 性別，雇用形態別の平均年収と生涯賃金
平均年収，生涯賃金ともに大きな格差

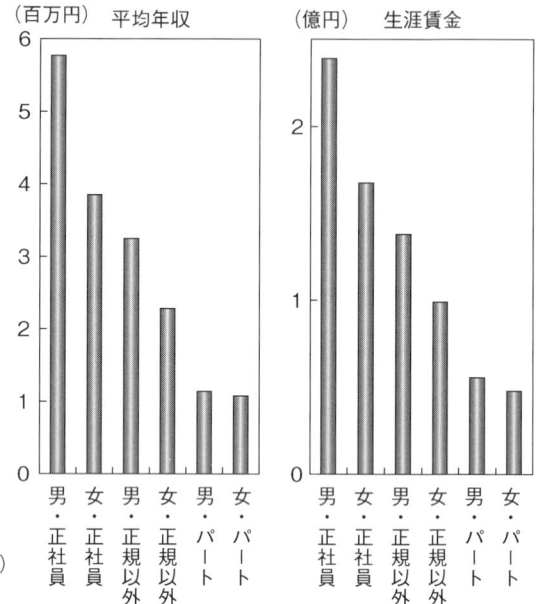

（備考）
1. 厚生労働省「平成19年賃金構造基本統計調査」により作成。
2. （1）のパートタイム，（2）のパートの表記は，同調査における「短時間労働者」を指す。
3. 平均年収は，きまって支給する現金給与額＋年間賞与その他特別給与額。
4. 生涯賃金は，各年齢階層の中央値が当該年齢層を代表するものとみなし，直線補完によって間にある各年齢の賃金を計算し，うち18歳～60歳の賃金を合算したもの。

図3　性別，雇用形態別の平均年収と生涯資金

出所：内閣府『経済財政白書　平成21年度版』，第3-1-5図。

▷6　総務省統計局「日本の長期統計系列　19章 労働・賃金」（「国勢調査報告」（平成17年）），http://www.stat.go.jp/data/chouki/19.htm （2012.11.11アクセス）。

の場合は「製造業」に男性雇用者の22.4％，「卸売業，小売業」で同14.8％，「建設業」10.9％の順となります。女性比率の高い産業は，「医療，福祉」で77.3％，「宿泊業，飲食サービス業」62.8％，「生活関連サービス業，娯楽業」59.1％，「教育，学習支援業」53.5％，「金融，小売業」52.3％とつづきます。職業別では，女性の場合は「事務従事者」が最も高い比率となり，女性雇用者の29.7％が従事し，男性の場合では「生産工程従事者」に18.3％が就いています。企業規模別では，「1～29人」に女性雇用者の31.0％が従事し，最も高い比率となり，男性は27.7％です。「500人以上」では女性の24.1％が就いていますが，男性は29.1％で最も高い比率となります。

「国勢調査報告」の職業小分類からは，女性比率の高い女性職（たとえば看護師，ホームヘルパー）や男性比率の高い男性職（たとえば自動車運転者，航空機パイロット・エンジニア）の存在も知ることができます。このように，産業別，職業別の労働市場の分離（水平的職務分離）が存在し，男性に比べて女性は企業規模の小さい事業所での就労に偏っていることがわかります。

次に，性別賃金格差は男性一般労働者の賃金（所定内給与額＝100）と比較す

ると，2011年時点で女性正規一般労働者70.6，男性短時間労働者55.5，女性短時間労働者50.3となります。一般労働者について見れば，性別賃金格差は1989年の60.2から10ポイント程度縮小しました。けれども，女性労働者が非正規雇用に就業していることは生涯賃金ではきわめて大きな格差になってしまいます（図3）。

　国際機関が発表するジェンダー平等に関連する指標では，日本は国連開発計画（UNDP）のGII では146カ国中14位（2011年）であり，世界経済フォーラム（WEF）のGGIでは135カ国中101位（2012年）と，OECD諸国のなかでは最下位を競っている状況です。この理由として指摘されているのが男女間の賃金格差・所得格差と指導的地位における女性の占有率の低さでした。

3 ジェンダー・セグリゲーション解消へ

　外部・内部の労働市場では，ジェンダー・セグリゲーションの解消が求められています。その解消手段は，ペイ・エクイティ（同一価値労働同一賃金）による公正な賃金制度の確立，均等処遇の確保，さらに出産・育児期でも就業継続できる育児制度の充実や保育所の充実です。また，雇用の場でのジェンダー・セグリゲーション（性別分離）に対し，男女混合職化を進めることで，ジェンダー平等化につなげていくことも考えられます。さらにポジティブ・アクションの推進も重要です。

　ポジティブ・アクションは，社会的経済的活動への参加において存在する男女間格差を解消し，活動参加の場を確保するためにその機会の提供を積極的に行う取組みです。政府は2020年までに指導的地位に女性が占める割合を少なくとも30％程度になるよう目標を設定していますし，厚生労働省では男女労働者間の格差が大きい企業に対してポジティブ・アクションの取組みを実施するための具体的取組み方法の相談や情報提供などを行っています。

　これらの取組みを実効あるものにしていく運動も大切です。雇用形態にかかわらず均等待遇を早急に確立し，労働力再生産に必要なケア労働が保障されたディーセントな（人間らしい）働き方と暮らし方が求められています。

（山田和代）

▷7　内閣府編（2012）『男女共同参画白書』（平成24年版），77-78頁。

▷8　Gender Inequality Index（ジェンダー不平等指数）。ジェンダー開発指数（GDI），ジェンダーエンパワーメント指数（GEM）より変遷した。

▷9　Gender Gap Index（ジェンダーギャップ指数）。

▷10　本書の「ペイ・エクイティ」（116-117頁）を参照。

▷11　日本労働研究機構（2003）「男性職場への女性労働者の進出に関する研究——男女混混合職化の意義」(資料シリーズno. 128)。

▷12　男女雇用機会均等法（9条）や男女共同参画社会基本法（2条2）で積極的改善措置を規定している。

▷13　内閣府編（2012）『男女共同参画白書』（平成24年版）。

おすすめ文献

†大沢真理（2002）『男女共同参画社会をつくる』日本放送出版協会。
†竹中恵美子編（2001）『労働とジェンダー』明石書店。
†中野麻美（2006）『労働ダンピング——雇用の多様化の果てに』岩波書店。
†藤原千沙・山田和代編（2011）『女性と労働』大月書店。

2 社会とジェンダー／C お金と労働のあいだ

5 ペイ・エクイティ

1 日本の性別賃金格差

　ペイ・エクイティ (pay equity, 以下「PE」) は，労働者の「職務 (job)」を性中立的な基準に基づき評価し，同じ価値の労働には同一の賃金を払うことによって性別による賃金の格差や差別を解消し，均等待遇を実現していく手段です。「同一価値労働同一賃金」ともいわれます。PE は性別職務分離によって同一の労働による比較対象の設定が難しい場合でも利用でき，また正規・非正規という雇用形態間や職務・職種をこえて比較できる点に大きなメリットがあります。現在，非正規雇用の約 7 割が女性であることを考えると，雇用形態間の賃金格差を是正する PE は，性別賃金格差の解消にとって重要な原則であり手段であるといえるでしょう。

　日本における性別賃金格差は先進国のなかでもワースト・レベルにあります。日本には，1947年に制定された労働基準法第 4 条「男女同一賃金原則」があり，また，ILO（国際労働機関）の100号条約「男女同一価値労働同一報酬」を1967年に批准しており，これらの規定が着実に実現されるべきです。最近では，ILO の「ディーセントワークの中心にあるジェンダー平等」(2009年) において PE の実施の提案がなされたり，女性差別撤廃委員会（CEDAW）からは再三にわたる格差是正の具体的措置の要請が日本政府にきています。PE 原則は国際基準であり，国際社会の注目が日本の男女間賃金格差の解消と取組みに向けられているのです。

2 日本の賃金制度と性別賃金格差

　性別賃金格差の要因は，労働市場の分断，統計的差別，人的資本，フィードバック仮説，家族賃金的賃金制度などの諸説があり，これらの諸要因に対応した是正手段の検討が不可欠です。とくに賃金制度に着目すれば，日本の年功賃金は家族賃金の考え方に基づいて戦後形成されました。PE を定着させるには，この賃金制度に伴う問題や課題を解決する必要があります。たとえば，年功賃金制度のもとでは賃金決定が職務に基づかないため職務評価の導入が困難であるとの指摘があります。また年功賃金がもつ生活保障的側面がジェンダー研究で指摘される家族賃金の考え方を理想としているため，賃金額に男女間の違いをもうけ，性別賃金格差を当然視する考え方が受け入れやすい状況にあったこ

▷1　同一価値労働同一賃金のほかに，「同一労働同一賃金」という考え方もあるが，この 2 つは比較対象とすることができる職務・職種の範囲の大きさに違いがあり，性別職務分離の状況での賃金差別の克服には PE が有効であると考えられます。
▷2　本書の「非正規雇用とジェンダー」(120-121頁) を参照。
▷3　中島通子・山田省三・中下裕子（1994）『男女同一賃金』有斐閣；中窪裕也（2000）「労働保護法から労働基準法へ——労働憲章，賃金，女子・年少者の起草過程」日本労働法学会編『立法史料からみた労働基準法』日本労働法学会誌第95号，総合労働研究所。

ともあげられます。さらに年功賃金制度の場合には長期勤続が期待されない女性労働者に対して人事考課で差別的評価が下される可能性があることも深刻な問題です。

性別賃金格差の解消のためには，その他，募集・採用，配置，教育訓練，昇進・昇格等における均等待遇の確立が求められます。

3 ペイ・エクイティの方法と試み

PEの実施には，「同一価値」をはかる手法が必要ですが，それが職務分析と職務評価です。職務分析・職務評価の方法は，森・浅倉編（2009）によればジェンダーに中立的に，知識・技能，責任，負担，労働環境の4大ファクターに基づき次の4つの過程を経て価値をはかります。その過程は，(1)対象職種の職務内容の分析，(2)職務評価の基準づくり，(3)職務評価のアンケート実施（予備調査を含む），(4)職務評価点（価値）の算出と是正された賃金額の算出です。同書（2009）の調査事例から，大幅な賃金格差の存在とその是正の必要性を知ることができます。

```
（例）職務Aと職務Bとの比較
職務Aの職務評価点800点：職務Bの職務評価点600点＝100：75
職務Aの現行賃金（時給）1,600円：職務B（時給）800円＝100：50
職務Bの是正賃金（時給）＝75％×1,600円＝1,200円
→1,200円－800円＝是正額400円（職務Bの増額分）
```

図1　PEに基づく是正賃金の算出

日本では1990年代に職務分析・職務評価を用いたPEの試行が商社を事例に行われましたし，国内の裁判事例では京ガス男女賃金差別事件においてPEに基づく鑑定意見書が提出されて，2001年の判決で労働者側が勝訴しています。さらに森・浅倉編（2009）の医療・介護職とスーパーマーケットの調査事例では，職種や正規・非正規の雇用形態をこえた比較も可能であることが示されています。かつて日本ではPE原則の実施は難しいという批判がありましたが，こうした試みから見ても現在ではその根拠は乏しいといえます。

4 ペイ・エクイティをめぐる今後

日本では労働者・研究者サイドから均等待遇を実現するために性別や雇用形態に中立な賃金システムの要求が高まる一方で，使用者サイドからも日本経済団体連合会（経団連）編「2010年版　経営労働政策委員会報告」（2010）がPEに言及し，また行政サイドからは厚生労働省「職務分析・職務評価実施マニュアル」（2010）が発表されました。政労使それぞれのPEをめぐる見解が出揃いつつあります。性や雇用形態に中立な賃金システムを構築していくためにも，PEによる職務分析・職務評価を理解し，多くの職場で試みることによって格差是正に結びつけていくことが重要です。

（山田和代）

▷4　森ます美・浅倉むつ子編（2009）『同一価値労働同一賃金原則の実施システム――公平な賃金の実現に向けて』有斐閣。評価制度については，笹島芳雄（2008）『最新　アメリカの賃金・評価制度』日本経団連出版社を参照。

▷5　森ます美（2005）『日本の性差別賃金――同一価値労働同一賃金原則の可能性』有斐閣。

おすすめ文献

†木下武男（1999）『日本人の賃金』平凡社。
†竹信三恵子（2012）『ルポ賃金差別』筑摩書房。
†森ます美・浅倉むつ子編（2009）『同一価値労働同一賃金原則の実施システム――公平な賃金の実現に向けて』有斐閣。

2 社会とジェンダー／C お金と労働のあいだ

6 移民女性労働

1 移動するのは男性だけ？：人の移動とジェンダー

現在，世界では約2億人のひとびとが国境を越えて移動しているといわれています。また，かならずしも国外に移動しなくても，国内においてさまざまな理由で移動する人たちもいます。移動の目的，行き先，期間，法的地位などはさまざまですが，わたしたちは人の移動から，さまざまな社会科学的問いを引き出すことができます。人の移動は，移動先や出身の国家や社会のあり様，労働市場の変化や資本の国際的な展開をあぶりだします。また，しばしば近代社会が「あたりまえ」としてきた社会関係──家族，「国民」，共同体，ジェンダー関係など──の再考を促すものでもあります。

しかしこうした人の移動を研究する移民研究の分野においては，長らく移動者のジェンダーについて注目されることはありませんでした。また，とくにオイルショック以降に新規の移民受け入れを停止した西欧諸国の経験から，「就労目的で単身で移動する人／移民＝男性，それに同伴するか，呼び寄せられる家族＝女性や子ども」といったステレオタイプがつくられてきました。移民女性の経験やその移動のパターン，労働の意味について関心が集まるようになるのは1980年代に入ってからのことです。移民女性研究は，広く「ジェンダーと移動」（移動のパターンや意思決定がどのようにジェンダー化されているのか，移動そのものがジェンダー関係にどのような変化をもたらすのか）研究へと展開していきます。

2 移動の女性化：再生産労働をめぐる新たな国際分業の形

移民女性研究から「ジェンダーと移動」研究へと関心が高まっていくなかで，1980年代中頃からとくにアジア地域を中心に広く見られるようになったのが，「移動の女性化（feminization of migration）」と呼ばれる現象です。これは端的には，単身で移動する女性の数が男性のそれを上回るようになったことを指しています。フィリピンやインドネシア，スリランカといった代表的なアジアの労働者送り出し国で共通して見られた現象です。「移動の女性化」の特徴は，移動した女性たちの職業が家事労働や性産業など広く再生産労働に集中したことです。具体的には，香港やシンガポール，台湾といった新興諸国に，フィリピンやインドネシアから"メイド"と呼ばれるような家事労働者や介護労働者として働く女性たちが大量に流入しました。受け入れ社会の女性たちの高学歴

▷1 Morocasic, Mirjana (1984) "Women in Migration: Beyond the Reductionist Outlook" in A. Phizaklea ed., *One Way Ticket: Migration and Female Labour*, London: Routledge.

▷2 再生産労働とは，生産的労働力を維持するために必要とされる労働のこと。具体的には家事，育児，高齢者介護，性─情愛サービスなど，ライフサイクルを通じて人間を維持し支える活動を意味する（小ヶ谷（2008）おすすめ文献を参照）。伝統的に「家族内の女性の役割」として無償化され，労働として認められることはなかった。

▷3 DAWN／DAWN─Japan 訳（2003＝2005）『フィリピン女性エンターテイナーの夢と現実──マニラ，そして東京に生きる』明石書店。

▷4 澤田佳世（2008）「超少子社会・台湾の「男性化」する出生力とジェンダー化された再生産連鎖──国際結婚と人口政策をめぐって」伊藤るり・足立眞理子編『国際移動と〈連

化・社会進出が進みながら，家事や育児，介護の担い手が不足するなかで，国家が政策的に移住女性労働者を導入したという点も特筆すべきでしょう。

日本では「興行」ビザで入国し実際には接客業や性産業に従事するフィリピンやタイの女性たちの存在がありました。また，トランスナショナルな商業的ネットワークを介在しながら，いわゆる「花嫁不足」に陥っている男性と結婚するためにベトナムや中国から韓国や台湾の農村部に女性たちが移動する現象も拡大しています。

こうした「移動の女性化」は，再生産労働の配置をめぐって，新しい国際分業の形（新・新国際分業）が展開していることを示しています。「新国際分業（New International Division of Labor: NIDL）」とは，1960年代頃から，より低賃金の労働力を求めて多国籍企業の生産拠点が，いわゆる発展途上国の輸出加工区と呼ばれる経済特区に移転し，そこで労働集約的な工場労働（電子部品の組み立てや繊維関係など）の担い手として途上国の若年女性労働力が雇用される，という形で展開された国際分業です。これに加えて現在は，家事や介護といった再生産労働の低賃金の担い手が国境を越えて移動し，先進国や新興国の個人家庭や施設で就労するという，さらに新しい国際分業が成立しているといえます。そのなかで移動するのが，女性移民たちです。グローバリゼーションが展開し，地球が小さくなっていくなかで，「女性」とされるカテゴリーが決して一枚岩ではないことが，これによって浮き彫りになります。ある社会における女性の社会進出や自己実現（もちろんそれも，ジェンダー規範に規定されたものですが）が，別な社会出身のより賃金の安い女性によって支えられる，という「ケアの連鎖」（ホックシールド，パレーニャス）が引き起こされているのです。

こうした「ケアの連鎖」のなかで起こっている「移動の女性化」は，出身社会や家族，夫婦の間におけるジェンダー関係に複雑な変化をもたらすことが，多くの研究から明らかにされています。

③ 経済のグローバリゼーションとジェンダー

政治経済学者のサスキア・サッセンは，新国際分業のもとで途上国の農村部から輸出加工区へと国内移動した女性たちが，その後農村部に戻るのではなく，さらに先進国の対人サービス産業や再生産労働職へと移動していく，と論じています。そう考えると，資本のグローバルな展開と，そのなかでのジェンダー化された労働力（安価な若年女性労働力，移民女性労働力）への需要が，「移動の女性化」をさまざまな形で引き起こしていることがわかります。人の移動にジェンダーの視点から着目してみることで，経済のグローバリゼーションが，複雑な形でジェンダー関係に影響を及ぼしていること，そして何よりもグローバリゼーションがきわめてジェンダー化された形で進行していることがわかるでしょう。

（小ヶ谷千穂）

鎖するジェンダー〉——再生産領域のグローバル化』作品社。

▷ 5 Hochschild, A. R. (2000) "Global Care Chains and Emotional Surplus Value" in W. Hutton and A. Giddens, eds., *On The Edge : Living with Global Capitalism*, London: Jonathan Cape；パレーニャス，R. S. ／小ヶ谷千穂抄訳 (2001=2002)「グローバリゼーションの使用人（サーバント）——ケア労働の国際的移転」2002年6月，『現代思想』30(7), 158-181頁）。

▷ 6 ジョージ，シバ・マリヤム／伊藤るり監訳 (2011)『女が先に移り住む時——在米インド人看護師のトランスナショナルな生活世界』有信堂。

▷ 7 サッセン，サスキア／森田桐郎ほか訳 (1988=1988)『労働と資本の国際移動——世界都市と移民労働者』岩波書店；サッセン，サスキア／田淵太一・原田太津男・尹春志訳 (1998=2004)『グローバル空間の政治経済学——都市・移民・情報化』岩波書店。

【おすすめ文献】

†伊豫谷登士翁編 (2001)『経済のグローバリゼーションとジェンダー』明石書店。

†伊藤るり・足立眞理子編 (2008)『国際移動と〈連鎖するジェンダー〉——再生産領域のグローバル化』作品社。

†小ヶ谷千穂 (2008)「国際移動とジェンダー——フィリピンの事例から」宇田川妙子・中谷文美編『ジェンダー人類学を読む』世界思想社。

2 社会とジェンダー／C　お金と労働のあいだ

7 非正規雇用とジェンダー

1 女性に多い非正規雇用

　非正規雇用とは，標準とされる正規雇用，つまりフルタイムで直接雇用され，雇用期限の定めのない働き方以外の，パートタイマー，アルバイト，派遣社員，契約社員など，正規雇用者以外の雇用形態の総称です。

　1990年代後半から2000年代にかけて，若年層のフリーター問題が深刻な社会問題として注目されるようになり，2008年末の年越し派遣村によって若年層を中心とするフリーターや派遣労働という，低賃金で身分が不安定な雇用の拡大は，深刻化する経済格差の一因として脚光を浴びることになりました。しかしマスコミに登場する非正規労働者がほとんど男性であることに示されているように，女性への関心は概して希薄であったといわざるをえません。

　非正規雇用者の大多数は女性で，7割以上を占めています。近年注目されてきたフリーターと呼ばれる若年層においてさえ，既婚女性を排除してもなお，非正規雇用者は女性の方が多いのです。

2 性別役割分業がつくりだした非正規雇用

　非正規雇用者のなかでもっとも多いのがパート労働者で，その典型は出産育児後の中高年既婚女性です。男性に家族を養える賃金を支払い，妻は家事育児を行う，という性別役割分業に基づく雇用慣行により，戦後日本においては男性の年功賃金及び家族ぐるみの福利厚生が社会政策の基本であり，労働運動もまたこのような理念の実現と充実を要求してきました。「女房子どもを養う賃金」「カアちゃんを働かせなくてもいい賃金」こそが戦後日本の労働運動の要求の柱であったといえます。しかしこの家族の扶養者としての賃金を守るために，企業は雇用調節のバッファ（緩衝）として不安定就労形態を導入してきました。必要な時に雇用し，不要になれば簡単に切り捨てることのできる労働力です。そこに既婚女性が利用されていくことになります。家事育児介護などのケア労働を家庭で担いつつ働けるので女性たちにとっても好都合であるとされてきました。しかし中高年女性が求職活動をしてもパートや派遣などの非正規雇用の募集しか見当たらないという実情は，企業側が人件費の節約や雇用調節の目的で非正規雇用を利用していることを示しています。

　男女雇用機会均等法が成立した1985年に，労働者派遣法も成立し，労働の規

▷1　本書の「ジェンダー・セグリゲーション」（113頁）の図1を参照。なお，「フリーター」は，35歳未満の，学生を除いた非正規労働者，及び失業者であるが，内閣府の定義では女性のみ未婚者に限定するという二重基準が適用されている（『平成15年版 国民生活白書』）。

▷2　正社員以外の労働者を活用する理由としていちばん多いのは「人件費の節約」で，約半数に及んでいる（厚生労働省「平成22年就業形態の多様化に関する総合実態調査結果の概要」；内閣府「平成18年経済財政報告」）。

▷3　1980年代には雇用者の妻の基礎年金を拠出金なしに保障する3号保険，所得税免除額の103万円までの引き上げ，同居老親の特別扶養控除など，「家庭基盤の充実」と呼ばれる一連の社会政策が展開され，家事育児介護を主とする妻のいる世帯が優遇されてきた。

▷4　欧州連合（EU）では，パートタイム指令（1997年），有期労働指令（1999年）に示されるように，雇用形態の違いによる待遇等の差別のない制度がめざされてきた。日本では非正規雇用はほとんど「身分」であり，たとえ仕事内容が同一であっても，身分が異な

制緩和が進行するなか，女性の雇用も増えていきましたが，その多くが非正規雇用でした。しかし女性の労働は主たる生計者ではない縁辺労働者としてしか見られておらず，非正規雇用者の大部分が女性であるかぎり，この劣悪な雇用形態が問題視されることはなかったといえます。一方1980年代には，女性が家事育児介護を担う世帯の優遇政策が進められました。非正規雇用者は「主婦パート」をその典型として想定し，主たる生計維持者とはみなさなくてもすむ存在として，労働者保護の対象外とされてきたのです。

③ 男性に及ぶ非正規化

1990年代後半以降，男性の非正規化も進行し，2008年には18.8％に達しました。1999年に派遣業種を拡大する労働者派遣法改正が行われ，さらに2002年には製造業に拡大したことが男性派遣労働者を急増させました。しかし女性は2003年には50％を超え，2008年には54.2％と，既に非正規雇用者の方が多数である状態が続いているのです。また女性が父親や夫などの主たる生計維持者の「保護」下にあるとはいえないひとり親世帯，単身世帯，妻が主たる生計維持者である世帯など，世帯の多様化が進んでおり，非正規化の進行は貧困層の増大と格差の拡大を招いています。

④ 非正規雇用の課題

非正規雇用は人事管理や雇用契約によって正規雇用と区別されています。しかしその労働実態がどう異なるのかは明確であるとはいえません。労働時間は正規雇用者に比べて短い場合が多いですが，ほとんど同じである場合も20％弱と，決して少なくはありません。正規雇用者と同一の仕事をしていたり，なかには管理責任を担っている場合もあります。

1993年に成立したパートタイム労働法は実効性が疑わしいものでしたが，2001年には大幅に改訂され，改善が図られています。また政府はパート労働に関する研究会を行い，均衡処遇についての検討を進めてきましたが，正規と非正規の不条理な格差を是正する均等待遇にはほど遠い実態です。一方，正規雇用者の労働はますます長時間化しており，その傾向はとくに男性に顕著です。

生活スタイルが多様化するなかで，女性も男性もだれもが主たる生計維持者になることも，単身で生活することも，ひとり親世帯で生きていくこともありうるのです。まただれの人生においても家族生活を大事にしたい時期や，仕事に没頭したい時期もありえます。正規と非正規の平等な待遇が実現すれば，私たちはその時のニーズに合わせて働き方を選択できます。このような選択可能性が男女に保障されることによって初めて，私たちは働き方の自由な選択をすることができるのです。

(伊田久美子)

るから待遇も違うといわざるをえない状況が続いている。本書の「ジェンダー・セグリゲーション」(114頁)の図3に見るように，正規雇用と非正規雇用の生涯賃金の格差はきわめて大きい。

▷5 1985年の労働者派遣法成立当初は適用対象は13業務に限定されていたが，1996年の改訂により26業務に拡大し，さらに1999年の改訂により，対象業務は一気に拡大した。さらに2004年には製造業への適用が認められた。派遣可能期間は，当初の1年が最長3年に延びた。専門性の高いとされる26業務は受け入れ期間の制限はない。

▷6 2007年の改正は，正社員との均衡処遇を定めている。

▷7 2010年に政府は登録型派遣と製造業派遣の禁止を盛り込む労働者派遣法の改正案の検討に入ったが，未だに成立していない(2012年8月現在)。一方男性正社員の労働は，20代後半から40代前半の年齢階層を中心に長時間化，過酷化している。2007年就業構造基本調査によると，年間250日以上就業する男性労働者のうち，週60時間以上勤務する者の割合は，20代後半，30代，40代前半で30％に近い。

（おすすめ文献）

†藤原千沙・山田和代編(2011)『女性と労働』大月書店。
†竹信三恵子(2012)『ルポ雇用劣化不況』岩波書店。
†中野麻美(2006)『労働ダンピング――雇用の多様化の果てに』岩波書店。

第Ⅱ部　ジェンダー・スタディーズの諸相

2　社会とジェンダー／C　お金と労働のあいだ

8　女性の貧困

▷1　1965年に創設された民間団体である。このグループには研究者や活動家が参加し、子どもの貧困に関する調査研究、啓蒙活動、ロビー活動などを行っている。2005年に「子どもの貧困ゼロ社会への10のステップ」という「マニフェスト」を提言している（阿部彩『子どもの貧困』岩波書店、220頁より引用）。

▷2　リスター、ルース／松本伊智朗監訳（2011）『貧困とはなにか』明石書店、23頁。

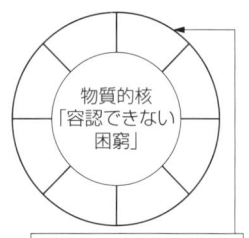

関係的・象徴的な側面
・軽視
・屈辱
・恥辱やスティグマ
・尊厳および自己評価への攻撃
・〈他者化〉
・人権の否定
・シチズンシップの縮小
・声を欠くこと
・無力

図1　物質的・非物質的な貧困の車輪

▷3　岩田正美（2008）「貧困研究に今何が求められているのか」『貧困研究』Vol. 1, 16-17頁。
▷4、▷5　同上。
▷6　世帯構成や人数を調整した所得。

1　貧困の定義

　貧困とはどのような状態を意味しているのでしょうか。貧困の定義について、子どもの貧困アクショングループ（Child Povery Action Group）の代表経験者であるルース・リスターは、図1のような車輪を描いて理論的に説明しています。車輪の中心部には「容認できない（物資的な）困窮」が位置し、その外輪部にはこうした困窮状態のなかで暮らしているひとびとが体験する「貧困の関係的・象徴的」な側面が示されています。この図は、中心軸の物質的な困窮そのものもある社会及びその社会の文化のなかで定義されることが前提とされ、同時に、その物資的な状況が、社会的・文化的な領域で回転する外輪部に「取り次がれて」いくという貧困の構造を示しています。

　日本の著名な貧困研究者である岩田正美は、外輪部にある9つの側面をより単純化して4つの側面に再構成し、次のように述べています。すなわち、「社会が貧困あるいは貧困の中にある人々に対してとる否定的な感情や軽蔑など」が「一群として」あり、他方でこうした対応を受ける貧困にあるひとびとは「自分自身に対して感じる恥や自己評価の低さ」が「別の群」にあります。さらに、「社会が貧困にある人々を制度や社会関係から排除する具体的な行為の群」があり、これに対して貧困にあるひとびとは「ボイスレス・パワーレス」の状況にあると。このような貧困の車輪モデルの卓越性は、「容認できない困窮」が物質的な側面にあることを明確に示しているとともに、単純な貧困の原因―結果論を超えて、物質的貧困が社会文化的な貧困と相互に「分かちがたく結びつきながら回転している」状況を示している点です。また、貧困に対する社会の見方や対応だけでなく、貧困のなかにあるひとびとの深部に光をあてている点も特徴的です。

2　就業構造基本調査データを用いた相対的貧困研究

　ここでは、紙幅の関係で、貧困の中心軸に位置づけられる「物質的困窮」について、所得を基準とし、異なる方法で、女性の貧困を浮き彫りにしている2つの研究について手短に紹介していきましょう。一つは、一時点の大規模調査データを用いて、女性の相対的貧困率を計測している研究です。たとえば、橋本健二は就業構造基本調査（総務省統計局、個票）データを用いて、相対的貧困

122

率(等価所得の中央値の半分に満たないひとびとの割合)を推計しています。それによりますと、無業者と在学者を含めた貧困層全体の規模は2002年で1634万人で、15歳以上の全人口の15.4%を占めています。有職者に限定すると、相対的貧困層は同年で534万人です。したがって、無業者と在学者の貧困層は1100万人で貧困層全体の67.3%、有職の貧困層は534万人で32.6%ということになります。この2つのグループのいずれにあっても女性の半数以上が貧困に陥っています。

雇用者だけでなく自営業や経営者なども含む有職者の貧困層(2002年、534万人)に注目すると、非正規労働者の貧困層が224万人と最も多く、有職貧困層の半数近くを占めています。10年前と比較して、正規労働者の貧困層は減少傾向にありますが、非正規労働者の貧困層は大幅に増えている状況です。とくに、「単身女性はその最大の部分、しかも最も増加の顕著な部分を構成している」と橋本は述べています。男性と比較して貧困状態にある女性の特徴について、橋本は「男性では40歳以下が多く、女性では60歳前後まで幅広い年齢層に広がっている」ことを強調しています。

③ パネル調査による貧困のダイナミクス研究

もう一つの研究は、パネル調査による貧困のダイナミクス研究です。たとえば、岩田正美は家計経済研究所のパネル調査を用い、生活保護基準の1.2倍を貧困基準として貧困率を推計しています。また、パネル調査の特性を生かして、調査期間中一貫して貧困基準以上であった女性たちを「安定層」、一回は貧困に陥った生活を経験した女性たちを「一時貧困層」、調査期間中ずっと貧困基準以下であった女性たちを「固定貧困層」として分類して分析を行っています。合わせて、当初からずっと調査に参加している女性たちと1997年と2003年以降の調査に参加した女性たちをグループ化して分析しています。

こうした分析結果の一部を紹介していきましょう。調査期間の最も長い(調査がスタートした1994年時点で25～35歳、2005年時点で36～46歳の)女性グループに注目すると、毎年ごとの貧困率が8～15%に対して、一度でも貧困経験のある女性は約36%で、非常に高い比率の女性たちが貧困の体験者であることが示されています。また、12年間に及ぶ期間と最近(2003年から05年の3年間)とを比較すると、最近にあっては、安定層が増えている一方で、一時貧困層が減少して、固定貧困層が上昇している傾向にあることが指摘されています。

以上のような貧困研究の他に、近年では市民参加による最低生活費の算定が理論的及び実践的に行われています。また、一般世帯に属する個人や世帯を対象とする相対的貧困測定やパネル調査では把握できない、ホームレスの状態にある女性たちや福祉施設及び婦人保護施設で暮らす女性たちの貧困に留意することも欠かせません。グローバル経済の影響で貧困が拡大深化している中で、貧困研究も進化し続けています。

(室住眞麻子)

▷7 橋本健二(2007)「格差拡大とジェンダー」『女性労働研究』第51号。
▷8 橋本健二(2009)『格差の戦後史』河出ブックス、204頁。
▷9 同一の個人を長期にわたって継続的に調査を行うものである。生活上に生じる(職業、婚姻関係、生活水準などの)変化による生活変動をとらえるにはこの方法が適しているといわれている。本項で紹介している家計経済研究所の調査(1993年以降)の他に、2004年から実施されている慶應義塾大学の家計パネル調査などがある。
▷10 生活保護基準の1.2倍を貧困基準にするのは、生活保護世帯の場合、公的サービス利用において減免措置があり、また社会保険制度の適用外とされている(保険料の支払いがない)ために、実際の生活水準は保護基準よりも若干高くなっているという実態によるものである。
▷11 岩田正美(2009)「現代の貧困と社会福祉の役割」鉄道弘済会社会福祉部編『脱・格差社会をめざす福祉』明石書店。
▷12 岩田(2009)同上書、27頁。
▷13 同上。
▷14 室住眞麻子(2012)「隠れる女性の見えない貧困」橘木俊詔編『格差社会』(福祉+α ①)ミネルヴァ書房。

(おすすめ文献)
†岩田正美(2008)「貧困研究に今何が求められているのか」『貧困研究』Vol. 1。
†室井眞麻子(2006)『日本の貧困』法律文化社。

2 社会とジェンダー／C　お金と労働のあいだ

9 家計

1 家計の定義

家計の定義から始めましょう。家計とは、「収入と支出という2つの（貨幣の）流れを調整しつつ、世帯員全員への支出配分を合理的に行おうとする、ある秩序だった貨幣管理行為が意識的にせよ、無意識にせよ世帯のなかにあらわれる」ものだといわれています。貨幣収入は労働市場の事情によって、貨幣支出は世帯の事情（世帯員の必要）によって規定されるがゆえに、貨幣収支がつねに一致するとは限りません。しかも、世帯には子どもなど無収入の世帯員が含まれ、その世帯員の支出をも賄う必要から世帯内の収支合わせというやり繰りが家計に課せられます。

2 家計の社会化と個人別化

こうした家計に関して、一見相反する2つの状況が1980年代以降、明確になってきました。それは、家計の社会化と個人別化による世帯単位による家計の動揺という現象です。家計の社会化とは、家計が行ってきた管理機能がなんらかの社会的機関の業務に代替されていることを意味しています。具体的にいえば、公共料金などの支払いなどを銀行に、あるいは（生命保険料の積立などを）保険会社などの企業領域に、税金や社会保険料など公的領域の公務などに家計が置き換えられるという状況を指しています。つまり、家計の社会化とは、家計費全体に占めるそれらの社会的機関への貨幣の出入りが増大すると同時に、管理そのものを社会的機関に委ねるという事態を意味しています。

他方、家計の個人別化とは、世帯員個々人による収支管理を指しています。これは、夫婦共稼ぎや年金収入が同居高齢者個々人に支給されるなど世帯内に複数の収入が入ることによって、また消費財のパーソナル販売戦略によって、個人的な収入確保が独立前の子どもにもアルバイト就労を動機づけるなど、世帯内個々人の「財布の独立化」によって生じていることを意味しています。

しかし、こうした家計の社会化と個人別化は「同じことの両面」を意味してもいます。たとえば、賃金や年金収入が銀行や郵便局などの金融機関に振り込まれ、そのある部分は家計に繰り入れ、残りの部分は個人の財布に入れるというように、「収入源と家計」との間に金融機関が介在することによって成立しているからです。いずれにしても、こうした家計の社会化と個人別化の深化に

▷1　松村祥子・岩田正美・宮本みち子 (1988)『現代生活論』有斐閣、131頁。
▷2　松村・岩田・宮本 (1988) 同上書、141頁。
▷3　経済的社会的な問題について調査研究をする大学や研究所の研究者及び大学院修了学生に研究資金を提供している政府機関である。2012年1月には、日本学術振興会と Economic and Social Researach Council による資金提供（二国間交流事業）によって、東京で公開シンポジウム「社会的包摂：政策の成功と失敗——イギリスの経験、日本の希望」が開催された。詳細は『季刊・社会保障研究』Vol. 48, No, 1を参照。
▷4　Bennett, Fran et al. (2010) "Within-household inequalities across classes?: Manegement and control of money," Jacqueline Scott et al. eds., Gender Inequalities in the 21st Century: New Barriers and Continuing Constrains, Edward Elgar.
▷5　本項で紹介した定量分析とは、イギリスの家計パネル調査（British Household Panel Survey）の1991〜1995年及び2005年に設定された、家計のやりくりや家計管理に関する質問に対する大量の回答

よって世帯単位による家計の自律的な管理領域が狭まれているのが現状です。

③ 家計管理と世帯内不平等

　最初に述べた世帯の貨幣収支合わせという家計のやり繰りは、主婦の役割とされてきました。とくに、夫ひとり働きの時代にあっては、夫と子どもの世話とともに夫の稼ぐ収入の面倒をみる仕事は妻の重要な役割とされてきたわけです。この点に関連して、最近の家計研究について紹介しておきましょう。たとえば、イギリスの Economic and Social Researach Council による「ジェンダー不平等に対するネットワーク・プロジェクト」では、「世帯内不平等と公共政策」というテーマが提起され、「イギリスの公共政策が男女の夫婦世帯内の不平等にいかなる影響を与える可能性があるのか、また公共政策の有効性はそうした不平等によってどのように強化されうるのか、又は損なわれかねないのか」といった論点について検討を行っています。このような関心は、世帯を基準とするいずれの分析も世帯内のジェンダー不平等の影響を覆い隠しているという認識があるからです。また、先のプロジェクトに先行する家計研究が、世帯所得を世帯員の全所得がプールされたものとして取り扱うことは、女性の「隠れた貧困」や世帯の諸資源をめぐるコントロールにおいてジェンダー化された不平等の存在を曖昧にするという重要な見識を提起し続けてきたからでもあります。

　先のプロジェクト内での研究では、大規模調査のイギリス家計パネル調査（1991年から実施）データを用いて、家計管理に関する定量分析及び半構造的な個別インタビュー調査による定性分析が行われています。この調査では、夫婦世帯がそれぞれに取り入れている家計管理に最も近い方法について6分類から一つだけ選択するように、夫婦個々人に求めています。ここで用いられている家計管理の分類は、1980年代から90年代前半にかけてパールらによって開発された分類です。

　上述の定量分析研究では、家計管理分類に対する主な相関要素、たとえば夫婦個々人の所得水準や教育水準、雇用形態、社会保障給付の有無などとの関連性について検討するとともに、政策立案者が暗黙的に想定している世帯内の夫婦平等な所得・資産管理という「単一世帯（unitary household）」概念に代表される考え方と時に矛盾する現実について実態的に議論しています。イギリスにおけるこのような家計をめぐる議論の背景には、児童給付を父親か母親かのどちらに支給すべきかといった長い歴史的議論がベースにあるからです。

　以上述べてきたように、家計に関する論議は、ジェンダー視点からみると、社会認識や社会政策を分析する際に有益な領域であることがわかります。

（室住眞麻子）

（1991～1995年の場合では6714組の夫婦、2005年の場合では1230組の夫婦個々人による回答）を用いて分析している。
▷6　本項で紹介した定性分析は、2006年にイングランドとウエールズ及びスコットランドにおける低所得から中所得層の夫婦30組（両パートナーが労働年齢層で、かつ子ども1人以上のいるカップルに限定）に的を絞って、夫婦個々人に対して、半構造的なインタビュー調査を行い、彼らの家計管理についての実態を明らかにしようとしたものである。
▷7　Bennett *et al.* (2010) *ibid.*.
▷8　パールらによる家計管理の分類は、第一に、女性が男性の個人的支出を除きすべての貨幣の面倒をみる（女性による一括管理）という分類であり、第二は①と反対で（男性による一括管理）という分類である。第三は女性が家計費を男性からもらうという分類であり、第四は夫婦の共同管理であり、第五は部分的な共同管理という分類である。第六の分類は夫婦がまったく別々に管理する独立管理という分類である。

【おすすめ文献】
†松村祥子・岩田正美・宮本みち子（1988）『現代生活論』有斐閣。
†室住眞麻子（2000）『世代・ジェンダー関係からみた家計』法律文化社。
†パール, ジャン／室住眞麻子・木村清美・御船美智子訳（1989=1994）『マネー＆マリッジ』ミネルヴァ書房。

2 社会とジェンダー／C お金と労働のあいだ

10 ワーク・ライフ・バランス

1 ジェンダー不平等の原因

ワーク・ライフ・バランスとは,「仕事と生活の調和」のことです。つまり,仕事と,家事,育児,勉強,趣味,ボランティアなどの活動のバランスがとれているような状態が,ワーク・ライフ・バランスが実現している状態です。ここでは,ジェンダーの問題にとって重要な仕事と家事・育児の両立に焦点を絞って議論します。

日本は,賃金の男女間格差が大きく,管理職や役員など組織のリーダーに占める女性の割合が著しく低い国です。その原因の一つにワーク・ライフ・バランスが実現していないことがあります。日本の多くの企業では,残業,休日出勤,出張,転勤など企業の都合に合わせて働くことができなければ一人前とはみなされません。妊娠や出産を機に会社を辞める女性が多いのはそのためです。

ワーク・ライフ・バランスの実現は,ジェンダー平等にとって必要条件です。ワーク・ライフ・バランスを充実させるためには,労働時間の短縮,育児介護休業制度,短時間勤務制度,事業所内託児所の設置などさまざまな制度を導入しなければなりません。国は,それらの取組みを義務化したり,支援したりしています▷1。しかし,必ずしも,それらがうまくいっているとはいえません。

2 性別役割分担と女性差別

ワーク・ライフ・バランスの実現が難しい理由は,「貧弱なワーク・ライフ・バランス」と「家庭での性別役割分担」と「企業による女性差別」が三位一体だからです▷2。法律で職場の育児支援制度の策定を義務化しても,職場に利用しにくい雰囲気があったり,利用者が不利益を受けたり,利用者が女性に偏る等々,さまざまな問題が生じます▷3。

日本は,性別役割分担がはっきりしている社会です。一日の夫婦の家事(介護・看護,育児を含む)時間の合計は4時間51分ですが,そのうち夫は10％しか行っておらず,90％は妻が行っています。一方,一日の夫婦の仕事(収入を得るための仕事)時間の合計は8時間5分ですが,そのうち70％は夫が行っています▷4。

性別役割分担があると,個人のワーク・ライフ・バランスはなかなか実現できません。結婚すると,男性は家族を養うために,企業の求めに応じて残業,

▷1 主な政策には以下のものがある。1992年育児休業法施行,1995年育児介護休業法施行,2000年介護保険制度施行,2003年次世代育成支援対策推進法施行,2007年ワーク・ライフ・バランス憲章策定。

▷2 貧弱なワーク・ライフ・バランスと家庭における性別役割分担と企業における女性差別の相互依存関係については,川口章(2008)『ジェンダー経済格差』勁草書房の第5章と第6章を参照されたい。

▷3 厚生労働省の『平成22年雇用均等基本調査』によると,育児休業を取得した人のうち,男性の割合は2.9％にすぎない。http://www.mhlw.go.jp/stf/houdou/2r9852000001ihm5.html

また,厚生労働省『平成20年雇用均等基本調査』によると,介護休業を取得した人のうち,男性は25.6％にすぎない。http://www.mhlw.go.jp/houdou/2009/08/h0818-02.html

▷4 総務省統計局『平成18年社会生活基本調査』参照。既婚男性の1日の家事時間は28分であるのに対し,既婚女性は4時間23分である。また,仕事時間は,既婚男性が5時間40分,既婚女性が2時間25分である。http://www.stat.go.jp/data/shakai/2006/index.htm

休日出勤，出張，転勤など柔軟に働かなければなりません。また，家事・育児を妻に任せているため，男性はそのような働き方が可能です。一方，女性は，家事に責任をもっているため，結婚や出産で辞める確率が男性よりはるかに高いです。また，長時間残業，深夜労働，休日出勤，出張，転勤などはしにくく，育児のために会社を休むことが多くなります。

　企業にとって，扱いやすいのは，家事や育児の心配をすることなく自由に働かせることのできる男性労働者です。その結果，重要な仕事は男性に任されるようになりがちです。企業の基幹的従業員として長期間にわたって雇用されるのは，ほとんどが男性です。女性は，補助的な仕事をする非正規社員として雇われることが多く，たとえ正社員として雇われたとしても，重要な仕事はなかなか任せてもらえません。家事や育児から解放されている男性労働者が主要な労働者であるため，ワーク・ライフ・バランスを無視した働き方が企業に定着します。

　企業による女性差別は，家庭における性別役割分担を強固なものにします。夫の方が妻より賃金が高く，将来の昇進可能性も高いので，夫は仕事，妻は家事に責任をもつという役割分担が合理的になります。このように，家庭における性別役割分担が企業における女性差別をもたらし，企業における女性差別が家庭における性別分業をもたらすという悪循環が存在するために，貧弱なワーク・ライフ・バランス，性別役割分担，女性差別はなかなかなくなりません。

③ ワーク・ライフ・バランス施策

　しかし，近年，ワーク・ライフ・バランス施策を推進しようという動きが多くの企業で見られます。その背景には，以下の事情があります。

　第一は，政府の少子化対策への対応です。政府は仕事と育児の両立が可能な職場を実現するよう企業に求めています。次世代育成支援対策推進法によって，従業員数101人以上の企業は，仕事と育児の両立のための施策を策定し，公表することが義務化されています。

　第二は女性労働力の活用によって競争力を強化しようとする企業が増えていることです。日本は，少子化によって若者の数が減少しつつあります。これまでのように，男性だけを基幹的従業員として雇用していたのでは，優秀な人材を確保できません。また，女性の学歴が上昇し，優秀な女性がたくさん働くようになりました。優秀な女性を採用し，長期にわたって企業の戦力として活用するには，ワーク・ライフ・バランスが不可欠です。

　第三は，外国人の活用の必要性が強くなってきたことです。グローバルに活躍する企業にとって外国人労働者は欠かせません。優秀な外国人労働者を採用するためには，訪米並みのワーク・ライフ・バランスの実現が必要です。

（川口　章）

▷5　厚生労働省の『平成22年雇用均等基本調査』によると，女性の活躍を推進するうえでの問題点として，最も多くの企業があげているのが，「家庭責任を考慮する必要がある」で40.3％，次いで「時間外労働，深夜労働をさせにくい」が29.9％，「女性の勤続年数が平均的に短い」が21.3％である。http://www.mhlw.go.jp/stf/houdou/2r9852000001ihm5.html

▷6　『労働力調査』によると，男性労働者に占める非正規労働者の割合が18.9％であるのに対し，男性労働者に占める非正規労働者の割合は53.8％である（2010年平均）。http://www.stat.go.jp/data/roudou/longtime/03roudou.htm
本書の「非正規雇用とジェンダー」（120-121頁）を参照。

▷7　本書の「性別分業」（40-41頁）と「社会階級論・社会階層論」（80-81頁）を参照。

おすすめ文献

†佐藤博樹（2008）『ワーク・ライフ・バランス——仕事と子育ての両立支援』ぎょうせい。

†山口一男（2009）『ワークライフバランス——実証と政策提言』日本経済新聞出版社。

†佐藤博樹・武石恵美子（2011）『ワーク・ライフ・バランスと働き方改革』勁草書房。

2　社会とジェンダー／D　人間という存在を問う

① 公共圏

① 公共圏と「公」

　公共という言葉から、何を連想するでしょうか。公共は国や地方自治体に関わる事柄であるかのように理解されがちです。しかし、西洋の歴史のなかで「公共性」という概念を生み出す源となった公共圏と、日本における「公」とは、その歴史も違うだけでなく、むしろ対立する概念といっても過言ではありません。わたしたちが、公共性を国家に対抗する理念としてではなく、むしろ国家に関わることと思いなしてしまうことが、そのことをよく表しています。

② 日本における「公」

　日本語における「公」は、お上という言葉にも表れているように、社会の権力者を含意しています。国語辞典によれば、公は、第一義的には国家や政府を意味すると説明されているはずです。

　「公」という言葉は、古代中国で家を意味した「宅」に由来しています。宅のなかでも大きな宅を「公」と解釈したのが、「公」の始まりです。つまり、小さな存在、弱い存在に対して、より大きく強い存在が、日本語における「公」理解です。したがって、7世紀に天皇制が確立すると、当時の最も強大な権力者である天皇こそが「公」と観念されるようになります。ここに、小さいものを包摂する大なるもの、より強い力をもつ者を含意する、日本語における「公」の特徴が確立しました。

③ 西欧社会における「公共圏」とその理念

　古代中国に端を発する「公」とは異なり、西欧社会で現代の「公共性」概念を生み出す源となったのは、公共圏と呼ばれる空間において行われていた実践です。そして、オオヤケに囚われがちなわたしたちが注意しなければならないのは、その空間は公権力＝国家権力に対抗して登場した、むしろ「私的領域」と呼ぶにふさわしい空間であった、ということです。

　16世紀になると西欧では、中世の封建的分権状態から有力な王侯が、一定の領域内に絶対的で不可分な権力、つまり主権を設立するようになります。主権は、官僚制と常備軍を備え、一定の領土内（＝国家）に、単一の法律を課すようになります。混乱を避けるために、この国家の領域を内務行政（ポリス）の

▷1　たとえば、公共交通、公共事業、公務員、公園、警察、政治家など、「公」という言葉がつくものや、国家資格に関わることがその多くを占めるのではないだろうか。

▷2　古代日本では、家を意味する「宅（ヤケ）」が集まる村において、小さな宅を取りまとめる者が住む家、村の中心にある倉庫、あるいは村全体が、大きな宅という意味で「オオヤケ」と呼ばれていた。　溝口雄三（1996）『公私』三省堂。

▷3　これが現在の国民国家の原点となります。

領域と呼ぶことにしましょう。

　すべてを管理・抑圧しようとするポリスに対して，ポリスの規制を逃れて，市民たちが私的に交流し，音楽や小説を語りながら，自分たちの意見を自由に述べる場が登場してきます。西欧の公共性の歴史を論じた代表的な著作である『公共性の構造転換』でハーバーマスは，一般市民たちが担う文芸活動に「公共圏」の萌芽を見出しました。ポリスの介入から自由に意見を交換する公共圏では，音楽や小説などの文芸についての話題に始まり，ポリスを批判する言説も生まれ始めます。つまり，音楽や小説といった文芸から，市民の政治と，その政治を支える公共性が芽生えたのです。

　カントによれば，社会的役割を離れ，その人が自分自身の理性を駆使して，世界に向かって独自の意見を述べることが「公的」なふるまいです。すでに確認したように，公共性は国家に対抗する実践が生んだ理念であり，国家のための理念ではありません。それは，人が気ままに集い，自分の言葉で語り，他者の意見に耳を傾けるという意味で，自由と平等を基調とする理念です。

　現代に公共性を再興しようとした思想家として有名なアーレントは，公的領域を，言葉と行為によって生まれる自由の空間，あらゆる人が分有でき，かつ誰も独占できない平等の空間，そして，予期せぬ出来事が起こりうるという意味で政治的な空間と考えました。

④ 公共性とジェンダー

　公共性は，わたしたちに自由と平等を約束してくれる理念です。しかし現実には，警察（ポリス）をも公的と感じてしまうように，あるいは，18世紀の公共圏を生み出すもう一つの契機であった「市場」が，弱肉強食の世界と化してしまったように，今や公共圏は，巨大な権力に支配された感があります。

　しかも，18世紀の西欧で，すべての人がパブやバーで文芸について語らえたわけではありません。理性を公的に使用できる典型例として学者をあげたカントもまた，女性は学者にはなれない，と考えていました。歴史的にも，多くの男性市民が，ポリスに対抗し始め，そして市民革命を通じてポリスの領域にも自ら参加するようになると同時に，女性たちは，だんだんと私的領域，つまり家族の領域へと，その活動の場を制限されていきました。

　現代では，政治・経済の領域が公共圏として観念され，それ以外の領域が私的領域だと思われがちです。しかしながら，アーレントのいうように，予期せぬ出来事が生じる，他者と出会える場として公共圏をとらえるならば，新しいライフ・スタイルを試みる家族のような領域にも，公共性が芽生える可能性が存在しています。そして，他者との出会いは，わたしたち自身の新しい発見にもつながる，という意味では，社会規範である女らしさや男らしさが揺らぐような経験が，公共圏に秘められているとも考えられるでしょう。　　（岡野八代）

▷4　ハーバーマス, J./細谷貞雄・山田正行（1962=1994）『公共性の構造転換――市民社会の一カテゴリーについての探究』未來社。

▷5　次のカントの言葉は，公共性とポリスの対抗関係をよく示している。「理性の私的な利用とは，ある人が市民としての地位または官職についている者として，理性を行使することである」（カント, I./中山元訳（1795=2007）『永久平和のために／啓蒙とは何か――他3編』光文社古典新訳文庫，11頁。強調は原文ママ）。

おすすめ文献

†アーレント, H./志水速雄訳（1958=1994）『人間の条件』ちくま学芸文庫。
†齋藤純一（2000）『公共性』岩波書店。
†溝口雄三（1996）『公私』三省堂。

2 社会とジェンダー／D 人間という存在を問う

2 シティズンシップ

1 国民の多義性

　残念ながら，近年日本社会では，〈「日本」に文句を言うなら，外国人は自国へ帰れ！〉といった声が少なからず聞こえてきます。でも，日本は日本人のもの，といった場合，日本とは何で，日本人とは誰なのでしょう。

　たとえば，国民を意味する英語には，nation（民族），citizen（市民），people（人民），subject（臣民）といった4つがあります。それぞれには，（　）のなかに示したような，別のニュアンスがあります。日本に住むわたしたちにはおそらく，「民族」としての国民の意味合いが強いかもしれません。しかしながら他にも，他の国民と比較される際の集合体としての人民，政治に参加する活動主体としての市民，そして遵法を義務とする者という，3つの意味が「国民」には混在しています。そして，そのなかでシティズンという言葉は，政治学的にはもっとも古い歴史をもっています。それは，いったいなぜなのでしょうか。

2 政治的実践としてのシティズンシップ

　シティズンは国民あるいは，市民と訳されます。市民という訳は，民主主義の発祥の地である古代ギリシアの都市国家，とくにソクラテスをはじめ，政治学の祖といわれるひとびとが活躍したアテネの経験を反映しています。アテネの市民たちは，アテネに住むひとびとすべてに関わる事柄を討論し決定する民会への参加，裁判に関わる陪審員，行政官といった役割を，市民としての責務であり，かつ自らの善き生を高めるために必要な実践だと考えていました。そして，兵士となることも，アテネ市民の連帯感を高めるために重要な役割でした。

3 権利の束としてのシティズンシップ

　18世紀から19世紀にかけて，産業革命を通じて台頭してきたブルジョアジーも市民階級と訳されます。そして，絶対王制に対抗して自分たちの権利を主張し始めた，産業都市に住むひとびとは，古代アテネの経験とは異なる意味でシティズンシップを行使し始めます。つまり，表現・結社・良心・信仰の自由や，財産権といった諸権利を不可侵の権利である，と主張し始めました。

　T. H. マーシャルはイギリスの階級闘争の歴史をふまえ，18世紀に財産をもつ一握りのブルジョアジーたちが主張し始めた，国家にその活動を拘束されな

▷1　たとえば，ルソーによれば，国家の「構成員についていえば，集合的には人民という名をもつが，個々には主権に参加するものとしては市民，国家の法律に服従するものとしては臣民と呼ばれる」（ルソー，J.=J./桑原武夫・前川貞次郎訳（1762=1954）『社会契約論』岩波文庫，31頁（強調は原文））。

▷2　しかしその際，直接民主制が古代アテネで可能だったのは，アテネ市民，つまり成人男性市民が，アテネの住民のなかのほんの一部であったから，という事実を忘れてはなりません。アテネに生活する外国人，女性，子ども，そして奴隷たちの数は，男性市民の5倍から6倍だったと考えられています。

い権利としての市民的権利が、発展拡大していく経緯を描きました。19世紀には、税金を納めることが敵わない者でも政治に参加できるための一連の選挙法改革がなされ、政治的権利が確立し、20世紀には、国家が国民の福祉や教育制度を整え、労働環境の整備をするべきだとして、社会的権利が唱えられました。

成人男性に比べ劣ると考えられた外国人や女性、子どもは、十全な市民権から当然のように排除されていました。しかし、現在では、シティズンシップは、市民としての活動を誰しもが担えるよう、国家が諸権利を保障するための理念となりました。それを支えたのは、18世紀に生まれた人権思想、つまり〈あらゆるひとは生まれながらにして、平等に自由である〉といった思想でした。

▷3 マーシャル, T. H./岩崎信彦・中村健吾訳（1950=1993）『シティズンシップと社会的階級——近現代を統括するマニフェスト』法律文化社。

❹ 人権思想とシティズンシップの緊張

マーシャルが描いたように、シティズンシップは、つねにある国家に属することで生じる資格です。それは、国籍法によって認められた、〈諸権利をもつ権利〉ともいえます。そして、自分たちが属する国家の政治文化や歴史が、市民としての権利とは何かを規定します。したがって、20世紀に入るまで、ほとんどの国では女性に参政権が認められていませんでした。他方で、諸権利がだんだんと拡張される背景には、人権を保障するため、といった普遍的な思想が存在しています。

ここには、歴史的に排除されてきた者たちを平等な者として扱うよう求める権利としてのシティズンシップと、国家に属していない外国人を排除する、あるいは国境の外にいる人たちを切り捨てる、国家に属する資格としてのシティズンシップという、現在でも多くの研究者を悩ます両義性が孕まれています。しかし、シティズンシップ概念は歴史とともに変化し、その根底に、人としてのより善き生を実現するモノ／こと、といった考えが存在するかぎり、シティズンシップがもつ包摂の可能性は予期しない形で広がっていくはずです。

今わたしたちは、国境を超えた流動化がかつてないほど激しい時代に生きています。日本を一定の領土と考えるならば、そこは、海外からの商品や文化、知識をはじめ、わたしたちの生活に不可欠な海外産の存在に満ち溢れています。また、日本を政治体と考えれば、腐敗しがちな権力から人権を守るために、憲法を最高法規とした法規範こそが、日本の中心であり、現行憲法もまた、世界的な政治状況のなかで生まれました。わたしたち日本国民は、この憲法に従う義務を負う者でもあります。

シティズンシップの変遷とは、本来自由であるはずの個人としての人と強制的な法をもつ国家との関係性を考える宝庫です。それはまた、わたしたちのアイデンティティの重層性にも目を向けてくれるはずです。そもそも、〈わたしたち〉とは誰なのでしょうか？

（岡野八代）

▷4 かつて古代アテネにおいて哲学者ソクラテスは、当時の習慣を批判し、女性を政治的な役割から排除するのは、長髪の人のほうがはげ頭の人より政治に向いているというくらいおかしいと友人たちに訴え、逆に嘲笑を買いました。

(おすすめ文献)
†岡野八代 (2009)『シティズンシップの政治学——国民・国家主義批判 増補版』白澤社。
†バトラー, J.・スピヴァク, G./竹村和子訳 (2007=2008)『国家を歌うのは誰か？——グローバル・ステイトにおける言語・政治・帰属』岩波書店。
†プラトン／藤沢令夫訳 (1979)『国家』岩波文庫。

2 社会とジェンダー／D 人間という存在を問う

3 正義論

1 リベラリズムの正義論：自由で自律した個人という像

現代社会でもっとも貧困率の高い層の一つは母子家庭であるといわれます。ケアを必要とする子どもとその子らを一人で抱える母親に貧困のしわ寄せがいく社会は，公正で「正義」に適った社会といえるのでしょうか。正義に適う社会とはいったいどんな社会なのでしょうか。

正義はアリストテレス以来論じられてきましたが，現在それを中心的に論じるのはロールズの『正義論』を基点とするリベラリズムです。『正義論』の公表された1970年前後の北米社会では，公民権運動や女性運動など従来の社会規範への異議申立てがなされ，社会的対立が顕在化しました。正義は分裂する社会を統合する規範原理として注目されたのです。その核心は「善に対する正義の優位」（ロールズ），「異なる善の構想に対する中立性」（ドゥオーキン）です。

リベラリズムにおいては善と正義の関係が公私二元論を支えています。一方で，自由かつ自律した人間の自由な人生設計が保障されなくてはなりません。他方で，人々は自己の善の構想が他者の善の構想を妨げないよう正義の原理に従わなくてはなりません。それゆえリベラリズムは善を構想する私的領域と，正義の原理に従って政治秩序に参加する公的領域を分けることになります。

2 家族に正義は届くのか？：リベラル・フェミニズムからの批判

フェミニズムもこの正義論の展開に連動し，正義・平等・自由・自律などの言葉を再検討してきました。とくに公的領域を照らす正義の原理は，私的領域とされる「家族」にも適用されるのかという問題に焦点が当てられ，オーキンはリベラル・フェミニズムの立場から，ロールズの正義の原理は家族に十分及んでいないと批判しました。彼は正義感覚を発達させる最初の学校として家族を捉え，そこで育まれる感情を重視します。しかし「原初状態」の相互に無関心で合理的な当事者は実は男性家長をモデルにしているため，家族内・両性間の公正な配分への関心は希薄です。そうした家族に育つ子どもが「正義感覚の土台となる共感能力」を発達させるかは疑わしいでしょう。オーキンは，他者の意見に関心をよせ共感能力を発揮する人間を原初状態で想定します。ジェンダー不公正な社会を自覚するならば，正義は家族という「人間の配慮の領域，正義を達成し維持するために必要な領域」にまで適用されるべきだというのです。

▷1 阿部彩（2008）『子どもの貧困――日本の不公平を考える』岩波新書。
▷2 ロールズ, J.／川本隆史・福間聡・神島裕子訳（1971=2010）『正義論』紀伊國屋書店。
▷3 リベラリズムに共通する特徴は個人の自由や自律を尊重する個人主義にある。俯瞰的には権力の干渉を警戒する派と，国家の再配分機能を重視する派がある。前者には古典的リベラリズムや昨今のネオ・リベラリズム，後者にはニュー・リベラリズムや北米の改革主義的リベラリズムがあり，ロールズは後者の線上に位置する。
▷4 盛山和夫（2006）「現代正義論の構図」土場学・盛山和夫編著『正義の論理――公共的価値の規範的社会理論』勁草書房。
▷5 Okin, S. M. (1989) *Justice, Gender and the Family,* Basic Books.
▷6 自由と平等の調和する社会正義のためにロールズは2つの正義原理を提起する。政治的市民的自由に基づく基本的自由と，一定の不平等が最弱者にとって最大の利益となる格差原理である。正義原理成立以前の状態として想定される「原初状態」では，人は「無知のベール」に覆われ自分の資質や能力の優劣を知ら

リベラル・フェミニズムは，公的領域に男女平等が貫徹されるためには家族も男女平等であることを重視しますが，実は家族が国家の「権力装置」として機能する側面を見過ごしがちです。正義感覚をもった子どもを育てる場である以上，家族が公的領域の下請的機能を担うことに変わりはなく，この家族観は公私二元論への根本的批判にはならないでしょう。また家族は育児や介護など依存者を抱え込む場でもあります。そこで起きる虐待などの可能性については，自律的個人が正義感覚を内面化することで避けられると主張し，非対称な関係性に対しても自律を軸に考えます。正義の問題を家族から捉えた意義は大きいけれども，リベラリズムの正義そのものへの懐疑は希薄といえるでしょう。

③ 正義に対するケアの倫理からの批判：依存と身体

これに対し，リベラリズムの正義の限界を指摘する「ケアの倫理」を唱える流れがあります。ケアの倫理はギリガンの『もうひとつの声』に発する道徳心理学から登場し，その正義への異議申立てに触発されて哲学・政治哲学・倫理学等でも論じられるようになりました。ケアの倫理とは，乳児と母の関係を原型に，子ども・老人・病人ら依存者とその人たちをケアする人に焦点を当てた，人間の根源的な傷つきやすさや身体性に依拠する議論です。この倫理は依存者のニーズに応える「責任」を要請します。もしケア労働者がこの責任ゆえに公的な社会に参加しがたいのだとしたら，リベラリズムの正義はケア労働の負荷を負わない自由で自律した個人から成る社会を照らすだけになるでしょう。

こうしたケアの倫理の観点から，キテイはロールズの正義論が依存者とケア労働者の利害関心を十分反映していないと批判します。人間の「不可避的な依存」とケア労働が政治的社会的生活にもつ意味を重視するならば，社会がこのニーズとどう向き合うかは正義の問題となります。公的領域を照らす正義の原理に対して，ケアの倫理は家族に妥当する私的倫理とされがちでした。しかしケアの絆は家族や他の親密な関係性を培う絆であり，これがあって市民活動も可能になります。キテイは「公的ケアの倫理」を提唱し，依存者から直接返されるわけではない恩恵が社会的に，また世代を越えて連鎖する社会を構想します。依存への関心に沿う形で正義の原理は修正されるべきであり，それゆえにキテイは「弱さに応えケアするニーズを含む正義」を唱えるのです。

冒頭で母子家庭に集約する貧困の問題を指摘しました。正義に適う社会を構築するためには，依存という誰もが平等にもつ根源的な弱さに着目するケアの倫理の要請を受け止める必要があります。そこには人間を最初から自律した存在とするのではなく，ケアに基づく関係性のなかで支え・支えられる存在として捉える眼差しがあります。このように現在ケアの倫理は，正義，公私領域の区分，そして自由で自律した個人像の再考を迫る議論を展開しているのです。

(内藤葉子)

ない。その場合自分が最弱者でも不利にならない選択がなされるので，結果的に公正な正義原理に到達する。ロールズは原初状態の設定によって，資質や能力に関する知が正義原理の選択に及ぼす影響を排除しようとしたのである。
▷7 岡野八代（2009）「家族からの出発——新しい社会の構想に向けて」牟田和恵編『家族を超える社会学——新たな生の基盤を求めて』新曜社。
▷8 野崎綾子（2002）『正義・家族・法の構造変換——リベラル・フェミニズムの再定位』勁草書房。
▷9 たとえばM・A・ファインマン，N・ノディングス，V・ヘルド，E・F・キテイなどがあげられる。
▷10 ギリガン，C./岩男寿美子監訳/生田久美子・並木美智子訳（1982=1986）『もうひとつの声——男女の道徳観のちがいと女性のアイデンティティ』川島書店。
▷11 本書の「ケアと労働」（182-183頁）を参照。
▷12 キテイ，E.F./岡野八代・牟田和恵監訳（1999=2010）『愛の労働あるいは依存とケアの正義論』白澤社。

おすすめ文献

†キテイ，E.F./岡野八代・牟田和恵監訳（1999=2010）『愛の労働あるいは依存とケアの正義論』白澤社。
†岡野八代（2012）『フェミニズムの政治学——ケアの倫理をグローバル社会へ』みすず書房。
†品川哲彦（2007）『正義と境を接するもの——責任という原理とケアの倫理』ナカニシヤ出版。

2 社会とジェンダー／D 人間という存在を問う

4 ポストモダニズム／ポストコロニアリズム

1 カリブの島の秀才の物語

　カリブのある小さな島に秀才がいました。比較的裕福な家庭に生まれ，島で最高の学校に通い，流ちょうなフランス語をしゃべりました。

　その小さな島は，フランスの植民地でした。この秀才は，やがてフランス本国の大学に留学して，精神医学を学びます。そのうち，かれは，衝撃的な出来事に直面します。かれをみた白人の女の子が，「ニグロ（黒ん坊）よ」と叫び，怖いと泣き始めたのです。かれは愕然とします。彼女は自分を異者として怖がっている。黒い皮膚の上に白い仮面をかぶっていた自分に否応なく気づかされたのです。ふるさとであれば自分の身体を世界のうちにくるんでくれる他者のまなざし（母親や友だちのまなざしを想起しましょう）は，ここでは，よそよそしい悪意をもって身体を世界からひき剝がすのです。かれにもたらされたのは，全人格の崩壊であり，世界の崩壊という感覚でした。[1]

▷1 ファノン，フランツ／海老坂武・加藤晴久訳（1952=1968）『黒い皮膚・白い仮面』みすず書房。

　そこからかれは，自分がフランス植民地の狭い島で，あたかも自分の皮膚が白い人間であるかのように思い込み，そうふるまっていたことに気づきます。幻想の白い仮面を失い，劣等コンプレックスにさいなまれながら，かれはおのれの黒い皮膚を肯定するすべを探してまわります。そのうちかれは，「ネグリチュード」を発見し，没頭しました。擡頭してきた一群のアフリカ系の若い詩人や文学者たちの表現を特徴づけるキーワードで，「ブラックネス（黒人性）」という意味です。かれらは，ヨーロッパ人やその価値観からは蔑まれていた「アフリカ性」を称え，それを謳歌し，独特のすぐれた作品を次々と創作していました。しかし，興奮したのもつかのま，ネグリチュードへの埋没からも，かれは，否応なく追放されます。サルトルという当時の大哲学者にネグリチュードの根本的欠陥が指摘されたのです。かれは，さまよいつつ，やがてフランスの植民地だったアルジェリアの民族解放闘争に身を投じます。

2 ポストコロニアリズムとフェミニズム

　この人物は，フランツ・ファノンです。マルチニック島出身のファノンの著書は，どれも，「ポストコロニアリズム」の古典とされています。かれは，自らの心も引き裂いたコロニアリズムの残酷な痕跡にとても敏感でした。アルジェリアの民族解放闘争に参加し，数々の植民地主義とそのもたらす精神的／肉

体的暴力によってズタズタにされたひとびと——白人の植民者も含めて——の診断にあたるなかから、植民地主義のもたらす「病」の治癒としての解放のための対抗暴力を唱えました。かんたんな定義がむずかしいポストコロニアリズムですが、ここでは、このような、植民地主義の刻む痕跡、20世紀後半からの脱植民地化以後も依然として旧植民地国、旧宗主国のうちに刻まれている痕跡を分析し、批判し、そしてそれと闘う知的傾向のこととしておきます。

この知的傾向は、主に、第一世界の第三世界出身の知識人たちによって展開されましたが、フェミニズムと親和性がとても高いのです。それどころか、この2つの領域は、結びつきあい、相補的であるとすら考えられてきました。第三世界フェミニズムと呼ばれた潮流は、このことを表現しています。

ファノンが自分たちの支配者であるヨーロッパ白人たちの侮蔑と悪意をたっぷりはらんだまなざしにさらされ、自らを見失い、劣等感を植えつけられたように、女性たちもフェミニズムのいう「家父長制」を背景に、しばしば男性による悪意をはらんだまなざしにさらされ、自らの欲望や自由を規制されてきました。また植民地主義がつねに暴力をはらんでいるのと同じように、家父長制的支配構造は男性による女性への暴力をもたらしてきました。もう少しいえば、ヨーロッパ白人男性を人間の支配的基準としておく植民地主義は、必然的に女性を劣位におき階層化する家父長制的秩序を伴っていたのです。

❸ ポストコロニアリズムとポストモダニズム

両者に共通して知的道具として活用されたのが、ポストモダニズムといわれる思想潮流です。ポストモダニズムは、歴史の進歩の頂点にあるとされてきた近代の価値を根本から問い直す思想です。近代は、資本主義や科学技術の発展に伴って、経済的には、物質的富やひとびとの幸福を増進し、政治的には、自由や平等をもたらしてきたと考えられてきました。総じてそれは、理性の勝利とみなされてきたのです。しかし、それはヨーロッパからの、しかも白人男性からの偏狭な視点ではないでしょうか。近代は明るい面の裏に、原子力爆弾や環境破壊など科学技術の暗黒面を徹底的にみせつけてきました。また、第三世界の貧困や荒廃は目を覆うようなものがあり、近年では先進国内部の格差もどんどん拡大しています。自由や平等も、世界の実状からみたら、ほんの一部の人間が享受できているにすぎません。それに、物質的富の増進はひとびとの生活を本当に幸福にしたでしょうか。そもそも、そこにはいつも、植民地主義や帝国主義、戦争というかたちでの他者をふみにじってきた歴史が付随していないでしょうか。

こうした視点から、近代のよしとされてきた価値を徹底的に問い直すのがポストモダニズムです。とするなら、それがポストコロニアリズムの発想と近いものがあるのはよくわかります。

(酒井隆史)

▷2 ファノン, フランツ／鈴木道彦・浦野衣子訳（1961=1969）『地に呪われたる者』みすず書房。

▷3 たとえば、ミンハ、トリン・T.／竹村和子訳（1989=1995）『女性・ネイティヴ・他者——ポストコロニアリズムとフェミニズム』岩波書店；スピヴァク、ガヤトリ・C.／鈴木聡・大野雅子・鵜飼信光・片岡信訳（1987=1990）『文化としての他者』紀伊國屋書店。

おすすめ文献

†サイード, エドワード／板垣雄三・杉田英明監修／今沢紀子訳（1978=1986）『オリエンタリズム』平凡社。
†スピヴァク, ガヤトリ・C.／上村忠男・本橋哲也訳（1999=2003）『ポストコロニアル理性批判』月曜社。

2 社会とジェンダー／D 人間という存在を問う

5 暴力

1 拾った銃と戦争

このような物語があります。銃をたまたま拾った男性が，それによって破滅していくという話です。その男性は，いつもは決してめぐまれた地位にあるのではなく，それに劣等感をもった人間です。かれは，銃を拾って人が変わったように強気になって暴力事件を起こしていくのですが，しかしやがて破滅の道をたどることになります。銃はかれに安らぎを与えるどころか，ますます不安に駆り立てます。力でかつての仲間たちや周囲のひとびとを押さえつけ，自らの意志に従わせることを覚えたかれは，反抗をおそれはじめます。かれはそのおそれから，ますます暴力を行使せざるをえません——この物語は，戦争を彷彿とさせます。現在の世界でも，戦争は絶えることがありません。戦争の名目はいつも「平和」です。暴力の手段である武器は，私たちの平和を保証するということになっています。そのために人類を幾度絶滅させるかわからないほどの巨大な殺戮兵器を人類は蓄積しているのです。ところが，武器をもっても人は安心することはありません。むしろ，たえず「敵」があらわれてきては，人の不安をかきたてます。そして戦争の歴史が告げるように，この不安を時の支配層が利用して戦争を引き起こすこともあります。威嚇のための武力によって強くなって他者を圧倒したいという欲求は，たえず不安をバネとし，不安をかきたてて，暴力の行使をもたらすのです。

▷1 動機は国民の不満をそらすため，軍事産業の圧力のため，権益の確保のため，さまざまであるが。

2 人間の無力とその否認

ジグムント・フロイトの精神分析の根本的洞察は，人間は根源的に自分自身の欲望も自ら知りえない存在であり，「無力」である，というものです。たとえば人間は，生まれたときには自分の身体を統一的なものとして知覚すらできず，周囲の人間の世話なしには数年間，生存のできない存在です。この根源的な無力を，人間は決して解消することはできません。部分的な同一化によって解消しながら生きるよう強いられるのですが，完全にこのアイデンティティの危うさを解消できないのです。だから，病に陥ります。心的な病とは，その危うさを歪んだかたちで人が解消しようとしてあらわれるのです。精神分析には，「ファルス」という用語があります。少しむずかしいですが，男根の象徴で，いわば「父」のポジションを男性に配分する機能であるとしておきましょう。

▷2 わたしたちは「日本人」だとか，「勤勉な会社員」だとか。

ここでいう「父」とは，実際の存在ではなく，象徴的な父，権威を有した支配的・超越的地位を象徴する父です。ファルスはいわば象徴的な勃起したペニスであり，それはいつか獲得できる理想の地点として男の子が自らのいまの無力を受け入れつつも否認することを可能にします。つまり，ぼくもいまはダメだけど，いつか強くなって「男を上げる」のだ，ということです。男性は，ペニスを所有しているがゆえに，根源的無力（「去勢」ともいいます）を受け入れつつも否認する。フロイトはこのいわゆる「エディプスの三角形」を人間の普遍的メカニズムとして描きましたが，この想定はフェミニズムによって批判されてきました。歴史を超えて普遍的なものではなく，近代家父長制の産物ではないか，ということです。したがって，ここでは，特定の時代，社会的日付をもって成立した「家父長制文化」の構成する一つのジェンダーやセクシュアリティをめぐる葛藤の空間，言語と欲望の織りなすゲームの空間と想定してみます。マッチョな文化空間であるほど，男性が「女」扱いされたり「ホモ」と呼ばれることは，屈辱的なことになります。それは，「負け」なのであり，否定すべき事態となるのです。いずれにしても，男性は往々にして女性になかなか負けられず支配的にふるまいたがるものです。それは，この去勢の否認の一つのあらわれです。ボーヴォワールにならえば男も男であるのではなく，男になるのであって，しかも日々，男であることを実証していかねばならないのです。

3 女性への暴力，人種差別の暴力

　男性から女性への暴力は，このような無力の否認のあらわれとも考えられます。しかもそれは，自らの現状が無力であって，それに対する否認の強度が強いほど，不安をたかめ「男らしさ」への強迫へと自ら追いこんでいく。DVといわれる現象の多くが，このようなメカニズムを示しています。女性に暴力を行使する男性は，経済的，社会的に不安定であることが多く，否応なく露呈する自らの無力とそれの打ち消しが暴力となってあらわれているという指摘がしばしばなされます。このようなメカニズムは，人種差別にまつわる暴力，ホームレスに対する暴力などにも作用していることがいえます。人種差別には，しばしば差別する側の剝奪感あるいは被害者意識が作用していることが認められます。つまり，「かれら」は，大事なものを奪い，われわれのアイデンティティを破壊しようとしている，といった被害者意識です。この意識が，力も経済力もあるはずのマジョリティが，現実的にはより無力であるはずのマイノリティを憎悪し，暴力をふるうことを正当化するのです。その前提には，「負けられない」という優越をかきたてる心的・社会的構造，人間の無力に根ざすアイデンティティの危うさがあります。人種差別が激化するのは，社会的・経済的な激しい変化と没落の危機にそれまでのマジョリティがさらされるときであることは，そのことを示唆しています。

　　　　　　　　　　　　　　　　　　　　（酒井隆史）

▷3　子どもは最初は全能感をもって母親を自らの所有物と思い違いをするが，それを父親から禁じられ，シュンとなって，当面はあきらめる，というのがかんたんなイメージである。

▷4　本書の「リプロダクティブ・ヘルス／ライツ」(198-199頁) を参照。

　おすすめ文献
† 西村汎子 (2004)『戦の中の女たち　戦争・暴力と女性』吉川弘文館。
† 生田武志 (2006)『野宿者襲撃論』人文書院。

2　社会とジェンダー／E　法というシステム

① 憲法

1 人権主体の問い直し

　憲法の役割は，国家権力を制限して個人の自由を守ることであるという広い了解があります。したがって，個人が自由に活動する私的領域のなかの権力関係を問題化することにつながるジェンダーの視点は，時に主流のリベラルな憲法学と対立することになります。

　憲法が保障する人権の主体となる「人」とは，具体的な特徴をもたない「個人」を想定しています。この想定は，身分制から解放された平等な人権の主体をつくりだすために必要でした。▷1 近代的人権宣言では，生まれながらに個人は平等で譲り渡すことのできない権利をもつと謳われています。▷2 しかし，実際には，参政権からの排除，法的無能力など，女性は具体的な権利行使を長期間制約されました。人権の理念を額面どおりに受け取るならば，このあまりにも長期にわたる権利制約は不可思議ですが，ジェンダーの視点の導入は，それが公私区分と性別役割によって支えられてきたことを明らかにしました。▷3 このような発見により，公私区分の見直しと，性別役割の克服が課題として認識されます。また，属性のない抽象的な個人像が，性別役割を埋め込まれた社会構造のなかで，男性を標準とする人間像へと転換させられた経験は，他のマイノリティの排除についても重要な示唆をもたらしています。

2 平等原則の射程

　性別役割の克服という課題については，日本国憲法の「法の下の平等」をめぐって議論が行われてきました。日本国憲法は，明文で性に基づく差別を一般的に禁じているからです（14条1項）。公権力による恣意的な取扱いの差異を警戒するオーソドックスな立場からすると，具体的な特性を考慮に入れずに，個人を形式的に平等に取り扱うことが法の下の平等から要請されます。この観点から，男女で異なる取り扱いをする法律の規定の合理性が疑われています。▷4

　このように形式的平等との整合性すら疑わしい規定の改廃が進んでいないという現実の他に，形式的平等では，解決困難な課題もあります。形式的にはジェンダー中立でありながら，性別役割に従って不均衡な結果をもたらす規定がそうです（たとえば，民法750条の夫婦同氏原則）。こうした規定を「間接差別」ととらえ，法の下の平等の射程にとらえるべきでしょうか。また，形式的平等だ▷5

▷1　樋口陽一（2007）『国法学——人権原論補訂版』有斐閣，第1部。

▷2　フランスの「人および市民の権利宣言」前文及び1条。

▷3　たとえば，辻村みよ子（2008）『ジェンダーと人権』日本評論社，67頁以下。

▷4　婚姻適齢の男女差，女性のみの再婚禁止期間，性犯罪規定など。

▷5　本書の「労働法と均等法」（142-143頁）を参照。

けでは解消されにくい，長期にわたり社会的文化的に蓄積されてきた差別を解消するためにポジティブ・アクションを実施することが平等原則の下で許されるのかという論点も，形式的平等の問い直しにつながっています。

③ 憲法24条をめぐって

　夫婦と家族的事項に関する規定である憲法24条もジェンダー視点に立つ研究者の関心を集めています。夫婦の同権と家族生活における個人の尊厳を定めるこの規定は，法の下の平等の家族領域における確認規定ととらえられています。しかし，夫婦の同権と家族内の個人の尊厳を定める24条は，家長個人主義であった近代家族を越える射程をもつこと，さらに「特定の家族像の強制」を禁止する規定と読むべきことが指摘されています。婚外子の相続分を差別していた民法900条4号の旧但書は，24条から見ても問題があったといえるでしょう。

④ 性別二元制の問い直し

　法の下の平等でジェンダーが問題になる時，異性愛を前提とした「男女平等」に焦点を当てることが多く，性別の二分法や対の図式を問い直すところまで議論が進んでいるわけでありません。とはいえ，そのような兆候がまったくないわけでもありません。その一つは，性別変更を憲法13条が保障する自己決定権などの問題としてとらえるという方向です。自己決定論によって，法的性別が問い直されることになれば性別二元制に切り込むきっかけになるかもしれません。逆に強固に仕切られた2つの法的性別の間の移動を，自己決定の名においてある程度許容するだけに終わる可能性もあり，理論的な深化が求められています。

　もう一つの兆候は，同性結合の承認という論点です。憲法24条が異性婚姻を想定する表現をとっているため，同性婚姻のような同性結合の承認に対して消極的にはたらくという指摘があります。しかし，上記のように近代家族を越える射程をもつ24条が要求するジェンダー平等が，本当に同性カップルの承認と対立するのか，改めて問う必要があるでしょう。

⑤ ポルノと性売買

　女性を従属的に描く暴力ポルノや性売買が野放しにされることで，ジェンダー平等の基礎が掘り崩されているとの認識から，これらの規制が主張されています。国家権力を警戒対象とするリベラルな立場は，「道徳」を根拠とするポルノや性売買の規制を，表現の自由や自己決定の観点から，批判的にとらえる傾向があります。では，自由とは，セクシュアリティにまつわる既存の権力関係を是認したうえでの自由にすぎないのでしょうか。この問題は，平等の社会的基礎をいかに担保するのかという難問となっています。

（齊藤笑美子）

▷6　辻村みよ子（2011）『ポジティヴ・アクション――「法による平等」の技法』岩波新書。

▷7　若尾典子（2006）「女性の人権と家族――憲法24条の解釈をめぐって」『名古屋大学法政論集』213巻，138頁。

▷8　この規定は，最高裁によって違憲とされました（2013年9月5日決定）。

▷9　性的マイノリティをめぐる状況については，谷口洋幸・齊藤笑美子・大島梨沙編（2011）『性的マイノリティ判例解説』信山社。

▷10　石田仁編（2008）『性同一性障害』御茶の水書房。

▷11　齊藤笑美子（2009）「同性カップルは結婚できない？」『リアル憲法学』法律文化社。本書の「親密圏と親密権」（212-213頁）を参照。

▷12　中里見博（2007）『ポルノグラフィと性暴力――新たな法規制を求めて』明石書店。

おすすめ文献

†辻村みよ子（2008）『ジェンダーと人権』日本評論社。

†辻村みよ子（2010）『ジェンダーと法　第2版』不磨書房。

†中里見博（2008）「フェミニズムと憲法学」大石眞・石川健治編『憲法の争点』有斐閣。

2　社会とジェンダー／E　法というシステム

② 民法

① 明治民法が定めた家制度

　民法は「市民法」ともいわれ，暮らしに関わるルールを定めています。なかでも，第四編「親族（725～881条）」と第五編「相続（882～1050条）」は家族法として，結婚や離婚，親子関係，相続のルールなどを定めています。

　明治民法（1898年施行）には，武士社会の家族理念をもとに「家」制度が定められていました。「家」は，家族の長としての戸主とその家族で構成され，原則として戸主は男性でした。戸主には，その家族を統率する強い権限が認められ，家の財産をすべて管理しましたが，一方で，両親，祖父母などの尊属を最優先とする扶養義務が課されました。さらに，原則として父のみが子どもの親権をもち，妻には厳格な貞操義務が課されるなど，「家」制度は，全体として男女不平等な法制度だったといえるでしょう。1947年，日本国憲法の誕生に伴い，明治民法は大きく改正され，「家」制度は廃止されました。

② 現行民法の課題：家族法改正の背景とは

　1970年代に入ると，欧米諸国では多様な家族観を認め，また男女平等を徹底するために，家族法は改正されていきます。その内容は，非嫡出子への法律上の差別を改めたり，事実婚など多様な婚姻を承認していくものでした。日本でも，1980年代後半から，家族法の改正について検討されています。対象となった条文は，婚姻適齢（731条），再婚禁止期間（733条），夫婦同氏の原則（750条），非嫡出子の相続分差別（900条4号但書）など，多岐に及びます。

　1996年には，法務省法制審議会において「民法の一部を改正する法律案要綱案」が答申されましたが，夫婦別姓制度導入への価値観の対立が強く，改正は実現しませんでした。その後，婚姻適齢の男女差（2022年より男女とも18歳に）や非嫡出子の相続分の差別については，改正が実現し差別が解消しています。

③ 再婚禁止期間（民法733条）

　民法では，女性に100日の再婚禁止期間を定めています。この規定の目的は，再婚女性の産む子どもについて，父に関する法律上の推定（子どもの父が誰であるか）が，前夫と後夫で重複することを避けるためだとされています。かつては親子の鑑定技術が発達していなかったため，民法では婚姻の時期と出産の時

▷1　法律では，婚姻関係にない男女の間で生まれた子を「嫡出でない子」と表現し，裁判や法律学においては「非嫡出子」の用語が使われてきた。しかし，「嫡出」とは「正統，正出」の意味があるため，「嫡出でない子」を意味する「非嫡出子」には，差別的な意味合いもある。そのため，嫡出子を「婚内子」，非嫡出子を「婚外子」と表現することも多い。

▷2　2013年9月，最高裁判所は，嫡出子と非嫡出子の法定相続分に差を設ける旧民法900条4号が憲法14条の平等原則に反すると判断した。これに合わせて，民法も改正された。

期を基準に，子どもの父親を推定する仕組みをとっているのです。

再婚禁止は，女性のみが妊娠出産するという生物学的差異に基づく合理的な差別であると考えられてきました。しかし現在では，妊娠の有無の確認や，血液型鑑定・DNA鑑定などを使い，子どもの父を明確にすることが容易になっています。そのため，2015年12月には最高裁により憲法違反の判断が下され，再婚禁止期間は6ヶ月から100日に短縮されました。そもそも，再婚を禁止しても，性関係まで規制することはできないため，父子関係が安定せず，子に不利益にはたらくこともあります。また，女性への再婚規制は，その女性と結婚しようとする男性の自由を制約しているともいえるのです。

4 夫婦の氏（民法750条）

明治民法では，746条において「戸主及ヒ家族ハ其家ノ氏ヲ称ス」と定められ，氏は，「家」制度におけるそれぞれの「家」の呼称でした。現行民法では，750条に「婚姻の際に定めるところに従い，夫または妻の氏を称する」と定められています。これを「夫婦同氏の原則」と呼んでいます。

この条文では，夫婦どちらかの婚姻前の氏を「夫婦の氏」とするため，文言においては男女中立です。しかし，結婚するカップルの一方のみに改姓を強いるという夫婦間の不平等の問題や，女性の改姓が圧倒的に多い現状に対して，男女平等やライフスタイルに関する自己決定の視点から問題があると指摘されています。実際，改姓によって，氏の変更に伴う手続きの煩雑さ，職業上の不都合，アイデンティティの喪失など，さまざまな問題を感じる人がいます。現在，日本で結婚する夫婦の96％が，男性の氏を「夫婦の氏」としていて，改姓に伴う負担は女性の側に偏っています。また，互いの氏を尊重し，婚姻届を提出できない事実婚カップルも存在します。

民法750条は，男女平等や自己決定権を定めた憲法に違反するとの主張もあります。しかし最高裁判所は，2015年12月16日，事実婚夫婦ら5人が民法750条の違憲性について争った裁判において，「夫婦が同一の氏を称することは，上記の家族という一つの集団を構成する一員であることを，対外的に公示し，識別する機能を有している」として，夫婦同氏の原則は憲法に反しないと判断しました。なお，2001年以降，国家公務員には結婚後も旧姓の使用が認められ，民間企業でも同様の扱いが増えています。

5 勧告を受けて

国連においても，日本の民法改正の必要性が指摘されてきました。2016年3月，国連の女性差別撤廃委員会（CEDAW）最終見解では，民法733条や民法750条などを，男女平等の観点から「遅滞なく改正すべき」と要請しました。家族法改正は，国際的な視点からも急務の課題であるといえるでしょう。（立石直子）

▷3 民法772条では嫡出推定制度を定め，父親について二段階の推定がある。第一に，婚姻中に懐胎した子は夫の子と推定（1項），第二に，1項の「婚姻中に懐胎」とは，婚姻成立の日から200日後，または婚姻の解消もしくは取消しの日から300日以内に生まれた場合と定めている（2項）。

▷4 戸籍のない子の問題が指摘される。民法772条によると，離婚後300日以内に，女性が前夫ではない男性の子を出産すると，血縁関係はなくとも法律上，前夫の子として扱われる。真実の父の名前を「父親」として記した場合，出生届は受理されず，戸籍記載もできない。2007年5月以降は，離婚後の妊娠が証明された場合のみ，772条による推定を外すことが可能になったが，限定的な救済にすぎないといわれる。

▷5 夫婦の氏に関して，2017年「家族の法制に関する世論調査」（内閣府）では，婚姻による改氏で仕事上なんらかの不便があると考える人の割合は，全体で46.7％にのぼった。

おすすめ文献

†二宮周平（2007）『家族と法——個人化と多様化の中で』岩波書店。

†婚姻法改正を考える会編（1995）『ゼミナール婚姻法改正』日本評論社。

†民法改正を考える会編（2010）『よくわかる民法改正——選択的夫婦別姓＆婚外子差別撤廃を求めて』朝陽会。

2　社会とジェンダー／E　法というシステム

3 労働法と男女雇用機会均等法

1 労働法とは何か

　法の専門分野は、憲法、民法、刑法などに分かれています。労働法というのも、それらと同じように法学のなかの一つの専門分野ですが、民法や刑法などとは異なって、労働法という名前の具体的な法律はありません。現在の労働法は、労働組合法、労働基準法、男女雇用機会均等法（均等法）など、数多くの具体的な法令によって構成されている一つの法分野の名称です。

　広い意味で労働法という言葉が使われる場合、それは制定法だけを内容とするものではありません。労使間で締結される労働協約、使用者が制定する就業規則などの文書、文書化されていない労使慣行、さらには裁判所の判決や労働委員会の命令なども、労働法では重要な役割を果たします。それらが相互に機能しながら、働くことに関するさまざまなルールの束をつくっているのだと考えられます。

　戦時中には消滅していた労働組合運動の復活と同時に、第二次世界大戦後、日本の労働法は本格的に発展しました。当時の労働法の基礎を形成した法律は、団結権や争議権を定めた（旧）労働組合法（1945年）や、すべての労働者の労働条件保護を定める労働基準法（1947年）などでした。しかし1980年以降は、日本の労働事情も大きく変化し、労働条件や雇用保障に関する数多くの新たな法令が、制定・改正されてきました。ジェンダーに関わる労働法分野の法律としては、次に述べる均等法以外にも、育児介護休業法や短時間・有期雇用労働法などがあります。

2 均等法の制定と改正

　男女雇用機会均等法は、1985年に制定されました。それまで労働法分野の男女差別禁止規定としては、賃金差別を禁止する労働基準法4条しかありませんでした。しかし、国連の女性差別撤廃条約を批准するためには、賃金以外の男女差別を明確に禁止することが必要であり、均等法は、その法整備の一環として制定されました。制定時には使用者団体からの猛反対もあって、当初、均等法は大きな限界を伴いつつスタートしました。最大の問題点は、均等法が、募集、採用、配置、昇進の機会や待遇の均等を事業主の明確な義務とせず、単に「努力義務」と定めたところにありました。実効性のない法という評判が広がり、採用や昇

▷1　労働力構造の変化や雇用形態の多様化など。
▷2　1991年に育児休業法として制定され、その後、数次の改正を経てきた法律。正式名称は「育児休業、介護休業等育児又は家族介護を行う労働者の福祉に関する法律」。
▷3　正式名称は「短時間労働者及び有期雇用労働者の雇用管理の改善等に関する法律」。1993年に制定されたパートタイム労働法を2018年に大きく改正した法。
▷4　女性であることを理由とする賃金差別を、罰則つきで禁止する条文。
▷5　正式名称は「女子に対するあらゆる形態の差別の撤廃に関する条約」。この条約は、1979年に国連で採択され、日本は1985年にこれを批准した。批准した国は、女性差別撤廃委員会に4年ごとに報告書を提出しなければならない。

進の女性差別は，法の施行後も続きました。

その後，1997年の第一次改正で，均等法の努力義務規定は明確な義務規定となり，職場におけるセクシュアル・ハラスメント防止配慮義務規定と事実上の男女格差を是正するためのポジティブ・アクション規定が導入されました。2006年には第二次改正が行われ，このときから均等法は，男女双方に対する雇用差別を禁止する法律としての体裁をそれなりに整え，間接性差別を禁止する条文（7条）もできました。ただし，均等法で禁止されている間接性差別は，同法施行規則2条が定める3例のみに限定されており，きわめて狭いものでしかありません。

③ コース別雇用管理制度と雇用管理区分

均等法が制定・施行されたのを契機に，日本の大企業は「コース別雇用管理」と呼ばれる制度を導入しました。従業員を，基幹的な仕事を行う将来の管理職である「総合職」と，補助的な仕事で昇進が制限される「一般職」に区分し，それぞれの職掌のコースごとに異なる雇用管理を行うというもので，通常，転居を伴う転勤は「総合職」のみに課せられる条件とされました。企業は，女性も総合職を選択できるのだから平等だと強調しますが，転勤応諾要件は，事実上，女性による総合職選択を困難にするものでした。

しかも，均等法制定当初，労働省（現，厚生労働省）は，「女性労働者の福祉に反しないかぎり，女性のみの取扱いをしても均等法には反しない」という趣旨の「通達」を出していたので，企業はそれを奇貨として，「総合職：男女」「一般職：女子のみ」という募集・採用を実施しました。その結果，均等法以降に，性別による職域分離がかえって進んだとすらいわれています。

均等法は，現在，募集・採用時に転勤要件を課すことを，合理的な理由がないかぎり間接差別として禁止していますが，事実上，総合職の女性は少なく，大部分の女性は一般職です。しかも一般職の賃金等の処遇はきわめて低いという問題があります。女性が大半を占める一般職の低処遇は均等法違反だといえないのでしょうか。実は，厚労省の指針は，均等法は「同一の雇用管理区分」にある男女間の差別を禁止する法律だと解釈しています。この解釈では，一般職女性と総合職男性は「異なる雇用管理区分」にあるために，両者に処遇格差があってもそれを均等法違反だと主張することは難しいことになります。均等法の実効性を高めるためには，この法律を，異なる雇用管理区分の男女差別も禁止しているものと解釈させる必要があるでしょう。　　　（浅倉むつ子）

▷6 「間接差別」とは，特定のグループのひとびとに不利な結果をもたらすような，正当性のない基準や条件のことをいう。女性に（あるいは男性に）不利益をもたらすような性中立的な基準や条件は「間接性差別」である。

▷7 均等法施行規則2条が定める間接性差別の3例とは，①募集・採用にあたり一定の身長，体重または体力を要件とすること，②募集・採用，昇進，職種変更にあたり，転居を伴う転勤を要件とすること，③昇進にあたり転勤経験を要件とすること，である。

おすすめ文献

†浅倉むつ子・島田陽一・盛誠吾（2015）『労働法　第5版』有斐閣アルマ。
†浅倉むつ子（2016）『雇用差別禁止法制の展望』有斐閣。
†竹信三恵子（2012）『ルポ賃金差別』ちくま新書。
†ジェンダー法学会編（2012）『講座ジェンダーと法2巻　固定された性役割からの解放』日本加除出版。

2 社会とジェンダー／E 法というシステム

4 刑法とジェンダー

1 刑法とは

　刑法とは，犯罪とそれに対する刑罰を定める法です。日本の刑法典は，たとえば，「人を殺す」ことは犯罪（殺人罪）であるとし，これに対する刑罰の種類（死刑若しくは懲役）と範囲（無期若しくは5年以上）を定めています（第199条）。また，犯罪と刑罰を定める法であれば，刑法典や軽犯罪法などの他，税法や労働基準法などの行政的取締法規の罰則規定なども広義の刑法に含まれます。

　刑法には，特定の行為を犯罪と定めることによって，その行為に対する否定的な評価を明らかにし，刑罰という制裁によって行為を思いとどまらせる機能（規制的機能），一定の利益や社会秩序を守る機能（法益保護機能）があります。したがって，刑法によって，何を守り，どのような社会をめざすのか，その国の価値観が示されます。

2 姦通罪と堕胎罪

　たとえば，戦前の刑法典には，姦通罪が定められていましたが，処罰されるのは妻（有夫の婦）とその姦通相手の男性だけで，夫（有妻の男）は処罰の対象外でした。家父長制の下，男系血統を重んじ，妻を夫の従属物とみる価値観を示すものであり，男女平等を定める日本国憲法制定に伴い改正されました。

　堕胎罪は，キリスト教の価値観から中絶を禁止する欧米にならって，また「産めよ増やせよ」の富国強兵政策のため，明治政府が定めたまま現在でも刑法典に残されています（第212条～214条）。一方で，母体保護法により，「母体の健康を著しく害するおそれ」等がある場合に，指定医師が行う中絶は適法とされますが，配偶者の同意が必要とされています。堕胎罪が示す価値観は，国家が，政策目的のために性と生殖を管理しようとするものであって，リプロダクティブ・ヘルス／ライツの考え方に対立します。

3 強姦罪から強制性交等罪へ

　強姦罪も，家父長制の下，父や夫の「財産」への侵害，血統を脅かす重罪とされてきました。夫による行為が免責され，妊娠に結びつく性交が「わいせつ行為」と区別されたのもそのためでした。これに対し欧米では，フェミニズムの影響のもと強烈な批判が巻き起こり，1970年代より女性の性的な自由や尊厳

▷1　明治40年4月24日法律第45号。
▷2　1947年10月26日の刑法改正により廃止。
改正前第183条　有夫ノ婦姦通シタルトキハ二年以下ノ懲役ニ處ス　其相姦シタル者亦同シ　前項ノ罪ハ本夫ノ告訴ヲ待テ之ヲ論ス但本夫姦通ヲ縦容シタルトキハ告訴ノ効ナシ
▷3　平成8年6月26日法律第105号。優生保護法の一部を改正する法律として制定された。
優生保護法（昭和23年7月13日法律第156号）が，「優生上の見地から不良な子孫の出生を防止するとともに，母性の生命健康を保護することを目的とする」とされていたのに対し，母体保護法では，「不妊手術及び人工妊娠中絶に関する事項を定めること等により，母性の生命健康を保護することを目的とする」と改められ，優生学的思想に基づく条文が削除された。
▷4　本書の「リプロダクティブ・ヘルス／ライツ」（198-199頁）を参照。
▷5　改正前第177条（強姦）
暴行又は脅迫を用いて十三歳以上の女子を姦淫した者は，三年以上の有期懲役に処する。→現（強制性交等）十三歳以上の者に対し，暴行又は脅迫を用いて性交，肛門性交又は口腔性交（以

を守るものへと改革が進められてきました。

　遅れること40年，2017年，日本でもようやく刑法が改正されました（7月13日施行）。強姦罪が強制性交等罪に罪名が変更され，口淫や肛門へのペニスの挿入も対象とされ，男性も被害者に含められました。法定刑の下限が3年から5年に引上げられ，強盗罪（第236条）の法定刑に並びました。

　しかし，最大の問題である「暴行又は脅迫」を要件とする点は改められませんでした。判例では，強姦罪の手段としての暴行・脅迫は「反抗を著しく困難とさせる程度のもの」であることを要すとされており，「ある程度の有形力の行使は，合意による性交の場合でも伴う」「些細な暴行・脅迫の前にたやすく屈する貞操の如きは本条（刑法177条）によって保護されるに値しないというべきであろうか」というのがその理由とされています。法解釈や運用も含めて，性的自由や尊厳を守るための改革は，まだまだ道半ばです。

④ 売春防止法

　日本の売春防止法は，買売春を禁止し，勧誘や周旋，いわゆる「管理売春」など「売春を助長する行為等」は処罰の対象としていますが，売春や買春そのものは処罰の対象とはしていません。したがって，売春助長行為等として，業者や女性など売る側が処罰されることはあっても，買う側が処罰されることはありません。ソープランドもファッションヘルス，のぞき部屋，テレクラなども，風俗営業法により都道府県の公安委員会からの「許可」により，合法的に営業を行っており，性風俗産業は花盛りです。一方，スウェーデンでは，買売春を女性に対する暴力であり，男女平等を妨害する搾取の一種と考え，路上，売春宿，いわゆるマッサージ施設など，場所のいかんを問わずあらゆる形態の性的サービスの金銭による取得を禁止し，買う側のみを処罰の対象としています。買売春に対する考え方の違いは歴然としています。

⑤ DV法・ストーカー法

　女性たちの力の粘り運動によって，2001年4月，DV法が制定されました。夫から暴力を受けて傷害まで負っても，「夫婦喧嘩」としてまともに取り合われなかったのが，DV法の制定により，暴力であり犯罪であると認識されるようになり，接近禁止等の命令に背くと刑罰が科せられるようになりました。また，「桶川ストーカー殺人事件」を契機として，2000年11月24日には，ストーカー法も施行されています。ストーカー被害を訴えた女性に対し，「そこまで惚れられたら女冥利だろ」と述べた呆れた弁護士がいましたが，悲惨な事件とストーカー法によって，ストーカー被害の深刻さも，理解されるようになりました。

　法律は，私たちの力で，新しくつくることができるし，変えることができるのです。そして，法律を変えることによって，社会を変えることもできるのです。

（養父知美）

下，「性交等」という。）をした者は，性交等の罪とし，五年以上の有期懲役に処する。

▷6　広島高裁昭和53年11月20日判決。判例時報922号111頁。このケースでは，裁判所は，加害者が被害者を押し倒して衣服を引きはがした，被害者が泣きながら「帰らせて，やめて」と言っていたことを事実認定しながら，強姦罪の成立を否定した。

▷7　注釈刑法四巻・有斐閣，1965年，298頁。

▷8　昭和31年5月24日法律第118号。

▷9　風俗営業等の規制及び業務の適正化等に関する法律（昭和23年7月10日法律第122号）。

▷10　配偶者からの暴力の防止及び被害者の保護に関する法律（平成13年4月13日法律第31号）。同年10月13日施行。

▷11　1999年10月，埼玉県桶川市のJR駅前で女子大生が元交際相手の男性にストーカー行為を繰り返され，殺害された事件。

▷12　ストーカー行為等の規制等に関する法律（平成12年5月24日法律第81号）。同年11月24日施行。

おすすめ文献

†ジェンダー法学会編（2005）『暴力とジェンダーと法』日本加除出版。

†斎藤有紀子編著（2002）『母体保護法と私たち――中絶・多胎減数・不妊手術をめぐる制度と社会』明石書店。

†DV法を改正しよう全国ネットワーク（2006）『女性たちが変えたDV法』新水社。

2 社会とジェンダー／E 法というシステム

5 国際人権法

1 国際法の一領域としての国際人権法

　歴史が 'his story' であったように，国際法も，男性が，男性の視点で，男性のためにつくってきたものであるといって，過言ではありません。国際法は，「国家間の関係を規律する法」と定義されるように，国家中心の考え方に基づき，国家の代表者たち（ほぼ例外なく男性）が，相互の利益を調整してつくりだしてきた法体系なのです。それは，国際法の主体（権利義務の担い手）が，企業，政府間国際機構，非政府組織（NGO），個人までも含むように多様化した現在も，基本的に変わっていません。個人，とくに女性が，国際法の形成に関わる機会は限られています。また，16,17世紀のヨーロッパで生まれた国際法は長い間，西欧諸国が独占し，自らに都合よく使ってきたことから，普遍化した現在も欧米中心主義の傾向を引きずっています。国際法は，アジア・アフリカ諸国に対する植民地支配の暴力と収奪を容認したことを今も反省しておらず，「北」（いわゆる先進国）優位の国際政治経済構造と甚だしく不均衡な資源配分を不問にしています。国際法の一領域である国際人権法も，国際法の持つそれらの制約から自由ではありません。

　他方，20世紀後半における国際人権法とその国際的保障システムの発展が，国際法と国際社会のあり方に与えた影響も小さくありません。画期的なのは，従来，内政不干渉原則によって外部からは批判さえ難しかった人権問題が，国際的関心事項となったことです。不完全ながらも，武力行使は原則的に禁止され，国際人道法が発達して戦争犯罪は裁かれ，国家単位でしかとらえられていなかった安全保障や開発の取組みに人間に注目する視点が導入されました。2005年からは，国連のあらゆる分野の活動で人権の視点を強化する「人権の主流化」の取組みも始まりました。

2 国際人権法とジェンダー

　18世紀末にすべての人間の平等と基本的な人権を謳ったアメリカ独立宣言とフランス人権宣言は，そこでいう「人間」に女性を含めていませんでした。西欧諸国を含めて，女性が参政権を獲得するのはずっと後のことです。20世紀半ばには，国連憲章や国際人権章典に男女平等が明文規定されますが，それだけでは不十分なことが次第に明らかになり，1970年代には女性差別撤廃条約が国

▷1　植民地支配の実体は，武力侵略，大量殺戮と破壊，政治的・経済的・文化的支配による物的・人的資源の継続的搾取，同化の強制と制度的差別などであり，現代では疑いもなく，「人道に対する罪」であり，大規模な人権侵害であった。旧植民地の多くは，現在も開発途上国として，その後遺症及び新植民地主義の実践ともいうべき欧米主導のグローバル経済構造に起因する諸問題に苦しんでいる。

▷2　武力紛争の方法や武器を規制し，個人の保護と尊厳の維持を確保しようとする国際法規の総称。

▷3　アメリカ独立宣言では奴隷や先住民族も除外され，フランス人権宣言では，一定の財産を所有するキリスト教徒の白人男性だけに人権が認められた。

▷4　世界人権宣言と2つの国際人権規約（いわゆる自由権規約と社会権規約）を合わせたもの。

連総会で採択され,「国際女性年」や「国連女性の10年」といったキャンペーンも活性化します。それは,1960年代以降,女性解放運動が世界的に広がり,力を増したことの成果でした。1975年から1995年まで4回開催された世界女性会議には,毎回,世界中から数千人の女性運動家が集結して声をあげました。そうした声に押されて,国連では,不十分ながらも,あらゆる分野での男性中心傾向を批判的に見直し,改善する「ジェンダー主流化」の取組みを始めました。

しかし,国連を構成し,決定権をもつのは国家です。人権侵害の大部分は国家によって行われる一方,人権条約の策定やその国内実施の主要な担い手も国家なのです。近年,女性が増えたものの,政府代表や専門家の圧倒的多数は男性です。長年,女性に対する暴力は,人権問題ととらえられていませんでした。日本を見ればわかるように,女性差別撤廃条約を批准しても,またそれを契機に国内法・行政制度を整備しても,それで性差別が減り,女性の地位が向上するとは限りません。今後も草の根から国際まで,あらゆるレベルでの広範な女性による闘いと連帯が,女性の権利状況を決定するでしょう。

▷5 国内と国際のあらゆる政策や事業等にジェンダー格差解消の視点を導入する取組み。

3 積み残された課題

国際人権法にジェンダーの視点を入れてかき回しただけでは不十分です。女性は決して均質な集団ではなく,内部に多様性と不均衡な力関係を抱える集団です。地域や国家間の違いに加え,どの国にも都市部と農漁村,民族,階級・階層などに沿った分断と格差があり,女性の置かれる状況も経験もニーズも違います。女性の多くは,上記の分断要因のほかに「人種」,国籍,障がいなどによるさまざまな差別を経験します。女性差別以外の差別を経験しない女性――特権的地位にある女性――とくに欧米の白人中流階級で異性愛指向の女性がフェミニズムを主導し,女性を代表してきました。国際人権保障システムにおいても,マイノリティ女性に対する複合的差別とその影響に対する関心と取組みは,まだきわめて不十分なのです。その克服のために何よりも重要なのは,一人ひとりが,さまざまな力関係と抑圧構造における自己の優越的地位と特権,加害性を検証し,責任を自覚して行動することでしょう。とくに,途上国に蔓延する極度の貧困をはじめ,地球規模の構造的暴力について「北」の市民の責任は重く,無関心は現状維持に加担する行為なのです。

近年,人権や女性の解放などが大規模な殺戮と破壊の正当化理由にされることも,大きな懸念事項です。たとえば,戦争の大義が失われ,戦争の正当性が疑問視された状況のイラク戦争では,独裁からのイラク市民の解放が,アフガニスタンでは抑圧された女性の解放が,戦争の成果として宣伝されてきました。それが,事実からも現地のひとびとの願いからもかけ離れたプロパガンダであることは,イラクのひとびとやアフガン女性が鋭く告発しています。私たちは,そうした人権の政治利用に大きな警戒心をもつ必要があるでしょう。　　(元　百合子)

▷6 皮膚の色や外形的特徴によって人間を分類できると考えること自体,非科学的であり,人種(差別)主義であるため,カッコに入れる。

▷7 本書の「エスニシティ」(90-91頁)及び「マイノリティ女性の人権」(188-189頁)を参照。

▷8 吉岡一(2008)『イラク崩壊――米軍占領下,15万人の命はなぜ奪われたのか』合同出版;ジョヤ,マラライ/横田三郎訳(2009=2012)『アフガン民衆とともに』耕文社。

おすすめ文献

†チャールズワース,ヒラリー・チンキン,クリスティーン/阿部浩己監訳(2000=2004)『フェミニズム国際法――国際法の境界を問い直す』尚学社。

†阿部浩己(2010)『国際法の暴力を超えて』岩波書店。

†植木俊哉・土佐弘之編(2007)『国際法・国際関係とジェンダー』東北大学出版会。

3　身体とジェンダー／A　生物としての人間

① 自然科学とジェンダー

▷1　「科学」は，自然科学・工学・数理科学（数学，コンピュータ・サイエンス，情報理論など）を含むものとする。

▷2　「男女共同参画基本計画（第2次）」（2005年12月閣議決定）と「第3期科学技術基本計画」（2006年3月閣議決定）は，日本の科学技術政策史上初めて，ポジティブ・アクション（積極的差別是正措置）採用への道を開いた。桑原雅子（2011）「「男女共同参画」政策の展開と科学技術」吉岡斉編『「新通史」日本の科学技術』（第3巻）原書房，326-345頁を参照。

▷3　20世紀前半の物理学革命に大きな貢献をした女性物理学者の存在は皮肉な現象である。そのひとり，リーゼ・マイトナーがスウェーデン王立アカデミーの会議（1945年11月14日）に出席した際に，彼女の似顔絵を描いた男性物理学者は，そこに"氏？　夫人？　マイトナー嬢？"と書き込んだ。『パリティ』1998-09号, Vol. 13, No. 09, 22頁。

▷4　[A]を表出的（expressive）志向，[B]を道具的（instrumental）志向ともいう。[B]は，もともと専門職役割の分析に用いられたものであるが，T・パーソンズは，それを

❶ 「女性は自然科学・工学に不向き」という神話の盛衰

「女性は科学に不向き」という神話が，公の場で声高に語られることは，昨今ではまれになりました。この20年ほどの間に，日本の「科学における女性」の位置は大きく変化しました。1980年代末から90年代にかけて，若者の科学技術離れが憂慮され，高齢化社会到来の予測とも相俟って，男性の人材不足を補う「猫の手」として女性科学者に期待が寄せられました。ところが今世紀に入ると，経済の低迷と社会の閉塞感を打破するには，単なる補完ではなく，科学技術分野の中核に女性の参入を促すほかないと，女性の活用を推進する国家の施策が強力に展開されるようになりました。

しかし，「物理学・工学は女性には無理だ」に象徴される，知的活動のジェンダー非対称を唱導する神話は，依然として影響力を保っています。確かに物理学と工学は，女子学生も女性研究者も著しく少ない分野です（建築・生物工学は例外）。まるで女性向き科学と女性を寄せつけないハードな科学があるかのようです。20世紀物理学の成功物語に「女に物理はできない」という神話がシンクロナイズするとき，物理学の威信はいっそう高まるのです。

❷ 神話の由来を辿る：女性の特性論と科学

「科学とジェンダー」にまつわる神話の由来を考察することは，「近代科学とは何か」を根源的に問うことにほかなりません。まず神話の背景として，西欧近代において(1)職業と家庭生活の公領域と私領域への分離が都市中産階級に及ぶ過程で，公領域からの女性の排除と周縁化が進行したという社会の状況，(2)18世紀の科学啓蒙主義は，科学の公的・支配的性格と威信を強め，そのなかで科学の文化が醸成されたという科学の状況があげられます。

19世紀には，科学者という専門職が誕生しました。科学からの女性の排除は，科学の制度化によって，いっそう厳格になりました。国民国家の諸制度の整備，産業革命以後の工業化の進展に伴い，身分制による職業継承，職人のギルドによる技能の伝承が崩れ，専門職養成が高等教育の課題になりました。

一方，近代国民国家の成立は国民軍の創設と切り離せません。フランスでは，軍人養成機関であるエコール・ポリテクニークが，科学・工学教育を担いました。このフランス・モデルは，アメリカの科学・工学教育のスタートに大きな

影響を及ぼしました。陸海軍人や工兵将校（水路，鉄道，鉱山など）の養成と連関して，科学・工学教育が導入されたのです。科学の営為の専門職化及び軍人養成と科学・工学教育との緊密な関係が，「科学とジェンダー」にまつわる神話生成の有力なソースと考えられます。

20世紀前半には，専門職の分化，高度化に対応して，当時の社会学・心理学・性科学などが，こぞって職業適性の問題に取り組みました。ホワイトカラーへの女性の進出に呼応して，両性それぞれの特性（女らしさ／男らしさの尺度）が研究対象になりました。そして，人間の属性・行動様式の二類型モデルが提唱されました。たとえば，［A］感情性 集合体志向 所属本位 無限定性 個別主義，［B］感情中立性 自己志向 業績本位 限定性 普遍主義。［A］を総合的・情緒的，［B］を分析的・論理的とも表現します。当時の権威ある学問は，この二類型を女性と男性の特性として割り振ったのです。

このような類型の両性への配当に何の根拠もなく，社会の仕組みや文化によって変化するものであることを，ジェンダー・スタディーズはあきらかにしてきました。この女性と男性に割り振られた特性を首肯すると，「女性は分析的，論理的でないから物理向きではない」は，説得力をもったフレーズになります。同じ自然科学であっても，物理学は自然哲学の系譜をひきつぐ分析的科学，生物学は自然史の系譜であり記述的科学です（ただし，分子生物学は，多分に物理学の影響を受けています）。

3 科学の「女性問題」から科学知の「ジェンダー分析」へ

神話の起源を辿る過去への旅は，科学を対象とするジェンダー・スタディーズへのよい道案内でした。「女性科学者はなぜこんなに少ないのか？」「女性は科学に向いていないのでは？」という問いを出発点に，過去の女性科学者の業績の発掘やその生き様の考察，科学知識が生産される過程の調査分析などが行われ，女性の進出を阻む社会的要因，科学コミュニティの文化の男性中心主義があきらかにされました。

1970年代に第二波フェミニズムによって「ジェンダー概念」が導入され，科学知識自体がジェンダー分析の対象となりました。フェミニズム科学論，あるいはフェミニズム科学批評と呼ばれ，欧米では1980〜90年代に多くの著作が世に出ました。

西欧近代科学は，20世紀の後半にはグローバルに拡散し，文化や伝統の異なる非西欧の各地に展開しています。地理的拡大や女性の進出によって，科学の担い手は多様化しつつあります。担い手のみならず，政策決定過程への多様なひとびとの参加が求められています。多様性のなかの科学を対象とするジェンダー・スタディーズに日本の科学論も取り組むべき時がきています。

(桑原雅子)

家庭における男性役割に振った。パーソンズ，T.／橋爪貞雄ほか訳（1955=1970-71）『核家族と子どもの社会化』（上・下）黎明書房。
▷5　S.トラウィークは，日本の高エネルギー研究機構（KEK）では，女性研究者は男性研究者よりも集団意識が低く業績志向が強い，と述べている。Traweek, Sharon (1988) *Beamtimes and Lifetimes: The World of High Energy Physicists*, Harvard University Press, p. 104. 国立遺伝学研究所の堀田凱樹元所長は，遺伝学研究所の女性研究者が男性より論理的・分析的傾向が強いと指摘し，理由を，女性に対する選別と淘汰の厳しさに求めている。堀田凱樹ほか（2007）『遺伝子・脳・言語』中公新書，39頁。
▷6　物理学と生物学（とくに生態学）の対置，古典力学と量子力学・複雑系の科学の対置を，男性原理／女性原理に重ねるという誤りが初期のフェミニズム科学批評にみられる。桑原雅子（2011）「ジェンダー視点に立つ学術研究」吉岡斉編『「新通史」日本の科学技術』（第3巻）原書房，367-387頁を参照。

（おすすめ文献）

†シービンガー，L.／小川眞里子ほか訳（1999=2002）『ジェンダーは科学を変える!?』工作舎。
†Tuana, Nancy (ed.) (1989) *Feminism and Science*, Indiana University Press.
†クライン，V.／水田珠枝訳（1946=1982）『女とは何か』新泉社。

3　身体とジェンダー／A　生物としての人間

② 性差の科学言説

① 「性差」は何をどこまで議論するのか

「性差」について議論するのは，どういう分野でしょう。

「性差」のもつ意味は大きく変化してきました。遺伝的性別（男性，女性など）によってライフスタイルが決まる度合いが今より格段に高く，「ジェンダー」という語彙も一般化していなかった1990年代はじめまで，「性差」の意味はとても広く，今であれば「性別役割分業」として議論するようなことがらも「性差」として議論されていました。現在，「性差」として思い浮かぶのは，おおむね生物学的性差関連の事象でしょう。社会科学と自然科学の双方への目配りが必要です。

② 踏み絵としての「性差」の議論

生物学関連事象としての度合いが増すとともに，「性差」は，加速度的に議論しづらいトピックになってきました。「性差」の存在を認めると，「性差」の内容や「性差」が関与する状況全般が，何か《決まった》《変更不能》なものとなってしまいはしないか——そうした不安が生じ，生きもの，それもほ乳類なのだから，性差はあって当然——とはいいにくい状況になりました。同時に，「性差」の現状を肯定的に語るための裏づけが，科学，とくに《生きもの》を現場とする生物学のどこかにありはしないか探すという転倒した状況が生じたということです。

このように生物学の知見を動員しつつ，状況が決定づけられ，不変であるかのごとく論じる議論は，生物学決定論と呼ばれています。

③ 生物学決定論の問題

生物学決定論は，何が問題で，また生物学そのものと，どうちがうのでしょう。

わかりやすいのは，特定の主張のための議論であるゆえ，生物学分野の都合のよい部分がつまみ食いされ，針小棒大な議論が展開されていたり，標準的な内容のなかに，「性差」関連の都合のよい持論が挿入される結果，全体として「バイアス」がかかった内容となっていたりすることでしょう。しかし，より根本的な問題は，こうした議論では，生物学が《原因・背景・根本》として動員され，不動の存在であるかのように扱われている点だと思います。

▷1　高橋さきの (2003)「生命科学とジェンダー」『環』藤原書店，Vol. 12, 286-295頁。

▷2　生物学決定論は，「性差」についてだけでなく，さまざまなことがらについて動員される議論の様式。

▷3　北原恵 (1999)「境界攪乱へのバックラッシュと抵抗——「ジェンダー」から読む「環境ホルモン」言説」『現代思想』27(1), 238-253頁。

▷4　高橋さきの (2011)

4 変化・構築される存在としての生物学

実際には，生物学は変化する存在です。性そのものや，集団を扱う分野ですから，人間社会で性や集団を扱う際の発想も，実験や観察にもち込まれます。生物学は，そうした特徴を逆に生かすかたちで発展してきた分野ですが，その存立構造ゆえに，生物学決定論のような議論を派生させやすい分野でもありました。

DNAが「生命の設計図」「生命の青写真」として語られることの多かった1970〜90年代，また脳の各部分の機能を決定する研究の進んだ1990〜2000年代はじめ頃が，《決まっている言説》としての生物学決定論のピークの時期だったといえます。とはいえ，90年代以降経済状況が厳しくなり，男性が妻子を養うという了解が維持しにくくなると，「男は弱い」方の決定論言説も登場したりと，形を変えつつ登場するのがこうした言説の特徴です（表1参照）。

こうした状況では，社会科学分野と生物学分野を「往き来」し，性以外の事象も含めて総合的に理解することが大切です。生物学も，性をめぐっては過度の単純化を避ける方向にあります。生物系以外の人も食わず嫌いは避けること。生物系の人も，生物学以上に複雑なものを複雑なまま理解しようとする社会科学ならではの方向性を認めること。複数の現場を往き来しつつ，見えてきた内容をゆっくり咀嚼し，擦り合わせてみませんか。

（高橋さきの）

「性差をめぐる言説の大転換」桑原雅子・川野祐二編『(新通史)日本の科学技術——世紀末転換期の社会史1995年〜2011年』（第3巻）原書房，388-408頁。

おすすめ文献

†ハラウェイ，D./高橋さきの訳（1991=2000）『猿と女とサイボーグ——自然の再発明』青土社。
†高橋さきの（2006）「身体性とフェミニズム」江原由美子・山崎敬一編『ジェンダーと社会理論』有斐閣，138-152頁。
†高橋さきの（2011）「性差をめぐる言説の大転換」桑原雅子・川野祐二編『(新通史)日本の科学技術——世紀末転換期の社会史1995年〜2011年』（第3巻）原書房，388-408頁。

表1　生物学的性差言説の神話構造

主な分野	アカデミズムで生じがちな問題点	ポピュラーサイエンスや一般の言説の例
動物行動学，進化生態学，遺伝学など	◆◇過度の単純化 ◆特定事象の針小棒大な扱い ◆ヒト以外の特定種についての知見を，生きもの全般の基礎として呈示 ◇観察や統計処理のバイアス	「男は〜/女は〜」言説（「強い/弱い」，「能動的/受動的」，「攻撃的/受動的」など） 竹内久美子の一連の著作 「女は，母子関係の研究向き」
発生学，遺伝学，内分泌学など	◆◇過度の単純化 ◇探索方向や，観察や統計処理のバイアス ◆特定事象の針小棒大な扱い	「アダム」言説（性別を決めるのは男性側要因だとする言説） 「環境ホルモンによる精子減少の危機」言説
内分泌学など	◆◇過度の単純化 ◇観察や統計処理のバイアス ◆物質の命名（「男性/女性」ホルモン）	ホルモン関連言説 バイアグラ関連言説
解剖学，生理学など	◇◆平均値や最高値のみの議論（強い女や弱い男の議論からの実質的除外）	「男は強い/女は弱い」言説 「女は持続力/辛抱/反復作業向き」言説
脳科学など	◆「脳でこうなのだから」という重みづけ ◆◇過度の単純化 ◇観察や統計処理のバイアス ◆特定事象の針小棒大な扱い ◆特定の見解を一般的見解として発信	「男は〜/女は〜」言説（「空間能力/言語能力」「数学/国語」「天才型/秀才型」「おちこぼれ/優等生」「発想/調整」「システマティック/共感的」など） 「女は優しい」系言説（「介護や看護向き」など） 『話を聞かない男，地図が読めない女——男脳・女脳が「謎」を解く』（2002）
人類学など	◇狩猟活動のみへのフィーチャー ◆特定事象の針小棒大な扱い ◆特定の見解を一般的見解として発信	「男性=狩猟者・女性=採集者」説（「人類の進歩には，男性の狩猟活動が主に貢献」「狩猟活動ゆえに男性は空間知覚が発達」など） 『話を聞かない男，地図が読めない女——男脳・女脳が「謎」を解く』（2002） NHKスペシャル『女と男〜最新科学が読み解く性』（2009）
医学など	◇◆共通の問題を，準男女別の診療科（婦人科と泌尿器科など）で扱う ◇◆脳科学の項参照	「更年期は女性だけ」言説，「子どもの育て方」言説，「性差医学」というネーミング（原語はgender specific medicine）

◇主に研究に際しての問題点　　◆主に発信に際しての問題点
出所：高橋（2011）を改変。

3 身体とジェンダー／A 生物としての人間

3 技術・技術史

1 技術が見えてはじめてジェンダーが見える

　技術や科学技術に着目しつつ，社会や歴史を見ていくことは，大切な作業です。技術や科学技術が考古学での遺跡の発掘結果に相当すると考えれば，現場に足を運んで現場の言葉やロジックで発想しつつ，技術の領域に踏み込んで議論をたてることの重要性はすぐわかるはず。まずは，技術・技術史のアプローチから見えることをいくつかあげてみましょう。

2 「女性の社会進出」という虚構

　技術や技術史に着目すると，「働く」ことに関して多くのことが見えてきます。たとえば，「社会進出」という表現がありますが，ここで前提とされているのは，女性が家事以外の労働，とくに賃金労働，なかんずく製造業にはこれまであまり従事してこなかったという理解です。実際には，そうした女性不在は，たかだか戦後になって生じた状況です。

　日本の近代産業は繊維産業から立ち上がりました。この時期に，工場労働者の7～8割を女性が占めていたこと，また明治のはじめ，その後外貨獲得の主役となる製糸産業立ち上げに際し，女性と男性が共に技術移転を進めたことなどは，すっかり忘れられているようです。後者の技術移転の様子は，和田（旧姓横田）英の『富岡日記』や続編の『富岡後記』を技術内容に踏み込みつつ読んでいくと，いきいきと浮かび上がってきます。

3 「女は機械に弱い」という神話

　「男は機械に強い」「女は機械に弱い」——こうした「男は～」「女は～」といった性別特性論も，技術の周辺で君臨してきました。あたかも「生まれつき」のように語られるのが，神話たるゆえんです。技術史は，こうした神話を解きほぐす糸口にもなります。

　近代産業が本格的に立ち上がる時期の工場での労働環境は劣悪を極め，生糸の長時間労働や綿紡織の深夜業，不清潔な寄宿舎や低賃金をはじめとして問題が山積するなか，紆余曲折を経て工場法が定められました。労働時間をはじめとする労働条件が法律による規制の対象になることが示されたことには大きな意味がありました。しかし，この法律は，一定規模以上の工場で働く女性と子

▷1　『富岡日記』『富岡後記』
16歳だった和田（旧姓横田）英が，1873（明治6）年に開設された官営模範工場の富岡製糸場に，同郷信州松代の15人とともに伝習工女として学び，帰郷して製糸場（後の六工社）を立ち上げた記録。後年執筆。

▷2　高橋さきの（2008）「科学技術の現場から——工場法からテクノサイエンスまで」舘かおる編『テクノ／バイオ・ポリティクス——科学・医療・技術のいま』作品社，57-72頁。

▷3　工場法
1911（明治44）年公布，1916（大正5）年施行。当初15人以上の工場に適用。不十分ながら，女子及び年少者の労働時間等を規制し，1929（昭和4）年に深夜業を禁止した。1947年に労働基準法が制定されるまでの30年余り存続。

▷4　工場法9条「工業主ハ十六歳未満ノ者及女子ヲシテ運転中ノ機械若ハ動力伝導装置ノ危険ナル部分

どものみを対象とし，成人男性やそれ以外の子ども・女性を基本的に対象外としていたこと，工場でのエンジニア的な職種からの女性排除条項（第9条）が含まれていたことなど，大きな問題を抱えた法律でもありました。

工場法9条で，「運転中ノ機械若ハ動力伝導装置」に「調帯，調索」（ベルト）のつけはずしすらできないと規定され，つまり作業する機械のオン・オフの権限すら認められなかったこと，施行規則に細かく規定された数々のエンジニア的職種（職階としても上位）への就業を禁じられたことなどのもつ意味は大きく，その後，女性の就業職種の制限要因となってきました。この9条は，長らく，女性や子どもの保護条項として理解されてきましたが，技術の具体的現場に踏み込んで考えれば，この9条がもつ意味は自ずとあきらかです。

工場法は，大変不十分ながらも労働者を守る大切な法律であった一方，エンジニア的職種への女性の就業を阻むことで「女は機械に弱い」神話を醸成し，男らしさ・女らしさなど《〜らしさ》言説の震源地の役割も果たしてきたわけです。

4 職域は変化し，付随する「〜らしさ」言説も変化する

もう一つ，技術の現場では，性別ごとの職域は時期によって変化し，職域と不可分の特性言説も一律ではありませんでした。

戦争の拡大に伴って労働力不足が深刻化した時期に職域区分が一斉に崩れ，それまで男性が担っていた職種に女性たちが就くようになった戦時動員時の様子や，戦後の復員によってそうした体制が覆ったことはよく知られています。

しかし，女性と縁遠いと考えられがちな金属加工分野でも，そのはるか以前，日立製作所では大正初期，豊田自動織機でも大正後期から，科学的管理法的発想のもと，鋳物の中子製造や成型・切削加工といった現場で多数の女性が働いてきました。そうした人材を供給してきたのは，近隣の炭鉱や農家などの現場です。

こうした状況は，20世紀後半以降の産業文化に慣れ親しんだ目からは想定外であるゆえに見落とされてきました。しかし，時代が変わり目を迎え，ウェブ化された社会の様相も明瞭になってきつつある現在，過去のこうした多様な状況について理解しておくことは，変わり目を生き抜く基礎体力になるはずです。

5 サイボーグというアプローチ

さて，ジェンダーをめぐる発想の起点ともいえる「からだ」と技術とが出会う現場となるのが，機械と人間のインタフェースです。20世紀後半以降ともなると，機械と生きものである人間を以前のように分割して考えることはできなくなり，分割線の移動や複数性も含め，「サイボーグ」概念も導入して議論が進められるようになってきています。まずは，「技術」を通して「からだ」を見る作業，そして「技術」という現場を「からだ」を通して見ていく作業を丁寧に行うところからはじめてみませんか。

（高橋さきの）

ノ掃除，注油，検査若ハ修繕ヲ為サシメ又ハ運転中ノ機械若ハ動力伝導装置ニ調帯，調索ノ取附ケ若ハ取外シヲ為サシメ其ノ他危険ナル業務ニ就カシムルコトヲ得ス」

▷5 　高橋さきの（2008）前掲書，57-72頁。

▷6 　「炭鉱の辺で鋳物をやりますと必ず女工は使役し得ると存じます」（馬場条夫（1939）「女工の使役」日本工業協会編『戦争と労働』日本評論社，163-210頁），「鋳物の型込，しん取りのように，胡座で衣服が汚れるシゴトでも気にとめず」（トヨタ自動車工業株式会社社史編集委員会編（1958）『トヨタ自動車20年史──1937-1957』トヨタ自動車工業）などといった記録が残っています。

おすすめ文献

†高橋さきの（2008）「科学技術の現場から──工場法からテクノサイエンスまで」舘かおる編『ジェンダー研究のフロンティア 第四巻 テクノ／バイオ・ポリティクス──科学・医療・技術のいま』作品社，57-72頁。

†桑原雅子・後藤邦夫（2011）「雇用・労働のジェンダー構造とその変化」桑原雅子・川野祐二編『（新通史）日本の科学技術──世紀末転換期の社会史1995年〜2011年』（第3巻）原書房，454-472頁。

†高橋さきの（2011）「性差をめぐる言説の大転換」桑原雅子・川野祐二編『（新通史）日本の科学技術──世紀末転換期の社会史1995年〜2011年』（第3巻）原書房，388-408頁。

3 身体とジェンダー／A 生物としての人間

4 脳の性差論

1 脳の性差：自然科学とジェンダーをめぐるホットな話題

自然科学とジェンダーに関する話題として，近年とりわけ目立つのが「脳の性差」です。近年は脳画像技術の普及の影響もあり，認知・行動に関わるさまざまな脳部位に関して，構造上・活動上の性差が報告されています。こう書くと，「男女の考え方や行動が違うのは，脳が違うからだったのか」と感じられるかもしれませんが，このような考え方には注意が必要です。

2 脳の性差を考えるうえで注意すべきこと

脳の性差が認知・行動面における差にどう関わっているのかは，はっきりしていません。ある脳部位の活動の性差と行動上の性差の間に相関関係が見られたとしても，それだけでは，なぜそのような関係があるのかは明らかになりません。脳部位が行動の決定に関わっている，逆に行動が脳活動を変化させている，より複雑な因果関係があるなど，さまざまな可能性が考えられます。

そもそも，人間の能力や認知・行動の間に決定的な性差があるという科学的証拠は得られていないのが現状です。性差の有無がよく話題になるのは，言語能力や空間認知能力，数学能力，攻撃性などですが，いずれについてもこれまでの研究をふまえると，それほど顕著な性差は認められないこと，あるいは経験や学習の影響が大きいと考えられることが指摘されています。

脳の性差は生まれつき固定していると思われるかもしれませんが，これは誤りです。胎児期において，生殖腺（精巣／卵巣）からのホルモン分泌の違いにより，胎児の生殖器，そして性行動などに関わる脳部位における雄型／雌型の違いが生じることが知られています。ですが，脳の性差の要因はこれだけではありません。環境や経験における差も含め，さまざまな要因を考慮に入れる必要があります。

つまり，単に脳に性差があるというだけでは，それがどのような要因の影響をどの程度受けて生じたか，どのような結果をもたらしているのかはわからないのです。

3 脳の性差に関する短絡的な解釈とその背景

「脳に性差があることは科学的に証明されている。だから男女は決定的に違

▷1 カーヒル，L.／日経サイエンス編集部訳／古川奈々子翻訳協力（2005=2005）「やっぱり違う男と女の脳」『日経サイエンス』日経サイエンス社，35(2)，16-24頁。
▷2 カプラン，P. J.・カプラン，J. B.／森永康子訳（2009=2010）『認知や行動に性差はあるのか――科学的研究を批判的に読み解く』北大路書房。
▷3 カプラン・カプラン（2009=2010）同上書；ファウスト-スターリング，A.／池上千寿子・根岸悦子訳（1985=1990）『ジェンダーの神話――［性差の科学］の偏見とトリック』工作舎。
▷4 田中冨久子（2004）『脳の進化学――男女の脳はなぜ違うのか』中公新書ラクレ。
▷5 ホルモンの作用の違い，環境や経験の違いなど。
▷6 行動上の顕著な差を生む，ごくわずかな差のみ生じる，行動の差にはつながらないなど。
▷7 例として，ピーズ，A.・ピーズ，B./藤井留美訳（2001=2002）『話を聞かない男，地図が読めない女――男脳・女脳が「謎」を解く』主婦の友社。
▷8 Bishop, K. M. and Wahlsten, D. (1997) "Sex Differences in the Human Corpus Callosum: Myth

うのだ。」このような短絡的な考え方が広まってしまうことは，残念ながらしばしば起こります。たとえば，「左右の脳半球をつなぐ『脳梁』と呼ばれる部位の形態に性差があり，これが能力・行動上の性差を生んでいる」といった言説が，一般書やテレビ番組によく登場します。具体的には，女性は男性より脳梁が太く，左右の脳の連絡がよいため，いくつもの作業を同時にこなし，直感が鋭いのに対して，男性は一度に一つの作業しかできない……などと言われます。しかし実際のところ，脳梁の形・大きさの性差については，多数の研究結果の分析を通して，否定的な結論を導いた研究が知られています。現状では，脳梁の形態の性差を示す十分な証拠はなく，左右の脳の連絡のよさや能力の性差については，推測の域を出ないといえます。

「男女の考え方や行動の違いは全て『脳の性差』で説明がつく」という誤った考え――この背景には，2つの一般的な傾向があるといえます。

一つは「脳」のイメージに関するものです。「理系脳」「恋愛脳」「男性脳・女性脳」のように，「脳」という言葉はしばしば，個人の中心的な性格・特徴のたとえとして用いられます。この手の表現はインパクトがあり，科学っぽい雰囲気も漂っていて，もっともらしく聞こえます。しかし上で見たように，実際には脳の特徴は人の行動傾向や性格に直結するものではありません。このようなたとえは害のないジョークに見えるかもしれませんが，たとえば教育や雇用，政策決定のような文脈で「男性脳は／女性脳は～ができない」といった科学的裏づけをもたない言説が，「脳」という語のインパクトによって説得力をもってしまうことがあれば，事態は深刻です。

もう一つは「性」のイメージに関するものです。「男性か女性か」の違いは，人の行動傾向や性格の違いを決定づけるものと見られがちです。ですが，性が違うひとびとの間で具体的に異なっている点は，遺伝子やホルモンの働き方，社会環境や周囲から期待される行動様式などさまざまです。行動に現れる性差は，そのような多様な差異の相互作用を通して生じてきたものなのです。

4 さまざまな見方

短絡的な解釈は避けるべきという点をふまえたうえで，脳の性差や認知・行動の性差に関する研究結果をどう理解するか，さまざまな要因の影響の大きさをどう評価するかについては，見方がわかれるところです。文化的・社会的要因も無視できないが，遺伝子やホルモンの作用，ヒトの進化的背景といった観点もやはり重要であり，総合的に考えていくべきだという点を強調する研究者もいれば，多くの研究において性別に関するステレオタイプや社会規範などの影響が十分に考慮されておらず，生物学的・進化的要因の重要性が過大に見積もられていると警鐘を鳴らす研究者もいます。

(筒井晴香)

or Reality ?," *Neuroscience and Biobehavioral Reviews*, 21(5) : 581-601.

▷9 カプラン・カプラン (2009=2010) 前掲書；ヴィダル, C.・ブノワ=ブロウエズ, D.／金子ゆき子訳 (2005=2007)『脳と性と能力』集英社新書。

▷10 脳や脳研究に関して生じがちな誤解・単純化をめぐる問題については，以下を参照せよ。坂井克之 (2009)『脳科学の真実――脳研究者は何を考えているか』河出ブックス；信原幸弘・原塑・山本愛実編著 (2010)『脳神経科学リテラシー』勁草書房。

▷11 田中冨久子 (2004) 前掲書；長谷川眞理子 (2011)「ヒトの脳の性差をどう考えるか？――研究の視座から社会的意味合いまで」『生物科学』日本生物科学者協会，第62巻第4号，239-246頁。

▷12 カプラン・カプラン (2009=2010) 前掲書；ファウスト-スターリング (1985=1990) 前掲書；ヴィダル・ブノワ=ブロウエズ (2005=2007) 前掲書。

おすすめ文献

†カプラン, P. J.・カプラン, J. B.／森永康子訳 (2009=2010)『認知や行動に性差はあるのか――科学的研究を批判的に読み解く』北大路書房。

†田中冨久子 (2004)『脳の進化学――男女の脳はなぜ違うのか』中公新書ラクレ。

†エリオット, L.／竹田円訳 (2009=2010)『女の子脳 男の子脳――神経科学から見る子どもの育て方』NHK出版。

3 身体とジェンダー／A 生物としての人間

5 先端医療技術と女性

1 先端医療技術を利用できる人と利用を選択する人

　従来は治療できなかった病気を治せるようになる先端医療技術の報道は，わたしたちに医学・科学の進歩の恩恵を実感させます。でも，先端医療技術は必要な人は誰でも利用できるわけではありません。医療費が高額になる場合が少なくないため，経済状況が関わります。先端医療技術を提供する医療施設は大都市に偏在する傾向があるため，地域格差があります。さらには先端医療技術の提供の順番待ちが生じます。このように考えていくと，先端医療技術を受けるには社会的，文化的な要素（たとえば，階級，階層，民族，人種，年齢，性別／ジェンダーなど）が影響し，公平ではないことが見えてきます。

　女性が男性よりも先端医療技術に直面する可能性が高い事例として，子どもをもつ際の出生前検査・着床前検査があげられます。これは，胎児の発達状況や染色体・遺伝子の状態を，さまざまな検査技術によって調べ，その結果によって対処を決めるための検査です。胎児のうちに病気や障碍がわかれば，子宮からいったん出して手術する胎児治療や，生まれたあとに手術や投薬をすることによって対処できる場合もあります。ところが，病気や障碍の存在は検査できても治療できないために，妊娠を継続するか人工妊娠中絶をするかのいずれかしか選べないことが多いのです。さらに，生まれてくる子どもに重篤な遺伝性の病気が伝わるのを避けるために，妊娠する前に体外受精をして，その受精卵の染色体や遺伝子を調べたうえで，それを子宮に移植するかどうかを決める着床前検査という新しい方法があります。受精卵に重篤な遺伝性の病気があれば，その受精卵は子宮に移植しません。検査を受けるか受けないか，検査を受けて病気や障碍があることがわかったなら産むのか産まないのか，この選択とその結果は男性よりも女性に重い課題をつきつけます。先端医療技術が次々と可能にしてきたのは，胎児や受精卵の段階に病気や障碍を検査することであって，病気や障碍があるからといって産まないことを女性に押しつけているわけではない，といわれます。そうでしょうか。この検査技術は，病気や障碍がある子どもを産んで育てることに負の価値づけをしています。そして検査を受けるか受けないか，検査結果を受けて産むか産まないかを女性の選択とすることによって，選択とその結果の責任を女性に押しつけているのです。[1]

▷1　柘植あづみ・菅野摂子・石黒眞里（2009）『妊娠——あなたの妊娠と出生前検査の経験を教えてください』洛北出版。アメリカの状況と問題の指摘については Rothman, Barbara Katz（1986）*Tentative Pregnancy : How Amniocentesis Changes the Experience of Motherhood*; Viking Adult, R. Rapp, （1999）*Testing Fetus, Testing Mother : the Social Impact of Amniocentesis in America*, Routledge が充実している。

▷2　N. Scheper-Hughes, （2007）"The Tyranny of the Gift: Sacrificial Violence in Living Donor Transplants," *American Journal of Transplantation*, 7: 507-511.

2 先端医療技術と性別役割

　先端医療技術が女性の身体を医療資源の供給源として扱った事例を指摘しておきましょう。アメリカの医療人類学者のシェパー＝フューズはブラジルでの生体腎臓移植のドナー（臓器を提供する人）についての調査から，腎臓移植を必要としている人に腎臓の片方を提供するドナーになるのは，男性よりも女性に多いことを指摘しています。親族からドナーが選ばれることが多く，稼ぎ手ではない女性をドナーに選ぶ傾向があるからです。また，武藤香織は日本の生体肝臓移植のドナー調査の結果から，成人から成人への肝臓の一部分を提供する場合には，肝臓が大きい男性がドナーになることが多く，成人から子どもへの肝臓移植には，母親が子どもが重い病気にかかったことへの責任を感じて，また生活費などの収入を考慮して，父親ではなく母親がドナーになる傾向を報告しています。これらの調査結果が示すのは，先端医療技術がジェンダーをめぐる文脈（コンテクスト）と切り離されて存在するわけではないことです。

　最先端医療技術として注目されている再生医療の事例について見てみましょう。再生医療とはES（胚性幹）細胞やiPS（人工多能性幹）細胞などの人為的に培養した幹細胞を使って，病気や事故によって失った組織や臓器を修復させることをめざす実験段階の医療です。ES細胞を作成するには人の卵子か受精卵が必要となります。日本では不妊治療のために体外受精をしていた夫婦から余った受精卵を提供してもらいES細胞を作成します。韓国のソウル大学では，より難しい核移植（クローン）技術を使ったES細胞を作成する研究を世界に先駆けて進めていました。約200人の女性が研究用の卵子を提供しましたが，半数以上の人には法律で禁止されていた金銭の授受が発覚して問題になりました。卵子提供をした人は沈黙しているために詳細な理由はわかりません。ただ，金銭を受け取らずに卵子を提供した人たちは再生医療に期待をかけた重篤な疾患や障碍がある人の家族だったといわれています。また研究チームの女性研究員2名も，研究を進展させるためという理由から提供していました。家族や親族の治療のため，あるいは研究プロジェクトの上司や仲間のために提供したという理由に，女性の性別役割を見ることができます。

3 ジェンダー規範を強める先端医療技術

　臓器や生殖細胞を提供したり売ったりするのは女性に限りません。ただ，その動機として，男性はお金を稼ぎ女性は家族をケアすることが強調されます。先端医療技術が従来のジェンダー・バイアスを内包し，性別役割を押しつけるのはなぜでしょうか。それは技術を開発・応用する人と利用する人の双方が，ジェンダー規範を前提としているからです。先端医療技術がどんな影響を社会に与えるのかについてジェンダーの視点からの検討が必要です。（柘植あづみ）

▷3　武藤香織（2003）「『家族愛』の名の下に——生体肝移植と家族」『家族社会学研究』14(1)，128-138頁。及び，日本肝移植研究会ドナー調査委員会（2005）「生体肝移植ドナーに関する調査」http://jlts.umin.ac.jp/donor_survey_full.pdf（最終閲覧2012年4月）。

▷4　渕上恭子（2009）『バイオ・コリアと女性の身体——ヒトクローンES細胞研究「卵子提供」の内幕』勁草書房；粥川準二（2012）『バイオ化する社会——核時代の生命と身体』青土社。

▷5　洪賢秀（2008）「研究用卵子提供の何が問題なのか——韓国黄禹錫論文捏造事件を中心に」舘かおる編『テクノ／バイオ・ポリティクス——科学・医療・技術のいま』作品社。

▷6　本書の「性と生殖」（52-53頁），「「代理出産」をどうみるか」（208-209頁）を参照。

（おすすめ文献）

†大野明子（2003）『子どもを選ばないことを選ぶ——いのちの現場から出生前診断を問う』メディカ出版。

†ピコー，ジョディ／川副智子訳（2004=2009）『私のなかのあなた』（上・下）ハヤカワ文庫。

†柘植あづみ（2010）『妊娠を考える——〈からだ〉をめぐるポリティクス』NTT出版。

†柘植あづみ（2012）『生殖技術——不妊治療と再生医療は社会に何をもたらすか』みすず書房。

3 身体とジェンダー／A 生物としての人間

6 科学史とジェンダー

1 文化・社会的存在としての科学

「人文社会科学は人為的なものだから不確かだ。しかし自然科学は自然の法則だから確実だ」。ちまたにはこうした言説があふれています。多くの人がこう考えていると思います。科学史という学問も，19世紀から20世紀の半ばまでは，こうした「真理への一本道」的なイメージのもとで研究されてきました。ここには「科学だけは頼れる」「科学の結果が悪用されても，科学そのものに罪はない」，つまり「科学の価値中立性」という考え方が存在しています。

ではなぜ20世紀半ばに科学史が変化したのでしょうか。きっかけは第二次世界大戦でした。最終的に原爆が終了させたこの戦争は，科学と人間のあり方についてひとびとを動揺させました。このなかから「社会・文化的存在としての科学」——ある科学法則がある時代のある場所で生まれたとすれば，それはそのことと切り離して考えることはできない——という考え方が生まれました。また，科学法則が転換するときは，「厳密なデータが間違った法則を倒す」といった単純な理由ではなく，むしろそこに「新しいものの見方が生まれる」という要素の方が大きいということがあきらかになったのです。

▷1 クーン, トーマス／中山茂訳（1962=1971）『科学革命の構造』みすず書房。

図1 ジェンダー, エスニシティーに配慮して表紙の科学者像を選んだ『新・科学者伝記辞典』の表紙。

▷2 ケラー, エヴリン・フォックス／広井良典訳（1992=1996）『生命とフェミニズム』勁草書房。

2 ジェンダーの視点を入れた科学史

けれども，こうした新しいタイプの（男性）科学史研究者たちも，ある事実には長いこと気がつきませんでした。それは科学史に登場するのはなぜか男性ばかり，という事実です。実際，昔の科学史の本では，たまに女性が載っていても，「お飾り」的なスタンスで書かれていました。科学と宗教や政治の関係は注目されても，性の問題は放置されていました。本書の最初で解説されている第二波フェミニズム運動によってはじめて，科学のなかのジェンダー問題が議論され始めたのです。けれどもそれは文学や心理学，教育，社会学などといった分野へのフェミニストたちの切り込みに比べれば，ずいぶん遅れた「気づき」でした。しかもその気づきも，多くは医学の分野に偏っていました。

じつはこれこそがジェンダー問題でした。科学は世界中のほとんどの社会で（とくに近代科学を生み出した西欧では）「男の分野」でした。なかでも，数学的要素が強ければ強いほど，また生命との関係が薄ければ薄いほど「男の牙城」として聖域化され，誰もそのことを疑ってみたことすらありませんでした。

ですから第二波フェミニズム初期には，科学教育を受けた女性はわずかでしたし，ましてや数物系はさらに少数派でした。したがって，科学史全般もさることながら，医学や生物学以外の科学史におけるジェンダー問題に着目できる女性はほとんどいなかったのです。しかし1980年代半ばから変化が訪れ，科学史のさまざまな分野にジェンダーの視点を生かした研究が登場します。つまり「新しいものの見方」が生まれたのです。

3 科学史の新しい可能性

こうした「気づき」は科学史の新しい流れを生み出しました。近代科学はどういう経緯で男性独占の世界になったのか。それは一貫してこの傾向をもっていたのか。女性は本当に科学の発展に寄与したことがなかったのか。性は昔からあらゆる場所において，科学によってきっぱりと二分されたものだったのか。

ジェンダーの視点をもった研究者たちの科学史への参入により，こういった問題意識が科学史のなかに浸透し始めます。こうして，いままで中立な発言だとみなされていた科学者たちの言説のなかに，やはり文学や哲学のなかにあったのと同様なジェンダー・バイアスが発見されます。科学革命期の文献には，当初は「女性性」を取り入れる可能性のあった近代科学が，「女としての」自然を征服する「雄々しい学問」へと変化するさまが散見されます。そしてこれは17世紀西欧という時代と場所のジェンダー規範と切り離すことはできません。また，従来の科学史では無視されていた多くの女性研究者たちが「発見」されます。つまり見る気のない者には何も見えないのだということが，この分野でも明らかになったのです。

こうして，かつては聖女マリー・キュリーただ一人が燦然と輝いていた科学史の世界に，さまざまな女性たち，あるいはジェンダーに関する言説が登場します。この新しい歴史のなかでは，より「有用な」科学知識や技術が無条件に発展したりはしません。その知識が既存のジェンダー規範を脅かす場合には，科学者がそれを葬ることさえあることが明らかになってきました。たとえばヨーロッパでは，19世紀より18世紀の方が安全な堕胎薬を公然と使用できました。むしろあとの時代の女性たちが，祖母たちより野蛮な方法で秘密裏に堕胎を強いられ，命を落としていきました。こうした「流行」をつくった科学者たちは「わかっていて嘘をつく」のではありません。本気でその「正しい」方法を葬るのです。こうして，宗教や政治と並んで，ジェンダーもまた科学史を考えるうえで重要な要素となっていきました。

これらすべては，他の分野と同様，そのことに違和感を感じた当事者の女性たちによって始められました。当事者が声をあげることはここでも重要なのです。たとえ社会がそれを「価値中立」だといっても，あなたがそれに違和感を感じるなら，疑うことには意味があります。

（川島慶子）

▷3 ケラー，エヴリン・フォックス／幾島幸子・川島慶子訳（1985=1993）『ジェンダーと科学』工作舎。

▷4 シービンガー，ロンダ／小川眞里子・弓削尚子訳（2004=2007）『植物と帝国』工作舎。

おすすめ文献
†小川眞里子（2001）『フェミニズムと科学／技術』岩波書店。
†シービンガー，ロンダ／小川眞里子・東山佐枝美・外山浩明訳（1999=2002）『ジェンダーは科学を変える!?』工作舎。
†川島慶子（2010）『マリー・キュリーの挑戦』トランスビュー。

3 身体とジェンダー／A 生物としての人間

7 進化生物学

1 進化生物学の困った使われ方

　進化生物学は、さまざまな生物が現在の形態や機能をもつにいたったプロセスを進化の観点から研究する学問分野です。人間の性差を説明する科学的言説として、女性は大学に行くべきか、選挙すべきか、家庭の外で働くべきかといった議論で、肯定派／否定派双方の陣営で使われてきました[1]。他の生物学的言説と同じく曲解や誤用が頻繁にみられ、「進化でつくられた性質は変えられない」という生物学決定論の一つとして社会に影響を与えてきました。進化生物学の議論を誤解・歪曲した典型例としては、石原慎太郎都知事による「ババァ発言」[2]があげられます。

　進化生物学とは、どのような学問なのでしょうか。

2 ダーウィンの進化論と批判の歴史

　進化生物学の中核にあるのはチャールズ・ダーウィンが考案した自然淘汰と性淘汰の理論です[3]。とくに性淘汰は、さまざまな生物でみられる性差（体の大きさや色彩の違い、角や飾りの有無など）を説明する原理として考案されました。しかし当時から、内容に偏りがあるという指摘が女性研究者からなされていました[4]。たとえばアントワネット・ブラウン・ブラックウェルは、『人類の由来』出版の早くも4年後に、ダーウィンの著作がオスの形質や行動ばかりを詳しくとりあげ、メスがどのように行動や形質を進化させたかについて考察していない、と批判した文章を発表しています[5]。こうした的確な指摘にもかかわらず、メスの行動が真摯に調査されるようになるまでに100年近くを要しました。

3 フェミニズムによる進化生物学の改革と「メスの視点」

　進化生物学にフェミニスト的改革と呼ばれるほどの大きな変化が訪れたのは1960年代のことです。第二波フェミニズムの勃興を背景に、女性霊長類学者たちによって、各種の霊長類でメスを中心に据えた研究が進められるようになりました。先駆者の一人サラ・ハーディは、サルの子殺し研究を通して、メスの性的能動性やメス間の争い、母系ネットワークを通じたメスの連携の重要性を示しました。それまで霊長類学の前提とされてきたオスの攻撃性や支配、それに従うメスという固定観念を揺るがせたのです[6]。

▷1　ファウスト-スターリング, A.／池上千寿子・根岸悦子訳（1985=1990）『ジェンダーの神話──［性差の科学］の偏見とトリック』工作舎, 231-305頁。
▷2　2001年に石原都知事（当時）が述べた「生殖能力のない高齢女性は文明にとって有害で無駄な存在」とする一連の発言。閉経は進化的に有利な形質だと考える本来の「おばあさん仮説」とは真逆の主張である。
▷3　チャールズ・ロバート・ダーウィン（1809-1882）は、イギリスの博物学者。著作『種の起源』（1859）で自然淘汰を論じたあと、『人間の由来』（1871）で性淘汰を提案した。
▷4　小川眞理子（2001）『フェミニズムと科学／技術』岩波書店, 186-208頁。
▷5　アントワネット・ブラウン・ブラックウェル（1825-1921）はアメリカ初の女性牧師。進化論や教育論をめぐって活発に発言し、後にアメリカ科学振興協会の会員にも選出された。
▷6　ハーディー, S. B.／塩原通緒訳（1999=2005）『マザー・ネイチャー──「母

また，ダーウィンの時代にはあきらかでなかった遺伝機構の解明や観測・計算装置の発展が進み，1970年代には行動生物学という学問分野が発展しました。「進化は種の保存や繁栄の方向に働く」と考える群淘汰説は限定された条件でしか生じないことが示され，「メスは種の繁栄のため繁殖や子育てに適した形態に進化した」という考え方は否定されました。80年代になると進化生物学でもメスを行為主体とした研究が盛んに行われるようになりました。メスがオスの形質を指標に配偶者を積極的に選んでいるという配偶者選択や，母子間の利害の対立，メス同士の協力や競争など「メスの視点」を重視した研究によって，進化生物学の理論枠組みが大きく変わったのです。

❹ 生かされない進化生物学の知見

フェミニズムの立場に立つ進化生物学者たちの多くは，研究であきらかになった性の多様なあり様が，従来のステレオタイプな性差観を壊すのに役立つと考えています。しかし，進化生物学が解明してきた自然界でのさまざまな性のあり様は，十分社会に伝わっているとはいえません。たとえば，真社会性昆虫として知られるアリでは，働きアリや兵隊アリはメスなのに，商業映画では常にオスとして描かれます（そして女王アリと恋に落ちたりします。実際にはありえません）。カクレクマノミが主役の有名な映画でも，自然状態なら当然オスからメスへの性転換や稚魚の拡散が起きる状況なのに，描かれるのは血縁の父子の物語です。進化生物学の内容問題とは別に，進化生物学で得られた知見の社会での使われ方には現在も大きなバイアスが存在するのです。

❺ 進化生物学で現在の人間の行動の性差は説明できるか？

それでは偏見やバイアスが取り除かれれば，進化生物学は人間の形質や行動の性差を説明できるのでしょうか。これについては，フェミニズム内にも完全否定から肯定まで多様な立場があります。しかし，次のような理由から安易な結論は出せないと考えられています。

動物の種というものは，それぞれ独特の環境で進化してきたのですから，特定少数の種のデータに基づく一般化は危険です。人類についてさえ，進化の過程でどのような環境にいたのか，わかっていることは決して多くありません。たとえば，初期人類は狩猟採集民で「男が狩猟し，女が採集する」かたちで進化してきたのだという見解が一般社会や科学のなかでよく語られますが，実際には大型哺乳類を狩るより大型哺乳類に狩られる（つまり餌となる）時代の方が圧倒的に長かったという研究も出てきています。人類の進化に関しては，人類との比較に用いる動物種は何が適当なのか，初期人類での狩猟や採集といった活動の比率，性による役割分担の程度や内容，そうした分担は固定的だったのか柔軟だったのかなど，検討すべきことはまだまだ多いのです。　（水島　希）

親」はいかにヒトを進化させたか』早川書房，63-67頁；シービンガー，L./小川眞理子・東川佐枝美・外山浩明訳（1999=2002）「霊長類学，考古学と人類の起源」『ジェンダーは科学を変える!?』工作舎。
▷7　オルコック，J./長谷川眞理子訳（2001=2004）『社会生物学の勝利――批判者たちはどこで誤ったか』新曜社，34-41頁。
▷8　シービンガー（1999=2002）前掲書，166-172頁。
▷9　生物学の誤った使用法については，加藤秀一（2006）「ジェンダーと進化生物学」江原由美子・山崎敬一編『ジェンダーと社会理論』有斐閣，9-24頁。
▷10　ズック，M./佐藤恵子訳（2002=2008）『性淘汰――ヒトは動物の性から何を学べるのか』白揚社，325-346頁。
▷11　ハート，D.・サスマン，R. W./伊藤伸子訳（2005=2007）『ヒトは食べられて進化した』化学同人。

おすすめ文献
†ズック，M./佐藤恵子訳（2002=2008）『性淘汰――ヒトは動物の性から何を学べるのか』白揚社。
†ファウスト-スターリング，A./池上千寿子・根岸悦子訳（1985=1990）『ジェンダーの神話――［性差の科学］の偏見とトリック』工作舎，とくに「進化――社会生物学に組み込まれた女性」231-305頁。
†水島希（2008）「進化生物学とフェミニズム――『ババァ発言』と「Y染色体論」を読み解く」『女性学年報』日本女性学研究会，29号，1-24頁。

3　身体とジェンダー／A　生物としての人間

8 性同一性障害

1 国内の動向

▷1　GIDはGender Identity Disorderの略称。

　国内において，性同一性障害（GID）▷1という疾患概念が社会的に認知されるようになったのは，1990年代半ばのことです。性別適合手術（いわゆる，性転換手術）を希望する患者の主治医らが，埼玉医科大学倫理委員会にその実施許可を申請したことがきっかけでした。当時国内では，精巣摘出手術をした医師が優生保護法（現・母体保護法）違反の罪に問われた1960年代の「ブルーボーイ事件」以降，こうした手術の実施がタブー視されていたのですが，同委員会が「性同一性障害とよばれる疾患が存在し，性別違和に悩むひとがいる限り，その悩みを軽減するために医学が手助けをすることは正当なことである」と答申したことにより，国内での「GID医療」の整備が始まりました。1997年には日本精神神経学会が「診断と治療に関するガイドライン（初版）」を策定し，その翌年に（公に認知されたものとしては）国内初となる性別適合手術が実施されました。

　また2003年には，「性同一性障害者の性別の取扱いの特例に関する法律」が成立しました。これにより，「生物学的には性別が明らかであるにもかかわらず，心理的にはそれとは別の性別であるとの持続的な確信を持ち，かつ，自己を身体的及び社会的に他の性別に適合させようとする意思を有する者であって，そのことについてその診断を的確に行うために必要な知識及び経験を有する二人以上の医師の一般に認められている医学的知見に基づき行う診断が一致しているもの」で，5つの要件（(1)20歳以上であること，(2)現に婚姻していないこと，(3)現に未成年の子がいないこと，(4)生殖腺がないこと又は生殖腺の機能を永続的に欠く状態にあること，(5)その身体について他の性別に係る身体の性器に係る部分に近似する外観を備えていること）を満たしている場合に，家庭裁判所の審判を経て，戸籍上の性別を変更することが可能になりました。2010年末までに性別変更が認められた数は2200件を超えています。ちなみに，2007年末に「日本精神神経学会・性同一性障害に関する委員会」が実施した調査によれば，全国の主要専門医療機関の受診者数は7000人を超えており（複数の医療機関を受診している同一人物を含む），国内外ですでに手術を受けた人や未受診者，あるいは性別違和があっても治療（精神療法・ホルモン療法・手術療法）を望まないひとびとの存在を勘案すると，国内に存在する当事者は数万人超と推計されます。

② 性別違和と生きづらさ

　性別違和を自覚し始める時期としては「物心がついた頃」も多いとされ，岡山大学ジェンダー・クリニックの調査（N＝661）では，「小学校入学以前」（52.3％）が最も多く，全体の90.2％が「中学校まで」で占められています[2]。ただし，小児期の性別違和や異性役割行動は同性愛指向と強く関連しているといわれています。諸外国における追跡調査の結果では，性別違和を訴えていた人の大半が成長に伴って「性別移行（性転換）願望」の消滅あるいは減退を経験し，同性愛者や両性愛者として生活するようになっていたそうです[3]。

　当事者の直面する「生きづらさ」を顕著に表わしているのが，自殺関連の高い経験率行動です。性別違和を主訴とする患者1138名を調査した精神科医らの報告によれば，自殺念慮62.0％，自殺企図10.8％，自傷行為16.1％といった経験は，思春期にそのピークを迎えています[4]。岡山大学の患者を対象とした同様の調査においても，自殺念慮は全体の約7割，自殺未遂は約2割，全体の4分の1に不登校経験がみられるということです（小学校5.6％，中学校37.3％，高校31.1％）[5]。当事者の苦悩は，社会的スティグマや偏見・差別といったその他の性的マイノリティの経験と重なる部分も多いわけですが，性別違和を抱える児童・生徒にとってはとくに，二次性徴による身体的特徴の変化，おしゃれや恋愛が気になる思春期に複雑化する人間関係に加え，「ジェンダーの再生産装置」ともいわれる学校環境（制服や男女別トイレ／更衣室，あるいは「隠れたカリキュラム」の存在など）が引き起こす問題はさまざまに存在します。

③ 性同一性障害と性別違和

　現在，性同一性障害は，国際的診断基準として知られるWHOの国際疾病分類＝ICD-10（WHO, 1992）や米国精神医学会が刊行する「診断と統計マニュアル」＝DSM-IV-TR（APA, 2000）に記載された精神疾患名です。しかし，かつての同性愛をめぐる議論と同様に，社会の多数者とは異なる性のありようを病理化することへの批判は常に存在してきました。近く発表される改訂版（DSM-V及びICD-11）についても，性同一性障害という名称の変更や概念の再定義が検討されています。こうした議論の動向に影響力をもつ国際的専門職機関WPATHでは，ケアに関するガイドライン最新版＝SOC-7（2011年）の中で[6]「性別違和症（Gender Dysphoria）は精神疾患に位置づけられうるかもしれないが，生涯にわたる病態とは異なる」と言明し，従来のトランス・セクシュアルや，当事者運動から生まれたトランス・ジェンダーといった呼称に加えて，「ジェンダーに不服従なひとびと（Gender Non-conforming People）」という新語を導入し，治療ではなくケアの対象となる当事者像・ニーズの多様性を強調しています。

（東　優子）

▷2　中塚幹也（2009）「【連載】性同一性障害の生徒の問題に向き合う　第2回　思春期における性同一性障害の子ども」『高校保健ニュース』2009年10月28日付。

▷3　ズッカー，K. J.・ブラッドレー，S. J.／鈴木國文・古橋忠晃・早川徳香・諏訪真実・西岡和郎訳（1995＝2010）『性同一性障害　児童期・青年期の問題と理解』みすず書房。

▷4　針間克己ほか（2010）「性同一性障害と自殺」『精神科治療学』第25巻02号，245-251頁。

▷5　中塚（2009），前掲書。

▷6　WPATHはWorld Professional Association for Transgender Healthの略称。

おすすめ文献

†野宮亜紀・針間克己・大島俊之・原科孝雄・虎井まさ衛・内島豊（2011）『性同一性障害って何？――一人一人の性のありようを大切にするために（プロブレムQ&A）増補改訂版』緑風出版。

†ズッカー，K. J.・ブラッドレー，S. J.／鈴木國文・古橋忠晃・早川徳香・諏訪真実・西岡和郎訳（1995＝2010）『性同一性障害　児童期・青年期の問題と理解』みすず書房。

†石田仁編著（2008）『性同一性障害――ジェンダー・医療・特例法』御茶の水書房。

3 身体とジェンダー／B 身体／スポーツを考える

1 近代スポーツにおける女性の排除

1 近代スポーツへの女性の参加とその矛盾

　近代における女性のスポーツ参加は，19世紀終わり頃からしだいに盛んになりました。しかしそれは，男性が近代産業社会においてリーダーたる「男らしい」資質をもつようスポーツを奨励されたのとは異なり，男性とは身体的にも精神的にも劣った存在として異なる役割をもつことを前提に，社交や教養，養生目的で奨励され始めたものでした。

　以来，オリンピックなどの激しい競技への女性の参加は，「女らしさ」の社会通念や「出産機能への悪影響」という誤解から，長年にわたって抵抗を受け続けました。第2回オリンピック大会に女性が初参加して以来，その参加率が1割に達する（1952年）のに半世紀，2割に達する（1976年）のにさらに四半世紀を費やし，4割に達したのは21世紀に入ってからのことです。

　2012年ロンドンオリンピックは，イスラム教国からも女性選手が出場し，IOC（国際オリンピック委員会）加盟の全204カ国・地域が女性選手に門戸を開くとともに，全競技において女性選手の参加が可能になるなど，画期的な大会となりました。また多様な種目で日本女性選手の活躍が目立つ大会でもありました。いまや女性のスポーツは興隆を極め，もはやスポーツなど身体運動分野において性をめぐる課題は解決されているかのように見えます。

　しかしながら，そもそもオリンピックに代表される近代スポーツは「より速く，より高く，より強く」を競い合う筋力優位の基準に基づいて序列を決めるため，トップレベルの競い合いでは，女性の競技達成は劣位にみなされてしまいます。スポーツへの参加が女性イメージの変化や地位の向上，社会進出に貢献した反面，上述した近代スポーツにおける支配的な価値基準は，男性をスポーツの中心に位置づけ続け，多様なかたちで女性を周辺化しています。

2 近代スポーツにおける男性中心主義と女性の排除

　近代スポーツは「男らしさ」と密接に結びつき，それを証明するための重要な手段として男性中心に発展してきたため，スポーツには，女性を「女らしさ」に閉じ込めようとするジェンダー規範が色濃く存在しています。

　スポーツ関連メディアの送信者は圧倒的に男性であり，メディアが搬送するスポーツは，異性愛男性の視線をとおした「かわいい」「美しい」ステレオタ

▷1　來田享子（2004）「近代スポーツの発展とジェンダー」飯田貴子・井谷惠子編著『スポーツ・ジェンダー学への招待』明石書店，33-41頁。

▷2　日本スポーツとジェンダー学会データブック編集委員会編（2010）『スポーツ・ジェンダー・データブック2010』日本スポーツとジェンダー学会，14頁。

▷3　岡田桂（2012）「スポーツにおける男性中心主義」井上俊・菊幸一編著『よくわかるスポーツ文化論』ミネルヴァ書房，52-53頁を参照。

▷4　伊藤公雄（1998）「〈男らしさ〉と近代スポーツ──ジェンダー論の視点から」日本スポーツ社会学会編『変容する現代社会とスポーツ』世界思想社，83-92頁。

▷5　日本スポーツとジェンダー学会データブック編集委員会編（2010）同上書，63頁。

イプの女性像を再構築し，女性の競技達成の上に上書きします。ビーチ・バレーなどは，注目を集めるためにビキニの女性選手をアイ・キャッチャーとして多用し，競技者としてよりも性的魅力を売りにすることで，競技の価値を矮小化してしまいます。近年注目されつつある格闘技系スポーツで活躍する女性競技者を称賛する一方で，さまざまなメディアが仕組む「美女アスリート」への異性愛主義的なまなざしは，時として競技者としての彼女らのアイデンティティを混乱させ，苛立たせています。

スポーツ周辺のさまざまな指導的，意思決定役割における女性の過少代表の問題も無視できません。IOCは4年ごとに開く世界女性スポーツ会議の第2回大会（2000年）決議文で，スポーツ組織の意思決定機関における女性の割合を，2005年までに20％とする数値目標を示しました。しかし2012年6月現在でもIOC役員の女性割合は14.3％にすぎません。日本のスポーツ組織役員における女性割合も（公財）日本オリンピック委員会が9.6％，（公財）日本体育協会でも14.2％と，男性に偏ったジェンダーバランスとなっています。

近代スポーツの筋力優位主義思想や組織における構造的な男性中心主義は，組織そのものに権威主義的な性格をもたせ，その成員を絶えず序列化し続けています。セクシュアル・ハラスメントは不快な性的言動によって，女性や男らしさの序列の低位にいる男性を排除する行為として機能していますが，多様なかたちで女性が意思決定に参画することは，スポーツの支配的な価値観や排除・序列化機能に疑問を抱き，改善する可能性にもつながります。

③ 性の境界をめぐる闘争

近年のオリンピックにおける「性の境界」に関する議論は，スポーツがジェンダーをめぐる文化的闘争の場であることを雄弁に物語っています。

IOCは，性別確認検査や性別変更選手参加承認を経て，2012年ロンドン大会から，高アンドロゲン女性選手に対する規則を適用することを決めました。この規則には，高アンドロゲンというホルモン基準は社会における選手の性別を決定するものではなく，オリンピックという競技会の女性部門への参加資格を問うためのものであると記載されています。しかし，ホルモンの量によって「女性部門」への参加資格を奪われた女性選手は，オリンピック参加の道が閉ざされるだけでなく，今後の社会生活にも多大な影響を受けざるをえないでしょう。性別に対する疑いがつねに女性の側にのみかけられるという意味でも，性別確認検査と同様の問題がこの規則には残されているといえます。

人間の性別は本来完全に二分することはできないということを理解しつつも，とりわけハイレベルな競技スポーツの世界は性別二元制を維持しようとする矛盾のなかにあり，今もなお女性が排除される構造を残しています。

（熊安貴美江）

▷6 2012年7月26日『朝日新聞』記事「川澄先制ゴール五輪仕様」…着ている服や，ネイルアートなど，サッカーに関係ないところばかり取り上げられた。写真週刊誌にも追いかけ回された。「シンデレラと呼ばれるのは好きじゃない。サッカー選手として見られたい。」（川澄奈穂美選手コメント）

▷7 ある集団やカテゴリーの母数の人数に比べて，それぞれを代表する者の割合が低いこと。

▷8 IOC Regulations on Female Hyperandrogenism Games of the XXX Olympiad in London, 2012. (http://www.olympic.org/Documents/Commissions_PDFfiles/Medical_commission/2012-06-22-IOC-Regulations-on-Female-Hyperandrogenism-eng.pdf, 2012. 7. 16) これらの規則制定の経過については，本書の「身体能力の性差再考」(168-169頁)を参照。

（おすすめ文献）

†富山太佳夫（1993）『空から女が降ってくる――スポーツ文化の誕生』岩波書店。
†結城和香子（2004）『オリンピック物語――古代ギリシャから現代まで』中公新書ラクレ。
†西山哲郎（2006）『近代スポーツ文化とはなにか』世界思想社。

3 身体とジェンダー／B 身体／スポーツを考える

2 学校体育・学校スポーツ

1 男女で異なる体育カリキュラム

　女性差別撤廃条約の批准を受けて，1989年に学習指導要領が改定されるまでは，体育には男女で異なる単位数（高校）や学習内容が規定されていました。格技（現在は「武道」）は「主として男子」に，ダンスは「主として女子」に履修させるという記述があり，男女別の授業，男女で異なるカリキュラムが当たり前とされてきました。高校では，女子が家庭科を履修するぶん，男子の体育の履修単位が多く設定されていました。

　問題は，このような男女で異なるカリキュラムが今なお続いていることです。男子に武道を，女子にはダンスが選択の余地なく割り当てられているだけでなく，男子向き・女子向きのカリキュラムが組まれていることが調査の結果から推測できます。運動やスポーツは多様化し，かつては男性向きとされたスポーツ，たとえばレスリングや柔道などにも多くの女性が参加し，一方でダンスを楽しむ男性も増えています。また，同じ種目であっても教育成果として期待されるものが男女で異なることも問題です。たとえば，持久走では，男子が女子よりも一律に長い距離が設定されています。男子には苦しさに耐えて頑張ることが女子よりも強く求められる傾向があるという指摘もあります。習い事でも，スポーツを選ぶ割合が男子により高いことから見ても，体育やスポーツに男子への教育機能を期待していることが推測できます。ひとびとの好みや能力は多様で，男女のカテゴリー別に一様に割り当てることは適切ではありません。

2 体育で学ぶもの：競い合いよりも学び合い

　男女混合の体育授業に対して，「女子には危険だ」「男子がのびのびプレーできない」などという反論があります。確かに，体格や体力の男女差は平均値でみると歴然としていますが，個人差も大きいのです。投力など運動能力については，男女の生来の能力差というよりも，それまでの経験によって拡大されてきた差異ととらえることが妥当です。安易に男女別で授業をするのではなく，どの学習者にも運動能力を十分に伸ばせる機会を保証し，チーム編成やルールの工夫をすることが必要です。

　学習指導要領に示された体育の学習内容をみると，小学校高学年では，体つくり運動，器械運動，陸上運動，水泳，ボール運動，表現運動，保健です。中

▷1　本書の「家庭科」（28-29頁）を参照。

▷2　日本スポーツとジェンダー学会データブック編集委員会編（2010）「教育とジェンダー」『スポーツ・ジェンダー データブック2010』日本スポーツとジェンダー学会参照。

学校1年生では，球技，ダンスなど，名称が若干変化することに加え，武道，体育理論が加わります。学習内容の多くが陸上運動（陸上競技），器械運動など競技性を特徴にもつスポーツ中心のカリキュラムです。競技性とは，勝敗やより高い記録・技能の高さを競う特性のことで，スポーツがひとびとを魅了する特性の一つです。しかし，体育で学びを保証すべき内容は，競技性の強いスポーツだけでなく，人が生きるうえでの基本的な運動能力や表現など幅広いものです。

たとえば，水泳では，泳ぎのスピードだけでなく，水に落ちた時に命を守る能力を高めることが重要な責務です。ダンスではリズミカルな動きや創造性，表現性などが中心であり，序列や勝敗を決めるような競争とは異なる性質のものです。近年，重視されている体つくり運動でも，スポーツに貢献するような体力だけではなく，活動的で健康的な生活に役立つ知識やスキル，雑多な情報を適切に取捨選択できる能力を高めることが必要です。一方，社会関係能力など，全人格的な教育側面も教科内容と同様に重要で，他と競うよりも学び合う，協力することの大切さを学ぶ場でもあります。つまり，男女差が際立つのは，多くが男性有利につくられているスポーツの競技的な側面であって，それ以外の部分はほとんど男女を分けて考える必要がないことになります。

③ 運動部活動とジェンダー形成

中学校・高等学校での運動部活動への加入状況をみると，中学校では男女比が10：7，高校では10：5となり，男女差だけでなく女子の運動部離れの傾向がみられます。

女子の運動・スポーツ離れについては，男らしさのイメージとスポーツが重なることや女性の痩身願望などのボディイメージ，「女子マネージャー」などのように性役割への意識など，さまざまな理由が考えられます。社会発展の定則のように強調される競争原理がスポーツにそのままあてはまることにも注意が必要です。つまり，男性は女性に比べてより強く競争的環境で生き残っていくべく社会化され，「ナンバーワン」を争う競技スポーツが，女性よりも男性に受け入れられやすいのかもしれません。

また，少子化の影響を受けて，加入者数全体が減少していますが，その対策として部活動の種類を限定し，「女子向き」の部活動として，たとえば，バレーボールやテニス，「男子向き」として野球やサッカーなどが設定されてしまい，性別によって選択肢が偏ることに問題があります。さらに，体育教師や運動部指導者は若者の身近なロールモデルであり，その男女比や役割などを通じて無意識のうちにジェンダー形成されていくことにも注意を払う必要があるでしょう。

（井谷惠子）

▷3 日本スポーツとジェンダー学会データブック編集委員会編（2010）同上書参照。
▷4 厚生労働省（2011）「健康日本21 目標値一覧」「健康日本21 最終評価」参照。

おすすめ文献

†飯田貴子・井谷惠子（2004）『スポーツ・ジェンダー学への招待』明石書店。
†近藤良享編著（2004）『スポーツ倫理の探究』大修館書店。
†コーン，アルフィ／山本啓・真水康樹訳（1992＝2001）『競争社会をこえて』法政大学出版会。

身体能力の性差再考

1 スポーツと性別

　ここで取り扱う「性別」は，スポーツを男女別に実施するときに用いられる生物学的・解剖学的な性別「セックス」のことであり，「性差」とはセックスによってもたらされる差を意味しています。

　近代スポーツは，18世紀，男性の男性による男性のための文化として発展しました。したがって，発生当初はスポーツにおける性別など考える必要もなかったのです。その後，女性もスポーツを行うようになりましたが，近代スポーツの「平等性」原則のもとに，競技は男女別に実施されています。つまり，スポーツにおいて身体的に有利な男性が女性と一緒に競わない制度になっているのです。といっても，すべての男性が女性より優れたパフォーマンスを示すわけではありません。男女別の実施は，むしろ男性が女性に負ける機会をはじめから設定せず，性別二元制を浸透させるのに役立っているとも考えられます。

2 性別確認検査の導入と廃止

　第一次世界大戦後，スポーツが国威発揚の手段となり競技性が高まるにつれ，女子種目に出場した選手の性別に疑惑がもたれたり，優勝者が両性具有者であったことが明るみに出てきました。さらに，東西冷戦の政治的背景もあり，1966年に視認，次いで性器診察による性別確認検査が導入されました。その後，検査は性染色体質検査に移行し，オリンピックでは2000年シドニー大会にて中止されるまですべての女性選手に課せられました。しかし，性染色体はXX型とXY型だけではなく，性染色体の構成及び性腺，内性器，外性器の組み合わせは多様であり，性別を完全に判定できないことがわかってきました。そして，この検査の一番の問題点は，たとえ性染色体はXY型であり男性と判別されても，アンドロゲン（男性ホルモン）に反応するレセプター（受容体）が無反応あるいは部分的反応の者は，パフォーマンスにおいて有利にならないという事実です。このような状況のもと，女性に対する一律の性別確認検査は以後実施されなくなりました。

3 性別変更後の大会参加承認

　次に浮上してきたのは，トランス・ジェンダー及びトランス・セクシュアル

▷1　橋本秀雄（2004）『男でも女でもない性——インターセックス（半陰陽）を生きる』（完全版）青弓社を参照。

▷2　その他に，検査によってこれまでの性別が覆され，該当者が社会的に抹殺されるという倫理的問題も含んでいる。

▷3　身体的には男性であるが，性自認が女性である人，男性から女性に性別を移行したい人，移行した人を包括的にとらえた呼び方。FtMは，その逆である。

▷4　"sex reassignment"をここでは，性再適合手術とする。

▷5　IOC (2003) Statement of the Stockholm consensus on sex reassignment in sports.

▷6　本項②及び③の詳細については，次の文献を参照。來田享子（2010）「スポーツと『性別』の境界」『スポーツ社会学研究』日本スポーツ社会学会，18(2)，23-38頁。

▷7　IOC (2011) IOC address eligibility of female athletes with hyperandrogrnism.

▷8　IAAF (2011) IAAF REGULATIONS GOVERNING ELIGIBILITY OF FEMALES WITH HYPERANDROGENISM TO COMPETE IN WOMEN'S COMPETI-

の選手の扱いです。とくに MtF の選手に問題があるとして，IOC（国際オリンピック委員会）は早々に性再適合手術後の選手に対し一定の条件下での五輪出場を承認する決定をし，2004年アテネ大会より適用しました。その条件の概要は，思春期以降に性再適合手術を受けた場合は，術後2年以上が経過し，適切なホルモン治療がなされており，法的に承認されていることなどです。議論の中心は，スポーツにおけるアンドロゲンの効果をどう評価するかであったようです。その結果，性の越境は承認されても，性別二元制は維持されました。

④ 高アンドロゲン女性選手への対応

その後，2009年世界陸上競技選手権大会においてセメンヤ選手（南アフリカ共和国）の性別疑惑問題が起こりました。彼女は女子800mで優勝しましたが，急激な記録の向上や風貌から性別疑惑が公になりマスコミに報道されました。1年後に女子競技への復活が IAAF（国際陸上競技連盟）によって認められましたが，IOC 及び IAAF は改めて性別確認検査についての検討を迫られました。IOC と IAAF は共同で高アンドロゲン女性選手が女子競技に出場する場合の資格基準に取組み，2011年4月に IOC がルールの原則を，IAAF も続いて新規定を発表し，これらはすべての競技に対して適応されることになりました。新規定の趣旨は，パフォーマンスの男女差は主にアンドロゲン値によるとして，高アンドロゲン症の女性選手の出場資格を規定し，今後も男女別に競技を分けて行うということです。性別二元制の限界については医学問題として取り扱い，新規定に適合しない女性選手は女子競技に参加できないことになりました。そして，新規定の導入により性別確認検査はなくなりました。

以上は，スポーツにおける性別に関する規程であり，IOC や IAAF はこれらと一般社会でのジェンダーとは別物という立場をとっています。しかし，メディア・イベントとしてのスポーツにおいて競技を男女別に実施することで，性別二元制は今後も揺るぎない規範として維持されていくでしょう。

⑤ 身体能力のジェンダー・バイアス

最後に，このように曖昧な性別を受け入れたとして，スポーツパフォーマンスにおける性差を吟味する場合の留意点を2つだけあげます。一つは，体力テストやスポーツを構成する体力要素の問題です。つまり，体力テストやスポーツは，もともと体格や筋力やパワーが優れている人が好成績を得るように仕組まれた文化だということです。二つめは評価の問題です。男女の能力を最大値や平均値で比較すると男性が優れていますが，男性の98％は女性の最高レベルより低く，男女の平均値の差よりも同性間の個人差の方が大きいということです（図1）。となれば，身体能力の性差は，歴史的社会的文化的に構築されたものだといえるかもしれません。

（飯田貴子）

TION. In force as from 1st may 2011.
▷9　その後の展開については，日本スポーツとジェンダー学会編『データでみる　スポーツとジェンダー』（2016，八千代出版）の「9　スポーツとセクシュアリティ」（150-175頁）を参照。
▷10　飯田貴子（2004）「体力テストとジェンダー」飯田貴子・井谷惠子編著『スポーツ・ジェンダー学への招待』明石書店，202-210頁を参照。

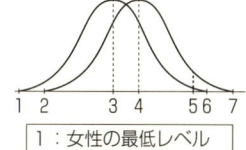

図1　女性と男性のスポーツ技能の比較

1：女性の最低レベル
2：男性の最低レベル
3：女性の平均レベル
4：男性の平均レベル
5：男性の98%値レベル
6：女性の最高レベル
7：男性の最高レベル

出所：Vogler, C. C. and Schwartz, S. E. (1993) *The Sociology of Sport*, Prentice-Hall.

おすすめ文献

†ホール，A.／飯田貴子・吉川康夫監訳（1996=2001）『フェミニズム・スポーツ・身体』世界思想社．
†西山哲郎（2006）「スポーツ文化における性差」『近代スポーツ文化とは何か』世界思想社，95-126頁．
†來田享子（2012）「指標あるいは境界としての性別——なぜスポーツは性をわけて競技するのか」建石真公子ほか編著『身体・性・生——個人の尊重とジェンダー』尚学社，41-71頁．

3 身体とジェンダー／B 身体／スポーツを考える

4 スポーツにおけるハラスメント・暴力

1 スポーツはフェアな文化か？：近代スポーツに内在する暴力性

スポーツは一見，フェアでクリーンな文化のように思われますが，近代におけるそのなりたちは，暴力と密接に関わっています。

エリアスは近代社会の非暴力化を「文明化の過程」として説明し，近代スポーツは，それ以前の粗暴な競技や民衆娯楽などの身体的文化から，暴力的な要素をルールによって抑制，排除することによって成立したと述べています。それでもなお暴力性の残る闘争的なスポーツを，ダニングは，「暴力の特殊な形態が合法的なものとして定義される社会的飛び地」と表現しました。スポーツだけでなく日常生活においても今日，暴力は近代以前よりははるかに嫌悪され，抑制されてはいます。しかしとりわけハイレベルな競技スポーツでは，国家体制の優位さを示す手段としての政治利用や，商業利用の圧力によって勝利の重要性が高まり，狡猾なプロフェッショナル・ファウルやラフ・プレイへの容認や希求，観客によるフーリガニズムに見られるように，暴力を再度正当化していくような相矛盾した傾向を併せもつとも指摘されています。

スポーツにはこのようにそれ自体に内在する暴力性があり，ルールによって制限されつつもゲームの内外で発現する傾向があるとともに，ある種の排除のメカニズムとして，スポーツに関わるひとびとの間で作用する傾向もあります。

2 排除・序列化機能としてのハラスメント・暴力

こうした近代スポーツはジェンダー視点から見ると，「男らしさ」と密接にかかわって成立，発展した文化といえます。伊藤は男らしさを(1)「支配」：自分の意思を他者に押しつけたい，(2)「優越」：他者よりも秀でていたい，(3)「所有」：多くのものを自分のものとしたい，という3つの志向にまとめ，男性はつねに男らしさの証明を強いられているとしています。筋力の発揮とそのパフォーマンスの優位性を主な指標として頂点を競うスポーツは，近代において「男らしさ」を維持し証明する重要な手段となりました。

また「男らしさ」を証明するには，単に生物学的特長が典型的な男性型を示すだけでは不十分であり，異性を性愛の対象として所有しなければなりません。男性たちは，自らが同性愛者でないことを証明するために，女性を性的獲得の対象とする異性愛のみを，近代スポーツにおいて肯定しました（異性愛主義）。

▷1 エリアス，ノルベルト／ダニング，エリック／大平章訳（1995）『スポーツと文明化』法政大学出版局，350頁。
▷2 「フーリガン」と呼ばれる観客の過激な集団暴力行動。
▷3 菊幸一（2010）「暴力の抑制」井上俊・伊藤公雄編『身体・セクシュアリティ・スポーツ』世界思想社，219-229頁。
▷4 伊藤公雄（1996）『男性学入門』作品社，102-108頁。
▷5 沼崎一郎（2006）『女子大生のための性教育とエンパワーメント』フェミックス，86-97頁。
▷6 本書の「ハラスメントとジェンダー」（216-217頁）を参照。
▷7 熊安貴美江（2004=2005）「新入りいじめとセックスの関係──スポーツの新入りいじめ行為における〈セックス＋暴力〉の問題分析──ヘレン・ジェファーソン・レンスキー〈論文紹介〉」大阪女子大学人間関係論集 No. 22, 181-194頁。
▷8 本書の「男性学」（84-85頁）を参照。
▷9 本書の「暴力論」（136-137頁）を参照。
▷10 熊安貴美江ほか（2009）「スポーツ指導者と競技者のセクシュアル・ハラスメントに関する認識と

「男らしさ」の本質はパワーとヘテロセクシズム（異性愛主義）であり，それは戦って相手を倒し，「女」を所有し支配することで達成されるという観点から沼崎は，男性スポーツ集団による女性に対する性暴力を「パワーとヘテロセクシズムの見事な合体」と表現しています。

こう考えると，スポーツにおけるセクシュアル・ハラスメントは，女性や同性愛男性を排除するために機能していることがわかります。また上級生から下級生に対するいじめは，集団内の支配─被支配関係のポジションを確認し維持する手段とみなされています。ハラスメントや暴力は，スポーツにおけるヘゲモニックな男性性を頂点とするジェンダー構造を維持するために発動される手段ともいえるのです。

3 スポーツにおけるハラスメントや暴力の現状と対処

スポーツ指導における暴力は長年スポーツ環境において生じ続け，今なおその是非をめぐって議論が続いています。近年の調査によると，暴力的行為への態度は指導者，選手ともに是非が相半ばしています。スポーツ環境においては競技力を高めるため，またはしつけのための愛のムチとして，ある程度の暴力的な行為は容認されるという認識がみられます。また，男性指導者／選手は身体的暴力への親和性を，女性指導者は精神的身体的苦痛，女性選手は指導者への奉仕や罰に対する親和性をもつこともわかりました。

スクールセクハラやキャンパスセクハラの文脈から，体育授業やスポーツ指導におけるセクシュアル・ハラスメントも少しずつ可視化されてきました。しかし，指導として許容される行為を隠れ蓑にセクハラ行為が行われる現状や，指導者側の認識と実際の行動の間のギャップ，スポーツ環境における女性選手自身の，セクハラに対する認識の低さも指摘されています。

ピア・ハラスメントといわれる仲間内のいじめの一部は，北米ではすでに1990年代からヘイジング（Hazing）として可視化され，法による規制などもなされています。日本では体育会系と称される運動部におけるいじめ行為として新聞に散見されますが，おおむねこうした人権にかかわる問題に対する日本のスポーツ界の認識と対応は十分なものではありません。

近代スポーツは，暴力との親和性をルールによって規制しつつもなお一方で，「男らしさ」の階層性維持や過剰な勝利への欲求によって，ゲーム自体やスポーツ環境にいる人間関係に暴力的な行為を容認しています。ハラスメントや暴力は，文化内部のヒエラルキーを維持する手段として機能するため，近代スポーツにおいて暴力性を排除することは容易なことではありません。その根幹を揺るがすようなオルタナティブなスポーツ文化のゆくえを考えるためには，過剰な勝利への欲求と男性優位主義に基づくスポーツの価値観を相対化することが，一つの重要な鍵となるかもしれません。

（熊安貴美江）

経験の現状と特徴」平成18～20年度日本学術振興会科学研究費補助金（基盤研究(C)18510233）研究成果報告書。

▷11　熊安貴美江ほか(2011)「スポーツ環境における指導者と選手の適切な行為」『スポーツとジェンダー研究』日本スポーツとジェンダー学会，9，19-32頁。

▷12　ヘイジング
新入りいじめの儀式。スポーツ集団への一過性の入会儀式で，新入りに対して行われる性的な要素を含む暴力行為。▷7を参照。

▷13　『産経新聞』(2007年12月24日付)など。明治大学応援団リーダー部所属の男子大学生が，部内で執拗な暴行を受け続けた結果，2007年7月に自殺。鉄拳制裁や性的要素を含む暴行の事実が明らかになった。

▷14　(公財)高校野球連盟会長通達(2005)「暴力のない高校野球をめざして」や(公財)日本体育協会(2004)，(公財)日本陸上競技連盟(2002, 2010改訂)による「倫理に関するガイドライン」など。

おすすめ文献

†井上俊・菊幸一編著(2012)『よくわかるスポーツ文化論』ミネルヴァ書房。
†ベネディクト，ジェフ／山田ゆかり訳(1997=2000)『「スポーツ・ヒーロー」と性犯罪』大修館書店。
†Jonson, J. and Holman, M. eds. (2004) *Making the Team : Inside the World of Sport Initiations and Hazing,* Toronto: Canadian Scholar's Press Inc.

第Ⅱ部　ジェンダー・スタディーズの諸相

3　身体とジェンダー／B　身体／スポーツを考える

5　ホモフォビア

▷1　飯田貴子（2004）「スポーツのジェンダー構造を読む」飯田貴子・井谷惠子編著『スポーツ・ジェンダー学への招待』明石書店，11-19頁。
▷2　たとえば，新体操やフィギュアスケートのような採点競技。
▷3　吉川康夫（2004）「スポーツと男らしさ」飯田・井谷，前掲書，91-99頁。
▷4　本書の「近代スポーツにおける女性の排除」（164-165頁），及び「ホモソーシャリティ」（202-203頁）を参照。
▷5　イギリスのプロサッカー選手ジャスティン・ファシャニュー。カシュモア，E.／東本貢司訳（2002=2003）『ベッカム神話』NHK出版，184-206頁。
▷6　岡田桂（2004）「喚起的なキス」『スポーツ社会学研究』日本スポーツ社会学会，12，23-38頁。
▷7　風間孝・飯田貴子（2010）「男同士の結びつきと同性愛タブー」好井裕明編著『セクシュアリティの多様性と排除』明石書店，93-124頁；飯田貴子（2011）「若者へのインタビュー調査から見えてくるスポーツ環境における同性愛に対する態度」『スポーツとジェンダー研究』日本スポーツとジェンダー学会，9，62-74頁。

1　ホモフォビアとは

"homo（同一）" と "phobia（病的恐怖）" に由来して，1960年代に現れた用語であり，日本では「同性愛嫌悪」と訳されています。同性愛に対する極度の恐怖や嫌悪を示し，心理的状態だけでなく態度，言葉，行動までも含みます。また，それらは日常的なからかい，無関心，侮蔑的言動から憎悪による暴行，殺害などの犯罪行為にまで及びます。そして，ホモフォビアは，家庭や学校，職場など身近なところだけでなく，法，宗教，思想，科学にも見出すことができます。ホモフォビアは，同性愛者全体に対する用語ですが，その内容や抱く問題は男性同性愛者（ゲイ）と女性同性愛者（レズビアン）では異なります。

2　スポーツにおける同性愛（ホモセクシュアリティ）

近代スポーツは，ジェンダーの生産・再生産装置としての機能をもち，「一流の国民（選手）＝男性」と「二流の国民（選手）＝女性」を構築してきたといわれています。つまり，近代スポーツの特徴である「競技性」を追求すれば，筋力やパワーに劣る女性たちは二流に甘んじなければならず，男の領域に踏み込まない戦略をとれば「女らしさ」を引き受けなければならないという構図になっているのです。メスナーの言葉を借りれば，近代スポーツは男性支配を優位に推し進めるために「男たちによって組み立てられた一つの社会制度」なのであって，そこには強固な男同士の絆が結ばれるホモソーシャルな世界が成り立ちます。ホモソーシャルな世界とは，性別二元制と異性愛主義に基づく社会であり，その根底には女性蔑視（ミソジニー）とホモフォビアが流れています。

したがって，スポーツの世界とくにチームスポーツでは，ゲイに対する差別がより顕著に現れています。それは，アメリカの3大スポーツ（NFL, MLB, NBA）において現役でカミング・アウトした選手が誰もいないという現実や，カミング・アウト後に悲惨な末路を歩んだ選手の話からも推察できます。また，「男らしさ」を育むスポーツの世界で「女っぽい」といわれることは汚名であり，このような性差別的言動は子どもの世界でもはびこっています。

チームスポーツでよく見られるゴールや勝利後の抱擁やキスは，同性愛的行為ですが，事前に自分たちの男らしさを十分に確立し，高度に男性化されたホモソーシャルな領域で行われる行為であるがゆえに許容されるのです。スポー

172

ツ行為そのものが身体接触を要すること，ロッカールーム，遠征，合宿などを通して，親密な関係を結ぶ機会が多いスポーツの世界では，ホモソーシャリティとホモセクシュアリティを分断し，ホモセクシュアリティを異質なものとして排除しています。

異性愛男性選手に対するインタビュー調査において，「女っぽい」選手やゲイの疑惑がある選手を避ける理由に，一緒に行動すれば自分もゲイだと疑われること，誘惑されると困ることがあげられました。そして，男性同士の性交渉を「汚い」「グロテスク」「想像もつかない」「免疫がない」と表現しています。ここに，性交渉においてつねに主体であることを期待される男性が客体となることへの恐怖，さらには男性同士の性的な関係に自らがはまるかもしれない恐怖を読み取ることも可能です。

一方，レズビアンに対しては，同性愛的行為がチームの結束を高めるという海外の報告があります。先のインタビュー調査においても，女性選手たちは同性愛と異性愛は連続しているという考えを共有しているようですし，「男っぽい」選手は，「女っぽい」選手にくらべ肯定的な評価を得ています。しかし，欧米では男性的なスポーツをしている女性はレズビアンだという間違った考えも浸透しており，レズビアンもまたスポーツの世界において不可視化されています。

③ スポーツにおけるホモセクシュアリティの人権を守るムーブメント

このような状況下で，トム・ワデルはゲイやレズビアンを異性愛社会のなかでノーマライズさせる手段の一つとして1982年にゲイ・ゲームズを開催しました。1990年代に入ってからは，トランス・ジェンダー，トランス・セクシュアル，インターセックスのひとびとの参加基準を検討するという難題を抱きつつ，多様性を抱合するという理念のもと，現在もその規模を拡大し開催されています。

また，現役中にカミングアウトしたテニス選手マルチナ・ナブラチロワは，スポーツ界のホモフォビアをなくすための教育プロジェクト「It takes a team」を支援し，現役のアメリカンフットボール選手スコット・フジタはナショナル・イクオリティ・マーチを支援し，ゲイの権利を擁護する発言をするなど，スポーツ界にもセクシュアルマイノリティのひとびとの権利を守るムーブメントが芽を吹き出しています。

さらに，2000年欧州連合基本権憲章（21条）の性的指向に基づく差別禁止を受け，欧州では性差別にはホモフォビアによる差別を含む方向に向かっています。そして，同性愛者のスポーツ権を保障するためのガイドラインも整備され始め，2014年には「オリンピック憲章」に，性的指向を理由とする差別の禁止が明記されました。

(飯田貴子)

▷8 Mennesson, C. and Clément, J. P. (2003) "Homosociability and Homosexuality: The Case of Soccer Played by Women," *International Review for the Sociology of Sport*, 38:311-330.
▷9 Griffin, P. (1998) "Strong Women, Deep Closets: Lesbians and Homophobia in Sport," *Human Kinetics*. USA.
▷10 シモンズ，C.・ヘンフィル，D./藤原直子訳 (2006=2009)「ゲイゲームズにおいてセックスとスポーツをトランスジェンダーすること」『スポーツとジェンダー研究』日本スポーツとジェンダー学会，7，52-70頁。
▷11 性別二元論及び異性愛主義から逸脱しているひとびと。
▷12 Zirin, D. (2011) "Not just a game: Power, Politics & American Sports," Medical education foundation.
▷13 藤山新ほか (2010)「スポーツ領域における性的マイノリティのためのガイドラインに関する考察」『スポーツとジェンダー研究』日本スポーツとジェンダー学会，8，63-70頁。

(おすすめ文献)
†風間孝・河口和也 (2010)『同性愛と異性愛』明石書店。
†好井裕明編著 (2010)『セクシュアリティの多様性と排除』明石書店。
†岡田桂 (2010)「ジェンダーをプレイする」『スポーツ社会学研究』日本スポーツ社会学会，18(2)，5-22頁。

3　身体とジェンダー／C　ケアする／される

1 ウィメンズ・ヘルスケア

1　女性健康運動からのはじまり

　女性健康運動は，ラディカル・フェミニズムのなかから生まれてきた運動です。女性に対する抑圧構造の背景には男性が生物学的に優位な立場にあること，つまり子を産む性ではないことにあります。これが男女関係にとどまらず社会構造の原型となっており，さらには，性と生殖がいかに結婚，強制的異性愛あるいは母性という制度によって管理され，社会化されてきたかを示した理論といえます。そのなかで，女性健康運動は生まれています。

　女性へのあらゆる抑圧は，女性の健康に多大な影響を及ぼしていることが明らかになっていますが，女性の二重，三重の役割加重や女性が男性や医療機関，政治や宗教の権威から抑圧を受けることで，性と生殖の健康と権利が奪われていることからそれを取り戻そうという運動であったということができます。ではどんな取組みをしたのでしょうか？　取組みは大きく3つに分類されます。一つ目が，教育と情報の伝播による女性の意識改革です。識字率については途上国でよくとりあげられます。識字率をあげることは特殊合計出生率を下げることに貢献するというのです。途上国における若年女性の多産は妊産婦死亡率を高め，さらには乳児死亡率を高めているのです。教育年数を上げることで，避妊の意識を高め，正しい情報にアクセスしやすくなります。これにより女性たちの健康の意識改革をしようとするのです。二つ目は女性の健康に関わるサービスの提供です。これまでの保健医療の側面を見てみるとやはり男性中心に医療政策が展開してきています。たとえば，健康診査項目は男性の死亡率の高い疾患であり，女性特有の健康診査が組み込まれていません。また，途上国において，妊娠時の健診率が低く，さらに出産時医療職が立ち会う率が低いところが多く，これが妊産婦死亡を高めている原因にもなっています。専門職による医療サービスの提供が行われていないという，当たり前のサービスが十分でないということを示しています。三つ目が生殖技術，避妊，中絶，出産の管理者となる，女性の抑圧の中心となっている医療・医学の改革です。女性の身体が女性個々人のものではなく，男性，政治的であったことを意味しています。これは，産む・産まないの意思決定が女性にはなく，さらには，生殖技術の発達が実は，女性の産む・産まないの意思決定を揺るがせるものになっています。避妊においても同様で，避妊の主体が女性ではなかったこと，それでいて避妊

そのものが女性に強いられていたなどがあげられます。

② ウィメンズセンタード・ヘルスケア

　女性を中心に据えたケアともいわれています。女性を中心に据えたという考え方には，女性の健康は母性の健康であるという考えを一掃し，女性の健康に母性の健康が包含されているという考え方と生涯を通じた女性の健康という考え方の2つが含まれています。いままで，女性は産む仕組みを持っているため，子どもを産み，育てるための健康のみが，女性の健康であると言われていました。母親になることが前提で次世代をいかに健康に導くかを示したものです。しかし，女性は母になるためにのみ産まれてきたのではないことを主張する意味で，それぞれ，どのステージにおいても女性特有の健康問題があり，それにしっかり対処しなければならないということから，ウィメンズセンタード・ヘルスケア（women's centered health care）があります。

③ ファミリーセンタード・マタニティケア

　この考え方は生殖にかかわる分野を母子ユニットのみで，考えるのではなく家族ユニットでケアをするということで，1970年代以降台頭してきたものです。医学モデルの出産，子育てからの脱皮と出産準備教育を通して，出産に対する意思決定の強化及び，分娩過程に夫であり，父親となる男性を取りこんでいくことを勧めたものです。子産み，子育てが女性のものだけでなく，男性のものにもなったことを示した概念であり，夫立ち合い分娩，育児参加が積極的に男性のなかで行われることをよしとしたものです。

④ 日本でのウィメンズ・ヘルスケアの取組み

　日本における女性の健康における本格的な取組みは1996年「生涯を通じた女性の健康支援事業」からと考えます。2000年に女性専門外来が全国に急増していきますが，女性専用外来とは女性スタッフが診療などにあたる，問診に時間をかけて十分に傾聴する，トータル医療をめざすというものでした。これは同性が診療などにあたることでジェンダーバイアスに配慮し，女性の訴えを十分にきき，3分診療を打破し，医療へのアクセスを良くするためのone-stop shoppingの考え方によるものでした。2007年からは新健康フロンティア戦略が立ち上がります。9本の柱の一つとして「女性の健康力」が据えられました。さらに「女性の健康づくり推進懇談会」では，基本理念を主体的に自らの健康に目を向けて実践できること，必要な時に的確で良質な情報を得てその活用ができること，自分自身の健康情報を適切に把握・管理できること，生活や仕事との関連も含めたトータルな視点に立つことなど，今日とくに重要性・緊急性の高いと思われる課題に関連したものがあげられています。　　　（吉沢豊予子）

おすすめ文献

† 新道幸恵・中野仁雄・遠藤俊子編（2012）『母性看護学概論とウィメンヘルスと看護』メヂカルフレンド社。

† 吉沢豊予子編（2012）『女性生涯看護学——リプロダクティブ・ヘルスとジェンダーの視点から』真興交易医書出版部。

† 吉沢豊予子・鈴木幸子編著（2010）『女性看護学』メヂカルフレンド社。

3　身体とジェンダー／C　ケアする／される

❷ セクシュアリティと看護

❶ 基本的欲求としてのセクシュアリティ

　セクシュアリティ▷1の根本にあるものは，他者との一体感からくる安心感・安全感・充足感です。胎児は温かな羊水のなかで，必要な温度・湿度・酸素・栄養を与えられ，すべての欲求を満たされて成長発達し続けます。

　出産の後は，子宮と替わって，今度は母親（養育者）の腕と胸のなかで，すべての欲求の充足を他者にゆだねて，満たされています。母乳をごくごく飲んでいる乳児は，安心しきってからだをあずけ，まさに心もからだも満たされています。「かわいいわね，いい子ね，たくさん飲むのよ，大きくなってね……」とやさしい声をかけられ，抱きしめられ，全身をなでてもらい，柔らかな乳房を触りながら，安らかな眠りにおちていく。このような幸せな体験が，セクシュアリティの土台として重要です。丸くて柔らかいおっぱいが好きなのは，男性だけではなく，女性も大好きです。性のエネルギーはよりよく生きるための原動力として，最大のものなのです。

　日本においては性教育バッシングのために，具体的な避妊や性感染症予防については伝えにくくなっています。おつきあいのマナーについてもきちんと教育されていないので，知らずにデートバイオレンスの加害者・被害者になっていることもあります。セックスの結果，望まない妊娠や性感染症に罹患することは，誰にとっても起こりうることです。すべての年齢・健康状態の人にとって，安心・自信・成長につながる性教育プログラムの構築が必要なのです。

❷ 療養上のセクシュアリティ支援

　今でも，一般のひとびとの間では，「がんになってもセックスするなんて，信じられない」「エイズ患者はセックスできないだろう」「妊娠中はセックスしないよね」「50歳で閉経したらセックスは卒業が当たり前」という言説がまかり通っています。しかし，愛し愛される充足感はすべての人にとって，必要なものです。ここでいうセックスは，いわゆるペニスを挿入することだけではありません。上述のような，他者との一体感を感じさせるタッチング，視線や言葉のやりとりなどを包摂する幅広い行為であり，異性との関係に限定されません。

　学校や家庭において，まじめに性のことを話題にすることはきわめて少ない現状があり，医療の現場においても，それは同様です。外来では，プライベー

▷1　セクシュアリティとは，生涯にわたり，人間であることの中核的な特質の一つであり，セックス，ジェンダー・アイデンティティ，役割，性的指向，エロティシズム，快楽，情緒的愛着，生殖を含む。セクシュアリティは思想，空想，欲望，信念，態度，価値観，行動，習慣，役割，人間関係において，経験と表現がなされる。セクシュアリティは生物的，心理的，社会的，経済的，政治的，文化的，倫理的，法的，歴史的，宗教的，精神的な要因に影響される（世界保健機構（WHO）の声明，2004）。

トなことを相談することができにくい環境であり，入院中でもセックスのことは相談しにくい状況があります。

健康管理のために薬を内服している人は非常に多いですが，なかには容姿の変化や勃起不全などを引き起こすものもあります。これらに対しても，デリケートなケアが必要とされています。からだの一部を失ったり，手術で乳房や子宮を摘出したり，人工肛門を造設して，腹部に排便のためのパウチを装着している人もいます。そのような場合の性生活の工夫についても，オープンに話し合えるスキルが必要です。

看護現場で取り入れやすい関わりのモデルとしては，アノン，J. S. のPLISSITモデルがあります。また，セクシュアリティを看護実践に組み込むには，ウッズ，N. F. の著書が参考になるでしょう。

3 障がいのある人のセクシュアリティ

小児専門病院では，さまざまな障がいのある子どもと家族に出会います。性分化疾患（DSD）の子どもたちからは，自分自身のセクシュアリティ観や人間観を揺さぶられることが多くあります。先天的にペニスが欠損している男の子や，膣のない女の子がいます。卵巣と精巣を併せもつ子どももいます。女児として養育され，性自認も女性ですが，月経がないということで精査の結果，性染色体がXYだったというケースもあります。自分自身のアイデンティティを根底から揺るがす非常にショッキングな状況が生じてきます。

女子の場合は，排泄の通路が尿道・膣・直腸と3つに分化しますが，なかには，総排泄腔遺残や外反という状態で生まれ，出生直後から多くの手術を必要とする子どもたちにも出会います。毎朝1時間の排便管理と3時間ごとの排尿管理をしながら，素敵な恋愛・結婚・出産を夢見ている子どもたちがいます。恋愛や失恋を繰り返しながら，人としてのやさしさや思いやりがぐんと深くなります。思春期から大人へと成長していく過程を見守りながら，関わり続ける看護者が必要とされています。

なかには，恋愛や結婚に対して，興味を示さない人もいます。人の幸せは，恋愛・結婚・出産だけではなく，楽しみ方も多種多様です。男性用だけでなく，女性用のマスターベーション用商品もいろいろ開発されています。

障がいがあるから恋愛は無理だとか，障がい＝不幸だとは言えません。ペニスが勃起しない，ペニスがないからセックスは無理だと嘆く必要もないかもしれません。からだを密着させて，抱きしめ合うことは十分にできますし，ペニス模型やバイブレーターを使用することもできます。自分自身の狭いセクシュアリティ観を少しずつ拡大することと，イマジネーションを膨らませて，人のもつさまざまな可能性を信じることが医療・看護職として大切です。

（佐保美奈子）

▷2　Annon, J. S. (1976) *The Behavioral treatment of sexual problems : Volume 1: Brief therapy.* New York: Harper & Row.

▷3　PLISSIT モデル
・Permission（許可）
・Limited Information（限定された情報）
・Specific Suggestions（個別の助言）
・Intensive Therapy（集中治療）

▷4　セクシュアリティを看護実践に組み込むには，① 自分自身のセクシュアリティとの折り合いがつき，他者と気楽にセクシュアリティについて話せること，② きわめて高いコミュニケーション技術，③ 健康な時，病気の時のセクシュアリティについての基本的知識が大切である。

▷5　Woods, N. F. (1984) *Human sexuality in health and illness* (3rd ed.), St. Louis: Mosby.

▷6　DSDはDisorder of Sex Developmentの略称。以前は半陰陽やインターセックスと呼ばれていた疾患群。

おすすめ文献

†ウッズ，ナンシー・F／尾田葉子訳（1975=1993）『ヒューマン・セクシュアリティ（臨床看護編）』日本看護協会出版会。

†ウッズ，ナンシー・F／稲岡文昭訳（1975=1993）『ヒューマン・セクシュアリティ（ヘルスケア編）』日本看護協会出版会。

†大森みゆき（2005）『私は障害者向けのデリヘル嬢』ブックマン社。

†河合香織（2006）『セックスボランティア』新潮社。

3 身体とジェンダー／C ケアする／される

3 社会福祉思想とジェンダー

1 社会福祉の中核的な価値

　社会福祉の中核的な価値は，人間の尊重という概念です。個人や家族に向けて「ケア」を提供することと，差別や抑圧からの解放という「社会正義」の実現に向けた活動は，リベラルな社会における社会福祉援助（ソーシャルワーク）を考えるうえで欠かせないものです。

　しかしながら，社会福祉における「正義」と「ケア」との間には，ある種の緊張関係が横たわっています。これと同様の緊張関係は，「科学」としての社会福祉と，「ケア」を提供する援助実践との間にも見ることができます。こうしたコンフリクトは，普遍的なものと個別具体的なものとを，支援のなかでどう折り合わせていくかという問題として現れてきます。そして，これらの問題はジェンダーと深く関わっていることが浮かびあがってくるのです。

2 専門職化とケア

　社会福祉がいかに科学を志向したかについては，社会福祉援助専門職者（ソーシャルワーカー）の専門職化の過程を見ればあきらかです。[1]

　社会福祉における専門職化は，19世紀の終わり頃に始まりました。20世紀初頭，実践に従事していた女性ワーカーたちの前に立ちはだかったのは，フレクスナー（A. Flexner）が唱えた専門職の定義でした。1915年に行われた講演のなかで，フレクスナーは，医師を純粋な専門職のモデルとしてとりあげ，ソーシャルワーカーは専門職要件にあてはまらないとしました。フレクスナーの念頭にあったのは，科学的なトレーニングを重視する男性的な職業モデルでした。フレクスナー自身も医師でしたが，彼は，援助専門職者の職務である「ケア」にはあまり関心がなかったようです。[2]

　その後，ソーシャルワーカーは専門職化の道を辿りますが，女性ワーカーたちは，自らに課せられたケア役割と，男性主義的な科学としてのソーシャルワークを希求することの間で揺れ動いていました。厳密な科学性を求めようとする態度と，よきケア提供者であろうとする意識との間には，しばしばコンフリクトが生じました。クライエントの感情に寄り添いすぎるあまり，客観的にニーズを把握する「科学」の眼が曇ることは，「共感の罠」と呼ばれ，好ましくないこととされました。

▷1　この点に関し，三島亜紀子（2007）『社会福祉学の〈科学〉性——ソーシャルワーカーは専門職か？』勁草書房，が参考になる。

▷2　Freedberg (1993) "The Feminine Ethic of Care and the Professionalization of Social Work," *Social Work*, 38(5): 536 を参照。

実際には、「科学」としてのソーシャルワークを担ったのは、女性ワーカーたちではなく、男性研究者たちでした。大学で教鞭をとる男性研究者たちは、実証研究を行い、もっぱら「男性的」なソーシャルワークを体現しました。その一方で女性ワーカーたちは、諸学派から軽んじられる傾向がありました。そうした状況のなか、ギリガン, C.の『もう一つの声』という著作に出会った女性ワーカーたちは、「ケア」を再認識し、男性的な価値と女性的な価値の「差異」について考えるようになります。ギリガンが強調した「応答」や「交渉」といったモチーフは、共感や受容、クライエントとの関係性などを強調するソーシャルワークにとってなじみ深いものでありましたし、ギリガンを「発見」したことは、ワーカーたちにとって、新たに女性としての自己に目を向ける契機にもなったのです。

3 ソーシャルワークにおける正義とケアの葛藤

1990年代に入りますと、ポストモダン思想やポストモダン・フェミニズムの理論が、ソーシャルワークにも流れ込んできました。これらの諸理論の影響を受け、ソーシャルワークにとって中心的価値である「社会正義」や、「何が正しいか」を主たる問いとする「正義の倫理」アプローチが疑問視されるようになりました。この頃、ギリガンを嚆矢とする「ケアの倫理」が、ソーシャルワーカーに再発見されることになります。

1990年代以降のソーシャルワーク理論は、ケアをただちに女性性と結びつけるのではなく、むしろケアという行為が内包している、人間の相互依存的な関係性や他者に対する注意深さ、応答責任、交渉、相互承認といった価値に注目しました。80年代と異なっていたのは、普遍主義的な正義概念の基礎に据えられた男性中心的なまなざしを、ソーシャルワーカーたちが批判するようになったことです。フェミニズムに親和的なソーシャルワーカーは、社会福祉が前提とする人間像が自律的な個人であることにも疑問を呈しました。

しかしながら、福祉国家によって正統化された専門職であるソーシャルワーカーが、福祉国家の存立基盤であるリベラリズムと密接に関連した「正義」の価値を、完全に捨て去ってしまうことはありませんでした。ソーシャルワーカーにとって、正義とケアは編み合わせられるべきものでした。普遍主義的正義批判を徹底しない（できない？）のは、「現実的」なソーシャルワーカーにとってやむをえないことだったのかもしれません。とはいうものの、ソーシャルワークとジェンダーの関係を考えるうえでの根本的な問題を避けてしまったことにより、「正義」と「ケア」、「科学」と「ケア」というジレンマについての議論が深まらなくなったのであれば、それはやはり残念なことではないでしょうか。

（児島亜紀子）

▷ 3　Sands, G. S. and Nuccio, K. (1992) "Postomodern Feminist Theory and Social Work," *Social Work*, 37(6), 490.
▷ 4　ギリガン, C.／岩男寿美子訳（1982=1986）『もうひとつの声──男女の道徳観のちがいと女性のアイデンティティ』川島書店。
▷ 5　本書の「ケアと労働」（182-183頁）を参照。

▷ 6　本書の「正義論」（132-133頁）を参照。

おすすめ文献
†三島亜紀子（2007）『社会福祉学の〈科学〉性──ソーシャルワーカーは専門職か？』勁草書房。
†品川哲彦（2007）『正義と境を接するもの──責任という原理とケアの倫理』ナカニシヤ出版。

3　身体とジェンダー／C　ケアする／される

④ 社会福祉政策とジェンダー

① 社会福祉のあらまし

　社会福祉とは，日常生活を送るうえでなんらかの困難を抱えたひとびとに対する包括的な支援活動を指します。これらのひとびとに向けた支援活動には，公的な施策を通して行われるものと，NPOなどの民間団体や諸個人によって行われるものとがありますが，この節では公的な社会福祉に焦点づけて述べることにしましょう。

　公的な社会福祉の利用者には，疾病や傷害，失業などの理由で経済的な困窮状態に陥ったひとびと，あるいはまた，幼かったり高齢であったり，病いや障害などのためにケアが必要であるにもかかわらず，面倒をみてくれる人が周りにおらずに孤立しているひとびと，経済的理由によりケアを市場から購入することができないひとびとなどが含まれます。生活困窮者に対する現金給付と，ケアを必要とするひとびとに対するサービス提供などの現物給付は，公的な社会福祉の中核をなすものです。

　わが国の場合，社会福祉施策において「女性」を対象とする領域は限られてきました。すなわち，(1)母子世帯を対象とした母子福祉事業，(2)売春をするおそれのある女性の保護更生にあたる婦人保護事業，(3) DV 被害者に対する自立支援の取組み，の３つがその主なものです。

② 社会福祉施策の対象としての女性

　わが国の社会政策や社会福祉政策が，「稼ぎ手としての男性／家族のケアを行う女性」という家族モデルを前提として展開されてきたことは，これまでもたびたび指摘されてきました。事実，このモデルから外れて生活を営もうとしますと，さまざまな不利益を被ることになります。ことにひとり親世帯，単身高齢世帯などのうち，女性が世帯主になっている世帯は経済的な困難に陥りやすいことが，母子世帯の生活保護受給率の高さからもうかがい知ることができます。私たちの社会には，女性が貧困に陥りやすい制度的・構造的な欠陥があるといえるでしょう。

　母子世帯に対する支援としては，18歳未満の子をもつ母子世帯に対する児童扶養手当，母子福祉貸付資金制度などのほか，母子生活支援施設への入所サービスなどがあります。近年は，こうした経済的支援に加え，就労支援も積極的

▷1　たとえば，湯澤直美(2007)「社会福祉政策とジェンダー・アプローチ」『社会福祉学』日本社会福祉学会，48(3)，103-108頁，などを参照。

に行われています。

一方,「婦人保護事業」は,売春防止法を根拠法とし,売春を行うおそれのある女性(要保護女子と呼ばれます)に対して「保護更生」を行うものです。要保護女子に対する相談や一時保護といった支援は,婦人相談所と呼称される機関によって提供されるほか,利用者は婦人保護施設に入所してサービスを受けることもできます。近年の特徴としては,売春を主な事由とする利用者の数が減少していることがあげられます。最近の入所者には,借金苦や精神疾患,アルコール依存やギャンブル依存などの嗜癖,家族からの暴力などのために行き場を失った女性が多く,なかには摂食障害や自傷行為といった問題を抱えている女性もみられるといわれます。

これまでも婦人相談所は,売春事案に留まることなく,上述したようなさまざまな理由によって行き場を失った女性たちの抱えもつ,さまざまな生活困難に対応してきました。2001年に「配偶者からの暴力の防止及び被害者の保護に関する法律(通称DV防止法)」が施行され,婦人相談所は「配偶者暴力相談支援センター」の機能を併せもつこととなり,DV被害者は制度の裏づけのもとで,今後の生活再建に向けた相談援助を受けることができるようになりました。また,本センターは,保護命令についての説明や,申立についての助言等も行っています。それまで,単なる夫婦げんかの延長にあるものとみなされ,公的な支援の範疇外とされてきた配偶者からの暴力が,女性に対する重大な人権侵害としてとらえられるようになったことの意義は大きいといえましょう。

3 社会福祉制度のジェンダー課題

以上のように,女性をターゲットとした社会福祉が,わが国では母子福祉事業と婦人保護事業によって担われてきたことがおわかりいただけたかと思います。佐藤恵子は,女性に対する生活支援が,婦人保護の現場担当者による熱意と努力により,児童福祉法や老人福祉法などの制度や事業を状況に応じて援用するというかたちで行われてきたことを指摘しています。しかしながら,制度の谷間に落ち込んでしまい,ニーズがありながら適切な支援が受けられずにいる例も多いのです。

現在のわが国の社会福祉制度は,女性たちの抱える生活課題を包括的にとらえて対応するような仕組みになっておらず,施策も体系化されているとはいえません。母子福祉事業が,母子を経済的弱者とみなして彼女らを支援する一方で,死別により母子世帯になったものと離別によるものとの間に,支援の格差を設けていることや,婦人保護事業という古めかしい言葉がこんにちまで温存されているところなどに,ジェンダー規範から「逸脱」した女性を「教化」しようとする,わが国の社会福祉政策の特徴を見ることができるかもしれません。

(児島亜紀子)

▷2 本書の「摂食障害」(98-99頁)を参照。

▷3 武藤裕子(2005)「婦人保護施設の存在意義と今後——利用者の変化をとおして」『国立女性教育会館紀要』第9号,92頁。

▷4 本書の「刑法とジェンダー」(144-145頁)を参照。

▷5 配偶者からの暴力を防止するため,DV被害者は裁判所に保護命令を申請することができる。裁判所は加害者に対し,被害者や子どもへの接近禁止命令や,住居からの退去命令を出すことができる。

▷6 本書の「女性と子どもに対する暴力」(196-197頁)を参照。

▷7 佐藤恵子(2002)「『女性福祉』の構築に向けての一考察——『女性福祉』の必要性と意義」『青森保健大学紀要』4(1),54頁。

おすすめ文献

†杉本貴代栄(1999)『ジェンダーで読む福祉社会』有斐閣選書。
†杉本貴代栄(2004)『ジェンダーで読む21世紀の福祉政策』有斐閣選書。
†須藤八千代(2007)『母子寮と母子生活支援施設のあいだ』明石書店。

3 身体とジェンダー／C ケアする／される

5 ケアと労働

1 ケアは労働か

　ケアには，育児，介護，看護など他者を世話することのほか，気配り，心遣いなど他者への態度を指す意味があります。ジェンダー研究は，これら「女性が自然にすること」とされてきたケアを，「労働」ととらえる視角を提示しました。

　第二波フェミニズムは，家庭のなかで女性に任されている子育てや家事を「再生産労働」や「家事労働」と名づけることで，これらも市場の労働と同じ「労働」だという認識の転換を図りました。しかし育児や家族の世話には，再生産労働や家事労働という概念では表現しきれない心理的，感情的な要素があります。こうした経験を論じるものとして，1980年代に「ケア」概念が登場したのです。女性にとってケアは，他者との結びつきや愛情に関わるものとしても，物質的な労働としても経験されます。ケアは愛情が揺らいでいるときも続けなければならないし，愛ややりがいがあるからといって精神的，身体的負担を伴わないわけではない。その意味で「愛の労働」といえます。介護の経験をめぐる研究では，介護者の孤独や負担，母親や姑との関係における心理的葛藤が明らかにされました（Ungerson 1987）。

　しかし，「ケアは家庭で女性がするもの」という考え方のもと，長らくケア責任は家庭の女性に委ねられてきました。そして家庭のケア責任が，女性が労働市場で働くことを困難にしてきました。こうした状況を改善するために，ケアを社会的なサービスとする「ケアの社会化」や，男性＝賃労働，女性＝ケア労働という性別分業を見直し，男性も平等にケアを担うことが求められています。

2 ケアの倫理とジェンダー

　一方で，女性が行っている「ケア」に，固有の道徳的価値を見出す議論もあります。これはとくに「ケアの倫理」という言葉で論じられてきました。「ケアの倫理」という言葉を広めたのが，キャロル・ギリガンの『もうひとつの声』という研究です。ギリガンは女性たちへの聞き取り調査をもとに，女性は道徳的判断において他者との相互依存や配慮（ケア），責任を重視しているとし，個人の自立を前提にした「正義」や「権利」の概念に基づいた従来の道徳理論は男性中心的なものであると指摘しました。この「ケアの倫理」は，治療（キ

▷1　Graham, Hiraly (1983) "Caring a Lobour of Love," J. Finch and D. Groves, eds., *A Labour of Love : Women, Work, and Caring*, Routledge, pp. 13-30.

▷2　キャロル・ギリガン／岩男寿美子訳（1982＝1986）『もうひとつの声——男女道徳観のちがいと女性のアイデンティティ』川島書店。

▷3　本書の「正義論」（132-133頁）を参照。

ュア）する「医療」と区別された「看護」の専門性としても用いられてきました。

　他者に対する配慮や共感といった態度が，女性たちに期待されてきたことは確かです。しかしこうした社会の期待は，女性が自己犠牲的にケアに専心したり，ケア責任を抱え込む原因となってきました。女性たちは，単に配慮しているだけでなく，時間や労力を費やして他者の世話をしているのです。女性のケアの倫理を評価する前に，女性だけがケア（配慮）する，という男女の間の分業を見直す必要があります。また障害者の当事者運動が訴えてきたように，ケアする側の責任の抱え込みは，ケアされる側の生を抑圧するものにもなります。ケアに道徳的価値があるかどうかは，ケアする側の倫理ではなく，ケアされる側のニーズが満たされているかどうかによって判断すべきでしょう。

③ ケアと感情労働

　ケアの社会化が進むにつれて，配慮や共感も，疲労を伴う「労働」としてとらえられるようになってきました。ケアする側は，相手を笑顔で励ましたり，相手にいい感情をもたらそうとして，自分の感情をコントロールする必要に迫られます。こうした作業は「感情労働（emotional labor）」と呼ばれています。感情労働は，近年，看護や介護などフォーマルケアにおいて重視されるようになってきています。しかし，限られた時間のなかで過度に要求されれば，ケアワーカーの無気力状態（バーンアウト）につながることが指摘されています。またケアには，感情労働だけでなく，相手の状態を見極めるという判断力や知識が必要とされます。配慮や共感とは，女性だから自然にできるものではなく，男性でも女性でも経験や技能が必要な難しいものといえます。こうした点から，ケアの専門性を評価していくことが大切です。

④ ケアすることが不利にならない社会に向けて

　日本では，介護保険制度によってケアのうち介護の社会化が前進し，「労働」としての評価が進んでいるようにみえます。しかし保育や介護などの労働は，いまだ低賃金労働のままであり，担い手の多くは女性です。ケアの専門性をきちんと評価し，生活できる賃金を保障することで，女性も男性も希望をもてる仕事にしていく必要があります。

　一方，家庭のケア負担も減っていません。家族介護者の生活を保障することや，一般の労働と同じような休息の機会（レスパイト・ケア）を提供するなどして，負担を減らしていかなければなりません。また，ケアする時間の確保も急務の課題です。育児・介護休業や短時間勤務などケアと仕事の両立支援策をとおして，男性にも女性にも働きながらケアをする時間を保障することが必要です。ケアが時間と労力を必要とする労働であることを前提に，ケアすることが不利にならない社会制度を構築することが求められています。

（山根純佳）

▷4　障がい者の当事者運動は，母親の責任感や子どもの囲い込みが，障がい者の自立を妨げてきたと主張してきた。岡原正幸（1990）「制度としての愛情」安積純子ほか編『生の技法——家と施設を出て暮らす障害者の社会学』藤原書店，76-100頁。

▷5　A.ホックシールドが，感情をコントロールしながら顧客の満足を引き出すことが求められているフライト・アテンダントの労働の事例から導き出した概念である。ホックシールド，A.／石川准・室伏亜希訳（1983=2000）『管理される心——感情が商品になるとき』世界思想社。ケアを感情労働としてとらえた分析として，スミス，パム／武井麻子・前田泰樹監訳（1992=2000）『感情労働としての看護』ゆみる出版。

▷6　春日キスヨ（2003）「高齢者介護倫理のパラダイム転換とケア労働」『思想』955，216-235頁。

おすすめ文献

†山根純佳（2010）『なぜ女性はケア労働をするのか——性別分業の再生産を超えて』勁草書房。
†上野千鶴子ほか編（2008）『ケアすること』岩波書店。
†アンガーソン，C.／平岡公一・平岡佐智子訳（1987=1999）『ジェンダーと家族介護——政府の政策と個人の生活』光生館。

第Ⅲ部

ジェンダー・スタディーズの最前線：領域横断的なトピック

第Ⅲ部　ジェンダー・スタディーズの最前線：領域横断的なトピック

1 セクシュアル・マイノリティ

1 セクシュアル・マイノリティ（性的少数者）とは誰か

1960年代の米国で起こったさまざまなマイノリティ（少数者）運動に倣い、社会における多数者の性のありようとは異なる、統計学上の少数者という意味で使われているのが「セクシュアル・マイノリティ」という言葉です。しかし、単に多数者のありようとは異なるというのでは、たとえば小児性愛者なども含まれることになってしまいます。そういった問題を回避するうえでも、また他者からの「名づけ」ではない言葉で自分たちを表現するという意味でも、最近は英語圏を中心に、セクシュアル・マイノリティにかえてLGBTという用語が頻用されています。

LGBTは、Lesbian＝レズビアン（女性同性愛者）、Gay＝ゲイ（男性同性愛者）、Bisexual＝バイセクシュアル（両性愛者）、Transsexual/Transgender＝トランスセクシュアル／トランスジェンダーの頭文字の集合体であり、この他にも、生物学的・解剖学的レベルで男女に非典型的な特徴をもつひとびとの総称であるインターセクシュアル＝Intersexualや、好きになった相手を性的対象とはみなさないひとびとをあらわすエイセクシュアル＝Asexual、自己のアイデンティティとして、LGBTあるいは異性愛者など、既存の分類カテゴリーがしっくりこない、あるいは明確な自己認知を確立していないひとびとをあらわすクエスチョニング＝Questioningの頭文字が追加されることもあります。

2 セクシュアル・マイノリティと生きづらさ

LGBTは、それぞれが固有の特徴とニーズをもつ不均質な集団ですが、スティグマ・差別・偏見にさらされやすいという共通点もみられます。たとえば、性別違和を主訴に来院した患者1138名を対象に実施した調査結果として、自殺念慮62.0％、自殺企図10.8％など、自殺関連の高い経験率が報告されていますが、これは男性同性愛者6000名を対象とした調査においても「自殺を考えたことがある」66％、「自殺未遂の経験がある」14％という、近似した数値が報告されています。

また、こうした経験のピークの一つは思春期にあり、学校という人生前半で最も長い時間を過ごす空間が安心・安全な場ではないと指摘されます。たとえば、男性同性愛者の調査においては「学校で仲間はずれにされていると感じた

▷1　医学用語としては、かつて「半陰陽」という医学用語が使用されてきた。現在ではDSD（Disorders of Sexual Development）＝「性分化疾患」という総称が使用されることが多い。
▷2　人に愛情がもてない、好きになれないひとびととして誤解されることが多い。
▷3　スティグマとは、個人や社会的集団に対して、他者あるいは社会によって押し付けられる負の表象・烙印のことを意味する。
▷4　中塚幹也（2009）「【連載】性同一性障害の生徒の問題に向き合う　第2回　思春期における性同一性障害のこども」『高校保健ニュース』2009年10月28日付。
▷5　日高庸晴（2007）『ゲイ・バイセクシュアル男性の健康レポート2』厚生労働省エイズ対策研究事業「男性同性間のHIV感染予防対策とその評価に関する研究」成果報告。

ことがある」42.7％，「教室で居心地の悪さを感じたことがある」57.0％，「"ホモ"・"おかま"などの言葉による暴力をうけたことがある」54.5％，「"言葉以外のいじめ"をうけたことがある」45.1％といった結果が報告されており，トランスセクシュアル／トランスジェンダーにおいても高い不登校率が指摘されています。

スティグマ・差別・偏見によって社会的資源（予防啓発・検査・治療などの保健医療サービス，ケア，情報など）へのアクセスが阻害され，深刻な健康被害をもたらしていることも知られています。たとえば，「AIDSはウイルスによって引き起こされるが，パンデミックはスティグマによって引き起こされる」とよく言われます。これまで，HIV感染症の世界的流行（パンデミック）について最も深刻な影響を受けてきた集団（most affected population）の一つが男性同性愛者を含むMSMである事実についても，人権的文脈によってその原因を分析し，対応していくことが求められています。

3 セクシュアル・マイノリティと医療，当事者運動

かつて同性愛が精神疾患とみなされていたことを代表例として，多数者のありようとは異なる特徴は，それを許容しない社会において，「治療」という名の「修正・矯正」の対象にされることがあります。インターセクシュアルの非典型的な外性器などの特徴も，長く「治療」の対象とされてきました。逆の観点からいえば，トランスジェンダーの求める医療サービス（ホルモン療法や手術療法）が社会的に認知されるためには，性同一性障害や性別違和症といった疾患概念が必要とされています。

しかし当事者運動においては，社会の多数者とは異なるものであっても自分たちのありようは疾患／病理／障害ではない，治療の対象とすることがスティグマ化されている証拠であり，さらなるスティグマを生み出すことにつながっているとの反論があります。他者（社会）からの名づけである疾患概念ではない，インターセクシュアルやトランスジェンダーといった呼称は，こうした当事者運動から生まれたものなのです。

（東　優子）

▷6 パンデミックとは，世界的流行という意味。

▷7 MSMとは，Men who have sex with menの略称。男性とセックスする男性のことを指す。

おすすめ文献

†ベアード，ヴァネッサ／野口哲生訳（2001=2005）『性的マイノリティの基礎知識』作品社。
†サンダース宮松敬子（2005）『カナダのセクシュアル・マイノリティたち──人権を求めつづけて』教育資料出版会。
†NHK「ハートをつなごう」制作班監修（2010）『NHK「ハートをつなごう」LGBT BOOK』太田出版。
†ヒューゲル，ケリー／上田勢子訳（2009=2011）『LGBTQってなに？──セクシュアル・マイノリティのためのハンドブック』明石書店。

2 マイノリティ女性の人権

1 なぜ「マイノリティ女性」という視角が必要なのか？

ひと口に「女性」といっても、年齢、職業、家族形態をはじめ、非常にさまざまな違いがあり、ひと括りにできないのは当然のことです。けれど歴史的、社会構造的に差別されてきたマイノリティ（社会的少数者）に属する女性が抱える課題は、「女性といってもいろいろ」で片づけられるものではありません。本項では日本におけるマイノリティ女性として、とくに被差別部落出身の女性▷1、及び在日外国人女性▷2の人権課題を考えます▷3。彼女らは「女性である」ことで差別されるのと同時に、「部落出身」あるいは「日本人ではない」ことでも差別される可能性がある、いわゆる「複合差別」の状況に置かれています。「複合差別」とは、上野千鶴子によれば、「複数の差別が、それを成り立たせる複数の文脈のなかでねじれたり、葛藤したり、一つの差別が他の差別を強化したり、補償したりという複雑な関係」にあるような状況を指します▷4。

なぜマイノリティ女性の人権課題を考える必要があるのでしょうか。ジェンダー・スタディーズは、性差別に満ちた社会のあり方を問い直し、より公正な社会への変革を求めてきました。また学習者が自ら内面化していた性差別に気づくことを促してもきました。しかしジェンダー・スタディーズも、その源となったフェミニズムにしても、マイノリティ女性を十分に視野に入れたうえで発展してきたとはいえず、マイノリティ女性（それは今、この頁を読んでいるあなたかもしれません）にとって、ジェンダー・スタディーズの「知」は、かならずしも有用ではない可能性があります。「女性の人権」「女たちの連帯」が強調されるなか、自分（たち）は疎外されていると感じる女性がいるとしたら？これはジェンダー・スタディーズにとって見過ごせない問題だと思います。

そしてマジョリティ女性（今この頁を読んでいるあなたかもしれません）が、マイノリティ女性の人権課題に無知、無関心でいることは、マイノリティ女性の抱える困難を放置し、差別に加担することにもなるでしょう。

2 マイノリティ女性が経験する「複合差別」：DVを例に

マイノリティ女性への複合差別について述べるためには、本来ならば被差別部落や在日外国人のおかれた状況や歴史についてふれる必要がありますが、この紙幅では不可能です。ここでは、複数の差別がどのように絡みあって困難が

▷1 被差別部落にルーツがある者を指す。部落内外の通婚が進むなか、ルーツはなくとも「部落民とみなされる」ことで差別される現象もある。

▷2 主に日本在住の外国籍者であり、戦前からの「オールドカマー」（旧植民地出身者とその子孫）と、1980年代以降に急増した「ニューカマー」（日系南米人、旧インドシナ難民、国際結婚などによる渡日者、中国帰国者とその家族）に大別される。

▷3 他にもさまざまな「マイノリティ女性」が存在する。本書の「セクシュアル・マイノリティ」(186-187頁)、及び「障害とジェンダー」(190-191頁)を参照。先住民であるアイヌ民族女性についてはおすすめ文献（2011）収録の多原論文を参照。なお、マイノリティ／マジョリティの境界はつねに曖昧であり、可変的であり、複数のマイノリティに属する女性もいることなどを念頭においてほしい。

▷4 上野千鶴子（1993）「複合差別論」『岩波講座 差別と共生の社会学』岩波書店。

▷5 本書の「女性と子どもに対する暴力」(196-197頁)を参照。

▷6 東京自治研究センター・DV研究会編（2007）『笑顔を取り戻した女たち——マイノリティー女性た

生まれるのか，ドメスティック・バイオレンスを例に考えてみましょう。

DV被害に遭ったマイノリティ女性たちへのインタビューや相談活動をまとめた本からわかることは，被差別部落の女性も在日外国人女性も，マジョリティ女性とまったく同様に，夫や恋人からの暴力に苦しんでいるという事実と，にもかかわらず，公的・民間問わず，相談や支援を受けにくい実態でした。

被差別部落の女性はDV被害に遭いながらも，加害男性の生い立ち等に同情し「加害者にも殴る理由がある」と考えてしまうことが多いといいます。また自ら住む地域を「怖い地域」だと思われたくない等の理由で，相談機関に行きづらいことが指摘されています。これはちょうど，米国の黒人社会における「汚れたシーツを人前で洗うな」問題――黒人社会における性差別や暴力事件を表沙汰にすると，そこに白人がつけこんでくるため，問題を晒すべきでないという圧力が黒人女性にかかること――と似ているといえるでしょう。つまりマイノリティの共同体を，差別する外側（マジョリティ社会）から守るために，マイノリティ内部の女性は沈黙を強いられるというわけです。

在日外国人女性のDV被害体験では「相談しにくさ，支援の受けにくさ」が際立っています。在日コリアン女性は，祖父母の代から日本社会で受けてきた差別体験や心理的距離ゆえ，行政の相談窓口を頼りにくく，かといって同胞コミュニティのなかで相談するにはプライバシーの不安があります。そしてDVから逃れて離婚し，自立しようとしても，入居や就労での差別を含めて非常に大きな困難に直面します。日本語が不得意，法的地位が不安定なニューカマー外国人には，いっそう大きな困難があるでしょう。「DV相談」を掲げた窓口もシェルターも，DV被害者を「日本語を話せる日本人」と想定しています。

以上のように，マイノリティ女性のDV被害の問題は，深刻な「複合差別」というべき実態がありながら，部落問題や在日外国人問題の解決をめざす運動からも，あるいは女性運動からも，蚊帳の外におかれてきたのです。

③ マジョリティ女性の課題として

DV被害の実態を分析した鄭は，「日本社会の側が民族差別をなくす努力，つまり在日であることを隠さず生きていかれる社会を，日本人の責任によって築いていく姿勢をみせない限り，（在日女性が）日本社会を信頼して，DVから逃れることはできないのだろうか」と述べています。つまり，マジョリティ側の理解と努力が不可欠だということです。女性の運動や活動のなかに，あるいはジェンダー学習者のなかにマイノリティ女性がいること（あるいはいないこと）がどれだけ意識されているでしょうか。マジョリティ女性こそ，小手先の支援などでは解決しえない複合差別の問題に関心をもち，またマイノリティ女性自身の主体的な運動や書物等から学び，連帯していく必要があると思います。

（松波めぐみ）

ちのDV被害―在日外国人・部落・障害―』パド・ウィメンズオフィス。

▷7　注意してほしいのは，被差別部落や在日外国人のなかに，他よりもDV加害が多いわけではないということだ。そのような誤解をマイノリティ女性はとくに恐れる。米国の調査で「DV男性はあらゆる人種，階級，エスニシティ，セクシュアリティに存在する」ことがわかっているが，公式統計のない日本でもおそらく同様であろう。

▷8　なお部落出身や在日コリアンの高齢女性の場合，会話は問題がなくても，貧困と差別及び「女子」であるがゆえに就学が叶わず，日本語の読み書きが困難な人が少なくない。

▷9　鄭暎惠（2007）東京自治研究センター・DV研究会編，前掲書で「在日韓国朝鮮人女性とDV」を執筆。

▷10　たとえば「もっと女性の政治参加を！」と叫ぶ時，選挙というしくみから排除されている外国籍女性がいることにどれだけ想像力を及ぼせているだろうか。

おすすめ文献

†井上輝子ほか編（1994）『リブとフェミニズム』岩波書店（とくに「マイノリティ・フェミニズム」金伊佐子「在日女性と解放運動――その創世記に」）。

†鄭暎惠（2003）『〈民が代〉斉唱――アイデンティティ・国民国家・ジェンダー』岩波書店。

†「大峰山女人禁制」の開放を求める会編（2011）『現代の「女人禁制」――性差別の根源を探る』解放出版社。

3 障害（ディスアビリティ）とジェンダー

1 2つの大切な論点

「障害」と「ジェンダー」。この2つの単語から何を想像されるでしょうか。本項では、両者に関わって、ジェンダー・スタディーズにとって大切だと思われる論点を2つあげます。一点目は、そもそも「障害」という概念にパラダイム転換が起きており、それは「ジェンダー」概念とも無関係でないこと（本項②③）。二点目はマイノリティ女性である障害女性が直面する複合差別（同）とそれに対する取組みについてです。（本項④）

2 「障害」（ディスアビリティ）のパラダイム転換

「"障害"とは何か？」と問われたら、多くの方はおそらく、「見えない、歩けない、知的発達の遅れがあるなど、"～できない"こと」だと答えるでしょう。このような「障害」観は今なお支配的ですが、世界的にはこの数十年の間に「障害」の意味の転換が進んでいます。かつては、障害があることは個人的悲劇であり、障害者は「障害の軽減」が何よりも求められ、機能回復や適応訓練の名のもとに地域社会から排除され、あらゆる権利を奪われていました。

変化が起きたのは1970年代です。公民権運動や女性解放運動の影響も受け、障害者自身が声を発して、自らを排除・差別する社会のあり方こそが問題ではないかと主張し始めました。たとえば日本の障害者運動は「障害からの解放ではなく、差別からの解放を！」と叫び、英国の障害者運動は、障害の身体的側面（インペアメント）と社会的側面（ディスアビリティ＝社会的障壁）を分け、後者こそ問題だと訴えました。社会的障壁には、障害者に不利な法制度、物理的障壁（車いすでアクセスできない駅など）、偏見、慣行等を含みます。

もともと「ディスアビリティ」という英語は、日本語の「障害」同様、「（身体的欠陥のため）できないこと、無能」という意味でした。しかし運動を担った障害者たちはこの語を「社会ができなくさせている（disabling society）」という意味に転換させようとしました。健常者中心社会のあり方こそが障害者を排除し、スティグマを与え、社会参加を閉ざしてきたのだから、社会の方こそ変えるべきという主張です。社会的障壁の撤廃をめざすこの考え方（障害の社会モデル）は、障害当事者をエンパワーし、社会政策の変更につながり、2006年に国連で採択された障害者権利条約のベースともなっています。

▷1 近年は自治体等で「障がい（者）」などの表記をとることが増えているが、本項では、「障害」の意味内容こそを変えていくことを重視した障害者運動の主張に沿って、「障害」の表記を用いる。

▷2 本書の「マイノリティ女性の人権」（188-189頁）を参照。

▷3 一般的には「女性障害者」と呼ばれるが、女性としての社会的側面を重視することから、この語が用いられるようになった。

▷4 1979年の全障連（全国障害者解放運動連絡会）大会のスローガン。

▷5 英国の「隔離に反対する身体障害者連盟（UPIAS）」が1975年に出した声明。

▷6 運動の理論を学問にしたのが障害学（Disability Studies）であり、社会的障壁としての障害（ディスアビリティ）を重視し（「障害の社会モデル」）、従来からの「障害の医学モデル」を批判する。障害学は、新しい「ディスアビリティ」概念をベースとし、障害当事者の経験や視点に光をあてる。女性学、男性学、ジェンダー・スタディーズなどからも影響を与え合っている。

③ ジェンダーとディスアビリティの共通点

　問題の焦点を「個人の生物学的特性」（障害者は劣位の特性をもつとされた）から「社会的障壁」へと転換させてきたのが，障害者運動と障害学でした。このパラダイム転換，何かに似ている気がしませんか？　フェミニズムは生物学的決定論を排し，ジェンダー（社会的性差）概念を導入しました。フェミニストで，後に障害者となった英国の女性ジェニー・モリスは，「解剖学的構造（anatomy）は運命ではない」「個人的なことは政治的なこと」というフェミニズムの言葉を障害者に援用し，ジェンダー概念とディスアビリティ概念の近似性を指摘しています。障害女性が経験する困難や無力感は，身体ゆえの「運命」などではなく，社会の複雑な力関係に規定されているというわけです。

④ マイノリティとしての「障害女性」の経験，変革への取組み

　障害（ディスアビリティ）もジェンダーも「運命」でなく社会的なものだと述べました。しかしだからといって現実に生きている障害女性一人ひとりが直面している困難を解きほぐし，解決策を探るのは，容易なことではありません。
　日本でも世界でも障害女性は，（非障害女性や障害男性と比べて）最も貧困で，教育機会に乏しく，暴力やハラスメントに晒されやすく，性と生殖の権利を奪われ，職業機会から排除されている層といえます。日常的にも，自己の可能性を追求したり，多様な他者と出会ったりする機会を閉ざされている障害女性が多いと思われます。また性暴力やDV被害を受けた場合，現在の女性支援の機関は障害者の利用をほとんど想定していません。たとえば聴覚障害女性にとって「電話のみ」の相談窓口は，無いのと同じです。
　一方，非障害女性がこれまで「妻・母という重荷（役割）からの解放」を訴えてきたのに対して，障害女性は最初から「性のない存在」「女性役割を担うことができない存在」として貶められてきた経緯があるため，「健常者並み」の女性役割の遂行が憧れの対象になることもあります。障害女性は，（身体的な違いではなく）社会的な経験が非障害女性と大きく異なっているがゆえに，非障害女性が気づきにくい課題があることに注意したいと思います。
　この複合差別の深刻さを反映して，障害者権利条約では6条に「障害のある女性と少女」という独立した項目が入りました。世界的に障害女性自身の活動が活発化しているなか，日本でも障害女性の当事者組織，「DPI女性障害者ネットワーク」がめざましい活動を展開しています。2012年12月現在，障害女性の体験を，法律（障害者差別禁止法）や女性施策などに反映させるための取組みが続いていますが，こうした動きの成果がすべての障害女性（少女）のもとに届けられるまでにはまだまだ長い道のりがあるでしょう。非障害女性の皆さんが関心をもってくださることを期待します。

（松波めぐみ）

▷7　Morris, J. (1996) "Pride Against Prejudice" Women's Press.
▷8　臼井久実子・瀬山紀子（2008）「連載　障害女性は今——障害がある女性の貧困について」『DPI われら自身の声』vol. 24-3。
▷9　障害女性の性暴力被害などとその支援の課題については，DPI女性障害者ネットワークによる『障害のある女性の生活の困難　複合差別実態調査報告書』（2012年）参照。
▷10　障害女性への著しい人権侵害の一つに，優生保護法の下での強制不妊手術がある。おすすめ文献の『優生保護法が犯した罪』参照。
▷11　松波めぐみ（2005）「戦略，あるいは呪縛としてのロマンチックラブ・イデオロギー——障害女性とセクシュアリティの『間』に何があるのか」倉本智明編『セクシュアリティの障害学』明石書店，40-92頁。
▷12　DPI女性障害者ネットワークは1990年代から活動しており，優生保護法廃止を実現させるなどの実績をもつ。現在の活動については http://dpiwomennet.choumusubi.com/ （2012年12月現在）を参照。

おすすめ文献

†安積遊歩（1993）『癒しのセクシートリップ——わたしは車イスの私が好き』太郎次郎社。
†優生手術に対する謝罪を求める会編（2003）『優生保護法が犯した罪——子どもをもつことを奪われた人々の証言』現代書館。
†伊藤智佳子（2004）『女性障害者とジェンダー』一橋出版。

4 戦時性暴力と日本軍「慰安婦」問題

▷1　日本では1970年代から「従軍慰安婦」という名称が使われたが，1990年代から自発性を表す「従軍」は誤解を与えかねず，「慰安婦（"comfort women"）」は実態を表していないとして「性奴隷（sexual slave）」を使ったり，批判の意味で「　」をつけることが多くなった。本項では，日本軍「慰安婦」とする。

図1　1991年，韓国で初めて被害事実を証言し，提訴した金学順さん

提供：韓国挺身隊問題対策協議会

▷2　1990年6月，日本政府が国会で「民間業者が（「慰安婦」を）連れ歩いた」と答弁し軍の責任を否定したが，これに韓国女性運動が抗議するなかで運動が本格的に始まった。

▷3　国連総会決議「女性への暴力撤廃宣言」（1993年），北京世界女性会議（1995年）など。1993年に旧ユーゴスラビア国際刑事裁判所が設置され，歴史上初めて強かんが「人道に対する罪」の独立した訴因として裁かれ，加害者が処罰された。

1　戦時性暴力の処罰化と「慰安婦」問題

　1998年，重大な国際犯罪を裁く常設の国際刑事裁判所（ICC）を設けるための「ローマ規程」が，120カ国の賛同を得て採択されました。同規程7条には，「強かん」とともに「性奴隷」が，「人道に対する罪」の一つとして明記されました。その直接の原動力となったのが，性奴隷制として国際的に知られるようになった日本軍「慰安婦」問題です。

　それは1991年8月に韓国在住の元「慰安婦」金学順が沈黙を破ってカミング・アウトをしたのち，同年12月に来日して日本政府を相手に裁判を起こしたことから始まります。金学順は，日本軍の関与と責任を認めない日本政府の発言を聞いて怒りを感じ，証言を決意したと語りました。彼女の証言と訴訟が，アジア各国の被害女性のカミング・アウトへと連鎖していきました。

　被害女性たちの証言によって具体的で多様な戦場での性暴力被害のあり様が明らかにされ，研究者・市民の協働により公文書史料や加害兵士の証言発掘，「慰安婦」など10件の戦時性暴力訴訟が行われ，真相究明が一気に進みました。一方，1990年代に性暴力の廃絶を求めるグローバル・フェミニズムが展開し，戦時性暴力の責任者を処罰すべきであるという国際的な潮流になりました。

　それらに促されてジェンダーの視点での歴史的事実や国際法の解釈の見直しが行われ，従来の「慰安婦」認識に対する画期的な転換が起こりました。それまで「戦場売春」「戦争に強かんはつきもの」という認識から，実態は「性暴力」「性奴隷」「処罰されるべき戦争犯罪」という認識へと大きく変わりました。これが，ローマ規程で「強かん」「性奴隷」の犯罪化につながったのです。

2　性奴隷制としての日本軍「慰安婦」制度

　では，どんな意味で性奴隷だったのでしょうか。資料で確認できる最初の慰安所は1932年初めに日本軍によって上海につくられました。その後，日中全面戦争（1937～45年），アジア太平洋戦争（1941～45年）と，中国からアジア・太平洋地域へと戦争が拡大する過程で，日本軍は日本を含む戦地・占領地に慰安所を次々と設置しました。日本軍は慰安所に女性を連行させ，一定期間拘束して日本兵の性行為（「性的慰安」）の相手をさせ，「慰安婦」と呼びました。「慰安婦」にされたのは，日本及び日本の植民地・占領地の女性でした。占領地の女

性は「現地調達」され，日本と植民地（朝鮮・台湾）の女性たちは遠く離れた戦地の慰安所へ鉄道や船で移送されました。甘言・詐欺，暴力，誘かい，強要，人身売買などの手段が使われました。未成年の少女も多数いました。

「慰安婦」にされた女性たちは，軍・業者に管理された慰安所で，性行為を拒否することも，慰安所からの外出や休業，廃業も自由にできませんでした。金銭の授受もない場合が多く，粗末な食事しか与えられず，将兵や業者の暴行も頻繁にありました。その意味で「性奴隷」でした。重要なのは，国家の組織である日本軍自らが軍専用の慰安所を立案・設置し，管理・運営（軍の直接経営，軍管理による業者への経営委託など）し，軍の命令・資金提供などによって業者を通じて「慰安婦」を徴集させたことです。人格をもつ女性を戦争遂行のために性奴隷にした「慰安婦」制度は，女性に対する重大な人権侵害です。

③ 被害女性と国際社会が求めているもの

日本敗戦後，「慰安婦」は戦争終結を知らされず，現地に置き去りにされました。帰国を果たした被害者も性被害ゆえに自らの過去を封印して，半世紀以上も貧困のうちに沈黙の歳月を過ごしました。しかし金学順の証言以降，アジア各国の被害者が立ちあがり，「謝罪と補償」を求めて裁判を起こしました。

日本政府は，1992年1月に軍関与を立証する公文書発見が報道されると軍関与を初めて認めました。その後，政府は二度の資料調査やヒヤリングを行い，93年に河野洋平官房長官（当時）が「慰安所の設置，管理」「慰安婦の移送・募集」への軍関与，募集と慰安所での強制性を認め，「お詫びと反省」を表明（河野談話）したものの，「補償」は否定しました。しかし，「謝罪の証しとしての補償」を求める被害者は納得しませんでした。日本軍という国家の組織が犯した犯罪なのだから，国家が補償すべきであると主張しました。

正義を取り戻してほしいという被害者の声に呼応して，2000年に東京で，日本，被害国，世界の女性・市民の力で，民衆法廷「日本軍性奴隷制を裁く女性国際戦犯法廷」が開かれました。法廷は，膨大な公文書類や被害者・加害者の証言等を国際法に基づき審理し，日本軍と政府当局が人道に対する罪としての強かんと性奴隷制を実行した，という判決を下しました。

日本社会の一部で「慰安婦」連行の強制性を否定する声が起こったことに対し，2007年7月にアメリカ下院本会議は，「慰安婦」制度を「20世紀最大の人身取引事件の1つ」であるとして，日本政府に対し「明確かつ曖昧さのない」謝罪と歴史的責任を要求する決議を採択しました。同年，オランダ下院議会，カナダ下院議会，欧州議会本会議（加盟27カ国），2008年には韓国国会，台湾立法院がこれに続きました。このように，被害女性と国際社会は，日本政府・社会に対し謝罪・補償，そして二度と同じことが起こらないよう現在及び未来の世代への歴史教育・人権教育を求めています。

（金　富子）

▷4　「慰安婦」問題に関する国連報告書には「クマラスワミ報告」（1996年），「マクドゥーガル報告」（1998年）がある。

▷5　1990年代以降に研究者や市民がつくった「慰安所マップ」によれば，慰安所は日本軍が駐屯した戦地・占領地のあらゆる場所にあった（戦場になった沖縄だけで130カ所以上）。最新版は「女たちの戦争と平和資料館（wam）」が作成・発行。wamは戦時性暴力の被害と加害を集めた日本初の資料館であり，東京にある。

▷6　日本人，朝鮮人，台湾人，中国人，華僑（華人），フィリピン人，インドネシア人，ベトナム人，マレー人，タイ人，ビルマ人，インド人，ユーラシアン（欧亜混血），太平洋諸島のひとびと，（インドネシア在住の）オランダ人などがいた。

▷7　日本政府は，1995年に民間募金による「償い事業」（女性のためのアジア女性平和基金）で解決しようとした。

▷8　強制性を示す資料は多数ある。詳しくは，おすすめ文献を参照。

おすすめ文献

†吉見義明（2010）『日本軍「慰安婦」制度とは何か』岩波ブックレット。
†「戦争と女性への暴力」リサーチ・アクションセンター編（2013）『「慰安婦」バッシングを超えて』大月出版。
†webサイト「日本軍「慰安婦」―忘却への抵抗・未来の責任」http://fightforjustice.info/

5 犯罪とジェンダー

1 女性は男性より犯罪的ではないのか？

犯罪は，男性の世界です。どの時代，どの文化においても，犯罪を行う者は，あるいは少なくとも刑事司法の手続きにのる者は，圧倒的に男性が多くなっています。このこと自体が，犯罪学のトピックです。とくに，1970年代の米国で「女性解放運動」が起こり，女性の社会進出が取りざたされていた頃，女性の犯罪率が従前に比してやや高くなったことから，社会進出は犯罪を増やすのかという文脈でとりあげられました。果たして犯罪が，性ホルモンや脳など生物学的に規定されるのか，それとも心理的・社会的に規定されるのかにも関心が寄せられました。

発達のモデルは男性中心ですが，攻撃や犯罪の研究も，男性を扱ったものが大多数です。攻撃行動の発達は，就学前は，男女差は見られませんが，その後男子は身体攻撃が多く，女子は言語的・間接的攻撃が増加し，青年期になると男子は社会的に組織化された攻撃になり，女子は非攻撃的な葛藤解決方略になっていくとされます。しかし，自己申告法と観察法を用いた研究では，女子には身体的・直接的な攻撃は少ないが，関係性・間接的攻撃は男子とほぼ同様に見られ，女子の攻撃行動は大人の注意を引きにくいだけではないかという見方もあります。

2 少女の非行

非行に関しても，公的統計による少年の逮捕者数は少女より多いし（日本では概ね4倍程度），精神保健分野では，行為障害と診断される少年は少女の2，3倍です。ただし，ここでも少女は，司法・治療機関にかかりにくい，あるいは行為障害の診断基準が少年用だからではないかとも考えられます。少女の非行は，性，薬物，窃盗が問題の中心で，男性と女性，成人と未成年では，非行・犯罪の発生機制が異なる可能性が高く，発生機制が異なれば，再犯防止のための効果的介入も異なるでしょう。現代の犯罪心理学では，男性の犯罪・非行の原因となる危険因子は実証的に明らかになりつつあり，そこに介入することによって再犯率を有意に低下させるプログラムが開発されてきていますが，女性や少女を対象にした実証データは乏しく，効果的介入も手さぐりの状態です。

カナダのサーヴィンらの縦断研究によれば，小学校1年生時に攻撃性が高い

▷1 藤岡淳子（2003）「女性と犯罪」『犯罪と非行』日立みらい財団，11，5-23頁。

▷2 クラーエ，B./秦一士・湯川進太郎編訳（2001=2004）『攻撃の心理学』北大路書房。

▷3 Serbin, L., Stack, D., De Genna, N., Grunzeweig, N., Temcheff, C., Schwartzman, A. and Ledingham, J. (2004) "When aggressive girls become mothers: Problems in parenting, health, and development across two generations," M.

と他の児童から評定された女子は，そう評定されなかった女子に比べ，高学年で同性に避けられて異性との関わりが多くなり，思春期では，飲酒，喫煙，薬物乱用の自己申告が多く，11〜17歳で婦人科受診率と妊娠中絶率が高く，14〜20歳で性感染症罹患率が上昇し，成人期では，犯罪による逮捕は男性に比して少ないが，うつ病，不安障害などで受診している割合が高く，その子どもたちは，健康状態が不良で医療を受ける回数が多いことを見出し，少女の攻撃性や非行は，本人のみならず，家族や社会への影響が大きいとしました。

❸ 被害者研究と女性

もう一つ，犯罪学の分野で女性が注目を集めたのは，被害者研究です。とくに性犯罪の研究においてです。それまでの犯罪学，被害者学そのものが，当事者の欠点や落ち度に焦点をあてがちであるという傾向があったことも確かですが，たとえば，性器露出の男性は，気弱でおとなしく，危険性は低いので寛容に扱うべきであり，他方，性犯罪の被害者は，襲われても仕方ないような落ち度や欠点があると描かれていました。犯罪学の研究者が，公的統計を基にして，男性によって行われていたことが背景にあるでしょう。たとえ露出の被害であろうとも被害者の置かれた状況によっては「殺される」という恐怖を体験することを，面接調査を用いて女性研究者が明らかにしていったことなど，女性研究者の被害に関する研究は，その後の犯罪学・被害者学に多大な影響を与えました。

❹ 少女の被害体験と非行

少年院と児童自立支援施設における少女の性非行と性被害に関する調査によれば，初交の平均は13.1歳で，12歳までに1/4，13歳までに1/2，そして14歳までに3/4がセックスを体験しています。一般人口では，中学生で9.8％，高校生で26％，20歳未満で70％であるので，かなり早いといえるでしょう。平均初潮年齢が11歳であったので，初潮後，急速に性を体験しています。そのうち能動的に合意した者は18％で，受動的合意が49％，無理やりが16％です。これは犯罪被害以外の何物でもありません。また，一般高校生の強姦被害率が5.3％であるのに比べ，強姦被害率は60％ときわめて高くなっています。彼女らの多くが，孤独感を抱いており，それは低い自己肯定感と多くの自傷，飲酒・喫煙・薬物乱用と関係があります。少女の非行は，人とつながり，自己効力感を高め，人としての力を育てることが目標となるでしょう。

被害は，個人的特質よりは，「やれそう」と思わせる状況やパワーの差によって生じます。被害と加害は，パワーヒエラルキーのなかで，より強い者からより弱い者へ降ろされていくのであり，ひとびとが社会のなかで自己の欲求を充足していく真のパワーを獲得できたとき，社会が，個々の尊厳を守る仕組みを構築したとき，被害と加害の悪循環は低減していくものと期待しています。 (藤岡淳子)

Putallaz and K. Bierman ed., *Aggression, antisocial behavior, and violence among girls*, Chap. 13. NY: The Guilford Press.

▷4 本書の「トラウマ・PTSD」(100-101頁)，及び「フェミニストカウンセリング」(102-103頁)を参照。

▷5 マクニール，サンドラ (1987=2001)「露出行為——女性への影響」ジャナル，ハマー・メアリー，メイナード編／堤かなめ監訳『ジェンダーと暴力——イギリスにおける社会学的研究』第7章 明石書店，159-180頁。

▷6 藤岡淳子・寺村堅志 (2006)「非行少女の性虐待体験と支援方法について」『子どもの虐待とネグレクト』日本子ども虐待防止学会，8(3)，334-342頁。

（おすすめ文献）

†藤岡淳子 (2003)「女性と犯罪」『犯罪と非行』日立みらい財団，138，5-23頁。

†クラーエ，B.／秦一士・湯川進太郎編訳 (2001=2004)『攻撃の心理学』北大路書房。

†マクニール，サンドラ (1987=2001)「露出行為——女性への影響」ジャナル，ハマー・メアリー，メイナード編／堤かなめ監訳『ジェンダーと暴力——イギリスにおける社会学的研究』第7章 明石書店，159-180頁。

†藤岡淳子・寺村堅志 (2006)「非行少女の性虐待体験と支援方法について」『子どもの虐待とネグレクト』日本子ども虐待防止学会，8(3)，334-342頁。

第Ⅲ部 ジェンダー・スタディーズの最前線：領域横断的なトピック

6 女性と子どもに対する暴力

1 女性に対する人権侵害と力によるコントロール

1999年，国は性別による不平等のない男女共同参画社会の実現をめざして「男女共同参画社会基本法」を制定し，多くの取組みを推進してきていますが，現在もなお女性の基本的人権を侵害するさまざまな暴力が起こり続けています。そのなかでも配偶者やパートナーなど親密な関係のなかで起こる暴力（ドメスティック・バイオレンス，以下DV）については，従来個人的問題と認識されてきましたが，2001年に制定された「配偶者からの暴力の防止および被害者の保護に関する法律」（以下DV法）により，DVが被害者への重大な人権侵害であり，この問題の防止と被害者の救済は社会が施策として取り組む必要があることが明確に示されました。

暴力というと身体的な暴力を想像しがちですが，DVにおける暴力は，精神的暴力，性的暴力，経済的暴力，社会的暴力の多岐にわたります。内閣府の調査（2012年）では，配偶者からなんらかの暴力があった人は，全体の26.2%で，男女別では，女性が32.9%，男性が18.3%となっています。このデータは，女性への暴力被害が身近に広がっていることを明らかにしています。

DVにおいて男性加害者（以下加害者）は親密な関係にある女性になぜ暴力を振るうのでしょうか。その理由としてまず加害者のもつ性別役割意識が指摘できます。たとえば，家事をうまくこなすことや夫の感情を受け止めることは妻の役割であると考えている場合，その役割を妻がうまく果たせない時，加害者は「腹を立てても当然」，また「役割をしっかり果たすように教え込むのは自分の役割」と短絡的に考え，教え込む手段として暴力を容認していきます。さらに，加害者は，過去の人間関係から，話し合いではなく暴力を自分に利益をもたらす方法として学習しており，そのため女性被害者（以下被害者）との関係でより優位にたち，状況をコントロールするために暴力を用いるとダットン，D. G. は説明しています。

一方，被害者は，激しい暴力を振るわれてもなぜ暴力のある生活に留まり続けるのでしょうか。家事をうまくこなすことや夫の感情を受け止めることは妻の役割であるといった意識は被害者自身にもあります。その役割がうまく果たせないのは「自分が悪いから」であり，「責められても仕方がない」という考え方が暴力を容認させていくのです。また，繰り返し暴力にさらされることで，

▷1 本書の「刑法とジェンダー」(144-145頁)を参照。
▷2 本書の「暴力論」(136-137頁)を参照。
▷3 具体的な暴力として，①身体的な暴力：殴る，蹴るなど，②精神的暴力：心理的嫌がらせや脅し，蔑みなど，③性的暴力：性行為の強要など，④経済的暴力：経済的締めつけ，借金の強要など，⑤社会的暴力：加害者以外の人間関係や社会関係への干渉や断ち切りなどがあげられる。
▷4 内閣府男女共同参画局（2012）『男女間における暴力に関する調査報告書』内閣府。
▷5 26.2%は，「何度もあった」と答えた人と「1，2度あった」と答えた人を合計した数値である。
▷6 ダットン，D. G./中村正監訳（1995=2001）『なぜ夫は妻をなぐるのか？』作品社，106-107頁。
▷7 ウォーカー，L. E./齊藤学監訳（1979=1997）『バタード・ウーマン——虐待される妻たち』金剛出版。ウォーカーはこの著書のなかで，暴力のサイクル説を唱え，暴力が，緊張期→爆発期→ハネムーン期というサイクルで起こり，常に起こるわけではないために被害者が逃げる決心を

抵抗しても無駄だといった無力感を被害者は学習していきます。ウォーカー (L. E. Walker) はこれを「学習性無力感」と名づけています。▷7

2 女性被害者への支援

　上記のような被害者が加害者との生活に限界を感じ，今後について悩み，また新たな生活を始める決心をした時，具体的支援にあたる公的な窓口として，各都道府県には一カ所以上の配偶者暴力相談支援センター（以下支援センター）が設置されています。また，DV法は，被害者を支援する制度として，加害者との生活を逃れてきた被害者に一時的に安全な居所を提供する「一時保護制度」や被害者が加害者からの暴力によって生命や身体に重大な危害を受けるおそれが大きい時，裁判所が加害者に対して発する「保護命令制度」を定めています。▷8

　被害者が暴力のある生活から逃れ，新たな生活を安定して送るためには，さまざまな領域の支援が必要とされます。生活の場の確保では母子生活支援施設や婦人保護施設などの公的施設への入所，公営住宅や民間住宅への入居の支援，生活費の確保では就労への支援や生活保護の申請など，同伴した子どもの保育所や学校の転所・転校などの手続き支援も必要となります。国が2008年に策定した「配偶者からの暴力の防止及び被害者の保護のための施策に関する基本的な方針」では，最も身近な行政として市町村の窓口に上記のような幅広い支援役割が期待されています。▷9 しかし，一方で，今までDV支援への関わりの少なかった行政窓口がニーズに合った支援を行えるのか，理解不足から二次被害を生じさせてしまうのではないかなどの懸念が表明されています。▷10 今後の課題として，まず行政窓口の支援体制の強化や支援力量の向上があげられます。また，支援センターが設置される以前から，民間団体や男女共同参画センター等が積極的にDV被害者の相談支援に取り組み，大きな役割を担ってきました。それらの活動と支援センター及び市町村の窓口がさらに協力関係を結び，DV被害者に重層的な支援を提供していくことが今後望まれます。

3 DVにおける子どもへの暴力

　DVでは，配偶者やパートナーにとどまらず，同居している子どもにも直接的に暴力が及ぶことがよく起こります。また，直接的に暴力が及ばない場合でも，母親などへの暴力を日常的に見聞きすることは子どもにとって大きな心理的負担や傷つきとなり，暴力にさらされている時期はもちろん暴力のない新たな生活を始めた時期にも中長期的影響としてPTSDなどの反応が起こる可能性があります。▷11 子どもへの虐待は近年子ども家庭領域が取り組むべき重要課題と認識されていますが，▷12 DVによる子どもへの被害は子どもへの虐待として十分認識されているとはいえません。今後はDVと子どもの虐待への支援が有効に連携することが期待されます。

（山中京子）

にくいことも指摘している。

▷8　保護命令には，①被害者への接近禁止命令，②被害者への電話等禁止命令，③被害者の同居の子への接近禁止命令，④被害者の親族等への接近禁止命令，⑤被害者とともに生活の本拠としている住居からの退去命令の5種類がある。保護命令の期間は，被害者への接近禁止命令が6カ月間，住居からの退去命令が2カ月間となっている。しかし，保護命令の期間の短さや違反した際の罰則の軽さが批判されている。

▷9　国は，DV法の趣旨をふまえ，DVの防止と被害者の保護や支援をさらに実現するために行う施策の基本的方針を示している。この基本的方針は2004年に初めて策定された。

▷10　支援の過程で，支援者の言動が再び被害者を傷つけることを指す。

▷11　本書の「トラウマ・PTSD」(100-101頁)を参照。

▷12　バンクロフト，L./幾島幸子訳（2002=2004）『DVにさらされる子どもたち――加害者としての親が家族機能におよぼす影響』金剛出版。

おすすめ文献

† 小西聖子 (2001)『ドメスティック・バイオレンス』白水社。
† 森田ゆり (2007)『ドメスティック・バイオレンス――愛が暴力に変わるとき』小学館。
† バンクロフト，L./髙橋睦子・中島幸子・山口のり子監訳（2002=2008）『DV・虐待加害者の実体を知る――あなた自身の人生を取り戻すためのガイド』明石書店。

7 リプロダクティブ・ヘルス／ライツ

1 国際的な位置づけ

　もし，誰と性行為をするか，誰と結婚して子どもをもつかについて，あなたがまったく決めることができないとしたら，人生はどんなふうになるでしょうか。人生は，あなたたちが決めることのできない未来，誰かによって決められ，あるいは偶然の出来事に支配されて定まってしまうものになります。▷1

　リプロダクティブ・ヘルス／ライツ（reproductive health and rights）は，そのような人生にならないよう，自分の生殖にかかわる健康を有する権利と，それによって守られる健康のことで，日本語では「性と生殖に関する健康と権利」と訳されます。1994年にエジプトのカイロで開かれた世界人口・開発会議において，国際的に承認された概念で，「人間の生殖システム，その機能と（活動）過程のすべての側面において，単に疾病，障害がないというばかりでなく，身体的，精神的，社会的に完全に良好な状態にあること」と定義されています。▷2 それは医師に「健康です」と診断してもらうだけでは不十分で，社会も私たちの権利を保障できる良い状態のなかで，私たち本人が自分で「良い」と思える状態であることです。また，リプロダクティブ・ヘルスを実現するためには，安全で十全な性生活が不可欠ですので，セクシュアル・ヘルス／ライツ（性に関する健康と権利）がこれに含まれます。▷3

　この健康と権利についての国際的な主張は，女性差別撤廃宣言（1967年）に不十分ながら登場し，人権に関する国際会議最終行動（テヘラン宣言，1968年）では両親の権利として言及されました。1975年には「すべての夫婦と個人」の権利とされ（第1回世界女性会議メキシコ宣言），環境開発会議アジェンダ21（1992年）や世界人権会議（1994年），国際人口・開発会議カイロ行動計画（1994年），第4回世界女性会議北京行動綱領（1995年）などで繰り返し確認されています。▷4 日本政府はそれらに署名していますので，この権利を保障するため，適切な情報や，安全・安価で簡単な手段に私たちがアクセスできるよう，制度を整える義務を負っています。

2 すべての人にかかわる権利

　さて，リプロダクティブ・ヘルス／ライツをもう少し具体的に考えてみましょう。たとえば，現代の日本では，学校教育のなかで性教育が行われており

▷1　本書の「性と生殖」（52-53頁）を参照。

▷2　外務省監訳（1996）『国際人口・開発会議「行動計画」』世界の動き社。

▷3　この上位概念として，セクシュアル・ライツを主張する立場もある。IPPF (2009) Sexual Rights Declaration. http://www.ippf.org/NR/rdonlyres/9E4D697C-1C7D-4EF6-AA2A-6D4D0A13A108/0/SexualRightsIPPFdeclaration.pdf.

▷4　本書の「グローバル・フェミニズム」（14-17頁）を参照。

▷5　ドキュメントとして，優生思想を問うネットワーク制作（2004）『忘れてほしゅうない』ビデオ工房AKAME，参考文献として，優生手術に対する謝罪を求める会編（2003）『優生保護法が犯した罪――子どもをもつことを奪われた人々の証言』現代書館を参

（それが十分かどうかについては議論があります），避妊用のコンドームが安価で簡単に入手できます。しかし，もし性的知識がまったく誰からも教えられず，避妊のための手段も高価だったり危険だったりしたら，あるいは，子どもをもちたいと思うのに子どもをもつことを禁じられたら，また子どもをもちたくないのに性行為を強制され子どもをもたされたら，どうでしょうか。この権利が保障されなければ，性感染症の知識や安全な避妊手段の入手が得られず，いつ・何人子どもを産むかを決める自由が保障されず，安全でない性関係や性暴力が許されます。私たちの人生が大きく左右されるだけでなく，人としての尊厳が失われます。したがって，リプロダクティブ・ヘルス／ライツは人権の重要な一部なのです。

しばしば，この権利は女性だけのものと考えられています。女性が生殖に関してより複雑な機能をもち，妊娠・出産などによって人生を大きく影響されるからです。もちろん，リプロダクティブ・ヘルス／ライツは，合意のない性行為や，子どもを産み続けねばならない人生から女性を解放し，安全な出産や安心な性生活を保障するものなので，ジェンダー平等に不可欠です。しかし，たとえば放射能による被曝や，有害物質による環境汚染，強制断種などは，女性だけでなく男性のリプロダクティブ・ヘルス／ライツをも侵害してきました。したがって，この権利は，環境保護や平和の実現とも深く関わっており，本来はすべてのひとびとがその実現をめざすべきものだといえます。

③ 国家とリプロダクティブ・ヘルス／ライツ

わたしたちの生殖の結果は人口のあり方に影響を与えるので，これは国家の重要事ともなっています。国家が政策を立てるためには，人口の把握と将来予測が必須だからです。とくに開発途上国など経済発展を望む多くの国々で，「家族計画」という名称で性教育が普及せられ，避妊用器具や薬品，場合によっては中絶や不妊手術が推進されています。それらの政策は，多産に悩んできた多くの女性たちに希望と社会的地位の向上をもたらしました。しかし他方で，女性の健康への影響や自己決定権などの点からみて，問題も多くあります。

また，宗教的な価値観が大きな影響をもつ国々では，宗教的理由から避妊や中絶を一切禁止している場合があります。とくに中絶と，女性の自己決定権との関係は，どこにも正解のない難しい問題です。

このように，リプロダクティブ・ヘルス／ライツは複雑で政治的なテーマでもありますが，だからこそ人権の観点からこれをとらえることが，わたしたちにとってとても重要です。

そして，その実現の何より大切な基盤は，自他のセクシュアリティを尊重し合い，性的パートナーと平等に対話し，責任をもって行為できる私たち一人一人の能力が育成されることです。

（田間泰子）

▷6　人口大国である中国の「一人っ子政策」が有名である。インドでは1970年代に強制的な男性不妊化が行われたことがあり，韓国でも軍事政権下で強力な人口抑制政策が行われた。その他，世界中の多くの国々でリプロダクティブ・ヘルス／ライツにかかわる人口政策が実施されてきた。インドについては，D&N Production（1991）『もうひとつの戦争——インドの人口政策と女性たち』アジア太平洋資料センター（日本語版制作），アジア太平洋資料センター（1994）がある。

▷7　カトリック教国のアイルランドや南米の多くの国々，イスラム教国のサウジアラビアやアフリカのほとんどの国々，アメリカ合衆国のいくつかの州などは，人工妊娠中絶を非常に制限しているか，もしくは母体の生命の危険があっても非合法としている。現在，安全でない中絶が約2000万件／年あり，その結果約5万人以上の女性が死亡するといわれている。国連人口基金（2011）『世界人口白書2011』公益財団法人ジョイセフ（日本語版制作），国連人口基金。

おすすめ文献

†橋本紀子（2010）『こんなに違う！世界の性教育』メディアファクトリー。

†上野千鶴子・綿貫礼子（1996）『リプロダクティブ・ヘルスと環境』工作舎。

†国連人口基金（2011）『世界人口白書2011』公益財団法人ジョイセフ（日本語版制作），国連人口基金。

8 「第三世界」の女性

1 国連開発計画の人間開発指数とジェンダー不平等指数から

世界には衛生的な水や食べ物の入手のみならず,適切な医療を受けることができないために,日本を含む多くの欧米諸国であれば助かる病気であっても,命を落とさざるをえない地域があります。「第三世界」と呼ばれるこれらの地域に住むひとびとにとって,日々を生き抜くことは文字通りの闘いです。

次に具体的な指数からこれらの地域の状況をみてみましょう。国連開発計画(UNDP)が公表した2011年の人間開発指数(Human Development Index)ではノルウェー,オーストラリア,オランダが最上位3カ国にランクされています。最下位3カ国(コンゴ民主共和国,ニジェール,ブルンジ)はすべてアフリカにあり,そのなかで最も低いコンゴ民主共和国には,ノルウェーの0.943に対し,0.286という数値が出されています。

人間開発指数は各国の状況をみるときの一つの目安にはなりますが,女性たちの状況を理解するときには,国連開発計画が妊産婦死亡率,若年出産率,男女別の中等教育以上の教育の修了率,立法府の女性議員の割合,男女別の労働力率などに基づいて数値化した「ジェンダー不平等指数(Gender Inequality Index)」が一つの目安となります。2011年のジェンダー不平等指数の最上位3カ国はスウェーデン(0.049),オランダ(0.052),デンマーク(0.060)であり,最下位6カ国はイエメン(0.769),チャド(0.735),ニジェール(0.724),マリ(0.712),コンゴ民主共和国(0.710),アフガニスタン(0.707)となっています。イエメンは中東(西アジア)にある国ですが,それ以外はアフリカが多く,残りのアジアでは戦争や内戦を長年経験してきたアフガニスタンが最下位です。

2 「第三世界」が生まれる原因

各国の貧困の原因は細かくみていくとさまざまなものがあげられますが,ここでは国際社会という枠組みのなかで,植民地支配と経済のグローバリゼーション,及び戦争や軍事紛争が「第三世界」におよぼしてきた影響についてみていきましょう。近代においては,軍事力や経済力を有している国家が他の国家や地域を政治・経済的に支配することで利益を得る植民地支配体制が各地でとられてきました。第二次世界大戦後に植民地支配を受けてきた多数の国家が独立しましたが,長い従属化の影響で旧植民地時代の制度や産業構造が残され,

▷1 「第三世界」という用語は,資本主義陣営と社会主義陣営との冷戦期にそれぞれの陣営に属していない国々を指す言葉として用いられるようになった。その多くは植民地支配を経験しており,独立後も資本主義体制の下で,豊かな国々による経済搾取や長年の植民地支配の影響による貧困を強いられ,持続可能な開発への道を妨げられてきた。「第三世界」以外にも「後進国」や「発展途上国」などのさまざまな呼び名があるが,「後進」あるいは「発展途上」という言葉は,〈遅れた〉マイナスのイメージを過度に生み出すことにつながりかねないことから,本項では「第三世界」という用語を用いる。

▷2 人間開発指数とは,各国の出生時の平均余命,国民総所得,学校教育の就学期間などの評価項目を基に数値化したものである。人間開発指数やジェンダー不平等指数等のデータを含む国連開発計画による報告書 *"Human Development Report 2011 Sustainability and Equity : A Better Future for All"* は以下のウェブサイトからダウンロードできる。http://hdr.undp.org/en/content/human-development-report-2011/

▷3 日本(0.901)は第12位となっている。

開発が著しく遅延化する状況が続いてきました。これらの国家が現代社会の「第三世界」の多くを構成しています。さらには，独立後も経済的に豊かな旧宗主国の多国籍企業がこれらの地域に工場やプランテーションを建設し，劣悪な労働条件で住民を雇うことで巨額の利益を得てきました。近年では経済のグローバリゼーションが進んだことで，このような新植民地主義の構造が強化されるようになりました。その結果，富める国は以前に増して豊かになり，貧しい国は貧しいまま，住民に必要とされる持続可能な開発を進めることができない状態におかれています。

植民地支配の下で被支配者の抵抗力を分散させるために，民族や宗教などに基づいて住民を分断統治するような方法が導入されてきた地域では，それが原因となり，独立後に地域内の対立や緊張関係が高まったところもあります。21世紀に入ると，米国やその同盟国である英国を中心に「対テロ」戦争が始まり，その最初の攻撃対象となったのが，最貧国の一つであるアフガニスタンでした。2001年9月11日に米国で起きた同時多発攻撃の容疑者とされたアルカーイダを当時のアフガニスタンのターリバーン政権が匿っていたというのが，その理由とされました。その結果，数多くのアフガン人が死傷し，生活に欠かすことができないインフラが破壊されたのです。このように戦争や軍事紛争はひとびとの生活基盤を破壊することで，貧困を助長していく原因となります。

3 「第三世界」に住む女性たちに対する私たちの視点

各地で根強く残っているジェンダー不平等の原因は，その地域における伝統的な社会規範に基づく家父長制に起因していることが多いのですが，それだけではありません。植民地主義や新植民地主義による搾取の構造，戦争や軍事紛争による生活破壊や治安の悪化がその地域におけるジェンダー不正義と密接に結びつくことで相乗効果を生み出し，女性の生活を困難なものとしてきました。

「第三世界」に住む女性たちの生活は，日本に住む私たちの生活とはかけ離れたものがあり，遠い世界で起きている出来事と考えがちですが，双方の生活が相互に関わっていることを理解しておく必要があります。日本は歴史的に植民地主義国家であり，第二次世界大戦後は日本企業を「第三世界」に積極的に進出させて利益を得てきました。いうなれば，「第三世界」のひとびとを犠牲にしながら，今の繁栄を享受してきたのです。

「第三世界」の女性たちの厳しい生活状況を知り，同情する人もいるでしょう。しかしながら，このような視点は豊かな国に住む者の上からの目線に基づくものであり，ジェンダー不正義を含む苛酷な状態を引き起こしてきた私たちの責任を問うものではありません。「第三世界」の問題を考える時には，その原因を解明することから始めなければならないのです。

（清末愛砂）

▷4 ジェンダー不平等指数は，2010年に国連開発計画がそれまで使ってきた「ジェンダー開発指数(Gender Development Index)」や「ジェンダー・エンパワメント尺度(Gender Empowerment Measure)」を廃止し，各国の男女間の格差をより明確にするために新たに導入した指標である。ジェンダー不平等指数は，完全に平等である場合を0，完全に不平等である場合を1として，その間で指標を出している。2011年の日本の指数は0.123となっており，第14位に位置づけられる。

▷5 本書の「開発」(108-109頁)を参照。

▷6 アフガニスタンに対する最初の攻撃理由は，同時多発攻撃に対する報復とされていたが，攻撃開始からまもなくして，ターリバーン政権によって抑圧されているアフガン女性を解放するため，という理由にすり替えられた。

▷7 国際女性年の1975年に開催された第1回世界女性会議や1980年の第2回世界女性会議では，「第三世界」出身の女性と，経済的に豊かな国々出身の女性との間で意見対立が生じ，論争がなされた。

おすすめ文献

†小國和子・亀井伸孝・飯嶋秀治(2011)『支援のフィールドワーク――開発と福祉の現場から』世界思想社。
†小荒井理恵(2011)『アフガニスタン復興への教育支援――子どもたちに生きる希望を』明石書店。
†岡真理(2000)『彼女の「正しい」名前とは何か――第三世界フェミニズムの思想』青土社。

9 ホモソーシャリティ

1 『男同士の絆』

ホモソーシャリティ（homosociality），あるいはホモソーシャル（homosocial）とは，イギリス文学の研究者であるセジウィック，E. K. の1985年の著作『男同士の絆』によって，一躍脚光を浴びるようになった概念です。『男同士の絆』において，ホモソーシャルとは男同士の社会的絆を意味し，ホモソーシャリティとは男性が社会的絆で結ばれている状態やその集団を意味します。セジウィックによると，家父長制の中心にはホモソーシャリティがみられるといいます。

伝統的なフェミニズムの主要な関心は，男性対女性の関係を分析することから女性抑圧のメカニズムをあきらかにすることにありました。セジウィックがホモソーシャリティの概念で試みたのは，家父長制の中心にある男同士の関係を分析することから女性抑圧のメカニズムをあきらかにすることでした。

2 ホモソーシャリティのメカニズム

ホモソーシャルと似た言葉にホモセクシュアル（homosexual）があります。ホモセクシュアルは男同士の性的な絆（同性愛）を意味し，それとの対比でいうとホモソーシャルは男同士の非性的な絆を意味します。ホモセクシュアル（性的であること）とホモソーシャル（性的でないこと）を明確に区別できると私たちは考えがちですが，セジウィックによれば，男性の関係を歴史的にみるとこの2つの間に線引きをすることはきわめて困難であり，その境界は曖昧で「潜在的に切れ目のない連続体」となります。だからこそ，家父長制にとって要である異性愛の男同士の絆を維持するためには，同性愛的な要素をできるだけ排除し，その境界の管理・維持を厳密にする必要があります。その方法が，女性嫌悪（ミソジニー）と同性愛嫌悪（ホモフォビア）です。

ホモソーシャリティは異性愛の男同士の性的でない絆によって成り立ちますから，その構成員になるためには，自分には同性愛的な要素がないことを周りに証明し続ける必要があります。そのための手っ取り早い方法の一つは，自分とは異なる性に属する女性に性的な欲望を抱くことです。他の男性との関係において，女性の話をしたり，あるいは一人の女性を他の男性と奪い合い三角関係になったりして，「女性の交換」を行います。こうして女性を媒介とすることで，他の異性愛の男性と同じ資格をもった者同士としての連帯を強めていき

▷1 正確にいうと性的であることを抑圧した絆のこと。

▷2 本書の「ホモフォビア」（172-173頁）を参照。
▷3 ジラール，R./古田幸男訳（1961=1971）『欲望の現象学——ロマンティークの虚偽とロマネスクの真実』法政大学出版局。
▷4 レヴィ＝ストロース，C./福井和美訳（1949=2001）『親族の基本構造』青弓社。

ます。ホモソーシャリティとは，女性を媒介として初めて成り立つものですが，異性愛の男性は女性を対等な存在ではなくあくまでも性的主体化の手段（客体）として周縁化します。こうした女性への蔑視を女性嫌悪（ミソジニー）といいます。

　もう一つの方法は，同性愛（者）を抑圧することです。ホモソーシャリティの構成員には女性に欲望する主体であるという連帯感があり，構成員同士で相互に性的な欲望の客体とみなす同性愛的まなざしは禁忌とされます。他の同性のメンバーを欲望の客体とみなす可能性のある同性愛者を積極的に排除することで，男性は自分が異性愛者であることを証明できます。こうした同性愛（者）への徹底的な抑圧を同性愛嫌悪（ホモフォビア）と呼びます。

　つまりホモソーシャリティとは，異性愛男性が女性を必要としつつも，家父長制の支配下に女性を置き，同時に同性愛男性を排除することで異性愛男性同士の集団を形成することで誕生します。

３　ホモソーシャリティのインパクトとその広がり

　セジウィックの脱構築的な思考方法——男性の絆をホモソーシャルとホモセクシュアルにいったんは区別するが，両者の境界と意味が曖昧であり，かつ歴史的・文化的に可変的であるために，それらを区別することが決定的には不可能であると考える非二元論の思考方法——は，女性学をジェンダー研究に，ゲイ／レズビアン・スタディーズをクィア・スタディーズへと「発展」させる一つの大きな要因となりました。

　ホモソーシャリティという概念は，現在ではセジウィックが『男同士の絆』で定義した意味で主に使われています。セジウィックが対象としたのは，イギリス文化のなかでも主に18世紀中葉から19世紀中葉にかけての小説であり，ちょうど階級としての近代ブルジョワが誕生した時期の男同士の絆です。セジウィックのいうホモソーシャリティの概念は歴史的にも，文化的にも，そしてジェンダー的にも，限定されていたことには注意が必要でしょう。

　しかしいまではこの概念は文学研究にとどまらず，たとえば男同士の絆が非常に固く結ばれている軍隊やスポーツなどの研究にも応用され，現代社会の分析枠組みとして広く社会学をはじめ多くの領域に影響を与えています。

　ホモソーシャリティの枠組みをさらに応用した研究として，たとえば女性特有のシスターフッドやレズビアン連続体といった概念との関係を検討しながら，異性愛の女性を対象とした分析も可能かもしれません。また，歴史や文化を超えて現代日本の男性を分析することも検討されてよいでしょう。

　ホモソーシャリティの分析枠組みを過度に普遍化することには注意が必要ですが，セジウィックがホモソーシャリティという概念に込めた，男同士の絆の分析から男性対女性の関係を考察するという方法は，今後もジェンダー・スタディーズにとってきわめて有効であり続けるといえるでしょう。　　　（齋藤圭介）

▷5　リッチ，A.によると，フェミニズムの内部で異性愛女性と同性愛女性（レズビアン）が区別され，さらに同性愛女性が不可視化されていることへの問題提起であり，分断されている女性たちを架橋することを目的とした概念であるという。リッチ，A.／大島かおり訳（1986=1989）『血，パン，詩。』晶文社。
▷6　本書の「男性学」（84-85頁）を参照。

おすすめ文献

†セジウィック，イブ・K.／上原早苗・亀澤美由紀訳（1985=2001）『男同士の絆——イギリス文学とホモソーシャルな欲望』名古屋大学出版会。
†セジウィック，イブ・K.／外岡尚美訳（1990=1999）『クローゼットの認識論——セクシュアリティの20世紀』青土社。
†上野千鶴子（2010）『女ぎらい——ニッポンのミソジニー』紀伊國屋書店。

第Ⅲ部　ジェンダー・スタディーズの最前線：領域横断的なトピック

10 国民国家と軍隊

1 暴力装置？

　有力な政治家が自衛隊を「国家の暴力装置」と呼んで，物議をかもしたことがありました（2010年11月）。しかし，この見解は，主権国家を「正統（合法的）な暴力の独占」と定義した，ウェーバーにしたがったもので，現在の法哲学・政治学でも優勢な学説です。警察や軍隊は，強制力や武力を行使することを国家から許された特別な存在。刑務所などの矯正施設も，強制的に人の自由を奪うことのできる国の機関です。とりわけ軍隊は，武器や大量破壊兵器を合法的に所有でき，敵との交戦となれば，それを使って人の命を奪うことが奨励されてさえいます。そうした行動は，それ以外の私人には許されません。トラブルを銃撃で「解決」する暴力団の抗争は犯罪ですし，一般人が拳銃や刀など武器を持つこと自体，日本を含む大多数の国で違法です。仮に正当な怒りの理由があるとしても，他者を殴ったり傷つけたりするのは，許されない私刑（リンチ）です。

　しかし，歴史を振り返れば，中央集権国家が成立し法治主義が確立してはじめて，こうした国家による暴力装置の独占が可能になります。それ以前は，身分によって，家族や奴隷，従者を自ら制裁したり，私兵を持って自分の勢力を守るのは，あたりまえのことでした。

2 近代国家と国民軍

　日本でも，明治維新を経て近代国家としてのスタートを切ったとき，新政府がまずやったのは，廃刀令によって武士から武器を奪い，徴兵令を発して国家の唯一の軍隊としての国民軍をつくることでした。ひとびとは，家の跡継ぎや働き手が取られるのは困ると，さまざまな手を使って徴兵逃れを試みましたが，明治政府はたびたび制度改正を行うなどして国民皆兵を実現していきます。家の論理と国家の論理の対立は，当然のように，後者が勝利したのです。

　また，国民国家の基本が，大衆の軍事動員にあるという点においては，国家の体制やイデオロギーを問いません。フランス革命・ロシア革命・中国革命という，時代も拠って立つイデオロギーも異なる歴史上の大革命を比較分析したスコッチポルは，革命は，それまで国政から締め出されていたひとびとを動員し，国民国家の栄光のために命を賭して闘うよう動機づけることに関して，とくにすぐれた指導力を発揮したと述べています。高邁な理想を掲げて戦われる

▷1　ウェーバー，マックス／脇圭平訳（1919=1980）『職業としての政治』岩波文庫。

▷2　牟田和恵（1996）『戦略としての家族』新曜社。

▷3　Skocpol, Theda (1979) *States and Social Revolutions : A Comparative Analysis of France, Russia and China,* Cambridge University Press.

革命が，大量のひとびとを暴力に誘導していくというのはアイロニカルに思えますが，革命を経るにしろしないにしろ，それは近代国民国家の否定しがたい一面なのです。

3 国民国家・軍隊とジェンダー

ジェンダーは国民国家と軍隊を考えるうえできわめて重要な要素です。近代国民国家の軍事組織とは，自らを主権者とする国家を守る国民軍であり，この国民軍に参与できる者が国民とされます。兵士となるのは，男性であり，したがって「国民」とは，きわめてジェンダー化されたものです。軍隊に参与しない女性は，二流市民であるか，国民を産む母として国民としての地位を得ることになります。そこで近年では，兵役を例外としては真の男女平等の実現はありえないと，男女平等の進展を求める立場から，軍隊に女性が男性とまったく対等に進出することを求める声が強くなった国もあります。

平和を求める立場からは，戦争遂行のための男女平等などナンセンス，そんな「女性の地位向上」は要らない，と考えたくなることでしょう。しかし，ジェンダーの視点からみるならば，隊内男女平等を掲げていない日本の自衛隊には，また別の問題も浮かびあがってきます。戦後，再軍備に対する警戒と反対のなかで，「軍事的な性質を緩和する目くらましの効果」として女性を参入させる看護婦人自衛官制度をスタートさせた発足期から，現在も自衛官募集ポスターなどの広報手段に女性を多用し，平和創造者としての自衛隊イメージの構築が図られているなど，自衛隊ではジェンダーステレオタイプな「女性」性がしっかりと利用され続けています。しかも，自衛隊でのセクシュアル・ハラスメントの多発，幹部候補生を養成する防衛大学校や防衛医科大学校では女子定員が少数なため，女性の入学がきわめて厳しくなっている（逆ポジティブアクション）など，軍備・軍隊に賛成しないとしても，現実として存在する自衛隊における男女不平等を放置していいのか，という疑問を残します。

4 「男らしさ」の美徳と国民国家

国民国家においては通常，国家によって戦没者墓地が設営され，国のために戦って命を落とした兵士たちに追悼と顕彰がなされ栄誉が称えられます。決して好戦的ではない，平和を標榜する健全な国家であっても，それは変わりません。そしてそこで讃えられているのは，暴力的な流血の行為にもひるまない，勇気ある「男らしさ」です（「英雄」という言葉はその象徴です）。戦争の残虐さにひるむ「めめしい」兵士たち，どんな崇高な名目であれ人を殺すようなことはできないと非戦を誓う者たちが，国家によって「英雄」と讃えられることは果たして可能なのか。それを考えることは，国民国家とジェンダーの問題を正面から問うことになるでしょう。

（牟田和恵）

▷4 その典型がアメリカで，全米最大のフェミニスト組織NOW（全米女性機構）は，女性の軍隊への進出，とくに後方支援ではない戦闘位置への女性兵士の配置を進めるよう強く訴えてきた。軍隊では，戦闘での軍功が昇進・昇給の主要件である以上，女性が後方支援にとどまっていれば，キャリアのうえで不利益を被ってしまうというのがその理由。

▷5 佐藤文香（2004）『軍事組織とジェンダー』慶應義塾大学出版会，106頁。

▷6 佐藤（2004）同上書，203頁。

▷7 http://www.mod.go.jp/j/press/news/2008/04/21c.html

▷8 山本ベバリーアン（2012）「戦争と男性性・ナショナリズム」牟田和恵ほか編『競合するジャスティス』大阪大学出版会，91-92頁。

おすすめ文献

†エンロー，シンシア／上野千鶴子ほか訳（2000=2006）『策略——女性を軍事化する国際政治』岩波書店。

†牟田和恵（1996）『戦略としての家族』新曜社。

†佐藤文香（2004）『軍事組織とジェンダー』慶應義塾大学出版会。

11 性の商品化とセックスワーク

1 「性の商品化」概念の登場と展開

　「性の商品化」とは、「性」を介するサービス、表現や表現媒体、これらを誘発する道具や環境などを、金品をはじめとする代償と交換に市場で売り買いできる商品にすることです。売買春がもっともわかりやすい例でしょう。「性の商品化」というときの「性」の意味はさまざまで、人間の性的欲望と実存を結びつけるセクシュアリティ、ジェンダー格差に基づいた性別、性行為、人の人格や尊厳と同義の性などがここに含まれます。

　近年の日本では、1990年代のフェミニズムによる問題提起以来「性の商品化」が社会的な議論の的になってきました。「性の商品化」は、実はほとんどの場合「ジェンダー格差に基づいて」「女性」を商品化する「女性の商品化」であり、「人格や尊厳と同義の性」を商品化することは、すなわち女性の尊厳を商品としておとしめる性差別の具体化だ、という問題提起でした。

　フェミニズムの主張は、男性中心主義批判、家父長制批判、ヘテロセクシズム批判、マルクス主義、ポスト植民地主義などをふまえ、「性の商品化」を複合差別の結果ととらえる方向へも展開しました。それはまず、生産手段をもたない労働者にとって自らの労働力を売って生活の糧を得ることは必要不可欠だ、と指摘します。そして、ジェンダー格差によって生産手段をもつ機会や雇用機会が男性よりも少ない女性、ヘテロセクシズムによって男性の性的欲望を満たすことを期待されている女性、とくに年長者によって反抗の機会を奪われがちな若い女性、人種主義によって社会的排除を受けやすい少数民族の女性などは、生き延びるために、自らの「性」を労働力の一部として商品化する機会が増えるというのです。

2 「セックスワーク」概念の登場と展開

　ここで、「性の商品化」を「性労働」（セックスワーク）の側面からとらえる考え方が出てきます。この言葉が日本で定着したのは、1993年に『セックスワーク――性産業に携る女性たちの声』が邦訳出版されたことがきっかけでしょう。以来、性労働をする人びとの立場に立って、「性の商品化」にかかわる仕事を「生き延びるための労働」として社会に認めさせ、セックスワーカーの労働者としての権利を獲得しようという議論も行われてきました。現役セックスワーカーの意見も

▷1　この語は、遅くとも1980年代には使われていたが、とくに1990年代に議論が活潑になった。

▷2　異性間の性関係を規範とする考え方。元は英語のheterosexism。「異性愛（中心）主義」と訳されることも多いが、本来heteroは「異なる」、sexismは「～性主義」という意味で、「愛」がそこにあるかどうかは問わない概念である。

▷3　デラコステ、フレデリック・アレキサンダー、プリシラ編／パンドラ監修（1987=1993）『セックス・ワーク――性産業に携る女性たちの声』パンドラ。

公表され，この議論に大きな影響を与えました。そこには，複合差別から生じる搾取や暴力やスティグマを克服する力と手段を，その現状を生きる当事者こそが得るべき，発揮するべきだ，という理念と希望がこめられています。

つまりセックスワークの議論は，非常に立場性の強い当事者中心主義の議論です。そしてこの点において，男性中心主義の社会を女性というマイノリティの観点でとらえなおし，さまざまなジェンダー・イシューについて「当事者のわたしの経験は違う」「わたしの経験を聞け」「わたしの経験を（政策などに）反映させろ」と抗議してきたフェミニズムと親和性が高いのです。ですから，「性の商品化」に反対する議論とセックスワークを認める議論とは，対立するところもありますが，どちらが勝つか負けるかして，すんなり決着がつくような単純な二項対立の議論ではありません。

▷4 本書の「エスニシティ」（90-91頁），及び「マイノリティ女性の人権」（188-189頁）を参照。

3 セックスワークの多様性と今後

「性の商品化」には売買春だけでなくさまざまな業態があります。セックスワークは，男性に性交を提供するだけでなくさまざまな仕事を含みます。セックスワークをするひとびとも一枚岩ではありません。ある人は，他の仕事にないような搾取や暴力にさらされているわけでもなく，たとえば相手のニーズに応える仕事に向いている，働く場所や時間に融通がきくなど，自分の資質やライフスタイルに合っているという理由から，好んでこの仕事をしています。けれども，賃金不払いや客や経営者からの暴力を日常的に受けたり，性感染症予防がままならなかったりする状況におかれている人，それでもこの仕事を辞められない人もいます。また，好きでしていてもスティグマはついてまわります。セックスワーカーは女性ばかりではありませんし，日本人ばかりでもありません。トランスジェンダーや男性客相手の男性セックスワーカーは，女性とは違った暴力やスティグマにさらされていますし，外国人セックスワーカーは，日本人セックスワーカーよりも搾取や暴力に遭いやすい環境にあります。

「性の商品化」について議論する際には，「性」がいま，誰にとって何を意味しているか，「商品化」の実態とは何かを問い直し続けることが必要でしょう。

「性の商品化」にはまた，客，性風俗店経営者，管理者，関連業者など労働者以外の当事者が多く関わっています。暴力や搾取を防ぐためには，こういったひとびとに働きかけることも必要です。しかし，性労働が非正規労働で占められているうえ，性産業には合法な部分と不法な部分が混在しています。さらにスティグマのために当事者のカムアウトが難しいことが加わって，セックスワーカーの権利を守ろうといっても，実務的な介入をすることが難しいのが日本の現状です。そこで，セックスワーカー自身が社会的に排除されない環境で業界を良くしていくことが可能になるような，法律，医療，政策，教育など関係分野に従事する専門家の協力も求められています。

（青山　薫）

▷5 本書の「非正規雇用とジェンダー」（120-121頁）を参照。

▷6 本書の「刑法とジェンダー」（144-145頁）を参照。

おすすめ文献

†江原由美子編（1995）『性の商品化』勁草書房。
†松沢呉一ほか（2000）『売る売らないはワタシが決める——売春肯定宣言』ポット出版。
†青山薫（2007）『「セックスワーカー」とは誰か——移住・性労働・人身取引の構造と経験』大月書店。

12 「代理出産」をどうみるか

1 子どもを「つくる・もつ」こと

体外受精・胚移植（IVF-ET）に代表される生殖補助技術（ART）は、長い人類史のなかで顧みられることのなかった不妊女性の治療として肯定的に評価されてきました。しかし、他方でARTが受精そのものに介入する技術であることから、第三者からの配偶子の提供や代理出産（surrogacy）、配偶子や受精卵の凍結保存などが可能となり、これまでの性と生殖の意味を変更し、複雑な親子関係を生み出すことになりました。自然生殖では、「子どもをつくる」とは、性愛を契機として一人の女性がその身体内で胎児を育み産み出すことでした。その子どもを育てることによって、女性は「子どもをもつ」母親と呼ばれてきました。しかし、IVF-ET技術は卵子を体外に取り出して受精卵をつくり、それを体内に戻す技術ですから、「卵子の（遺伝的）親」「妊娠・出産する親」「育てる親」という三人の女親を出現させることが可能です。とりわけ、子どもを「もつ」ことを意図した親が「つくる」過程を他の女性に頼む「代理出産」は、それが慈善であれ市場取引であれ、これまで子どもを「もつこと」が不可能であったひとびとに遺伝的子どもをもつ回路を開くとともに、女性の産むことをめぐる身体的着地点を見出さないまま進行しています。代理出産は、子どもをもつことを意図する女性とつくる過程を担う女性を分断するのか、女性同士の共同作業とみるか、大きく意見は分かれています。

2 代理出産事情

代理出産は受精の方法によって二つのタイプに分かれます。まず、依頼カップルの夫の精子を代理母に人工授精して妊娠・出産する方法（traditional surrogacy；代理母）があります。この場合、代理母は卵子の提供及び妊娠・出産を行います。次にIVF技術の登場によって、依頼カップルの受精卵を代理母の子宮にもどし、妊娠・出産のみを代理する方法（gestational surrogacy；借り腹）があります。代理出産に対する対応は国によってさまざまですが、全面禁止の国（ドイツ、フランスなど）、非営利の代理出産を許可している国（イギリス）、ビジネスとして代理出産を認めている国（米国の一部の州、インドなど）があります。日本にはARTに関する法律はありませんが、日本産科婦人科学会によって事実上提供配偶子による体外受精や代理出産は禁止されています。そこで、

▷1 IVF-ETはIn Vitro Fertilization and Embryo Transferの略称。
▷2 ARTはAssisted Reproductive Technologyの略称。

代理出産が市場化されている国で子どもを得ているカップルもいます。子どもを得て帰国し，子どもの親子認定が問題となり裁判になった例もあります。しかし，海外での不妊治療（提供卵，代理出産）は高額の費用がかかるため，国内での実施を求める声もかなりあります。子宮のない女性（ロキタンス症候群や病気で子宮摘出）や妊娠継続困難の女性など，代理出産でしか子どもをもてない女性たちは，国内での代理出産の実施を強く望んでいます。

③ 日本における代理出産の可能性

1986年，米国で代理出産契約によって生まれた子どもを代理母が依頼主夫婦に引き渡すことを拒み裁判となった，通称「ベビーM事件」がありました[3,4]。この事件を契機に，フェミニストの代理出産に対する反対論と擁護論がそれぞれ展開されました。代理出産に反対するフェミニストは，第一に「子どもの商品化」につながること，第二に依頼者との経済的格差により代理母はその身体を売ることになること，第三に代理母の母性性——愛すること，世話すること，自己犠牲すること——を刺激し代理母に志願させるなどの理由から代理出産に反対しているといわれています[7]。他方，代理出産を容認する議論としては，生物学的母親よりも親になる意志があることが重要であること，また女性には工場で働く契約をする自由があるのと同様に，出産の契約をする自由もあるとする主張も展開されました[8]。さらに，代理出産は女性同士が協力して新しい命を生み出すものとみなす議論もあります[9]。

しかし，賛否の議論とは別に，米国の一部の州では代理出産は合法化され，ビジネスとして展開されています。さらに，インドで代理出産により子どもを得た日本人もいます。外国での代理出産は，高額な費用がかかるだけでなく，日本との親子認定の法律の相違からトラブルも発生しています。2006年には日本学術会議検討委員会は先天的に子宮をもたない女性及び治療として子宮の摘出を受けた女性に対して代理出産の試行的実施（臨床試験）の可能性を示唆しましたが，ビジネスとしての代理出産は禁止の見解を示しました[10]。産科婦人科学会はもとより厚生労働省も原則禁止の方向を打ち出しています。それは，代理出産が母体保護と子の権利と福祉に反するとみなされているからです。しかし，国内の一産婦人科医が代理出産の実施を公表しています[11]。代理出産にはさまざまな理由から賛否両論ありますが，日本国内で代理出産に対する需要があることは確かです。このような日本の状況において，IVF-ETが胎児と母体の一体性を解体し，子産みを「さずかる」から「つくる」ものへと転換させた意味を真摯に問う必要があるでしょう。それは，日本社会が代理出産の実施を認めるか，禁止するかという議論の核心であり，また「代理出産の実施を模索していくことにも目を向けるべき」[12]という見解への応答にもなるでしょう。

（浅井美智子）

▷3　チェスラー，F.／佐藤雅彦訳（1988=1993）『代理母——ベビーM事件の教訓』平凡社。
▷4　ケイン，E.／落合恵子訳（1988=1993）『バースマザー——ある代理母の手記』共同通信社。
▷5　コリア，G.／斉藤千香子訳（1993=1993）『マザー・マシン——知られざる生殖技術の実態』作品社。
▷6　スパー，D. L.／椎野淳訳（2006=2006）『ベビー・ビジネス——生命を売買する新市場の実態』ランダムハウス講談社。
▷7　Tong, R. (1997) *Feminist Approaches to Bioethics*, Boulder, Colo: Westview Press.
▷8　スパー（2006）前掲書，117頁。
▷9　Tong (1997) ibid..
▷10　浅井美智子（2008）「生殖補助医療——法整備への動向」『家族社会学研究』20(2)，家族社会学会，77-84頁。
▷11　根津八紘・沢見涼子（2009）『母と娘の代理出産』はる書房。
▷12　仙波由加里（2012）「代理出産の是非をめぐる問題——倫理・社会法的視点から」シリーズ生命倫理学編集委員会編『生殖医療』丸善出版，45-65頁。

おすすめ文献

†上杉富之編（2005）『現代生殖医療』世界思想社。
†金城清子（1998）『生命誕生をめぐるバイオエシックス』日本評論社。
†坂井律子・春日真人（2004）『つくられる命』NHK出版。

13 空間へのアプローチ：フェミニスト地理学

1 女性不在の地理学？

十数年前，『話を聞かない男，地図が読めない女』が翻訳出版され，話題になったことがあります。「地図が読めない女」という点からは，地理が苦手な女性というステレオタイプも強調されました。その真偽を詮索するつもりはありません。むしろ，このことを地理学という学問分野をフェミニズムとの関係から再検討する入り口としたいのです。なぜ，女性と地理的知識は相いれないものと考えられたのでしょうか。

アメリカの地理学研究者，ジャニス・モンクとスーザン・ハンソンが地理学研究における性差別的バイアスに対して建設的な批判を行ったのは，1982年のことです。彼女らは，長きにわたって「人類の半分に関する研究課題」を避けがちであった地理学研究の問題を明確に指摘しました。研究内容，方法ともに性差別的なバイアスが多くみられるというのです。たとえば，前者については，男性の経験にのみ光があたるような不適切な課題が設定されてきたこと，空間的パターンを解明する際にジェンダーブラインドな理論が適用されてきたこと，伝統的なジェンダー役割を前提とした地理的記述が存在してきたこと，女性の生活に関連した研究テーマが回避されてきたことをあげています。それに加えて，そういった研究の担い手の圧倒的多数が男性であったことも，アメリカ地理学会の状況に基づいて指摘しています。

このように問題をかかえた従来の地理学研究のありよう，すなわち，「女性不在の地理学」のありようが，「地図が読めない女」から連想するような私たちの「地理イメージ」を左右しているともいえます。モンクとハンソンが論文を発表してから30年，フェミニズムと出会い地理学研究はどのように展開してきたのでしょうか。

2 女性を可視化する

人類の半分を排除しないための第一歩は，女性を地理学研究のなかで可視化していくことです。なかでも，ジェンダー・アトラスは，労働，学業，生活などさまざまな場面における女性の状況を効果的にわたしたちに伝えてくれます。地理学が得意としてきた地図という表現手段も，上手く使えば女性の可視化につながるのです。しかも，何が起こっているのか，ということだけでなく，ど

▷1 ピーズ，A.・ピーズ，B.／藤井留美訳（1998=2000）『話を聞かない男，地図が読めない女』角川書店。

▷2 モンク，J.・ハンソン，S.／影山穂波訳（1982=2002）「人文地理学において人類の半分を排除しないために」神谷浩夫編監訳『ジェンダーの地理学』古今書院，2-20頁。

▷3 たとえば，以下のジェンダー・アトラスが日本で発行されている。シーガー，J.／原民子・木村くに子訳（2003=2005）『地図でみる世界の女性』明石書店；武田祐子・木下禮子編著（2007）『地図でみる日本の女性』明石書店。

こで起きているのか，視覚的に表現されます。このような試みは，ジェンダー間の差異のみならず，空間的差異をもあぶりだすことになるのです。

俯瞰的にとらえるジェンダー・アトラスとは逆に，個人レベルで女性に何が起こっているのかあきらかにすることも，女性の可視化につながります。たとえば，経済活動を担っている個人に光をあてること，とりわけ，職場と家庭で二重の労働を負った女性の状況に注目することは，さまざまな制約のなかでやりくりしながら就労する女性の姿をあきらかにします。時間のやりくりだけではありません。わたしたちの生活は，つねに，ある空間から別の空間への移動を伴うものです。通勤，買い物，保育所への送迎，自宅での家事労働など，特定の時間に特定の空間で行うべきことがわたしたちの生活にはたくさんありますが，その活動状況に男女差があることは，「社会生活基本調査」などからもあきらかです。

さらに，女性の日常生活空間に目を向けることは，居住空間そのものを考察することにもつながります。たとえば，郊外ニュータウンは，しばしば，男の視点から再生産空間として設定された住宅地として位置づけられてきました。居住空間に注目することは，公／私の二分法の片方に追いやられた女性たちの日常生活の諸相，そこに反映されたジェンダー関係を解き明かすことになり，同時に，女性たちが地域活動などを通して主体的に空間を読み替え，再創造していくような過程を探求していくことにもなるのです。

3 見えるものから見方へ

具体的な事象から離れて，私たちは大地をどのように見ているのか，という側面について注目してみましょう。「母なる大地」という表現を一度は耳にしていることでしょう。この時，大地を見ているのは誰なのでしょうか。ジェンダーの非対称性という側面に気をつけて，考察する必要があります。

通常，誰が見ているのか明確にされることはありません。なぜなら，見ているのは「人」一般だからです。けれども，「人」にはすべての人間が含まれるわけではありません。多くの社会では，暗黙の裡に男性が「人」一般とみなされており，主体である男性が，客体である女性，そして，女としての大地を眺めているのです。そこには，行動する「男」と見られる「女」という非対称的な関係が想定されています。

このような「まなざし」が投げかけられるのは，自然だけではありません。ホームや故郷と称される場所にも見出されます。それらを描いた小説やドラマをみると親密でプライベートな場所，自らの存在の核として位置づけられると同時に，女性性と結びつけられるような場所でもあることが見えてくるはずです。「見方」や「まなざし」を問い直すことも，人類の半分を排除しないために必要な地理学的な視角なのです。

（福田珠己）

▷ 4 吉田容子（2007）『地域労働市場と女性就業』古今書院。

▷ 5 本書の「アンペイド・ワーク」（110-111頁）を参照。

▷ 6 影山穂波（2004）『都市空間とジェンダー』古今書院。

おすすめ文献

†ローズ，G.／吉田容子ほか訳（1993=2001）『フェミニズムと地理学——地理学的知の限界』地人書房。
†神谷浩夫編監訳（2002）『ジェンダーの地理学』古今書院。
†村田陽平（2009）『空間の男性学——ジェンダー地理学の再構築』京都大学出版会。

14 親密圏と親密権

1 親密圏とは

親密な関係によって成り立つ「親密圏 (intimate sphere)」は，家族と同等のもの，または家族をかならず含むものと理解されることがあります。しかし近年，一組の夫婦とその子を中心とする性と血縁と情緒で結ばれた集団を意味する近代「家族」は変化しつつあり，「親密圏」は，その変化をとらえる概念として評価されてきています。具体的には，結婚をしなくても，子どもを産まなくても，親や兄弟姉妹や親類と無縁でも，つまり「家族」がなくても，人はちがった親密な関係のなかで生きることができるし，すでに生きている，ということをあらためて認識するために「親密圏」概念は有効です。

政治学者の齋藤純一は，「親密圏」を「具体的な他者の生／生命に対する関心／配慮を媒体とする，ある程度持続的な関係性を指す」[1]ものとしました。この定義からは，親密圏が家庭のような物理的な空間ではなく，親密な人間関係をめぐる状況全体であることがわかります。もう一つ，「親密な関係」がいわゆる性関係とも血縁関係ともかぎらないということもわかります。ある人の親密圏は，その人が誰かを思う／思わざるをえない状況があるところならどこにでも存在し，そこには「家族」が入っていないことも十分ありえます。恋人や配偶者や親兄弟姉妹はもちろん，友人や同僚やペットなどを含む場合もあるでしょう。多くの人にとって，親密圏は複数的で重層的なものなのです。

2 親密圏の負の側面と公共圏

このような親密圏にはネガティブな側面もあります。閉鎖性と拘束性，それゆえの暴力の可能性です。DV，子どもや高齢者に対する虐待，いじめ，さまざまなハラスメントは，たがいに無関心なひとびとの間では起こりません。これらが起こるのは，そこに「具体的な他者に対する関心を媒介とする持続的な関係」が存在するからです。そしてこの，恋人，夫婦，親子，友人，仲間など，他をもって代え難い私的な関係は，公には閉じられ，内部に力関係があることも，それが不均衡であることも見えにくくしてしまうのです。

近代市民は，公の世界（公共圏）で権利をもちこれを行使することの責任を負う，たがいに自立し平等な人格をもつ理性的人間とされてきました。市民にとって私的なことがらは公の世界の外に，あるいは，理性とはかけ離れた，彼

▷1 齋藤純一編 (2003)『親密圏のポリティクス』ナカニシヤ出版, 213頁。社会科学系の議論でよく利用される定義。

らを生み育てるための愛の世界に属していました。しかし，私的な愛の世界も実は公的に構築された権力関係に満ちた世界であることが，まずフェミニズムによって喝破され，たとえばDVのような内部における暴力が，政治的なこととして公に可視化されるようになってきました。

「親密圏」はこういった歴史を受け，親密圏と公共圏がおたがいに規定し合うもので，同等の政治的重要性をもっていることを理論的に整理する概念でした。それに基づいて，親密圏は市民社会で孤立した個々人がたがいに依存し合う愛やケアの場であることが再確認されました。とくに，公の世界で排除され，不平等を摘発する声をあげることもできなかったひとびとが，親密な関係にいったん避難し，存在を肯定され，傷を癒して自尊心を得，やがて公的にも発言することができるようになるための「逃げ場」であることが重要でした。しかし，その「逃げ場」がまた閉鎖性と拘束と暴力の場になってしまっては元も子もありません。そこで，必要な時には避難先である親密圏からも逃げられる手立てが公に保障されるべきだ，ということも重視されています。

▷2　本書の「公共圏」(128-129頁) を参照。

▷3　本書の「シティズンシップ」(130-131頁) を参照。

③ 親密権とその具体化

他方，「家族」以外の親密な関係にも公的保証を拡げることによって親密圏の負の側面を克服することも考えられます。ケン・プラマーらによる「親密権 (intimate citizenship)」がその鍵概念です。親密権は，近代市民権の延長に位置づけられる，人がどんな親密な関係をもっても（他者の同等の権利を侵害しない限り）社会的に排除されたり不利益を被ったりしない権利です。実現のためには，種々の親密な関係が制度的に保証される必要がでてきます。この発想は，市民社会において犯罪者，精神病者，逸脱者とされてきたホモセクシュアルのひとびとが，同じ境遇の者同士の親密圏にいったんは避難し，語り合うことで苦しみや悲しみや怒りを言語化し，やがて，自らの「個人的な問題」を市民社会の公の議論に転化させた経験から生まれたものでした。

そして実際に2000年代には，オランダをはじめとする各国で，同性婚やこれに準ずる市民パートナーシップが法制化されるようになりました。しかし，同性間の親密な関係を異性間の婚姻と等しく国家に承認させることには，当事者の間にも賛否両論があります。排他的な「市民」としての権利獲得はマイノリティを既得権者に変え，さらに異なる関係をもつ人を差別する側に立たせる，というのが反対の骨子です。

人が「どんな親密な関係をもっても不利益を被らない」べきならば，友人関係も制度化するべきか，親密な関係を誰とももたない人が不利益を被らない社会保障制度とはどんなものか，国家の制度によって権利が実現される現状で，国境を越えるどんな関係がどう保証されるべきか，親密権の具体化は，「家族」以外の権力関係にもさまざまな問いを投げかけます。

（青山　薫）

▷4　プラマー，K.／桜井厚・小林多寿子・好井裕明訳（1998=2003）『セクシュアル・ストーリーの時代——語りのポリティクス』新曜社。

▷5　最初に同性パートナーシップを法制化したのは，デンマークの1989年。同性の婚姻はオランダで，2001年。

【おすすめ文献】
†齋藤純一（2008）『政治と複数性——民主的な公共性にむけて』岩波書店。
†岡野八代編（2010）『家族——新しい「親密圏」を求めて』岩波書店。
†牟田和恵（2009）『家族を超える社会学——新たな生の基盤を求めて』新曜社。

15 自然災害とジェンダー

1 新しい視点としての災害復興

　地震，津波，風水害など自然災害が多発する日本は，防災・減災への取組みが必須であることを東日本大震災（2011年）の経験から改めて学びました。

　災害は社会的弱者に影響が大きく復興にもより困難を伴うことが明らかになっています。阪神・淡路大震災（1995年）では兵庫県で関連死を含み6402名の方が亡くなりました。性別では男性2713人，女性3680人（不明9人）と，900名以上女性が多く，また高齢者により被害が多くなっています。東日本大震災においても女性・高齢者の被災死者が多くなっています。

2 防災体制と女性の参画

　日本では阪神・淡路大震災直後から女性の役割が重要だといわれてきましたが，法律・政策面では目に見えた改善はありませんでした。しかし，2000年頃から国連の動きと2004年の新潟県中越地震の経験を経て，2005年には『第二次男女共同参画基本計画』に「防災（災害復興含む）」が盛り込まれました。同年には国の『防災基本計画』に初めて「女性の参画」と「男女双方の視点」の重要性が記述され，2012年9月には「復旧・復興における男女共同参画の促進」が明記されました。

　災害からの被害を最小にとどめ迅速な復興を進めるため，日本では災害対策基本法，災害救助法，被災者生活再建支援法などが法定化されています。災害対策基本法に基づいて国は中央防災会議，都道府県・市町村には地方防災会議を設置することになっています。しかし，防災の最高意思決定機関である防災会議に女性委員の絶対数が少ないことが社会問題化しています。

　中央防災会議は27名中18名が閣僚で構成されるため，女性委員が少なくなります。地方防災会議では男性委員のみで構成されている場合があります。その要因は防災会議を構成する委員が法律・条例によって定められているからです。国，地方公共団体，指定公共機関，企業等の主要なポストに女性が就かない限り女性委員は増えません。これは日本社会の課題を表象しています。

　中央防災会議では『防災基本計画』を決定し，地方防災会議では『地域防災計画』を定めます。しかし，高齢者や女性らが主体として参画していないため当事者の多様な声を組み込む仕組みづくりが求められています。

▷ 1 諸外国の話

ジェンダー・スタディーズの発祥地である米国においても災害とジェンダーは新しい分野であり，1992年，ハリケーン・アンドリューの被害とその復興においてジェンダー，人種など平時の社会問題が災害時に顕著となることが明らかになった。ハリケーン・カトリーナ（2005年）はルイジアナ州ニューオーリンズ市に甚大な被害をもたらしたが，被災者の典型的なイメージは「アフリカン・アメリカン，女性，そしてシングルマザー」といわれている。ニューオーリンズ市はアフリカン・アメリカンが多く住む地域であり，シングルマザーが米国全体比率よりも倍以上多く，そのような社会環境が反映している。韓国では日本の中央防災会議にあたる韓国中央安全管理委員会（委員長：国務総理）があり，委員21名は大臣及び関係庁長の職指定となっているため，女性委員が少ない。台湾においても同じことがいえる。2009年に起きた莫拉克台風（八八水害）復興推進委員会の委員35名中，女性委員は4名（財務部長と3名の被災県市の首長：2012年3月7日現在）で，被災者代表8名及び学識経験者・専門家，民間代表9名中女性委員は

市民生活の防災・減災対策中心となる自主防災組織（災害対策基本法5条で規定）は多くの場合，自治会長や区長がそのまま組織の長となるため女性は役員としての参加が限られています。日頃から地域活動に女性が積極的に参加し，中心的な役割を担うことが必要です。

③ 被災者支援と日本社会の課題

激甚災害は発災から「緊急期」→「応急期」→「復旧・復興期」（生活再建期）の3つの時期に分かれますが，それぞれの時期でジェンダーに関わる課題があります。避難所では，プライバシーの欠如や支援物資の偏り，女性リーダーの不在，性別による役割分業など課題が山積です。日本では避難所に家族単位で入りますが，諸外国，たとえば韓国では男性の部屋，女性の部屋があります。日本でも福祉避難所や母子向け，ペット飼育家族用の部屋の迅速な設営など柔軟な対応が求められます。

日本では，り災証明は世帯主に対して発行され，被災者生活再建支援法の支援金や義援金等も世帯主にのみ支給されます。ここでは，日本の社会保障制度の課題である世帯単位制度を個人単位制度に設計変更することが求められます。また，東日本大震災では避難者が34万人，県外避難者は7万人以上いるといわれています。すべての被災者を適切にフォローするために個人単位で全国共通の被災者台帳の整備が必要です。

④ 復興まちづくりと女性の参画

女性は生活に根づいた視点でまちづくりに積極的にかかわっていますが，「縁の下の力持ち」的な存在であるため，公的な立場での参画が求められます。たとえば，地方公共団体の復旧・復興計画は地域再生の基本となりますが，復興計画策定委員会ではこれまで女性の参画が2割を超えたことが殆どありません。それは委員には都市基盤などの工学系や経済の専門家の男性が多いためです。また，災害後，住民主体のまちづくりとしてのまちづくり協議会でも女性は役員としての参画が少なくまちづくりに声が反映されにくくなっています。

経済の回復は生活再建そのものです。復興基金を創設したり，就労や起業支援制度を設けたりすることであらゆる人の経済復興を支える必要があります。なかでも，仕事を失った女性を支援する女性起業支援法の制定や基金における女性枠の設定，コンサルタントの派遣など細やかなフォローが求められます。

防災・復興におけるポジティブ・アクションを公的／私的分野いずれにおいても，いかに推進していくかが自然災害とジェンダーの喫緊の課題といえます。

（山地久美子）

0名である。先住民の代表委員も男性である。東アジアの中で女性の社会的地位が高いとされる台湾においても防災・復興は女性の参画が限られる特殊な分野といえる。

▷2　総務省所管の財団法人地方自治情報センター（LASDEC）は阪神・淡路大震災の被災自治体である兵庫県西宮市が開発した被災者支援システムを「地方公共団体プログラムライブラリ」に登録し，本システムを2009年1月17日から全国の地方公共団体へ無料でCD-ROMにて配布している。

▷3　1981年神戸市は全国に先駆けてまちづくり条例を制定した。住民組織としてのまちづくり協議会を認定することでその地区におけるまちづくり構想で市長への提案権をもち，合意すればまちづくり協定が結ばれる。阪神・淡路大震災からの復興ではこの住民主体のまちづくりの動きが注目され，東日本大震災においても各地で結成されてきている。

おすすめ文献

†ウィメンズネット・こうべ編（2005年）『災害と女性』ウィメンズネット・こうべ。

†みやぎの女性支援を記録する会編著（2012）『女たちが動く――東日本大震災と男女共同参画視点の支援』生活思想社。

†大沢真理・堂本暁子・山地久美子編（2011）『「災害・復興と男女共同参画」6.11シンポジウム――災害・復興に男女共同参画の視点を』東京大学社会科学研究所。

16 ハラスメントとジェンダー

1 セクハラとは「軽いジョーク」のこと？

　世の中では，性的な冗談などのことをセクシュアル・ハラスメントと呼ぶかのようにいう人がいますが，それは正しくありません。セクシュアル・ハラスメント行為には，性的なジョークや容姿の品定め，からかいから，ストーキング（ストーカー）やレイプのような被害も含まれます。重要な点は，職場や学校などの関係性，立場を背景にして行われるために，そうした行為が「いじめ」としての効果をもったり，ノーと言いにくかったり，安心して働いたり就学する環境という大切なものを失うというところにあります。たとえば，警察官による「取り調べ」のなかで不快な性的な接触や失礼な言動があったり，就職活動の面接で，答えたくないプライベートなことを聞かれても就職のために抗議することができない時，あるいはスポーツのコーチが性的な行為をしてきても，代表選手に選ばれたいしコーチを尊敬してもいるからと，がまんしてしまうことなどが，その典型的なものです。

▷1　本書の「スポーツにおけるハラスメント・暴力」（170-171頁）を参照。

2 セクハラは，男性から女性に行われるもの？

　セクシュアル・ハラスメントは，定義としては，性別に関係なく行われるものですが，現実には，セクハラ行為とジェンダーは，かなり深くかかわりあっています。

　まず，この社会には，女性を，男性の性的対象としてみたり，職場で，女性を対等なメンバーとして扱わず，もっぱら「職場の花」として，または「職場の妻」のような存在として扱われるという風潮が今でも残っています。そのような職場では，上司が女性の部下に性的なジョークを言ったり，誘惑したり，個人的なわがままや愚痴をきかせて甘えたり，「○○ちゃん」などと下の名前で呼んだり，容姿を基準に職員を選んだりすることは，女性を一人前に扱っていないことのあらわれということができます。性的な関心から他人を「色っぽい」「好みだ」などと批評することは，女性も男性も行いますが，そうした批評や，ましてや性的な要求は，職場の人に対しては，とくに上司には通常はしないことです。なぜならそれは失礼で，場違いな，マナー違反な行為だからです。しかし，女性の部下に対しては行われてしまいます。女性は，困惑し，個人的な悩みとして抱えこみ，安心して働くこと，信頼関係のもとに教育を受け

ることができなくなります。

　性を用いたいじめは，職場や学校の上下関係，あるいは集団のプレッシャーのなかで，「侮蔑」「下に見ていること」の表明として，あるいは「性という恥ずかしい，とても嫌なことでも言うことをきく」支配従属関係の確認作業としても行われています。たとえば，いわゆる「男らしくない」男子は，教師や他の生徒から，「おまえ，男か？女か？どっちなんだ？」などとからかわれることがあります。また，先輩後輩の力関係のなかで，男子学生が，「脱げ」「性体験について皆の前で話せ」などと命じられることもあります。職場で，デリカシーのない上司から，男性の部下が「結婚したのにまだ子どもができないのか」などとプライバシーを詮索されて嫌な気持ちになることもあります。そういう意味では，男性も，セクシュアル・ハラスメントの被害者になる可能性があるのです。

③ 男性の被害者の困難

　けれども男性の被害者は，困難な立場に置かれます。この社会では，男性が職場で性的な話をしたり，活発に誘惑したりすることは許されやすく，逆に被害女性の方が，「すきがあったのでは」などと責められることが起きてしまいます。男性の性の被害者は，自分がされている「とても嫌なこと」が，「セクシュアル・ハラスメント」だと認識することがなかなか難しいし，訴えたとしても，周囲がまじめにとりあってくれない危険性もあるのです。

　またセクハラをする人と，セクハラで悩んでいる人との間には，しばしば認識に大きなギャップが存在します。一部の加害者は，それが失礼なことだとか，相手が本当に困っているけれどノーと言えない力関係があることを理解していないのです。そこで，セクシュアル・ハラスメントの訴えを組織が判断する時には，「行為者に悪気があったかどうか」にポイントをおくのではなく，被害者が「そんなことは望んでいなかった」こと，「常識的に考えてそれは不快で，困ってしまうだろう」というところからスタートするべきだとされています。

④ パワー・ハラスメント，アカデミック・ハラスメント

　近年，セクハラ以外に，職場でのいじめ全般を指す「パワー・ハラスメント」などが社会的に注目され始めています。2020年6月からは，パワハラの職場での防止も新たに法によって義務づけられます。パワハラ問題では，男性もハラスメントの被害者として扱われることが今後増えていくことが考えられます。強固な男社会である日本の企業組織では，固有の男性間のいじめがあるかもしれませんし，同時に女性やセクシュアルマイノリティのひとびとは，職場や学校で，セクハラとパワハラが絡み合った被害に遭いやすいということもできるかもしれません。

(北仲千里)

【おすすめ文献】

†金子雅臣（2006）『壊れる男たち──セクハラはなぜ繰り返されるのか』岩波新書。

†マッキノン，キャサリン・A.／村上淳彦ほか訳（1979＝1999）『セクシャル・ハラスメント・オブ・ワーキング・ウィメン』こうち書房。

†イルゴイエンヌ，マリー＝フランス／高野優訳（1998＝1999）『モラル・ハラスメント──人を傷つけずにはいられない』紀伊國屋書店。

17 母性愛神話

1 育児不安の社会的発見

すべての女性は生まれながらにして豊饒なる母性愛をもっている，子どもを愛せない母親などいないという言説が，実際に子育てをしている母親たちにとって脅迫的なメッセージとなることがしばしばあります。そうした言説を「母性愛神話」と呼ぶことができます。真偽のほどを検証する余地を与えないような力を発揮するという意味で「神話」なのです。

母性愛神話を相対化する試みの一つが「育児不安（anxiety in child rearing）」の概念化です。1980年代以降，子育ては楽しいばかりではなく，多かれ少なかれ苦悩や不安を伴うものであることを前提に，母親が抱えるマイナスの感情を「育児不安」と名づけて可視化する研究が進んできました。調査研究のなかで，「育児不安」が高まる背景として，乳幼児期の母子が密室で孤立していること，育児の理想型や母親のあるべき姿についての情報ばかりが孤立状態にある母親にふりそそいでいることなど，現代の子育て事情が指摘されました。子育ての責任が母親に集中するなかで，良き母にならねばというプレッシャーが，現代の女性たちに重くのしかかっているわけです。

母性愛神話は，不安や迷いを感じつつ子育てをしている母親を沈黙させる力をもっています。マイナスの感情を一人で抱え込まざるをえなかった母親が，子どもを虐待するところまで追いつめられることもあります。児童虐待が社会問題化した1980年代から90年代にかけて，実母による虐待の実態に光が当てられ，虐待される子どもはもちろんのこと，虐待する母親の側にも深い苦悩があることが明らかにされてきました。状況によっては誰もが「育児不安」に悩む可能性があり，不安が嵩じるなかでは誰もが児童虐待を行ってしまう危険性を持っているのです。これは，現代の母親が共通に抱えている精神的危機を象徴するものといえるでしょう。

2 母性は本能なのか

現代の私たちがイメージする家族像は決して普遍的なものではありません。近代家族像のみならず，私たちが考える「母性愛」もまた近代の産物であることが指摘されています。「母性愛」が歴史的に構成されたものであることを辿る研究の蓄積は，新たな視野をもたらしました。それらの研究は，母親が子ど

▷1 「育児不安」に関する代表的な研究者として，牧野カツ子をあげることができる。牧野カツ子（1982）「乳幼児をもつ母親の生活と〈育児不安〉」『家庭教育研究所紀要』第3号；牧野カツ子（2005）『子育てに不安を感じる親たちへ――少子化家族のなかの育児不安』ミネルヴァ書房。

▷2 グループ母性解読講座編（1991）『「母性」を解読する――つくられた神話を超えて』有斐閣；大日向雅美（2000）『母性愛神話の罠』日本評論社，などを参照。

▷3 大日向雅美（2007）『子どもを愛せなくなる母親の心がわかる本』講談社，などを参照。

▷4 本書の「近代家族」（50-51頁），及び「性と生殖」（52-53頁）を参照。

▷5 代表的な研究として，バダンテール，E./鈴木晶訳（1980=1998）『母性という神話』ちくま学芸文庫，をあげることができる。日本については，大日向雅美（1988）『母性の研究――その形成と変容の過程』川島書店；小山静子（1991）『良妻賢母という規範』勁草書房；田間泰子（2001）『母性愛という制度』勁草書房，などを参照。

もに抱く愛情を否定するわけではありません。「母性愛」が本能として神話化される歴史的過程を追い，神話の呪縛性を指摘しているのです。

育児不安や児童虐待は，母性愛を本能的なものと考える立場からは信じがたい逸脱行動ですが，見方をかえるならば，家族の劇的な変化がもたらした必然的な結果と解釈することができます。かつてのような大家族，近隣のコミュニティのなかでの子育てと比べると，現代の母親は孤立しています。現代社会では，核家族で育ち乳幼児にまったくかかわったことのない若い母親が，社会と隔絶された密室空間で子育てを行うことが多いわけです。育児に関する情報は過多ですが，夫は仕事で手一杯で，身近な相談相手もいません。

高度経済成長期以前には，乳幼児につきっきりで子育てをするような余裕は母親にはありませんでしたし，そのような子育てが社会的に求められることもありませんでした。母親が社会的に孤立した状態で，子どもの成長を見守ることにすべてのエネルギーを注ぎ込む子育ての様式は，歴史的にも新しい現象なのです。

3 母子関係理論と三歳児神話

母親が子育てに専念することの必要性は，「三歳までは母の手で」といったフレーズとともに語られます。三歳くらいまでの乳幼児期は子どもの発達上重要な時期であり，乳幼児期に母親がしっかりと愛情をそそがなかった場合，子どもの「健全」な成長がさまたげられるともいわれます。こうした言説が流布する背景には，J・ボウルビィによる母親（母性）剥奪（maternal deprivation）理論があります。

ボウルビィは第二次世界大戦後，WHO の求めに応じて，両親を失い収容施設生活を経験した子どもたちを対象に調査を行い，乳幼児期に母性的養育を奪われた子どもには，将来に及ぶ情緒面でのマイナスの影響がみられるという結論を発表しました。ボウルビィの母親剥奪の考え方は，乳幼児期に最も重要な他者である母親と絆（bond）を形成することが精神的「健全さ」の土台となるという，絆をキーワードとする母子関係理論から導き出されています。ボウルビィの理論は反響を呼び，極端化されたり単純化されたりしながら，世界的に広がっていきました。

母子関係理論には学術レベルでは反証を含めてさまざまな議論がありますが，日常生活では極端化した言説が今も力をもっています。たとえば，母親が24時間子育てに集中していなければ，子どもが「歪む」。そうした言説が，とくに三歳児までの乳幼児期に関して強迫的に強調される場合，それを「三歳児神話」と呼びます。「三歳児神話」は，女性が仕事と家庭の両立について悩む時に，「家庭に入る」という選択を後押ししてきたでしょう。こうした「神話」を問い直すことがジェンダー・スタディーズの課題であり続けています。

（木村涼子）

▷6　ボウルビィ，J．／黒田実郎ほか訳（1969，1973，1980=1991）『母子関係の理論』全3巻，岩崎学術出版社。

▷7　ラター，M．／北見芳雄ほか訳（1972=1979）『母親剥奪理論の功罪──マターナル・デプリベーションの再検討』誠信書房；ベルグ，J. H．／足立叡・田中一彦訳（1972=1977）『疑わしき母性愛──子どもの性格形成と母子関係』川島書店；マイヤー，D. E．／大日向雅美・大日向史子訳（1992=2000）『母性愛神話のまぼろし』大修館書店，などを参照。

▷8　看護学の現場でも，「三歳児神話」という概念をもちいて，従来の母性を強調する母性看護教育を見つめ直す動きもある。柴田芳枝（1999）『看護のなかの母性観──三歳児神話偏重を検討する』MBC21 横浜支局・まつ出版，など。

▷9　バダンテール，E．／松永りえ訳（2010=2011）『母性のゆくえ──「よき母」はどう語られるか』春秋社。

おすすめ文献

†江原由美子編（2009）『母性』岩波書店。

†バダンテール，E．／鈴木晶訳（1980=1998）『母性という神話』ちくま学芸文庫。

†大日向雅美（1999）『子育てと出会う時』日本放送出版協会。

事 項 索 引

・索引項目は側注も含む。

あ行

愛 52, 56, 57, 77
アイデンティティ 24, 25, 67, 131, 177
　──の危うさ 136
愛の労働 182
iPS（人工多能性幹）細胞 157
アカデミック・ハラスメント 71, 217
アカハラ →アカデミック・ハラスメント
アクション・リサーチ 5
アジェンダ21 15
新しい社会運動 7
アドヴォケイト 103
アラブの春 17
アンペイド・ワーク 106, 107, 110, 111
「慰安婦」問題 91, 192, 193
ES（胚性幹）細胞 157
家制度 140
生きづらさ 74, 163, 186
育児 4, 29, 36, 40, 64, 73, 76, 182
　──介護休業制度 126
　──介護休業法 142
　──休業 23
　──政策 112
　──戦略 34
　──不安 218, 219
いじめ 25, 171
移住労働 90
異性愛 13, 53, 139, 173, 202, 203
　──規範 22, 24, 69, 71
　──主義 →ヘテロセクシズム
　──中心主義 →ヘテロセクシズム
　強制的── 174
異性役割行動 163
依存者 133
一時保護制度 197
一妻多夫 37
逸脱文化 86
一夫一婦制 37

か行

一夫多妻 37
遺伝的性別 150
移動の女性化 118
移民 46, 81, 90, 118
　──女性 118
インターセクシュアル 186
インターセックス 173
インフォーマル・セクター 106, 110
ヴィーナス 62
ウイメンズ・ヘルスケア 174
ウイメンズセンタード・ヘルスケア 175
ウォームアップ 31
運動部活動 167
エイズ教育 33
エイセクシュアル 186
エクリチュール・フェミニン 58
エコール・ポリテクニーク 148
エスニシティ 83, 85, 90
エスノグラフィー 24, 26
エスノメソドロジー 78
エディプスの三角形 137
M字型就労曲線 82, 112
エンパワーメント 15, 103, 109, 170
老い 63
欧州連合基本権憲章 173
桶川ストーカー殺人事件 145
おたく 61
男同士の絆 172
男らしさ 129, 164, 170, 172
オリンピック 164
女絵 65
女らしさ 129, 164, 172
女らしさ／男らしさの尺度 149

ガーリー文化 87
階級 11, 13, 24, 26, 80, 90
　──闘争 130
外国人 130, 131
　──労働者 81

介護の社会化 183
介護保険制度 183
介護労働 118
階層 27, 30, 46, 47, 51, 52, 80-83, 85, 90, 135, 147
ガイノクリティックス 60
開発 16, 57, 108, 201
開発と女性（WID） 108, 110
解剖学的構造 191
解離症状 100
カイロ行動計画 198
会話の順番取りシステム 78
科学 148
　──・工学教育 148
　──革命 158, 159
　──技術 148
　──技術基本計画 148
　──啓蒙主義 148
　──的管理法 153
　──的社会主義 7
　──の制度化 148
核家族 49-51, 76, 216
　──化 76
学習指導要領 28
かくれたカリキュラム 24, 31
家計の社会化と個人別化 124
家計の定義 124
家事 5, 41, 51, 76, 127, 196
　──労働 8, 110, 118, 182
過少代表 165
「過激な性教育」バッシング →性教育バッシング
家族 28, 34, 49, 50, 76, 81, 129, 132, 212
　──計画 199
　──史 49
　──賃金 55, 77, 116
価値中立 158, 159
家長 50
家庭科 28
カテゴリー化 79
家父長主義 91

事項索引

家父長制　8, 13, 45, 47, 56, 77, 135, 137, 201, 202, 206
家父長的　81, 89
カミング・アウト　68, 172
唐絵　64
借り腹　208
カルチュラル・スタディーズ　86
過労死　85
環境　199
　──ホルモン　150
感情労働（emotional labor）　183
間接差別・間接性差別　138, 143
姦通罪　144
企業別組合　54
疑似環境　74
技術史　152
犠牲者　101
虐待　212
　子どもへの──　197
　児童──　218, 219
　性的──　101
教育機会　30
競技性　167
教室統制　25
強制性交　102
強制性交等罪　145
業績志向　149
競争　167
　──原理　167
居住空間　211
去勢　137
近代科学　148, 159
近代家族　50, 76
　──像　218
近代人権思想　6
近代スポーツ　168, 172
近代ブルジョワ　203
均等待遇　115, 121
均等法　→男女雇用機会均等法
クィア・スタディーズ／クィア研究　69, 203
クィア理論　9, 13
クーリングダウン　31
クエスチョニング　186
クオータ　17
ぐるーぷ・闘うおんな　2
グローバリゼーション　46, 119
グローバル化　9, 35, 46
グローバル経済　47

軍人養成　149
ケア　21, 23, 35, 77, 100, 132, 157, 163, 175-178, 213
　──・ワーク　107
　──の社会化　182
　──の倫理　133, 179, 182
　──の連鎖　119
　──労働　115, 120, 133
ケアラーとしての男性　23
ゲイ　5, 186
ゲイ・ゲームズ　173
ゲイ／レズビアン・スタディーズ　203
経済搾取　200
経済のグローバリゼーション　200
啓蒙思想　6
結婚　36, 38, 41, 49, 51, 77, 80, 82, 90, 104, 119, 126, 172
言語資源　67
原初状態　132
言説分析　9
憲法　131, 138
　──24条　139
権利　6, 11, 15, 21, 28, 30, 32, 75, 78, 138, 173, 182, 190, 198, 206, 209
　社会的──　131
　政治的──　131
権力　6, 43, 59, 62, 66, 71, 78, 83, 128, 131, 132, 138, 213
　──関係　11, 27, 144
　──装置　133
高アンドロゲン　169
行為障害　194
強姦罪　144
強姦神話　101, 103
強姦被害率　195
公共圏　128, 212
公共性　128, 129
合計特殊出生率　34
公／私　65, 211
　公私二元論　132
　公領域と私領域　76, 148
工場法　152
　──9条　152
構造主義　43
構造的暴力　147
構築　74, 75

高等教育進学率　30
更年期　151
河野談話　193
公民権運動　190
コース別雇用管理　143
コーホート　82
国際刑事裁判所（ICC）　192
国際女性学会　3
国際女性年　14, 28
国際人口開発会議　15
国際人道法　146
国際連合（国連）　14
黒人女性　13
国民　130, 131
　──皆兵　204
　──国家　56, 61, 148, 204
国立遺伝学研究所　149
国立女性教育会館（NWEC）　106
国連開発計画（UNDP）　106, 200
国連開発の10年　108
国連女性差別撤廃委員会（CEDAW）　14, 16
国連女性差別撤廃条約　14, 57, 146, 147, 166
国連女性の十年　14, 109, 110
（国連）女性の地位委員会（CSW）　14, 15
戸主　140
御真影　65
個人単位制度　215
個人的なことは政治的なこと　191
個人の尊厳　139
戸籍のない子　141
子育て　219
　──支援　22
国家　128, 129, 131, 133
　──の暴力装置　204
『〈子供〉の誕生』　49
雇用管理区分　143
婚外子　139
混在するめぐみ　88, 89

さ行

再婚禁止期間　140
再生医療　157
再生産　11, 13, 20, 25, 26, 28, 34, 70

──空間　211
──戦略　35
──装置　163, 172
──役割　22
──労働　8, 118, 182
労働力の──　55, 115
在日外国人　188
サイボーグ　153
搾取　80, 145, 201, 207
サバイバー　101
サブカルチャー　26, 61, 86
サブシステンス労働　110
サブタイプ化　97
差別　13, 16, 24, 27, 59, 90, 103, 138, 140, 147, 163, 172, 178, 186, 188, 190
──語　70
──表現　70
社会的──　103
残業　126
産業革命　148
三歳児神話　219
参与観察　86
自衛隊　205
ジェンダー（gender）　2-5, 11, 13, 17, 20, 74, 156
──・アイデンティティ　38, 45, 94
──・アトラス　210
──化　11, 24
──概念　10, 11, 149
──格差　206
──家族　77
──関係　55
──規範　36, 159, 164
──儀礼　39
──構造　62, 171
──史　49
──・システム　76
──視点　14
──主流化　107
──の主流化　2, 15
──・スキーマ　93
──・ステレオタイプ　93, 96
──秩序　10, 20, 21, 28, 57
──中立　5
──と移動　118
──統計　5, 106
──と開発（GAD）　109

──に不服従なひとびと　163
──の再生産　28
──の再生産装置　94, 163
──差別　28, 56
──の社会化　24
──・バイアス　29, 169, 159
──発達　92
──バランス　165
──非対称　148
──平等　15, 16, 148
──不平等　36, 201
──不平等指数　200
──ブラインド　210
──分析　149
──予算　107
視覚表象　62, 63
シカゴ学派　86
事業所内託児所　126
自己決定　33, 75, 91, 141
──権　139
仕事　41
仕事と家事（・育児）の両立　112, 126
自己変革　102
支持作業　78
自主防災組織　215
思春期　98
自傷行為　101
次世代育成支援対策推進法　127
自然科学　11, 12, 148
自然淘汰　160
持続可能な開発　109, 201
自尊感情　95
シティズン　130
──シップ　131
私的領域　129, 132, 138
資本主義　55, 76, 86, 135
資本制　8, 56, 81
市民　129, 130, 212
──権　213
──的権利　131
──パートナーシップ　213
社会化　20
社会階級　80
社会階層　30, 80
社会階層と社会移動に関する全国調査（SSM調査）　81
社会構築主義　9
社会史　48

社会主義　7, 8
──圏　9
──思想　7, 8
社会生活基本調査　111
社会正義　178
社会的学習理論　92
社会福祉　180
社会保障　53
自由　129, 131, 132
終身雇用　54
従属化　200
集団意識　149
集団殺害　90
自由で自律した個人　133
主人の道具　89
出産　4, 15, 41, 57, 141, 164, 175
代理──　208
出生前検査　156
主婦　4, 5, 51
──パート　121
──役割　3, 73
狩猟採集社会　40
純潔教育　32
障がい／障害　13, 177, 183, 190
──学　190
──者運動　190
──者権利条約　190, 191
──女性　190, 191
少子化　22, 35, 41, 127, 167
女学生言葉　67
職業適性　149
植民地支配　146, 200
植民地主義（コロニアリズム）　134, 201
職務分析・職務評価　117
女工　56
女子差別撤廃条約　28, 29
女子マネージャー　167
女性科学者　148
女性学（Women's Studies）　2, 72, 203
女性学研究会　3
女性割礼／女性性器切除　44
女性嫌悪・蔑視（ミソジニー）　172, 202, 203
女性健康運動　174
女性国際戦犯法廷　193
書生言葉　67
女性差別　→性差別

事項索引

女性差別撤廃委員会（CEDAW）
　→国連女性差別撤廃委員会
女性差別撤廃条約　→国連女性差別撤廃条約
女性差別撤廃宣言　198
女性参政権運動　14
女性史　49
女性出版社　59
女性性　26, 159, 211
女性専門外来　175
女性同性愛者（レズビアン）　5, 3, 172, 186, 203
女性の可視化　211
女性の経験　89
女性の健康づくり推進懇談会　175
女性の交換　202
女性被害者　196
初潮儀礼　39
自律　132
新・新国際分業　119
進化　160
　──生物学　160
人権　27, 131, 138, 147, 199
　子どもの──　33
新健康フロンティア戦略　175
人工妊娠中絶　34, 53, 156
新国際分業（NIDL）　119
新自由主義（ネオ・リベラリズム）　9, 46
人種差別（レイシズム）　9, 91, 137
新植民地主義　45, 201
心性史　49
身体　24, 38, 62, 191
新中間層　51
シンボリック・インターラクショニズム　9
親密圏　212
進路選択　30, 31
スティグマ　163, 207
ステレオタイプ　74, 75, 164
　──脅威　97
ストーカー法　145
生活世界　56
性感染症　176
正義　132, 178, 179, 193
　──の倫理　179
正規雇用　83

性教育　32, 33, 198
　──バッシング　33, 176
性器露出　195
性経験・性行動　32, 52
成功不安　31
性差　40, 150, 160, 168, 169
　──医学　151
　──研究　66
性最適合手術後　169
性差別（sexism）　30, 72, 77, 126
性差別主義　104
　現代的──　105
　慈善的──　105
　新──　105
　敵意的──　105
　両価値主義的──　105
性産業　118
政治シンボル　65
生殖　10, 49, 52, 144, 174, 198
　──技術　37
　──細胞　157
　──補助医療　37
　──補助技術　208
精神分析　8, 59, 136
　──と政治　59
性的アイデンティティ　33, 68
性的指向　33, 68, 85, 94, 173
性的多様性　53
性的分業　→性別分業
性的マイノリティ　→セクシュアル・マイノリティ
青鞜　14
性同一性障害　94, 162
性淘汰　160
性と生殖に関する健康と権利　→リプロダクティブ・ヘルス／ライツ
性と生殖の権利　→リプロダクティブ・ヘルス／ライツ
生徒文化　26
性奴隷　192
性の型づけ　94
性の受容　95
性の商品化　74, 206, 207
性売買　139
生物学決定論　150, 160
生物学的性差　40, 150
性別　168
性別移行（性転換）願望　163

性別違和　163
性別確認検査　165, 168
性別カテゴリー　23, 25
性別職務分離　41, 112
性別賃金格差　→男女賃金格差
性別特性観・性別特性論　20, 31, 152
性別二元制・性別二元論　13, 165, 168, 172
性別二分法　20, 21, 74
性別分業　12, 40, 76
性別変更　139, 162
性別役割　25, 40, 72, 94, 138, 157
　──意識　31, 196
　──観　20
　──分業　17, 28, 50, 112
　──分業の変革　7
　──分担　14, 126, 127
性暴力　101, 191, 192, 199
性役割　→性別役割
精霊憑依　47
性労働　→セックスワーク
世界観　42
世界女性会議　14, 57, 109, 147
　──北京行動綱領　15, 198
セクシュアリティ　3, 5, 9, 32, 33, 38, 63, 75, 199, 206
セクシュアル・ハラスメント　5, 71, 79, 143, 165, 171, 216
セクシュアル・ヘルス　33
セクシュアル・ヘルス／ライツ（性に関する健康と権利）　198
セクシュアル・マイノリティ　13, 25, 33, 163, 173, 186, 217
セクハラ　→セクシュアル・ハラスメント
世帯主　215
積極的差別是正措置　→ポジティブ・アクション
接近禁止命令　197
セックスワーカー　206, 207
セックスワーク　206, 207
摂食障害　95, 98, 181
セルフ・コントロール　101
善　132
繊維産業　54, 152
潜在能力（capability）　109
戦時性暴力　192

223

戦時動員　153
先住民族　90
戦争協力　56
戦争犯罪　146
選択議定書　16
選択的夫婦別姓制度　140
先端医療技術　156
専門職養成　148
痩身願望　167
ソーシャルワーカー　178
相対的貧困率　122

た行

ダイエット　98
体外受精　156, 208
対抗的公共圏　87
第三世界　13, 46, 135, 200, 201
　　──の女性　13
胎児　37, 144, 156, 176, 200
　　──治療　156
大衆文化　63
代替報告書　16
大陸の花嫁　56
代理母　208
多国籍企業　46, 201
他者　46, 129, 134, 170, 182, 212
堕胎　159
　　──罪　144
　　──薬　159
脱構築　11, 45, 49, 203
脱中心化　89
ダブル・スタンダード　74, 75
多文化主義　90
男根ロゴス中心主義　58
男子割礼　39
短時間勤務制度　126
男児選好　36, 37
男女共同参画　28, 103, 148, 196
　　──基本計画　29, 148
　　──社会基本法　29
　　──政策　16
　　──センター　197
男女雇用機会均等法　16, 112, 120, 142
男女賃金格差　111, 112, 114
ダンス　166, 167
男性加害者　196
男性学　2, 3, 13, 84, 85, 203
男性原理／女性原理　149
男性性　11, 27, 171

　　──研究　84
男性中心主義　12, 149, 164, 206, 207
男性同性愛者（ゲイ）　172
嫡出推定制度　140
着床前検査　156
中国残留婦人・子女　56
中絶　199
地理学　210
賃金格差　→男女賃金格差
沈黙　69
抵抗・反抗　26, 47, 86, 146, 164, 201, 206
ディスアビリティ　190
貞操義務　140
デートバイオレンス　176
摘出の原理　77
テクスチュアル・ハラスメント　61
伝統主義的性役割態度　104
天皇制　128
同一価値労働同一賃金　115, 116
道具的志向　148
当事者　132, 163, 183, 207
同性愛　53, 202
　　──嫌悪（ホモフォビア）　172, 202, 203
同性カップル　139
同性婚　139, 213
特性論　148
富岡日記　152
ドメスティック・バイオレンス（DV）　5, 137, 196, 213
　　DV神話　103
　　DV法・DV防止法　103, 145, 181, 196
トラウマ　44, 100, 101
トランス・ジェンダー　5, 163, 168
トランス・セクシュアル　5, 163, 168
トランスセクシュアル／トランスジェンダー　187
奴隷　130

な行

名前のない問題　3
ナルシシズム　63
二次被害　197
二重の二重構造　64

二重の無理解（double blindness）　88
日本軍性奴隷制　91
日本女性学研究会　3
日本女性学会　3
日本の雇用慣行　55
女房詞　67
二類型モデル　149
人間開発指数（HDI）　200
認識人類学　42
ヌード　62
ネグリチュード　134
年功賃金　54
脳の性差　154

は行

パートタイム　111
　　──労働法　121, 142
バイアグラ　151
配偶者からの暴力の防止及び被害者の保護に関する法律　→DV法
配偶者間暴力　85
配偶者選択　161
配偶者暴力相談支援センター　197
買春　71, 145
売春　145
売春防止法　145, 181
バイセクシュアル　186
売買春　206
買売春　145
派遣労働　111, 120
恥じらいのヴィーナス　62
花嫁代償　36
母親（母性）剥奪　219
パフォーマティヴ　38
パラダイム・シフト　4
パワー・ハラスメント（パワハラ）　71, 217
　　──ヒエラルキー　195
晩婚化　52
阪神・淡路大震災　214
ピア・グループ　73
　　──・プレッシャー　73
ヒエラルキー　171
被害者意識　137
東日本大震災　214
被差別部落　188
非障害女性　191

非正規雇用　81, 83, 112, 116, 120
非正規社員　127
非対称性　74, 133, 148, 211
非嫡出子　140
人の移動　118
ひとり親世帯　121
避難所　215
避妊　53, 176, 199
表出的志向　148
平等　14, 129, 132, 138, 182
　──性　40, 168
貧困　15, 37, 57, 81, 122, 132, 147, 180, 200
　──の車輪モデル　122
　──のダイナミクス研究　123
　──率　132
　隠れた──　125
ファミリーセンタード・マタニティケア　175
ファルス　136
風俗営業法　145
夫婦同氏　138
　──の原則　140
フェミニスト　5, 158, 209
　──アクションリサーチ　5
　──・クリティーク　60
　──・スピリチュアリティ　88
　──・トラウマカウンセリング　101
　──カウンセリング　102
　──神学　89
　──人類学者　43
フェミニズム　6, 14, 33, 49, 72, 135, 147, 161, 179, 202, 206, 207, 210, 213
　近代──　6
　グローバル──　14, 17
　社会主義──　6, 7
　第一波──　2, 6, 8, 14
　第三世界──　3, 135, 201
　第二波──　2, 7, 88, 89, 102, 149, 158-160, 182
　ポストコロニアル──　13
　ポスト──　27
　マルクス主義──　8
　ラディカル・──　8, 45, 174
　リベラル──　132
　──科学論　149
不可能な女子像　27

複合差別　90, 147, 188, 206, 207
福祉国家　179
婦人参政権運動　6
婦人相談所　181
婦人保護事業　180
婦人保護施設　181
婦人問題論　4
復旧・復興計画　215
物理学革命　148
武道　166, 167
不払い労働　5
不平等　52, 201
　──の再生産　25
プラグマティズム　9
ブラック・フェミニズム　13
ブラックネス（黒人性）　134
フラッシュバック　100
フランス革命期　6
フリーター　120
ブルジョアジー　130
文化継承　63
ペアレントクラシー　35
ペイ・エクイティ　→同一価値労働同一賃金
兵士　130
ヘイジング　171
平和　199
ヘゲモニックな男性性　85, 171
ヘテロセクシズム（異性愛主義）　13, 165, 171, 172, 206
ヘテロノーマティヴィティ　25
ベビーX　92
保育政策　22
防災　214
法の下の平等　138
暴力　74, 137, 170
　──のサイクル　196
牧畜社会　41
母源病　99
保護か平等か　55
保護命令制度　197
母子　161
　──関係理論　219
　──生活支援施設　180
　──福祉事業　180
ポジショナリティ　12
ポジティブ・アクション　17, 115, 139, 143, 148, 215
ポストクリスチャン　88

ポストコロニアリズム　134
ポストコロニアル　9
　──神学　89
ポストモダニズム／ポストモダン思想　8, 135
母性　51, 144, 175, 218
　──愛　12
　──愛神話　218
　──性　209
　──保護　2
母体保護法　144, 162
ボディ・イメージ　98
ポピュラーカルチャー　86
ホモセクシュアル　202
ホモソーシャリティ　202
ホモソーシャル　61, 172, 202
ホモフォビア　→同性愛嫌悪
ポルノ　139

ま行

マイノリティ　89
　──女性　89, 90, 147, 188, 189
マジョリティ　137
　──女性　189
まなざし　62, 135, 165, 179, 211
未婚化　53
ミューズ　62
ミレニアム国際目標（MDGs）　15
民族　81, 130
　──浄化　90
　──紛争　90
民法　52, 139
　──改正　141
　明治──　140
メスの視点　161
メディア　66, 74, 75
　──的現実　74
　──・リテラシー　74
メリトクラシー　35
モダニズム　63
問題の外在化　103

や行

やおい（＝ボーイズラブ）　87
役割　72
　──葛藤　72
　──規範　73
　──群　72
　──固着　72
　──取得　72

──遂行　72
──モデル　72
──理論　72
やまと絵　64
有色人種　13
優生保護法　34, 162
輸出加工区　46, 119
抑圧　69
嫁　57

ら行

ライフコース　33, 82
ライフサイクル　82
卵子提供　157
理性　129
リプロダクティブ・ヘルス　33
リプロダクティブ・ヘルス／ライツ　15, 57, 144, 191, 198
リプロダクティブ・ライツ　17
リベラリズム　132, 179
良妻賢母　57
──教育　28
両性具有者　168
レイシズム　→人種差別
霊長類学　160
歴史学　10, 11
歴史人口学　48

レズビアン　→女性同性愛者（レズビアン）
劣等感　135
恋愛　53, 155, 177
労働基準法　55, 116, 142, 144
労働組合法　142
労働史　54
労働時間の短縮　126
労働者階級　11, 26, 55
労働者派遣法　120, 121
ローマ規程　192
ロールモデル　29, 167
ロシア革命　7
ロマンスカルチャー　26
ロマンティックラブ・イデオロギー　53
ロリータ・ファッション　87

わ行

ワーク・ライフ・バランス　55, 111, 126
割り込み　79

欧文

ASD　100
CR（Consciousness Raising）　102
DAWN　16
DNA　151
doing gender　97
FC／FGM　44
GEAR　17
GGI　115
GII　115
IAAF　169
ILO　116
INSTRAW　110
IOC　169
Isis International　17
Isis-WICCE　17
LGBT　68, 186
MDGs　15
MLF　58
MtF　169
NGO　14
one-stop shopping　175
PTSD　100, 197
sex reassignment　168
UN Women　16
WEDO　16

人名索引

・索引項目は側注も含む。

あ行

アーレント，H. *129*
アイケンバウム，L. *103*
相庭和彦 *56*
青木紀久代 *99*
青木やよい *95*
青野篤子 *23, 93, 97, 105*
青山薫 *207*
赤澤淳子 *93, 105*
赤松良子 *55*
秋津元輝 *57*
浅井春夫 *32, 33*
浅井美智子 *209*
安積遊歩 *191*
浅倉むつ子 *117, 143*
浅野知恵 *99*
足立眞理子 *119*
アッカー，J. *81*
アップル，M. W. *24*
アブザッグ，ベラ *16*
阿部彩 *132*
阿部恒久 *85*
阿部浩己 *147*
天野正子 *5, 21, 28*
アリエス，フィリップ *49*
アリストテレス *132*
アレキサンダー，プリシラ *206*
アンソニー，スーザン・B. *7*
飯嶋秀治 *201*
飯田貴子 *164, 167, 169, 172*
飯田祐子 *61*
イヴラール，J. *58*
生田武志 *137*
池上千寿子 *154, 160*
池川玲子 *65*
池田忍 *64*
池谷寿夫 *33*
石黒眞里 *156*
石田仁 *163*
井谷惠子 *164, 167, 172*
伊藤公雄 *3, 21, 84, 85, 164, 170*
伊藤智佳子 *191*
伊藤裕子 *93-95*

伊藤陽一 *107*
伊藤るり *5, 17, 109, 119*
井上俊 *72, 170, 171*
井上輝子 *3, 57, 72, 73, 75, 189*
井上摩耶子 *103*
今村薫 *40*
尹美香 *193*
伊豫谷登士翁 *119*
イリガライ，リュス *8, 59*
イルゴイエンヌ，マリー＝フランス *217*
岩井八郎 *30, 83*
岩男寿美子 *179, 182*
岩上真珠 *83*
岩田正美 *122-125*
岩間暁子 *81*
ヴィダル，C. *155*
ヴィティッグ，モニック *58*
ウィリス，P. *26*
宇井美代子 *105*
ウェーバー，マックス *80, 204*
植木俊哉 *147*
上杉富之 *209*
上野千鶴子 *2, 5, 12, 43, 60, 71, 72, 81, 84, 183, 188, 199, 203*
上間陽子 *27*
上村千賀子 *55*
ウォーカー，L. E. *196*
ウォーカー，アリス *45*
宇佐美真由美 *71*
氏家陽子 *25*
臼井久実子 *191*
宇田川妙子 *41, 109*
ウッズ，ナンシー・F. *177*
内海夏子 *45*
ウルストンクラフト，メアリ *6*
榎一江 *54*
江原由美子 *5, 9, 13, 21, 72, 79, 207, 219*
エリアス，ノルベルト *170*
エリクソン，E. H. *82*
エルダー，G. H. *82*

エンゲルス，フリードリッヒ *7*
遠藤織枝 *70*
遠藤俊子 *175*
エンロー，シンシア *205*
大金義明 *57*
オーキン，S. M. *132*
オークレー，A. *73*
大越愛子 *12*
大沢真理 *5, 12, 109, 115, 215*
大島梨沙 *139*
大束貢生 *84*
大塚和夫 *45*
大野明子 *157*
オーバック，S. *103*
大日向史子 *219*
大日向雅美 *218*
大森真紀 *54*
大森みゆき *177*
大山治彦 *84*
岡島茅花 *73*
岡田桂 *164, 172, 173*
岡野孝治 *96*
岡野八代 *12, 131, 133, 213*
岡真理 *45, 201*
小川津根子 *56*
小川眞里子 *12, 149, 159, 160*
荻野美穂 *4, 13, 49, 53, 54*
小倉千加子 *12, 60, 99*
尾嶋史章 *31*
落合恵美子 *50, 51, 73, 76*
大日方純夫 *85*
小山静子 *218*
オング，A. *47*

か行

カー，E. H. *10*
海保博之 *105*
影山穂波 *211*
風間孝 *172, 173*
笠間千浪 *87*
柏木惠子 *105*
春日キスヨ *183*
春日清孝 *23*

春日真人　209
加藤秀一　12
加藤秀俊　41
金井淑子　9, 12, 29
金子雅臣　217
金城清子　209
加納実紀代　5, 56
カプラン，J. B.　97, 154
カプラン，P. J.　97, 154
鎌田とし子　80
上瀬由美子　97
亀井伸孝　201
亀井若菜　65
亀田温子　30, 31
カメロン，D.　69
カルディナル，M.　58
河合香織　177
川喜田好恵　103
川口章　126
河口和也　13, 173
川崎賢子　111
川島慶子　159
川東英子　54
川橋範子　39, 88, 89
川村邦光　53
カント，I.　63, 129
神原文子　77
北原恵　65, 150
北見芳雄　219
キテイ，E. F.　133
ギデンス，アンソニー　53
木下禮璽　210
木原雅子　52
金伊佐子　189
金学順　192
木村栄　73
木村涼子　25, 27, 30-32, 51, 73
キュリー，マリー　159
吉良智子　65
ギリガン，C.　133, 179, 182
キング，R.　23
金水敏　66, 67
ギンティス，H.　24
クーン，トーマス　4, 158
串田秀也　79
国広陽子　23, 75
久場嬉子　111
熊沢誠　41
熊安貴美江　170, 171

クラーエ，B.　194
クライン，N.　47
クライン，V.　73, 149
倉本智明　191
クラリコウツ，K.　24
グリーングラス，E. R.　21
クリステヴァ，ジュリア　8, 59
クリック，D.　69
グリック，P.　105
黒木雅子　88, 89
黒田実郎　219
桑原雅子　151, 153
ケイン，E.　209
ケラー，エヴリン・フォックス
　　158, 159
ケリー，ジョーン　4
小荒井理恵　201
コースマイヤー，キャロリン　63
コールバーグ，L.　92, 94
コーン，アルフィ　167
小ヶ谷千穂　119
小國和子　201
ゴスマン，H.　94
小谷真理　61
小玉亮子　30
後藤邦夫　153
小西聖子　101, 197
小浜正子　37
小林緑　65
駒尺喜美　60
小山静子　51, 57
コラン，フランソワーズ　59
コリア，G.　209
コロンタイ，アレキサンドラ　7
近藤弘　23
近藤博之　30
コンネル，R.　85

さ行

サーヴィン，L.　194
サイード，エドワード　135
齊藤笑美子　139
齋藤純一　129, 212
斎藤環　61
斉藤正美　70
斎藤美奈子　5, 61
斎藤有紀子　145
佐伯洋子　2
坂井律子　209
佐竹眞明　91

サッセン，サスキア　46, 47, 119
佐藤文香　205
佐藤恵子　181
佐藤博樹　127
佐藤寛　109
サドカー，D.　24
サドカー，M.　24
サルトル　134
ザレツキー，エリ　8
澤田佳世　118
沢見涼子　209
沢山美果子　51
サン＝シモン　7
シーガー，J.　210
シービンガー，ロンダ　11, 12,
　　149, 159, 161
シクスー，エレーヌ　59
品川哲彦　133, 179
柴田芳枝　219
嶋崎尚子　83
志水紀代子　12
シャヴァフ，C.　58
寿岳章子　66
シュナイダー，J.　41
ショウォールター，E.　60, 61
ジョージ，シバ・マリヤム　119
ジラール，R.　202
白波瀬佐和子　81
進藤久美子　55
新道幸恵　175
ジンメル，ゲオルグ　3
スウィム，J. K.　104, 105
菅野摂子　156
杉井潤子　77
杉本貴代栄　181
杉山春　56
スコッチポル，T.　204
スコット，J. W.　4, 11, 49
鈴木晶　219
鈴木淳子　104
鈴木幸子　175
鈴木杜幾子　64
鈴木みどり　74
スタイナム，グロリア　16
スタントン，エリザベス　7
ズッカー，K. J.　163
須藤八千代　181
スパー，D. L.　209
スピヴァク，G.　131

人名索引

スピヴァク, ガヤトリ　9, 131, 135
スペンダー, D.　70
盛山和夫　132
セジウィック, E.　61, 202, 203
瀬山紀子　191
セン, アマルティア　109
千田有紀　27
仙波由加里　209
宋連玉　91
ソクラテス　130, 131
ソコロフ, ナタリー　8, 80
袖井孝子　73

た行

ダーウィン, チャールズ　160
ダアノイ, メアリー・アンジェリン　91
ダーレンドルフ, R.　72
高井範子　96
高橋惠子　105
高橋さきの　150, 151, 153
高橋すみれ　67
多賀太　83, 85
多木浩二　65
武石恵美子　127
竹内久美子　151
竹内敬子　55
武田京子　73
武田里子　57
竹田美知　77
武田祐子　210
竹中恵美子　55, 115
竹信三恵子　111, 117, 121, 143
竹村和子　13, 38, 68, 135
田代美江子　32
舘かおる　30, 152, 157
橘木俊詔　123
橘ジュン　27
ダットン, D. G.　196
立石直子　12
田中和子　73
田中貴美子　73
田中寿美子　41
田中冨久子　154, 155
田中雅一　38, 41
田中美津　2
田中由美子　109
棚沢直子　59
谷口洋幸　139

谷口佳子　109
ダニング, エリック　170
田間泰子　218
ダラ＝コスタ, マリアローザ　8
チェスラー, F.　209
因京子　67
千野香織　64
千本暁子　54
チャールズワース, ヒラリー　147
鄭暎惠　189
チンキン, クリスティーン　147
陳野守正　56
柘植あづみ　156, 157
辻村みよ子　138, 139
常見育男　28
デイヴィス, L.　26
デラコステ, フレデリック　206
デルフィ, クリスティーヌ　59
寺村堅志　195
天童睦子　23, 34, 35
ドゥオーキン　132
堂本暁子　215
トーガス, F.　105
ド・グージュ, オランプ　6
土佐弘之　147
土肥伊都子　97
富岡多恵子　12, 60
富山太佳夫　165
トムソン, E. P.　11
トラウィーク, S.　149
トリン・T・ミンハ　135

な行

ナーラーヤン, ウマ　13
内藤千珠子　61
中井亜佐子　61
中里見博　139
中澤智恵　33
中島通子　116
中谷文美　39, 41, 109
中塚幹也　163, 186
中西祐子　31
中野麻美　115, 121
中野仁雄　175
中村英代　99
中村桃子　12, 66, 67, 70, 71
中村陽一　111
ナブラチロワ, マルチナ　173
ニード, リンダ　63

西川祐子　50
西清子　55
西村汎子　137
西山哲郎　165
二宮周平　141
仁平典宏　111
丹羽雅代　71
沼崎一郎　170
根津八紘　209
野依智子　54
野崎綾子　133
ノックリン, リンダ　4, 63
ノッター, デビッド　53

は行

パーカー, ロジカ　63
パーソンズ, T.　72, 149
ハーディ, サラ　160
ハートマン, ハイジ　8
ハーバーマス, J.　129
ハーマン, J. L.　101
バイニンガー, オットー　3
ハヴィガースト, R. J.　82
萩原久美子　55
橋本健二　123
橋本紀子　33, 199
橋本秀雄　168
長谷川眞理子　155, 161
バダンテール, E.　218
バトラー, J.　38, 68, 131
バトラー, ジュディス　9, 13
ハラウェイ, D.　151
原ひろ子　40
パレーニャス, R. S.　119
パンクハースト, エメリン　7
バンクロフト, L.　197
ハンソン, スーザン　210
ハンター, J.　55
バンデューラ, A.　92
ピーズ, A.　154, 210
ピーズ, B.　154, 210
樋口恵子　21
樋口陽一　138
姫岡とし子　55
平井京之助　47
ファウスト－スターリング, A.　154, 160
ファノン, フランツ　134-135
ファン・ヘネップ, アノルト　39
フィスク, S. T.　105

フーク，A. 59
フーコー 9
フーリエ 7
福富護 93, 95, 105
藤枝澪子 60
藤岡淳子 194, 195
藤田英典 94
藤田由美子 23
藤山新 173
藤原千沙 54, 112, 115, 121
渕上恭子 157
フックス，ベル 9, 13, 88
舩橋惠子 23, 35
ブノワ＝ブロウエズ，D. 155
ブラックウェル，アントワネット・ブラウン 160
ブラッドレー，S. J. 163
プラトン 131
プラマー，K. 213
フリーダン，ベティ 3
古久保さくら 25
ブルデュー，P. 34
フレイザー，N. 87
フレクスナー，A. 178
フロイト，ジグムント 136
ベーベル，オーギュスト 7
ベネディクト，ジェフ 171
ベルグ，J. H. 219
朴木佳緒留 28
ボウルズ，S. 24
ボウルビィ，J. 219
ボーヴォワール 137
ホール，A. 169
ホール，S. 87
ホスケン，フラン 45
ボズラップ，E. 108
細井和喜蔵 56
細谷実 12, 13, 66
ホックシールド，A. R. 73, 119, 183
ボディ，ジャニス 44
堀内かおる 28, 29
ポロック，グリゼルダ 63

ま行

マーシャル，T. H. 130, 131
マーティン，A. 24
マートン，R. K. 72, 97
マイトナー，リーゼ 148
マイヤー，D. E. 219
牧野カツ子 218
マクニール，サンドラ 195
マクロビー，A. 26
松岡悦子 37
マッキノン，キャサリン・A. 217
マッコビィ，E. E. 92, 95
松沢呉一 207
松永りえ 219
松並知子 93, 105
松波めぐみ 191
松村祥子 124, 125
馬渕明子 64
マリィ，クレア 69
丸岡秀子 57
マルクス，カール 7, 80
ミード，G・H. 72
ミード，M. 41
三木草子 2
三島亜紀子 178, 179
水島希 161
水田珠枝 149
溝口明代 2
溝口雄三 129
ミッチェル，ジュリエット 2
三成美保 12
南博 51
三宅義子 54
宮崎あゆみ 25, 27
三山雅子 112
宮本みち子 124, 125
宮脇幸生 45
ミュルダル，A. R. 73
ミル，ジョン・スチュアート 6
ミレット，ケイト 2, 8, 60
牟田和恵 21, 35, 77, 133, 204, 205, 213
武藤香織 157
武藤裕子 181
村田陽平 13, 211
村松安子 107
村松泰子 30, 31, 94
室住眞麻子 123, 125
目黒依子 72
メルッチ，A. 87
モーザ，C. 109
望月重信 21, 23
元百合子 91
森繁男 23, 25

モリス，ジョニー 191
森田ゆり 197
森永康子 97
森ます美 117
諸橋泰樹 75
モンク，ジャニス 210

や行

矢澤澄子 23, 73
山口里子 89
山崎明子 65
山崎敬一 21, 161
山下順子 111
山田和代 54, 112, 115, 121
山田富秋 78
山田ゆかり 171
山地久美子 215
大和チドリ 73
山根純佳 183
山本茂実 56
山本ベバリーアン 205
山本眞理子 105
梁澄子 193
結城和香子 165
湯澤直美 180
横田（和田）英 152
好井裕明 78, 79, 173
吉川康夫 172
吉沢豊予子 175
吉田容子 211
善積京子 53
吉野由利 61
吉見義明 193

ら行

來田享子 164, 168
ラス，J. 61
ラター，M. 219
リーチ，E. 43
リスター，ルース 122
リッチ，アドリエンヌ 8, 203
リップマン，ウォルター 74, 75
リンネ，カール 11, 12
ルーズベルト，エレノア 15
ルクレール，A. 58
ルソー 130
レイコフ，R. 66
れいのるず・秋葉かつえ 66, 70
レヴィ＝ストロース，C. 37, 43, 202
レッドフィールド，ロバート 42

人名索引

レビンソン, D. J. *82*
ロード, A. *89*
ロールズ, J. *132*

わ行

ワイナー, A. B. *41*
若尾典子 *139*
若桑みどり *65*
若杉なおみ *44*
鷲留美 *67*
渡辺恒夫 *84*
綿貫礼子 *199*
和田正平 *37*
ワデル, トム *173*

欧文

Aikin, K. J. *105*
Beaton, A. M. *105*
Brown, R. *105*
Campbell, B. *104*
Hall, W. S. *105*
Hunter, B. A. *105*
Joly, S. *105*
Money, J. *94*
Thorne, B. *23*

執筆者紹介(氏名／よみがな／現職)　　＊執筆担当は本文末に明記

青木紀久代 (あおき・きくよ)
　白百合心理・社会福祉研究所所長

青山薫 (あおやま・かおる)
　神戸大学大学院国際文化学研究科教授

浅井美智子 (あさい・みちこ)
　元 大阪府立大学女性学研究センター教授

浅倉むつ子 (あさくら・むつこ)
　早稲田大学名誉教授

天野知香 (あまの・ちか)
　お茶の水女子大学基幹研究院人文科学系教授

飯田貴子 (いいだ・たかこ)
　帝塚山学院大学名誉教授

飯田祐子 (いいだ・ゆうこ)
　名古屋大学大学院人文学研究科教授

池田忍 (いけだ・しのぶ)
　千葉大学文学部教授

伊田久美子 (いだ・くみこ)
　奥付編著者紹介参照

井谷惠子 (いたに・けいこ)
　京都教育大学名誉教授

伊藤裕子 (いとう・ゆうこ)
　元 文京学院大学人間学部教授

井上摩耶子 (いのうえ・まやこ)
　ウィメンズカウンセリング京都代表

岩間暁子 (いわま・あきこ)
　立教大学社会学部教授

宇井美代子 (うい・みよこ)
　玉川大学リベラルアーツ学部教授

上野千鶴子 (うえの・ちづこ)
　東京大学名誉教授・認定NPO法人WANウィメンズアクションネットワーク理事長

江原由美子 (えはら・ゆみこ)
　東京都立大学名誉教授

岡野八代 (おかの・やよ)
　同志社大学大学院グローバル・スタディーズ研究科教授

小ヶ谷千穂 (おがや・ちほ)
　フェリス女学院大学文学部教授

荻野美穂 (おぎの・みほ)
　元 同志社大学大学院グローバル・スタディーズ研究科教授

小野ゆり子 (おの・ゆりこ)
　中央大学など非常勤講師

笠間千浪 (かさま・ちなみ)
　神奈川大学人間科学部教授

川口章 (かわぐち・あきら)
　同志社大学政策学部教授

川島慶子 (かわしま・けいこ)
　名古屋工業大学大学院工学研究科教授

神原文子 (かんばら・ふみこ)
　社会学者

北仲千里 (きたなか・ちさと)
　広島大学ハラスメント相談室准教授

金富子 (きむ・ぷじゃ)
　東京外国語大学総合国際学研究院教授

木村涼子 (きむら・りょうこ)
　奥付編著者紹介参照

清末愛砂 (きよすえ・あいさ)
　室蘭工業大学大学院工学研究科准教授

熊安貴美江 (くまやす・きみえ)
　奥付編著者紹介参照

Claire Maree (クレア・マリィ)
　Lecturer, Asia Institute, Faculty of Arts, University of Melbourne

執筆者紹介（氏名／よみがな／現職） ＊執筆担当は本文末に明記

黒木雅子（くろき・まさこ）
京都先端科学大学名誉教授

桑原雅子（くわはら・もとこ）
桃山学院大学教育研究所名誉所員（元教授）

児島亜紀子（こじま・あきこ）
大阪公立大学現代システム科学域教授

小山静子（こやま・しずこ）
京都大学名誉教授

齊藤笑美子（さいとう・えみこ）
元 茨城大学教員

齋藤圭介（さいとう・けいすけ）
岡山大学学術研究院社会文化科学学域准教授

酒井隆史（さかい・たかし）
大阪公立大学現代システム科学域教授

佐保美奈子（さほ・みなこ）
大阪公立大学大学院看護学研究科准教授

多賀太（たが・ふとし）
関西大学文学部教授

高橋さきの（たかはし・さきの）
翻訳者・お茶の水女子大学非常勤講師

立石直子（たていし・なおこ）
岐阜大学地域科学部准教授

田中雅一（たなか・まさかず）
国際ファッション専門職大学教授

田間泰子（たま・やすこ）
大阪府立大学名誉教授

柘植あづみ（つげ・あづみ）
明治学院大学社会学部教授

筒井晴香（つつい・はるか）
東京大学生産技術研究所機械・生体系部門特任研究員

天童睦子（てんどう・むつこ）
宮城学院女子大学一般教育部教授

内藤葉子（ないとう・ようこ）
大阪公立大学現代システム科学域准教授

中谷文美（なかたに・あやみ）
岡山大学大学院社会文化科学研究科教授

中村桃子（なかむら・ももこ）
関東学院大学経営学部教授

橋本ヒロ子（はしもと・ひろこ）
十文字学園女子大学名誉教授

東優子（ひがし・ゆうこ）
大阪公立大学現代システム科学域教授

福田珠己（ふくだ・たまみ）
大阪公立大学現代システム科学域教授

藤岡淳子（ふじおか・じゅんこ）
大阪大学名誉教授

古久保さくら（ふるくぼ・さくら）
大阪公立大学人権問題研究センター准教授

堀内かおる（ほりうち・かおる）
横浜国立大学教育学部教授

松岡悦子（まつおか・えつこ）
奈良女子大学名誉教授

松波めぐみ（まつなみ・めぐみ）
（公財）世界人権問題研究センター専任研究員

水島希（みずしま・のぞみ）
叡啓大学ソーシャルシステムデザイン学部准教授

宮崎あゆみ（みやざき・あゆみ）
日本女子大学人間社会学部学術研究員

宮脇幸生（みやわき・ゆきお）
大阪公立大学現代システム科学域教授

執筆者紹介（氏名／よみがな／現職） ＊執筆担当は本文末に明記

牟田和恵（むた・かずえ）
大阪大学名誉教授

室住眞麻子（むろずみ・まさこ）
帝塚山学院大学名誉教授

元百合子（もと・ゆりこ）
大阪経済法科大学アジア太平洋研究センター客員研究員（元大阪女学院大学教授）

森永康子（もりなが・やすこ）
広島大学大学院人間社会科学研究科教授

諸橋泰樹（もろはし・たいき）
フェリス女学院大学文学部教授

山田和代（やまだ・かずよ）
滋賀大学経済学部教授

山地久美子（やまぢ・くみこ）
神戸大学地域連携推進本部特命准教授／大阪公立大学客員研究員

山中京子（やまなか・きょうこ）
大阪府立大学名誉教授／コラボレーション実践研究所所長

山根純佳（やまね・すみか）
実践女子大学人間社会学部教授

養父知美（ようふ・ともみ）
弁護士（大阪弁護士会）

好井裕明（よしい・ひろあき）
日本大学文理学部社会学科教授

吉沢豊予子（よしざわ・とよこ）
東北大学大学院医学系研究科教授

《編著者紹介》

木村涼子（きむら・りょうこ）
大阪大学大学院人間科学研究科教授
『〈主婦〉の誕生——マスメディアと女性たちの近代』（単著，吉川弘文館，2010年）
『リーディングス日本の教育と社会16 ジェンダーと教育』（編著，日本図書センター，2009年）
『ジェンダーで考える教育の現在——フェミニスト教育学をめざして』（共編書，解放出版社，2008年）
『フェミニスト・ポリティクスの新展開——ケア・労働・ジェンダー』（共編著，明石書店，2007年）
『モノと子どもの戦後史』（共著，吉川弘文館，2007年）
『教育／家族をジェンダーで語れば』（共著，白澤社，2005年）
『学校文化とジェンダー』（単著，勁草書房，1999年）

伊田久美子（いだ・くみこ）
元 大阪府立大学地域連携研究機構女性学研究センター教授
『近代家族とジェンダー』（共著，世界思想社，2010年）
『大阪社会労働運動史第9巻』（共著，大阪社会運動協会，2009年）
『フェミニスト・ポリティクスの新展開——ケア・労働・ジェンダー』（共編著，明石書店，2007年）
『概説・フェミニズム思想史』（共著，ミネルヴァ書房，2003年）
M. & G. F. ダラ・コスタ編著『約束された発展？——国際債務政策と第三世界の女たち』（監訳，インパクト出版会，1995年）
G. F. ダラ・コスタ『愛の労働』（単訳，インパクト出版会，1991年）

熊安貴美江（くまやす・きみえ）
大阪公立大学国際基幹教育機構准教授
『スポーツ・ジェンダー・データブック2010』（共著，日本スポーツとジェンダー学会データブック編集委員会編，2010年）
『フェミニスト・ポリティクスの新展開』（共編著，明石書店，2007年）
『スポーツ・ジェンダー学への招待』（共著，明石書店，2004年）
『ジェンダーで学ぶ教育』（共著，世界思想社，2003年）
『目でみる 女性スポーツ白書』（共著，大修館書店，2001年）
『フェミニズム・スポーツ・身体』（共訳著，世界思想社，2001年）
『学校をジェンダー・フリーに』（共著，明石書店，2000年）

やわらかアカデミズム・〈わかる〉シリーズ
よくわかるジェンダー・スタディーズ
——人文社会科学から自然科学まで——

| 2013年3月30日 | 初版第1刷発行 | 〈検印省略〉 |
| 2023年3月10日 | 初版第7刷発行 | |

定価はカバーに表示しています

	木 村 涼 子
編著者	伊 田 久美子
	熊 安 貴美江
発行者	杉 田 啓 三
印刷者	江 戸 孝 典

発行所　株式会社　ミネルヴァ書房
607-8494 京都市山科区日ノ岡堤谷町1
電話代表 (075) 581-5191
振替口座 01020-0-8076

© 木村・伊田・熊安ほか，2013　　共同印刷工業・新生製本

ISBN978-4-623-06516-5
Printed in Japan

やわらかアカデミズム・〈わかる〉シリーズ

よくわかる社会学 ［第3版］	宇都宮京子・西澤晃彦編著	本体 2500円
よくわかる社会学史	早川洋行編著	本体 2800円
よくわかる環境社会学 ［第2版］	鳥越皓之・帯谷博明編著	本体 2800円
よくわかる国際社会学 ［第2版］	樽本英樹著	本体 2800円
よくわかる宗教社会学	櫻井義秀・三木英編著	本体 2400円
よくわかる医療社会学	中川輝彦・黒田浩一郎編著	本体 2500円
よくわかる観光社会学	安村克己・堀野正人・遠藤英樹・寺岡伸悟編著	本体 2600円
よくわかる教育社会学	酒井朗・多賀太・中村高康編著	本体 2600円
よくわかる産業社会学	上林千恵子編著	本体 2600円
よくわかる現代家族 ［第2版］	神原文子・杉井潤子・竹田美知編著	本体 2500円
よくわかるスポーツ文化論 ［改訂版］	井上俊・菊幸一編著	本体 2500円
よくわかるメディア・スタディーズ ［第2版］	伊藤守編著	本体 2500円
よくわかるコミュニケーション学	板場良久・池田理知子編著	本体 2500円
よくわかる異文化コミュニケーション	池田理知子編著	本体 2500円
よくわかる文化人類学 ［第2版］	綾部恒雄・桑山敬己編	本体 2500円
よくわかる質的社会調査 技法編	谷富夫・芦田徹郎編	本体 2500円
よくわかる質的社会調査 プロセス編	谷富夫・山本努編著	本体 2500円
よくわかる統計学 Ⅰ 基礎編 ［第2版］	金子治平・上藤一郎編	本体 2600円
よくわかる統計学 Ⅱ 経済統計編 ［第2版］	御園謙吉・良永康平編	本体 2600円
よくわかる社会政策 ［第3版］	石畑良太郎・牧野富夫・伍賀一道編著	本体 2600円
よくわかる心理学	無藤隆・森敏昭・池上知子・福丸由佳編	本体 3000円
よくわかる社会心理学	山田一成・北村英哉・結城雅樹編著	本体 2500円
よくわかる学びの技法 ［第3版］	田中共子編	本体 2200円
よくわかる卒論の書き方 ［第2版］	白井利明・高橋一郎著	本体 2500円

―― ミネルヴァ書房 ――

https://www.minervashobo.co.jp/